HERZLICHEN GLÜCKWUNSCH

Und Dankeschön für den Kauf dieses Buches. Als besonderes Schmankerl* finden Sie unten Ihren persönliche Code, mit dem Sie das Buch exklusiv und kostenlos als eBook erhalten.

Systemvoraussetzungen für eBook-Inside: Adobe Reader/Acrobat Version 6 oder 7 (kompatibel mit Windows ab Windows 2000 oder Mac ab OS X)

2018n-6v6p5-
6r4i3-700y8

Registrieren Sie sich einfach in nur zwei Schritten unter **www.hanser.de/ciando** und laden Sie Ihr eBook direkt auf Ihren Rechner.

KOMPETENZ · HANSER · GEWINNT

* Bayrisch für eine leckere Kleinigkeit; ein Leckerbissen

Breymann/Mosemann

Java ME

Ulrich Breymann
Heiko Mosemann

Java ME

Anwendungsentwicklung für Handys, PDA und Co.

2., aktualisierte und erweiterte Auflage

HANSER

Prof. Dr. Ulrich Breymann und *Prof. Dr-Ing. Heiko Mosemann*
lehren Informatik an der Fakultät Elektrotechnik und Informatik der Hochschule Bremen

Bibliografische Information Der Deutschen Bibliothek:

Die Deutsche Bibliothek verzeichnet diese Publikation in der Deutschen Nationalbibliografie; detaillierte bibliografische Daten sind im Internet über http://dnb.ddb.de abrufbar.

Lektorat: Margarete Metzger
Herstellung: Irene Weilhart
Satz: Ulrich Breymann (mit LaTeX)
Umschlagkonzept: Marc Müller-Bremer, Rebranding, München
Umschlagrealisation: MCP • Susanne Kraus GbR, Holzkirchen
Datenbelichtung, Druck und Bindung: Kösel, Krugzell
Ausstattung patentrechtlich geschützt. Kösel FD 351, Patent-Nr. 0748702
Printed in Germany

ISBN 978-3-446-41376-4

Inhaltsverzeichnis

Vorwort

Mobile Computer überall

Computer sind komplexe Werkzeuge, die wie in der Vergangenheit auch heute noch Spezialwissen zur Bedienung erfordern. Als es nur wenige Computer gab, wurden sie von hoch spezialisierten Wissenschaftlern und Ingenieuren entwickelt und bedient. Der Begriff Computer wird heute meist mit dem PC assoziiert. Computerkenntnis kann die Fähigkeit zur Entwicklung von Hardware und Programmierung von Software sein. Heutzutage, zum Beispiel in Stellenanzeigen, wird häufig auch nur die Fähigkeit der Bedienung eines Office-Pakets gemeint, also einer Software, die auf einem PC installiert ist. In beiden Fällen steht der Computer im Mittelpunkt, und der Mensch muss lernen, damit umzugehen, sich an die Maschine anzupassen. Wir stellen sie in Räume mit anti-statischen Teppichböden oder tragen sie im Fall von Laptops mit uns herum. Wenn wir mit Computern kommunizieren wollen, müssen wir auf der Tastatur tippen oder die Maus bewegen, entsprechend ihren Regeln, nicht unseren.

Dieses Bild ist heute nicht mehr ganz zutreffend. In zunehmendem Maße umgeben uns Computer einer ganz anderen Art, die wir gar nicht sehen und nur unbewusst als solche benutzen. Beim Autofahren hilft im Notfall der Bremsassistent, ein in das Auto eingebauter Computer, der nicht direkt mit uns, sondern mit seiner speziellen Umwelt Nachrichten austauscht. In modernen Waschmaschinen sorgt ein Computer für die richtige Wassertemperatur und den Waschablauf. Der Unterschied zum Bild des Computers im vorhergehenden Absatz ist, dass nicht wir uns dem Computer anpassen müssen, sondern er sich uns. Wir nehmen ihn nicht wahr, es ist ein anonymes Gerät, das im Hintergrund seine Arbeit tut. In unserem Alltag werden immer mehr kleine, in Gebrauchsgegenstände eingebettete (englisch *embedded*) Computer eine Rolle spielen – sie sind überall, wie der englische Ausdruck *ubiquitious computing* ausdrückt, heute *pervasive computing* genannt (pervasive = durchdringend, beherrschend).

Natürlich sind die Grenzen fließend. Das, was früher nur ein tragbares Telefon war, ist heute ein Gerät, mit dem man fotografieren, Musik hören und Videos abspielen kann – und auch noch telefonieren. Die Miniaturisierung des PCs führte über den Laptop zum PDA (Personal Digital Assistant)[1]. Mittlerweile gibt es die Kombination aus PDA und Handy, den MDA (Mobile Digital Assistant), der letztlich nichts

---

[1] Abkürzungen werden im Glossar ab Seite 435 erläutert, sofern sie nicht am Ort der Verwendung erklärt werden.

anderes als ein Universalrechner mit vielen Zusatzfunktionen ist. Mobile Computer können also eine Benutzungsschnittstelle für Menschen haben oder auch nicht, je nach Einsatzgebiet und Art des Geräts.

Vernetzung

Um unseren Bedürfnissen besser dienen zu können, werden diese kleinen Helfer zur gegenseitigen Verständigung vernetzt sein. Schon heute kann unser Head-Set per Funk (Bluetooth) mit der HiFi-Anlage kommunizieren oder der Drucker mit der Infrarot-Schnittstelle des PCs. Mit manchen Mobiltelefonen kann man fotografieren und die Bilder drahtlos auf einen lokalen oder einen entfernten Rechner übertragen. Mit einem Funkschlüssel wird ein Auto geöffnet oder abgeschlossen. Die Vernetzung muss sich nicht auf die Nähe beschränken, sie kann weltweit sein. Sie wird durch RFIDs oder andere Sensoren zusammen mit ihrer technischen Infrastruktur zum Lesen und Übermitteln der Daten unterstützt. Besonders interessant ist die Möglichkeit, in Abhängigkeit vom Ort zu reagieren (location based service). Zum Beispiel könnte ein Handy die Lage des nächstgelegenen italienischen Restaurants anzeigen. Dazu muss allerdings das Handy den eigenen Ort kennen, oder der per Funk mit dem Handy verbundene Computer muss den Ort des Handys kennen. Das kann über die nächste Funkzelle, mit der das Handy verbunden ist, geschehen oder über das GPS (Global Positioning System). Die zweite Möglichkeit setzt einen GPS-Empfänger im Mobiltelefon selbst oder die Verbindung zu einem mitgenommenen GPS-Empfänger voraus. Bergsteigern in Schwierigkeiten, Wanderern oder Kindern, die sich verlaufen haben, könnte geholfen werden: Eine Anfrage an ihr Handy genügt, um die Koordinaten gesendet zu bekommen – sofern sich das Handy nicht in einem Gebiet ohne Funkverbindung befindet. Japan fördert GPS-fähige Mobiltelefone sehr stark. Alle ab April 2007 erscheinenden neuen Geräte müssen nach einem Erlass vom 17. Mai 2004 in der Lage sein, Ortsinformationen zu liefern. Man rechnet damit, dass 2009 50% und 2011 etwa 90% aller japanischen Mobiltelefone GPS-fähig sind [GPSJ]. Die amerikanische FCC (Federal Communications Commission) fordert die Industrie mit der »Enhanced 911«-Regel auf, dafür Sorge zu tragen, dass bei Wahl der Notrufnummer 911 die Telefonnummer des Anrufenden und sein Ort mit einer Genauigkeit von etwa 50-300 m übertragen werden [E911]. Man kann davon ausgehen, dass diese Entwicklung hierzulande nachvollzogen wird, wenn auch mit Verzögerung.

Für wen ist dieses Buch geschrieben?

Dieses Buch ist für diejenigen geschrieben, die einen *Einstieg in die Konzepte und technischen Grundlagen der Programmierung mobiler Endgeräte mit Java* suchen. Der Schwerpunkt wird auf Geräte gelegt, die eine Benutzungsschnittstelle haben, also auf nicht reine »eingebettete« Systeme. Zur Zielgruppe des Buchs gehören Studierende und Dozenten der Informatik, professionelle Softwareentwickler oder Architekten mobiler Anwendungen. Grundkenntnisse des Internets und der Softwareentwicklung mit Java werden vorausgesetzt.

Ziel des Buchs

Das Buch beschreibt die Konzepte der Software mobiler Anwendungen, deren technische Realisierung und die verwendete Technologie auf Basis der Java Micro Edition (Java ME). Der Schwerpunkt liegt dabei auf der Entwicklung von Software für Geräte mit begrenzten Ressourcen wie einfache PDAs und Mobiltelefone. Es vermittelt die Kenntnisse, die notwendig sind, um eigene Programme zu schreiben und diese als Dienstleistungen auf einem Server anzubieten. Sowohl die Client- als zum geringen Teil auch die Server-Sicht werden behandelt. Es werden einige ausgewählte Werkzeuge zur Entwicklung mobiler Anwendungen mit Java vorgestellt, wobei die meisten Beispiele mit dem Toolkit von Sun entwickelt und auf verschiedener Hardware getestet wurden. Mit dem Thema in Zusammenhang stehende Technologien wie XML oder HTTP werden kurz einführend beschrieben. Das umfangreiche Literaturverzeichnis bietet dafür und für die anderen der angesprochenen Themen viele weiterführende Verweise auf Literatur und Internetadressen an.

An vielen Hochschulen wird Java als erste Programmiersprache gelehrt. Studierende haben oft nicht die Mittel, sich teure Software-Pakete zu beschaffen. Auch scheint Software besser geeignet, die nicht nur auf einem Betriebssystem läuft. Aus diesem Grund wird Java und Open Source Software in den Beispielen verwendet oder Software, die wenigstens für den nicht-kommerziellen Einsatz kostenfrei erhältlich und nutzbar ist.

Aufbau

Nach einer Einführung wird gleich mit einem einfachen, aber vollständigen Beispiel begonnen, um einen ersten Eindruck der Technologie zu vermitteln. Erst danach folgen die technischen Konzepte im Detail. In weiteren Kapiteln wird auf den Lebenszyklus der Programme, auf die grafischen Benutzungsschnittstellen, persistente Datenhaltung, Internetanbindung und vieles mehr eingegangen. Um das Ziel einer Einführung in die Java ME zu erreichen, ohne das Buch mit Material zu überfrachten, wird der Weg gewählt, die Beispiele in den ersten zehn Kapiteln ausführlich zu behandeln, sodass in den darauf folgenden Kapiteln auf Grundlagen, wie etwa die Einbindung eines Beispielprogramms in ein MIDlet, verzichtet werden kann. Der Aufbau ist im Einzelnen:

- Im Kapitel *Einführung* wird die Wahl von Java begründet und die Java ME mit ihren Einschränkungen gegenüber der Java SE (Standard Edition) kurz dargestellt.
- Das Kapitel *Erste Schritte* zeigt ein einfaches, aber vollständiges Beispiel. Dabei

werden alle Schritte von der Programmerstellung bis zur Übertragung per Funk erläutert.

- Der Schwerpunkt des Kapitels *Konfigurationen und Profile* sind die technischen Konzepte, auf denen die Java ME beruht.
- Im Kapitel *MIDlet-Grundlagen* geht es um die Struktur und den Lebenszyklus von MIDlets, wie Java-Applikationen für mobile Geräte genannt werden.
- Das Kapitel *Benutzungsschnittstellen* beschreibt ausführlich die programmtechnische Ansteuerung des Bildschirms, vorgefertigte grafische Komponenten zur Gestaltung der Kommunikation des Benutzers[2] mit dem Gerät und die Abfrage von Tastaturereignissen.
- In den drei Kapiteln *Record Management System*, *Dateisystem* und *Persönliche Informationen verwalten* geht es um die Verwaltung und Speicherung von Daten, die auch nach dem Ausschalten des Geräts erhalten bleiben (persistente Daten).
- Das Kapitel *Multimedia* erklärt die Bearbeitung und Erzeugung von Audio und Video anhand vieler Beispiele.
- Die verschiedenen Arten der Verbindung mit dem Internet per Programm sind Thema des Kapitels *Internet-Anbindung*.
- Die Funktionen für dreidimensionale grafische Darstellungen basieren auf der Open-GL-Bibliothek. Sie werden in Kapitel *3 D-Grafik* behandelt.
- Das Kapitel *SMS senden und empfangen* beschreibt unter anderem, wie Kurznachrichten (SMS) versendet und empfangen werden können. Ein wichtiger Aspekt dabei ist die Reaktion auf eine eingegangene SMS per Programm.
- Das Kapitel *Bluetooth* geht auf die programmtechnische Nutzung der Kopplung Bluetooth-fähiger mobiler Endgeräte mit anderen Geräten ein.
- Im Kapitel *Location API* geht es darum, den Ort des mobilen Endgeräts herauszufinden und diese Information zu nutzen.
- Das Kapitel *Web-Services* beschreibt, wie innerhalb einer mobilen Applikation andere, auf einem entfernten Server liegende Anwendungen mit Hilfe eines XML-basierten Protokolls aufgerufen werden können. Damit ist eine herstellerunabhängige Kommunikation zwischen kommerziellen Programmen möglich.
- Das Kapitel *Sicherheit und Signierung* geht auf Signaturen und Zertifikate, das Java Verified Program und auf Verschlüsselung ein.
- Im Kapitel *JavaFX* wird kurz erklärt, was JavaFX eigentlich ist und warum es für einfache Handys nicht geeignet ist.

[2] Geschlechtsbezogene Formen meinen hier und im Folgenden stets Männer *und* Frauen.

- Alltägliche Probleme der Entwicklung von Software für Handys, PDA und Verwandte finden Sie im Kapitel *Es funktioniert nicht! – Warum?*. Dort gibt es auch Hinweise zum Vorgehen bei der Problemlösung.
- Das letzte Kapitel *Werkzeuge* enthält ergänzendes Material zu verbreiteten Software-Werkzeugen mit Hinweisen zur Installation und Konfiguration.

Programmbeispiele

Um nicht abstrakt zu bleiben, wird zu jedem Aspekt vertiefend die Realisierung als Java-Programm gezeigt, teilweise als vollständiges Beispielprogramm, teilweise als Programmfragment, die das Wesentliche verdeutlichen, ohne Platz durch Wiederholung von Programmcode zu verschwenden. Zu den meisten Fragmenten gibt es vollständige Beispielprogramme, die von der Website zum Buch heruntergeladen werden können (*http://www.java-me.de/*). Auf das zum Text passende Beispiel werden Sie durch eine Markierung wie die am Rand dieser Seite aufmerksam gemacht. Vollständige Beispielprogramme sind im Text (außer im Anhang) durch einen Rahmen um den Programmcode gekennzeichnet.

→ Beispiel
Muster

Schreibweise

Auch wenn eine deutsche Übersetzung englischer Begriffe möglich ist, ist sie doch oft nicht verbreitet und wirkt gestelzt. Aus diesem Grund werden viele Begriffe nicht übersetzt. Eine Website ist ein Einstiegspunkt zu Webseiten (englisch *web pages*) – es kommen also auch deutsch/englisch-gemischte Schreibweisen wie bei »Webseiten« vor. Wer Anglizismen nicht mag, möge uns verzeihen und bei Übertreibungen einen Verbesserungsvorschlag per E-Mail senden. Aus Platzgründen wurde auf eine JavaDoc-konforme Kommentierung der Beispielprogramme verzichtet. Auch wurden Programmierstilkonventionen gelegentlich nicht eingehalten, nämlich dann, wenn wegen des Seitenumbruchs Programmcode mit weniger Zeilen auskommen musste.

Wo finden Sie was?

Erklärungen zu Abkürzungen, Akronymen und den wesentlichen Begriffen sind im *Glossar* ab Seite 435 aufgeführt.

Es gibt ein umfangreiches *Stichwortverzeichnis* (ab Seite 443) und ein detailliertes *Inhaltsverzeichnis*.

Programmcode zu den Beispielen und ergänzendes Material können von der Internetseite zum Buch (*http://www.java-me.de/*) heruntergeladen werden.

Das Gebiet der Computer-Anwendungen für mobile Endgeräte ist relativ neu und in starker Bewegung. Die im Literaturverzeichnis und im Glossar angegebenen

Internetadressen zeigen den aktuellen Stand zum Zeitpunkt kurz vor Drucklegung. Es ist daher nicht auszuschließen, dass einige dieser Internetadressen danach nicht mehr gültig sind. Die für dieses Buch benutzten Quellen finden Sie unter [Sun, SunD] sowie von dort weiterführenden Verweisen.

Anregungen und Kritik

Anregungen und Kritik sind erwünscht. Wenn Sie Fehler mitteilen oder Anregungen und Kritik äußern möchten, können Sie die Autoren direkt über E-Mail erreichen (breymann@hs-bremen.de bzw. Heiko.Mosemann@hs-bremen.de).

Zu guter Letzt

An einem Lehrbuch sind immer mehrere beteiligt: Vom Autor werden viele Elemente zusammengetragen, variiert und verbunden, um ein Thema geschlossen darstellen zu können. In diesem Fall basiert das Buch nicht nur auf eigenen Überlegungen und Erfahrungen aus Projekten, sondern, wie das Literaturverzeichnis zeigt, zum großen Teil auf öffentlich zugänglichen Quellen verschiedener Firmen und Organisationen, an deren Erarbeitung viele Personen beteiligt waren. Den Autoren sei an dieser Stelle herzlich gedankt, ebenso Frau Margarete Metzger und Frau Irene Weilhart vom Hanser Verlag für die Anregung zu diesem Buch und die (wieder einmal) sehr gute Zusammenarbeit.

Bremen, im März 2008

Ulrich Breymann *Heiko Mosemann*

1 Einführung

Auf dem Markt für mobile Endgeräte tummeln sich viele bekannte Hardware-Hersteller wie Nokia, Sony-Ericsson, Benq, Motorola und andere. Die Anwendungs-Software ist meist in C/C++ oder Java geschrieben. Den Markt für Betriebssysteme für mobile Geräte teilten sich 2006 [Heise] im Wesentlichen das Symbian OS mit einem Marktanteil von 67 %, Windows (14 %) und RIM (Reserch in Motion, Blackberry). Im verbleibenden Rest findet sich auch Linux (7 %).

1.1 Warum Java?

Sicher kann man ein schlechtes (oder gutes) Programm in jeder Programmiersprache schreiben, und die Frage, welche die »beste« Programmiersprache ist, bewegt viele Gemüter. Wenn Software effizient entwickelt werden soll, müssen bei der Auswahl einer Programmiersprache verschiedene Kriterien beachtet werden, wie etwa die Verfügbarkeit von Entwicklungsumgebungen. Aus softwaretechnischer Sicht hat C das Manko, dass es die Objektorientierung nicht unterstützt. Java scheint aus folgenden Gründen am besten im Vergleich zum verbleibenden hauptsächlichen Konkurrenten C++ geeignet:

- *Verbreitung*: Java gibt es auf über 1,8 Milliarden mobilen Endgeräten, und etwa 80 % aller neuen verkauften Handys und PDAs usw. basieren auf Java.[1]
- *Portabilität*: Java Bytecode ist auf allen JVM lauffähig, und jedes Betriebssystem von praktischer Bedeutung hat eine JVM. Der Aufwand, eine Anwendung auf ein anderes System zu portieren, ist damit sehr klein und oft gleich null.
- *Sicherheit*: Java hat ein API (Application Programming Interface) für sicherheitsrelevante Abläufe. Dazu gehören Authentifizierung, die Überprüfung von Signaturen und die Vergabe von Rechten (Autorisierung).
- *Akzeptanz*: Java ist auf diesem Gebiet ähnlich wie C++ sehr weit verbreitet und hat eine große Community. Es gibt Foren für Entwickler bei allen namhaften Herstellern.
- *Robustheit*: Java-Anwendungen laufen in einer »Sandbox«. Die Java Virtual Machine (JVM) wacht darüber, dass ein Absturz eines Programms keine anderen

[1] nach *http://www.sun.com/software/savaje/index.xml*

Anwendungen stört. Darüber hinaus ist der Bytecode vor der Ausführung mit einem Prüfsummenverfahren verifiziert worden, um die Integrität des Codes sicherzustellen. Unbemerkte Veränderungen, zum Beispiel durch ein Virus, werden dadurch deutlich erschwert.

- *Garbage Collector*: Java hat einen Garbage Collector, sodass keine Speicherlecks auftreten. In C++ können Speicherlecks dagegen nur durch sorgfältige Programmierung vermieden werden.

- *De-facto-Standardisierung*: Es gibt einen C++-Standard (ISO 14882), aber keinen Java-Standard. Der C++-Standard umfasst nur einen sehr kleinen Anteil von Bibliotheken, zum Beispiel gibt es nichts zu grafischen Benutzungsoberflächen (GUI - engl. für graphical user interface) – alle derartigen APIs und Bibliotheken sind plattformspezifisch. Java hingegen hat eine reichliche Menge an APIs, nicht nur für grafische Benutzungsoberflächen, sondern für die Vernetzung und anderes. Die Spezifikationen für alle Erweiterungen der Java-Plattform entstehen im von Sun relativ demokratisch gestalteten Java Community Process [JCP]. In diesem Konsortium gibt Sun die Spielregeln vor, nach denen die Expertengruppen neue Spezifikationen austüfteln. JCP-Mitglieder, die ein neues Feature entwickeln, veröffentlichen dabei als Erstes ein JSR (Java Specification Request). Auf der Website www.jcp.org sind viele der JSRs samt der fertig gestellten Spezifikationen für jedermann einsehbar. Auch interessierte Einzelpersonen können am JCP teilnehmen. Weil so gut wie alle wichtigen Softwareunternehmen und auch Open-Source-Organisationen wie die Apache Software Foundation im JCP mitarbeiten, ist eine breite Marktakzeptanz gesichert und damit ein De-facto-Standard gegeben.

Es soll nicht verschwiegen werden, dass der Vorteil der Portabilität auch mit Nachteilen verbunden sein kann. Auf Desktop-PCs sind Java-Programme im Allgemeinen genauso schnell wie C++-Programme, weil die JVM einen Just-in-time-Compiler aufruft. Wegen der beschränkten Speicherressourcen muss bei mobilen Endgeräten (noch) auf so einen Compiler verzichtet werden. Falls eine Performance-Messung genau dieses als Ursache für langsame Programmlaufzeiten herausfinden sollte, muss vielleicht geschickter programmiert oder aber doch auf C/C++ zurückgegriffen werden. Nur eine Performance-Messung kann die richtige Information geben, weil es auch sprachunabhängige Gründe für Verzögerungen gibt, wie Latenzzeiten bei der Netzübertragung. Ein weiterer möglicher Nachteil der Portabilität ist, dass nicht alle Features einer bestimmten Hardware bzw. eines bestimmten Betriebssystems oder einer herstellerspezifischen Bibliothek ausgenutzt werden können, eben weil sie auf anderen Systemen nicht verfügbar ist. Das Problem ist aus dem Desktop-Bereich hinlänglich bekannt, man denke nur an die frühere Ein-Tasten-Maus beim Mac und die Mehr-Tasten-Maus von Windows/Intel-Rechnern. Portabilität erreichen heißt also auch, den kleinsten gemeinsamen Nenner zu akzeptieren.

1.2 Einschränkungen

Mobile Endgeräte, seien es Mobiltelefone, PDAs (Organizer) oder Mischformen wie MDAs, sollen klein und leicht sein und unterliegen daher bestimmten Einschränkungen.

- Die Batterietechnologie hat längst nicht so große Fortschritte wie die Speicher- und CPU-Entwicklung gemacht. Energie ist nur eingeschränkt verfügbar, und zwar umso weniger, je leichter und kleiner die Akkus sind.
- Aus Platz-, Gewichts- und Energiespargründen muss der Speicher begrenzt werden.
- Aus denselben Gründen sind Bildschirme klein und haben eine geringere Auflösung, verglichen mit Desktop-Computern.
- Andere Bedienungselemente wie Knöpfe oder eine Tastatur müssen so klein wie möglich, aber noch bedienbar sein.
- Ein mobiles Endgerät ist per Definition nicht standortgebunden und sein Träger kann seinen Ort und damit die zuständige Funkzelle beliebig wechseln. Daraus folgt, dass die Verbindung zum Netzwerk oft schwach oder zeitweise unterbrochen sein kann. Dieser Aspekt spielt sowohl für die Antennenauslegung als auch für die Fehlertoleranz der Software eine Rolle.

1.3 Java Micro Edition (Java ME)

Die vorstehend beschriebenen Einschränkungen führen dazu, dass die »normale« Java SE (Java Standard Edition) oder gar die Java EE (Java Enterprise Edition) nicht verwendet werden können. Die Bibliotheken sind viel zu groß für die Speicher heutiger mobiler Endgeräte. Natürlich wird sich das entsprechend dem Moore'schen Gesetz, nach dem sich die Speicherdichte auf den Chips etwa alle 18 Monate verdoppelt, allmählich ändern. Moores Prognose reichte zwar nur bis 1975 [Mo], aber die Erfahrung zeigt, dass seine Annahme bis heute gültig ist.

Java ME ist also ein angepasstes und abgespecktes Java. Dabei ist Java ME nicht so sehr ein Stück Software, sondern eine Menge von Spezifikationen und Technologien, die speziell für mobile Endgeräte zugeschnitten sind. Anders hätte man der ungeheuren Vielfalt der verschiedenen technischen Möglichkeiten nicht gerecht werden können. Die Java ME-Architektur basiert auf *Konfigurationen*, die aus einer JVM und einem minimalen Satz von Klassenbibliotheken bestehen, und auf *Profilen*, die die Konfigurationen erweitern und ergänzen. Dazu gibt es optionale Packages für spezielle Anpassungen und Anwendungen, zum Beispiel Datenbankanbindung oder Bluetooth-Schnittstelle. Eine Konfiguration stellt eine Untermenge der Java SE-APIs zur Verfügung, die aber allein noch nicht ausreichend ist, um vollständige Anwendungen zu entwickeln. Die Profile enthalten die notwendigen fehlenden APIs, unter anderem zur Verwaltung der Benutzungsschnittstellen, der Speicherung persistenter Daten und der Steuerung des Lebenszyklus einer Anwendung. Letzteres ähnelt der Verwaltung eines Applet-Lebenszyklus und wird Anwendungsmanagement (englisch *application management*) genannt. Java ME unterteilt sich in zwei Hälften, unterschieden nach Anwendungsgebieten:

1. **Einfache PDAs, Mobiltelefone**

   Die zusammengehörenden Komponenten sind die CLDC (Connected Limited Device Configuration)[JSR30, JSR139], die die KVM (Kilobyte Virtual Machine) enthält, und das MIDP (Mobile Information Device Profile) [JSR118]. Dazu kommen die erwähnten optionalen Packages. Die CLDC ist speziell für langsame Prozessoren, wenig Speicherplatz und unzuverlässige Netzwerkverbindungen gedacht. Die KVM ist dementsprechend eine Virtual Machine, die nur eine Untermenge der normalen JVM implementiert. Typischerweise werden nur 128 bis 512 kB Speicher angenommen. Das MIDP stellt die von mobilen Anwendungen benötigten Kernfunktionen zur Verfügung (Netzwerkanbindung, lokale Datenhaltung, Benutzungsschnittstelle und Anwendungsmanagement). CLDC und MIDP stellen zusammen eine vollständige Java-Laufzeitumgebung dar. Kleine Java-Programme, die zur Ausführung auf ein Handy geladen werden, heißen *MIDlet*.

2. **High-End PDAs, TV Set-Top-Boxen, Eingebettete (embedded) Geräte**

   Diese Geräte sind deutlich leistungsfähiger, sodass von mindestens 2 MB Speicher ausgegangen wird. Die hier zusammengehörigen Komponenten sind die CDC (Connected Device Configuration) [JSR36], die eine normale JVM enthält, das Foundation Profile und das Personal Profile plus die optionalen Packages.

Die Konfigurationen und Profile werden weiter unten vertieft dargestellt und anhand von Beispielen erläutert. Eine Übersicht der betroffenen JSRs ist im Anhang, Abschnitt A.4 auf Seite 416 zu finden.

1.3.1 Weitere Normierungsbestrebungen

Um eine Zersplitterung der vielen APIs zu vermeiden und die Bandbreite möglicher Anwendungen zu vergrößern, wurde die Spezifikation MSA (Mobile Service Architecture Specification) [JS248] erarbeitet. Das Dokument bezieht sich wesentlich auf schon existierende JSRs und ist Grundlage der nächsten Generation Java-fähiger Mobiltelefone. Einzelheiten sind im Anhang, Abschnitt A.5, zu finden.

2 Erste Schritte

2.1 Das erste Programm

2.1.1 Die Werkzeuge

Um ein erstes Programm für ein Mobiltelefon schreiben zu können, brauchen wir eine Entwicklungsumgebung. Es gibt mehrere Systeme auf dem Markt, wir wenden uns zunächst der einfachsten Lösung zu, auf anspruchsvollere Werkzeuge wird im Abschnitt 19 eingegangen. Im Folgenden werden betriebssystemtypische Hinweise nur für die am meisten verbreiteten Desktop-Betriebssysteme Windows XP und Linux gegeben.[1] Die einfachste Lösung besteht aus drei Teilen:

1. **Java SE Development Kit (JDK)**
   Um die Programme kompilieren zu können, muss das JDK installiert sein (download von [JSE]). Am besten setzt man auch gleich den Pfad entsprechend und die Umgebungsvariable JAVA_HOME, wie im Anhang auf Seite 401 beschrieben. Diese Umgebungsvariable wird benötigt, wenn wir später einen Web-Server installieren (siehe unten, Abschnitt 19.2).

2. **Java ME Wireless Toolkit**
   Sun stellt ein aus mehreren Komponenten bestehendes Werkzeug zur Verfügung, mit dem sehr leicht MIDlets ausprobiert werden können, das Java ME Wireless Toolkit, abgekürzt WTK (download von [JMEW]). Dieses Toolkit wird anschließend ebenfalls installiert. Es sei in diesem Abschnitt angenommen, dass die Installation in das Verzeichnis *C:\WTK* (Windows) bzw. */home/user/wtk* (Linux) erfolgt. Bei der Installation wird die Existenz des JDKs vorausgesetzt.

3. Nun brauchen wir noch einen beliebigen Editor zum Programmieren. Die folgenden drei Editoren gibt es sowohl für Windows wie für Linux: JEdit (www.jedit.org), SCiTE (www.scintilla.org), XEmacs (www.xemacs.org).

Alternativ gibt es Entwicklungswerkzeuge von einzelnen Herstellern wie Sony-Ericsson oder Nokia. Auch ist die Integration des WTK in Entwicklungsumgebungen wie Eclipse möglich. Abschnitt 19.4 im Kapitel über Werkzeuge beschreibt kurz und beispielhaft die Entwicklung mobiler Anwendungen mit NetBeans, das mit einem integrierten WTK erhältlich ist.

---

1 MAC-User bitten wir vorab um Entschuldigung!

2.1.2 Entwicklungsschritte

Hier werden die allerersten Entwicklungsschritte vom Schreiben des Programms bis zu seiner Ausführung auf einem Emulator beschrieben. Als Werkzeug wird das Wireless Toolkit (WTK) von Sun benutzt, wie auch in allen folgenden Beispielen.

Programm schreiben

Mit einem der genannten Editoren oder einem anderen schreiben wir das kleine Programm *ErstesMIDlet.java*, das einen vorgegebenen Text ausgibt und ein erläuterndes Laufband (Ticker) anzeigt.

Das erste Programm

```
package de.java_me.beispiele.proj0;
import javax.microedition.midlet.*;
import javax.microedition.lcdui.*;

public class ErstesMIDlet extends MIDlet {
    private Form form = new Form("Das erste MIDlet!");
    public ErstesMIDlet() {
        form.addCommand(new Command("ENDE", Command.EXIT, 1));
        form.setCommandListener(new CommandListener() {
          public void commandAction(Command c, Displayable d) {
              notifyDestroyed();
          }
        });
        form.setTicker(new Ticker("Ticker läuft!"));
    }
    protected void startApp() {
        form.append(new StringItem("Nachricht:",
                                   "MIDlet gestartet!"));
        Display.getDisplay(this).setCurrent(form);
    }
    protected void pauseApp() { }
    protected void destroyApp(boolean b) { }
}
```

Einzelheiten zur Funktionsweise der Anweisungen werden auf nachfolgende Kapitel verschoben, um zunächst den großen Zusammenhang darzustellen. Das WTK bringt die Bibliothek `javax.microedition` mit, die im JDK nicht enthalten ist, sowie die zugehörige Dokumentation der APIs, siehe im Installationsverzeichnis

.../docs/api/midp/index.html. Im Beispielprogramm fällt auf, dass die sonst bei vielen Java-Programmen vorhandene Funktion `main(String[])` fehlt – `startApp()` übernimmt stattdessen die Rolle zum Starten des Programms. Dazu erfahren Sie mehr im Kapitel 4, »MIDlet Grundlagen«.

Projekt anlegen

Nun starten wir die Komponente KToolBar des Toolkits mit »Start« → »Alle Programme« → »Java ME Wireless Toolkit« → »KToolbar« (Windows) bzw. durch Eingabe des Kommandos /home/user/wtk/bin/ktoolbar (Linux). Natürlich kann auch unter Linux ein Symbol auf dem Desktop angelegt werden, dessen Anklicken das WTK startet. Abbildung 2.1 zeigt die nun folgenden, unten beschriebenen Bedienungsschritte. Die Einstellung JWTI oben genügt zunächst.

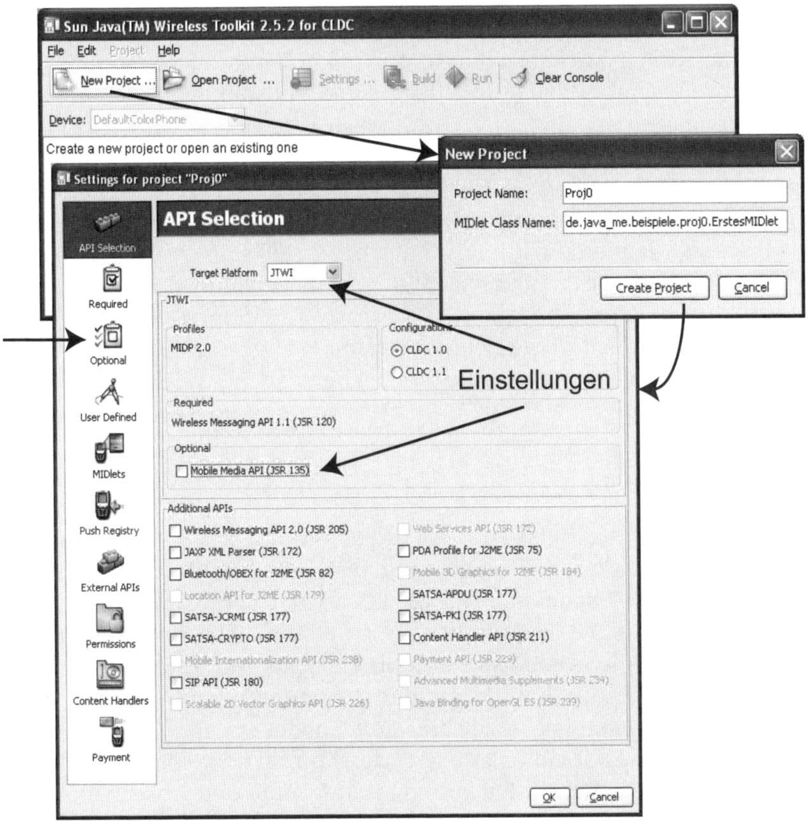

Abbildung 2.1: Anlegen eines Projekts mit dem WTK

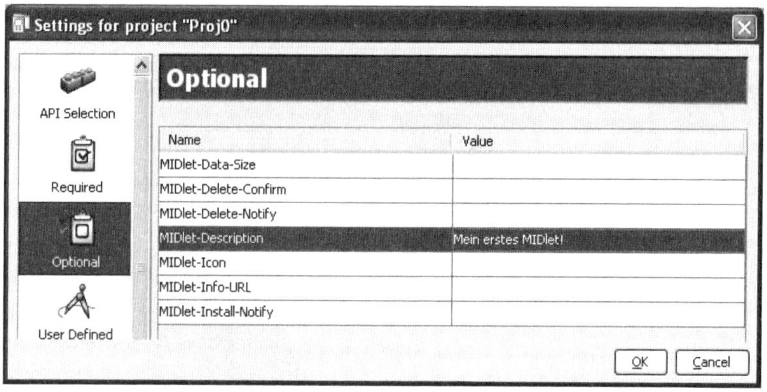

Abbildung 2.2: Projektbeschreibung eingeben

→ Beispiel *Proj0*

Im KToolbar-Fenster klicken wir nun auf »New Project«, wählen einen Projektnamen, zum Beispiel »Proj0«, und tragen den vollständigen Namen unserer ersten MIDlet-Klasse (`de.java_me.beispiele.proj0.ErstesMIDlet` einschließlich Package-Name) ein. Zu den anderen Projekteinstellungen siehe Abbildungen 2.1 und Abbildung 2.2. Nach Anklicken von »Optional« geben wir zunächst nur den beschreibenden Text »Mein erstes MIDlet!« ein und bestätigen mit OK. Die Datei *ErstesMIDlet.java* kopieren wir in das neu angelegte Verzeichnis *C:\WTK\apps\Proj0\src\de\java_me\beispiele\proj0* (Windows) bzw. */home/user/wtk/apps/Proj0/src/de/java_me/beispiele/proj0* (Linux). Bitte auf Groß- und Kleinschreibung achten! Der Projektname kann groß geschrieben werden. Package-Namen und auf diesen basierende Verzeichnisnamen werden im Allgemeinen klein geschrieben.

Schreibweise!

Übersetzen und Verifizieren

Mit »Clear Console« kann das Anzeigefeld gelöscht werden. Betätigen der Schaltfläche »Build« bewirkt die Übersetzung des Programms in class-Dateien, die im Unterverzeichnis *tmpclasses* des Projekts abgelegt werden. Falls die Meldung »Build failed« erscheinen sollte, gibt es noch Syntaxfehler im Programm, die mit dem Editor zu korrigieren sind, andernfalls erscheint die Meldung »Build complete«. »Build« sorgt für die Einbindung der richtigen Bibliotheken und ist letztlich nichts anderes, als wenn im Verzeichnis *proj0* in einer Shell (Linux) bzw. Eingabeaufforderung (Windows) ein entsprechendes Kommando eingegeben würde. Wer wissen will, was sich »hinter den Kulissen« tut, sollte den Abschnitt 2.5 am Ende dieses Kapitels lesen. Der Abschnitt enthält die Kommandozeilen und auch Informationen über notwendige Optionen, die im Sun WTK mit den »Project settings« eingestellt werden. »Build« bewirkt aber noch mehr, nämlich die *Prä-Verifikation*. Eine vollständige Verifikation im mobilen Endgerät ist zu aufwändig. Es müsste

Tipp

Speicher für das Programm zur Verifikation des Bytecodes bereitgestellt werden, und es würde Laufzeit beim Start einer Anwendung kosten. Daher wird die Bytecode-Verifikation in zwei Schritten ausgeführt: Eine Prä-Verifikation im ersten Schritt, bei der die verifizierten Dateien aus *tmpclasses* nach *classes* kopiert werden, und die abschließende Verifikation beim Start der Anwendung auf dem Endgerät. Der erste Schritt wird also schon bei der Konstruktion der Software unternommen, und der zweite Schritt kann deswegen mit sehr viel weniger Speicher und Laufzeit auskommen. Java ME stellt für die Prä-Verifikation das Programm *preverify* zur Verfügung, das mit »Build« implizit aufgerufen wird.

Start der Anwendung – noch ohne Installation

Das Toolkit emuliert verschiedene Gerätetypen, die in der Zeile »Device« zur Auswahl angeboten werden. Mit »Run« wird das Projekt auf dem angezeigten Gerät, zum Beispiel DefaultColorPhone, wenn wir kein anderes wählen, zum Start angeboten. Der Eintrag »Launch« unten rechts ist ein so genannter Softkey, der mit der direkt darunter befindlichen Taste betätigt wird und der unser erstes MIDlet startet. Abbildung 2.3 zeigt das Ergebnis.

2.2 Installationsvorbereitungen

Mit der Schaltfläche »Run« läuft das Programm auf Basis der erzeugten class-Dateien. Das reicht jedoch nicht – letztlich wird eine jar-Datei benötigt, die man auf ein mobiles Gerät portieren, dort installieren und zur Ausführung bringen kann.

2.2.1 Packen

Die Wahl von »Project« → »Package« → »Create Package« in der obersten Menüzeile bewirkt gleich mehrere Schritte:

- **Übersetzen und Prä-Verifikation**
  mit »Build« wie oben beschrieben.

- **Packen** zu einem Java-Archiv
  Die entstehenden Dateien *Proj0.jar*, *Proj0.jad* und *MANIFEST.MF* werden im Verzeichnis *bin* des Projekts abgelegt. Statt *Proj0* ist der jeweilige Projektname einzusetzen, hier beziehen wir uns auf das obige Beispiel. *Proj0.jar* ist das ausführbare Java-Archiv, *Proj0.jad* ist eine Beschreibungsdatei (java archive description), die den Umfang der Anwendung in Bytes und andere Daten enthält.

Speicher ist knapp, und die Bandbreite der Netzverbindung ist teuer. Deshalb ist in *Proj0.jad* die Angabe der Größe der jar-Datei besonders wichtig. Die Nutzerin oder der Nutzer eines mobilen Geräts (oder ein Programm auf diesem Gerät) kann

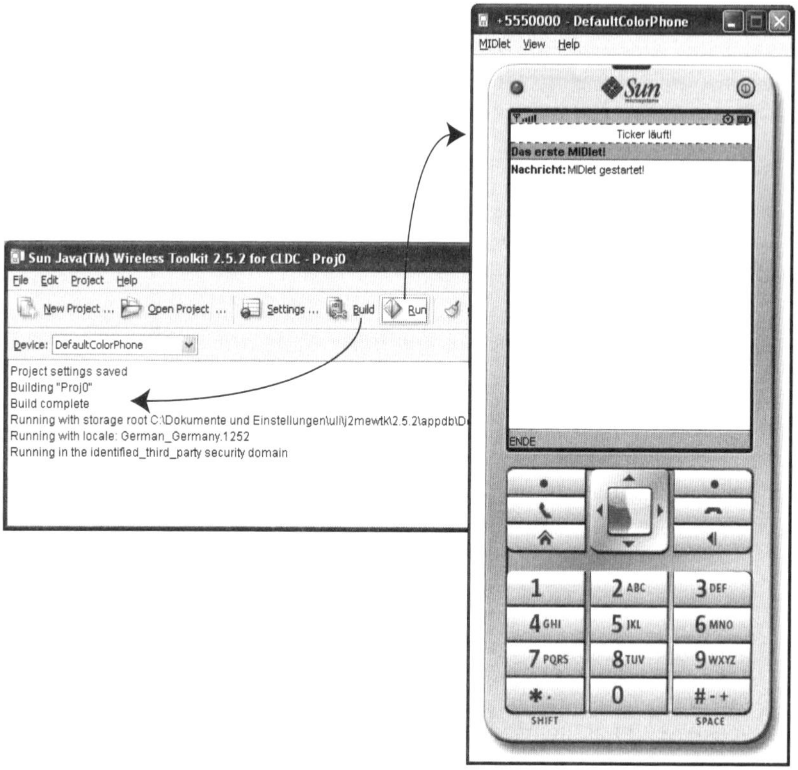

Abbildung 2.3: Das erste MIDlet

dann auf der Basis dieser Information entscheiden, ob die jar-Datei tatsächlich aus dem Internet heruntergeladen werden soll. Für das oben beschriebene Projekt lautet *Proj0.jad*[2]:

```
MIDlet-1: Proj0, Proj0.png,
   de.java_me.beispiele.proj0.ErstesMIDlet
MIDlet-Description: Mein erstes MIDlet!
MIDlet-Jar-Size: 100
MIDlet-Jar-URL: Proj0.jar
MIDlet-Name: Proj0
MIDlet-Vendor: Unknown
MIDlet-Version: 1.0
MicroEdition-Configuration: CLDC-1.0
MicroEdition-Profile: MIDP-2.0
```

[2] Die erste Zeile erstreckt sich nur aus Layout-Gründen über zwei Zeilen.

Diese vom WTK automatisch erzeugte Datei kann nicht mit einem Shell-Kommando erzeugt werden, aber mit einem beliebigen Editor. Es ist wichtig, dass die angegebene Dateigröße für die jar-Datei stimmt.

2.2.2 Packen mit Speicherplatzminimierung

Es gibt Werkzeuge, die die Namen im Programm durch Abkürzungen ersetzen. Dadurch wird der Speicherplatz reduziert, die Compilation wird schneller, und der Programmtext ist für andere nicht mehr so leicht zu entschlüsseln. Zum Beispiel könnte der Name `ErstesMIDlet` durch `a1` ersetzt werden usw. So ein Werkzeug heißt auf Englisch »Obfuscator« von »to obfuscate« (dt. verdunkeln, verwirren). Ein Open Source Obfuscator ist unter [Prog] zu finden. Nach dem Entpacken der heruntergeladenen Datei wird die Datei *proguard.jar* in das *bin*-Verzeichnis des WTK kopiert und steht damit dem WTK zur Verfügung. Zum Packen wird im WTK nun generell »Project« → »Package« → »Create Obfuscated Package« (statt »Create Package«) in der obersten Menüzeile aufgerufen. Wenn Namen verändert werden, könnte ein Problem auftreten, wenn Klassen dynamisch mit `Class.forName()` geladen werden sollen. Das wird verhindert, indem der Obfuscator mit der Option

Proguard installieren

```
-keep public class * extends javax.microedition.midlet.MIDlet
```

aufgerufen wird. Bedeutung der `keep`-Option: Alle `public`-Klassennamen sowie der Name der Oberklasse `MIDlet` sollen nicht vom Obfuscator durch andere Namen ersetzt werden. Die Option ist im WTK voreingestellt. Auf Seite 25 wird gezeigt, wie das Programm mit dem »Run«-Knopf des WTK gestartet wird. Dabei sind nur die *class*-Dateien beteiligt. In Abschnitt 2.3 wird die Simulation der Luftschnittstelle gezeigt, die die gepackte jar-Datei verwendet.

2.3 Simulation der Luftschnittstelle

Im Abschnitt 19.1 wird auf Einrichtung und Benutzung eines vom WTK unabhängigen Web-Servers für Zugriffe eingegangen. Bis dahin, und natürlich erst recht hier im Kapitel »Erste Schritte«, wird mit dem WTK-Emulator gearbeitet, der die Over the Air-Simulation mit einem internen Web-Server des WTKs erlaubt. »Over the Air« (OTA), deutsch etwa »durch die Luft«, meint eine Funkverbindung. Die Auswahl in der obersten Menüzeile »Project« → »Run via OTA« ergibt den Begrüßungsbildschirm (Abbildung 2.4, links). Wenn dort »Apps« und dann »Menu« mit dem Softkey angeklickt wird, zeigt sich (Abbildung 2.4, rechts) die Auswahl 1 (Launch) und 2 (About). Die Wahl von »Launch« durch Klicken der 1 zeigt einen vorbereiteten URI (Uniform Resource Identifier, siehe Abbildung 2.5 links)[3] an, der mit den Tasten editiert werden kann. Im Beispiel wird er unverändert gelassen. Dieser URI ist die Adresse des im WTK eingebauten Web-Servers.

[3] Zu den Begriffen URI, URL und URN siehe die Einträge im Glossar Seite 440.

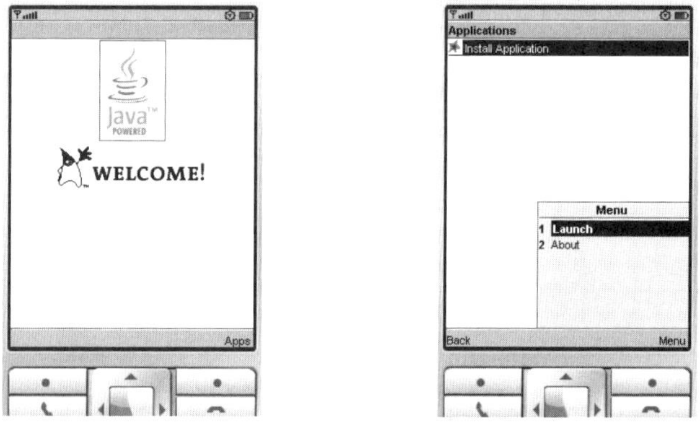

Abbildung 2.4: Begrüßungsbildschirm der OTA-Simulation und Auswahl

Er zeigt auf die im *bin*-Verzeichnis des Projekts angelegte Datei *Proj0.html*, die nur einen Verweis auf *Proj0.jad* enthält. Anklicken von »Menu« liefert die Auswahl 1 (Go) und 2 (Save). Auf einem Handy kann das Bild je nach Hersteller ganz anders aussehen. Es kann auch sein, dass das Menu erst über die Betätigung eines Softkeys »Optionen« sichtbar wird.

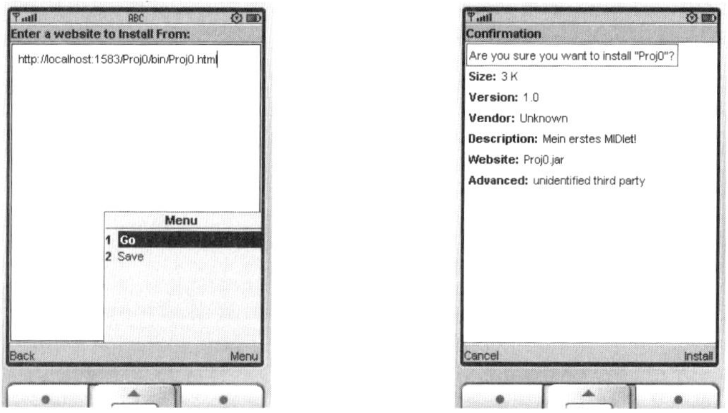

Abbildung 2.5: URI und jad-Datei

Die Wahl von 1 (Go) simuliert die Verbindung und das Laden der Datei *Proj0.jad*, deren Namen angezeigt wird. Die Wahl des Softkeys »Install« zeigt einen Informationsbildschirm, auf dem auch die Größe der Anwendung angezeigt wird, an und fragt, ob die Installation fortgesetzt werden soll (Abbildung 2.5 rechts). »Install« lädt und verifiziert den geladenen Code. Danach wird das Proj0 zur Auswahl angeboten. Klicken von »Menu« 1 (=Launch) startet die Anwendung, sodass sich dasselbe Bild wie Abb. 2.3 auf Seite 26 ergibt. Die Simulation ist beendet!

2.4 Installation auf einem Gerät

Es gibt verschiedene Wege, ein Programm auf einem mobilen Endgerät zu installieren:

- *Übertragung durch die Luft.*
  Das Programm wird auf einen Web-Server gespielt. Von da aus kann es mit dem Browser des Endgeräts heruntergeladen und installiert werden. Dieser Prozess benutzt eine Funkverbindung, also die so genannte Luftschnittstelle, englisch »over the air« oder kurz OTA genannt. Die Abbildung 2.6 zeigt den Ablauf von der Entwicklung bis zur Nutzung.

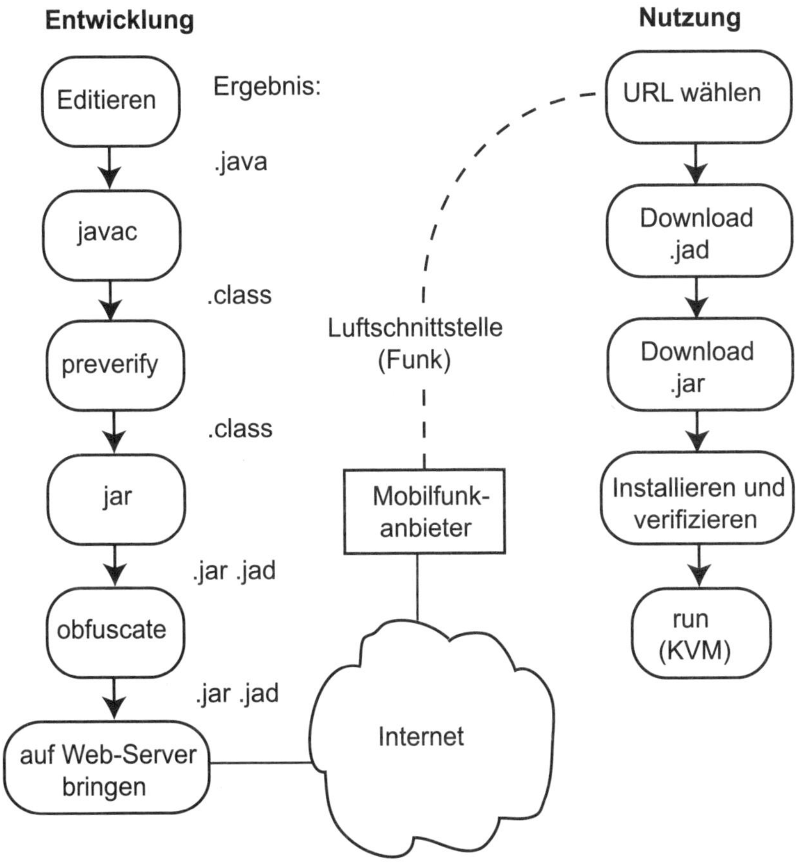

Abbildung 2.6: Ablauf von der Entwicklung bis zur Nutzung

- *Direkte Übertragung vom PC.*
  Direkte Übertragung kann im Wesentlichen auf zwei Arten geschehen: drahtlos über eine Infrarotschnittstelle oder Bluetooth, oder über ein USB-Kabel.

Bei der Übertragung benutzt man am besten die für das Gerät vorgesehene Software des Herstellers, die allerdings im Allgemeinen nur für das Windows-Betriebssystem geliefert wird. Leider ist das Vorgehen zur direkten Übertragung sehr herstellerspezifisch, sodass keine generelle Vorgehensweise beschrieben werden kann. Aus diesem Grund sei wenigstens ein konkretes Beispiel[4] gezeigt.

Software-Installation über ein USB-Kabel

Zur Installation von Software über ein USB-Kabel werden Handy und USB-Schnittstelle des PC mit dem Kabel verbunden. Anschließend sind nur noch wenige Schritte zu tun:

1. Die Frage auf dem Bildschirm des Handys »Telefon als Speichergerät verwenden?« wird verneint.
2. »PC Suite« des Herstellers (nur für Windows erhältlich) aufrufen und dort »Anwendungen installieren« anklicken (siehe Abbildung 2.7).

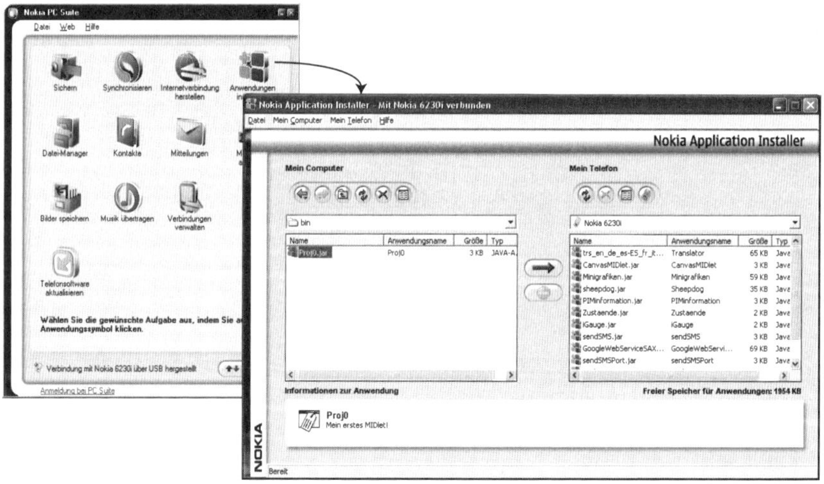

Abbildung 2.7: Software-Installation auf dem Handy

[4] Das Vorhandensein eines Firmennamens in einem Bild oder im Text ist weder als Empfehlung noch als Ablehnung des Herstellers zu verstehen. Die Autoren haben keinerlei Geschäftsbeziehung zu einem der Hersteller mobiler Endgeräte.

Im erscheinenden Fenster wird links die zu installierende jar-Datei ausgewählt. Ein Klick auf den großen Pfeil in der Mitte bewirkt die Installation. Eine Installation über die Bluetooth-Schnittstelle ist mit der PC-Suite ebenfalls möglich und in der Dokumentation zur Software beschrieben.

2.5 Hinter den Kulissen

Natürlich braucht man nicht zwingend das Sun WTK zur Entwicklung von MIDlets. Andere Werkzeuge wie NetBeans werden im Kapitel 19 vorgestellt. Hier wird gezeigt, was das Sun WTK eigentlich tut, indem alle oben beschriebenen Schritte als Kommandozeilenbefehle gezeigt werden – schließlich macht das WTK nichts anderes, als im Hintergrund diese Befehle abzusetzen und die Bildschirmausgabe umzuleiten. Im Folgenden wird davon ausgegangen, dass alle Kommandos im Verzeichnis des Projekts ausgeführt werden und dass das Projektverzeichnis im Verzeichnis *wtkapps* des Sun WTK liegt. Wenn das nicht der Fall ist, müssen die Kommandos entsprechend angepasst werden. Im Übrigen kann das vorgegebene Projektverzeichnis geändert werden. Dazu ist das Verzeichnis in die Datei *[WTK-Verzeichnis]/wtklib/Windows/ktools.properties* mit dem Schlüsselwort `kvem.apps.dir:` einzutragen, zum Beispiel

Bitte beachten!

`kvem.apps.dir: E:\\jmebuch\\beispiele\\midlets` (Windows) oder
`kvem.apps.dir: /home/user/jmebuch/beispiele/midlets` (Linux).
Der Backslash \ ist wie gezeigt doppelt anzugeben.

Übersetzen

Ein Klick auf die Schaltfläche »Build« des Sun WTK sorgt für die Einbindung der richtigen Bibliotheken und ist letztlich nichts anderes, als wenn im Verzeichnis *Proj0* in einer Shell (Linux) bzw. Eingabeaufforderung (Windows) das folgende Kommando eingegeben würde, allerdings in *einer* Zeile statt der hier aus Layout-Gründen gezeigten drei:

```
javac -bootclasspath ../../lib/cldcapi10.jar;
../../lib/midpapi20.jar -d tmpclasses  -source 1.3 -target 1.1
src/de/java_me/beispiele/Proj0/ErstesMIDlet.java
```

Das Verzeichnis *tmpclasses* muss existieren und ggf. vorher angelegt werden, wie auch die Verzeichnisse *classes* und *bin*, die weiter unten benötigt werden. Die Option `-source 1.3` besagt, dass der Quellcode als Java 1.3-Code aufzufassen ist. Option `-target 1.1` weist den Compiler an, Bytecode für eine Java 1.1-Virtual Machine, wie sie oft in Handys vorhanden ist, zu erzeugen. Java 1.4 oder höher wird von den VM derzeit nicht unterstützt. `-source 1.4` verbietet sich, weil es automatisch `-target 1.4` impliziert. Die Option `-bootclasspath` lädt in diesem Beispiel die Bibliotheken der Konfiguration CLDC (Connected Limited Device Configuration) der Version 1.0 und das MIDP (Mobile Information Device Profile) der Version 2.0.

Verifizieren

Das Programm *preverify* wird aus dem Projekt-Verzeichnis über die folgende Kommandozeile aufgerufen:

```
../../bin/preverify -classpath ../../lib/cldcapi10.jar;
../../lib/midpapi20.jar -d classes tmpclasses
```

Auch hier handelt es sich um *eine* Zeile. In einem Windows-System sind die ersten drei Schrägstriche / jeweils durch einen Backslash \ zu ersetzen. Wenn geprüft werden soll, ob die Klassen der CLDC 1.0 genügen, ist die Option `-cldc` einzuschalten. Näheres zum Unterschied der Versionen siehe unten, Abschnitt 3.2.

Packen

Alternativ kann mit einem Shell-Kommando gepackt werden, genau wie man es bei der Java SE machen würde. Im Falle von im Verzeichnis *res* vorhandenen und einzubindenden Ressourcendateien müsste noch `-C res .` angehängt werden.

```
jar cfm bin/Proj0.jar bin/MANIFEST.MF -C classes .
```

Packen mit Obfuscator

```
java -jar ../../bin/proguard.jar @Proj0.pro
```

ist der Aufruf des Obfuscators im Projektverzeichnis mit einem Shell-Kommando. Dabei ist *Proj0.pro* die Datei mit den Optionen für den Obfuscator, die vom WTK angelegt wird. Es ist möglich, die in der Datei *Proj.pro* vorhandenen Optionen dem Kommando direkt mitzugeben, zum Beispiel (wiederum als *eine* Zeile zu lesen):

```
java -jar ../../bin/proguard.jar
-libraryjars ../../lib/cldcapi10.jar;../../lib/midpapi20.jar
-injars bin/Proj0.jar          -outjar /tmp/Proj0.jar
-keep "public class * extends javax.microedition.midlet.MIDlet"
```

Nach Start des Obfuscators aus der Shell ist die Datei */tmp/Proj0.jar* in das Verzeichnis *bin* zu kopieren. Die Größenangabe in der Datei *bin/Proj0.jad* ist anzupassen.

Programmstart

Es ist möglich, das entsprechend dem vorhergehenden Abschnitt gepackte Programm direkt im Emulator laufen zu lassen, indem er direkt mit der beschreibenden *jad*-Datei als Parameter aufgerufen wird. In der Linux-Distribution des WTK liegt der Emulator als jar-Datei vor, in der Windows-Distribution als *emulator.exe*, weswegen sich die Aufrufe unterscheiden:

Linux: `java -jar ../../bin/emulator -Xdescriptor bin/Proj0.jad`
Windows: `..\..\bin\emulator -Xdescriptor bin/Proj0.jad`

3 Konfigurationen und Profile

Mobile Geräte haben Eigenschaften, aber nicht alle Eigenschaften sind auf allen Geräten verfügbar. Die Java-Laufzeitumgebung muss zu den Eigenschaften passen. Daher werden Klassen von Geräten definiert, die bestimmten Java-Konfigurationen entsprechen mit der Idee, dass eine für eine Klasse entwickelte Anwendung auf jedem Gerät dieser Klasse laufen soll. Eine Konfiguration in diesem Sinn ist die Kombination einer Java Virtual Machine zusammen mit einem API, sodass die Kombination eine Entwicklungsplattform für eine breite Klasse an Geräten darstellt. Die hier zu betrachtenden Gerätetypen sind in Kapitel 1 beschrieben. Über den Konfigurationen liegen die Profile zur Verwaltung der Benutzungsschnittstellen, der Speicherung persistenter Daten und der Steuerung des Lebenszyklus einer Anwendung. Abbildung 3.1 zeigt die Architektur für CLDC (Connected Limited Device Configuration, siehe Abschnitt 3.1) und MIDP (Mobile Information Device Profile, siehe Abschnitt 3.4).

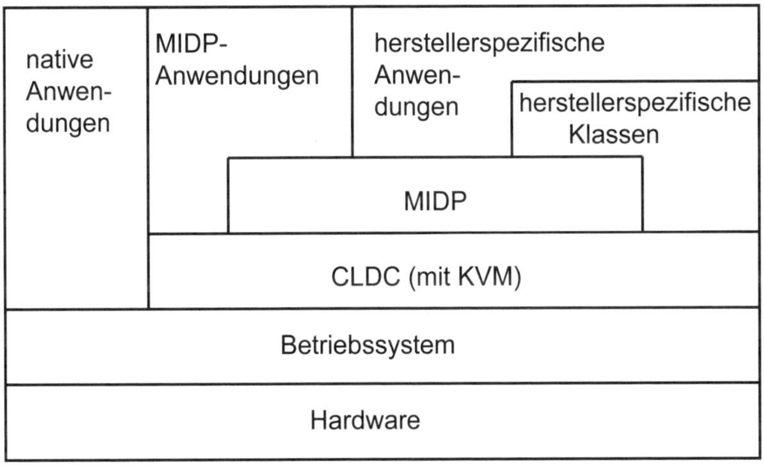

Abbildung 3.1: Architektur für CLDC und MIDP

Es ist wegen der großen Vielfalt der Geräte und der schnellen Entwicklung nicht möglich, alle Varianten vorherzusehen und zu spezifizieren. Aus diesem Grund gibt es sowohl native Anwendungen, die nicht in Java geschrieben sind und direkt auf der Systemsoftware aufsetzen, als auch herstellerspezifische Java-Klassen und darauf aufbauende Anwendungen.

3.1 CLDC

Derzeit gibt es die zwei Konfigurationen CLDC und CDC, wobei von der ersten zwei unterschiedliche Versionen in Gebrauch sind. Die CLDC (Connected Limited Device Configuration), Version 1.0 [JSR30], ist der Vorläufer der CLDC 1.1 [JSR139]. Die JVM zur CLDC ist die schon erwähnte KVM (Kilobyte Virtual Machine). Die CLDC deckt die Gebiete

- Java und JVM
- Kern-Bibliotheken `java.lang` und `java.util`
- Ein-/Ausgabe (`java.io`)
- Sicherheit
- Netzverbindungen
- Internationalisierung

ab. Darüber hinaus gehende Dinge wie Benutzungsschnittstellen, Ereignisverarbeitung und Management der Installation und des Lebenszyklus von Anwendungen sind den schon auf Seite 20 erwähnten Profilen vorbehalten. Die CLDC geht von folgenden Hardware-Mindestanforderungen aus:

- 16- oder 32-Bit-Prozessor
- Für die KVM und die CLDC-Bibliotheken sollen mindestens 160 kB nichtflüchtiger Speicher vorhanden sein, ein Speicher also, dessen Zustand sich durch Ausschalten des Geräts nicht ändert.
- Wenigstens 32 kB flüchtiger Speicher (RAM) müssen als Arbeitsspeicher für die JVM vorhanden sein.

Mit der CLDC wird der Schwerpunkt auf die Anwendungsprogrammierung gelegt, Systemfunktionen werden durch die CLDC-Bibliotheken bereitgestellt. Ein wesentliches Ziel ist es, das dynamische Laden von Programmen zu ermöglichen. Weil die Software nicht mehr fest codiert ist, werden Geräte erweiterbar und können interaktive Inhalte und Anwendungen von beliebigen Anbietern laden, nicht nur vom Hersteller des Geräts.

3.1.1 CLDC und Java

Natürlich sollen Java ME-Programme aufwärtskompatibel sein, also auch auf größeren Java-Plattformen wie Java SE und Java EE laufen können. Es soll eine Untermenge genau der aus der Java SE bekannten Klassen verfügbar sein. Die Java SE- und Java EE-Klassen sind aber so miteinander verwoben, dass es kaum möglich ist, eine Untermenge, die mit relativ wenig Speicher auskommt, herauszuziehen. Die starken inneren Abhängigkeiten sind durch die Evolution der Sprache Java bedingt. Aus diesem Grund sind mehrere Java-Bibliotheken für die CLDC neu entworfen worden. Eine Konfiguration wie CLDC ist der kleinste gemeinsame Nenner, der für eine Klasse von Geräten gelten soll – dadurch ergeben sich Einschränkungen, die sich auf API und Bibliotheken auswirken. Das heißt, dass CLDC-Klassen durchaus nicht alle Attribute und Methoden implementieren, die von denselben Klassen der Java SE bekannt sind.

3.1.2 Bibliotheken für CLDC

Die Bibliotheken lassen sich in zwei Kategorien einteilen, nämlich diejenigen, die eine Untermenge der Java SE-Klassen darstellen, und in CLDC-spezifische Klassen. Zu den Ersten gehören `java.lang`, `java.util` und `java.io`, während die Letzteren im Package `java.microedition.io` untergebracht sind. Zum Beispiel enthält `java.lang` nur etwa die Hälfte der Klassen aus dem gleichnamigen Paket der Java SE. Die Packages, Klassen und Interfaces (kursiv dargestellt) der CLDC 1.1 sind:

`java.lang`

Systemklassen

`Object`, `Class`, `Runtime`, `System`, `Thread`, `String`, `StringBuffer`, `Throwable`, *`Runnable`*

Datentypen

`Boolean`, `Byte`, `Short`, `Integer`, `Long`, `Float`, `Double`, `Character`

(schwere) Fehler

`Error`, `NoClassDefFoundError`, `OutOfMemoryError`, `VirtualMachineError`

ergänzend: `Math`

Ausnahmebehandlung: Es gibt 26 Exception-Klassen.

`java.lang.ref`

Schwache Referenzen

`Reference`, `WeakReference`

`java.util`

Collections

`Vector`, `Stack`, `HashTable`, *`Enumeration`*

Kalender und Zeit
`Calendar, Date, TimeZone`

ergänzend: `Random`

`java.io`

`InputStream, OutputStream, ByteArrayInputStream, ByteArrayOutputStream, DataInputStream, DataOutputStream, Reader, Writer, InputStreamReader, OutputStreamWriter, PrintStream,` *`DataInput, DataOutput`*

3.1.3 Einschränkungen im Vergleich zur Java SE

Die oben aufgelisteten Klassen sind nicht nur eine Untermenge der Java SE-Klassen, sie haben in Teilen auch einen kleineren Funktionsumfang. Die JVM für eine CLDC unterliegt ebenfalls Einschränkungen, die sich im reduzierten Sprachumfang widerspiegeln. Die Einschränkungen seien hier kurz zusammengefasst:

- Der Klasse `Object` fehlen die Methoden `clone()` und `finalize()`. In realen Programmen wird `clone()` selten gebraucht, und notfalls könnte es leicht durch eine eigene Funktion ersetzt werden. Der Verlust von `finalize()` kann ebenfalls leicht verschmerzt werden – es ist ohnehin besser, Aufräumaktionen und Ressourcenfreigaben selbst explizit durchzuführen, sobald eine Ressource nicht mehr benötigt wird.
- Die Fehlerbehandlung ist vereinfacht. Wenn ein Fehler auftritt, der in der Java SE, aber nicht in CLDC definiert ist, soll die JVM anhalten oder ein Objekt einer `Error`-Klasse der CLDC auswerfen.
- Der vorgegebene Class-Loader kann nicht durch einen eigenen ersetzt werden. Ein eigener Class-Loader ist eine Klasse, die von `ClassLoader` erbt und die in der zu implementierenden Methode `loadClass()` einen selbstgeschriebenen Algorithmus zum dynamischen Laden von Klassen (über ein Netzwerk oder vom Dateisystem) benutzt.
- Thread-Gruppen (Klasse `ThreadGroup`) gibt es nicht. Eine Thread-Gruppe dient zum Verwalten einer Menge von Threads und kann nicht nur Threads, sondern auch andere Thread-Gruppen enthalten.
- Es gibt keine Dämon-Threads (Methode `setDaemon(boolean)` und verwandte). Dämon-Threads unterscheiden sich von normalen Threads nur in einem Punkt: Ein Java-Programm wird beendet, wenn alle normalen Threads beendet sind, auch wenn noch Dämon-Threads laufen. Der Garbage Collector ist ein Dämon-Thread.

- Asynchrone Exceptions werden nicht unterstützt. Diese können nur durch einen internen Fehler der JVM auftreten, oder dadurch, dass ein Thread mit der (noch) vom Compiler erlaubten, aber nicht empfohlenen Methode `stop()` beendet wird.

- Der Byte-Code von Java-Programmen wird grundsätzlich verifiziert. Aus Speicherplatz- und Performancegründen *kann* eine Konfiguration vom normalen Verfahren, das in der Java SE verwendet wird, absehen. Typischerweise wird die Verifikation dann in zwei Phasen zerlegt, wie auf Seite 24 beschrieben.

3.2 CLDC 1.1 im Vergleich zu 1.0

Angesichts der technischen Entwicklung ist davon auszugehen, dass nach und nach die Version 1.1 die meiste Verbreitung haben wird. Aus diesem Grund wird hier nur kurz auf die wesentlichen Unterschiede eingegangen und ansonsten die Version 1.1 zugrunde gelegt. Bei der Entwicklung von Software muss zunächst bestimmt werden, für welche Geräte sie entwickelt werden soll. Es ist zu ermitteln, ob das Gerät CLDC 1.0 oder 1.1 unterstützt, um festzustellen, ob und wie der geplante Funktionsumfang realisiert werden kann. In den folgenden Punkten unterscheidet sich Version 1.1 von 1.0:

- Der mindestens erforderliche Speicher wurde von 160 auf 192 kB erhöht.

- Unterstützung von Gleitkommazahlen. Die Klassen `Float` und `Double` wurden hinzugefügt. Dies ist der hauptsächliche Grund für den erhöhten Speicherbedarf.

- Unterstützung schwacher Referenzen. Eine Untermenge des Java SE-Package `java.lang.ref` wurde hinzugefügt.

- Die Klassen `Calendar`, `Date` und `TimeZone` wurden neu entworfen, um mehr der Java SE zu entsprechen. `Date` wurde um `toString()` erweitert.

- Die Klasse `NoClassDefFoundError` wurde hinzugefügt.

- Die Klasse `Thread` wurde um `getName()`, `interrupt()` und einige Konstruktoren erweitert.

- Es wurden Fehler beseitigt und kleinere weitere Änderungen an den Bibliotheken vorgenommen. Zum Beispiel wurden die Methoden `String.intern()`, `String.equalsIgnoreCase()` und `Random.nextInt(int)` sowie die Attribute `TRUE` und `FALSE` der Klasse `Boolean` hinzugefügt.

3.3 CDC

Die CDC (Connected Device Configuration) enthält eine erheblich größere Untermenge der Java SE-APIs im Vergleich zur CLDC. Das Personal Profile enthält das vollständige Java AWT (Abstract Window Toolkit) und alles, was für das Ausführen von aus dem Internet geladenen Applets notwendig ist. Eine Untermenge des Personal Profile, das Personal Basis Profile, stellt die Kernfunktionalität einschließlich einer minimalen Grafikunterstützung zur Verfügung. Der interne Aufbau ist geschichtet: Die Funktionen des Personal Profile benutzen die des Foundation Profile, welches auf der CDC mit ihrer JVM aufsetzt. Die Basisfunktionen des Foundation Profile erlauben netzangebundene eingebettete Systeme ohne Benutzungsschnittstellen. Ähnlich wie bei der CLDC gibt es zwei Versionen, die CDC 1.0 [JSR36] und den in Arbeit befindlichen Nachfolger, die CDC 1.1 [JSR218]. Eine CDC-Implementierung muss die Sprache Java voll unterstützen und erfordert eine JVM wie die der Java SE. Die Einschränkungen der CLDC-Klassen gegenüber der Java SE gibt es in der CDC nicht. Darüber hinaus enthält sie `java.microedition.io`. Wie schon im Vorwort erwähnt, liegt der Schwerpunkt dieses Buchs auf der Entwicklung von Software für Geräte mit begrenzten Ressourcen wie einfache PDAs und Mobiltelefone, sodass auf die CDC nicht weiter eingegangen wird.

3.4 MIDP

Das MIDP (Mobile Information Device Profile) unterstützt die für eine erfolgreiche Entwicklung erforderlichen Funktionen durch eine Menge von APIs und der zugehörigen Bibliothek. Es baut auf der CLDC auf, siehe auch Abbildung 3.1 auf Seite 33. Die Funktionen betreffen die folgenden Bereiche:

- Lieferung von Anwendungen
- Steuerung des Lebenszyklus einer Anwendung
- Signierung und Sicherheitsmodell
- Unterstützung von HTTPS (HTTP verschlüsselt)
- Registrierung von Server-Push-Diensten[1]
- Netzwerkverbindungen und -protokolle
- Persistenter Speicher (RecordStore)

[1] Ein Push-Dienst, den man abonniert hat (= bei dem man sich registriert hat), versendet automatisch eine Nachricht bei Eintreten bestimmter Ereignisse (Änderung eines Börsenkurses, Fußballergebnisse, ...).

- Erzeugung von Tönen
- Timer
- Benutzungsinterfaces (Bildschirm, Tastatur)

MIDP legt Mindest-Hardware-Anforderungen fest, zum Beispiel eine Bildschirmauflösung von 96 x 54 Pixel und 1 Bit pro Pixel. Diese Anforderungen und auch die Anforderungen an den Speicher sind mittlerweile durch die übergreifende Spezifikation [JS248] überholt, siehe Abschnitt A.5. Abbildung 3.1 auf Seite 33 zeigt die Einbindung in die Architektur. Vom MIDP gibt es die Versionen 1 (JSR37) und 2 [JSR118]. MIDP 3.0 ist in der Entwicklung [JSR271] und fordert zum Beispiel eine Bildschirmauflösung von 176 x 220 Pixel und 16 Bit pro Pixel. Da die meisten modernen Geräte MIDP 2 unterstützen, ist im Folgenden mit MIDP immer Version 2 gemeint. Die Spezifikation besteht aus mehreren Teilen:

- Übersicht
- Java API-Dokumentation mit den Packages

  `java.lang`

  `java.util`

  `javax.microedition.io` für Netzwerkverbindungen

  `javax.microedition.lcdui` für Benutzungsschnittstellen

  `javax.microedition.lcdui.game` für die Entwicklung von Spielen

  `javax.microedition.media` für Multimedia

  `javax.microedition.media.control` für Playback und Lautstärke

  `javax.microedition.midlet` für den Lebenszyklus und die Interaktion von MIDlets mit der Umgebung

  `javax.microedition.pki` für die Authentifizierung von Informationen

  `javax.microedition.rms` für das Management persistenter Daten

- Spezifikation des Ladens und Installierens von Anwendungen (MIDlet-Suiten) über die Luftschnittstelle, kurz OTA (over the air), mit einem Browser oder einem anderen geeigneten Programm. Bluetooth [JSR82] und Infrarot-Verbindungen (vgl. Eintrag »IrDA« Seite 437) sind nicht Bestandteil der MIDP-Spezifikation.
- Sicherheit für MIDlet-Suiten. Vertrauenswürdige MIDlets können besondere Rechte auf APIs oder Gerätefunktionen erhalten und haben damit mehr Möglichkeiten im Vergleich zum geschützten Ablauf von MIDlets, die sich nicht als vertrauenswürdig ausgewiesen haben. Der Schutz der Ablaufumgebung (»Sandbox«) kann also teilweise aufgehoben werden.

- Empfohlene Sicherheitsverfahrensregeln für GSM/UMTS-Geräte. Nur eines der möglichen Probleme: Wie soll sich ein MIDlet verhalten, wenn die SIM-Karte gewechselt wird?

In den folgenden Kapiteln lernen Sie die APIs anhand vieler Beispiele kennen.

4 MIDlet-Grundlagen

Java-Programme, die für ein MIDP geschrieben wurden, heißen *MIDlet*. Ein oder mehrere zusammengehörige MIDlets werden zu einer *MIDlet-Suite* zusammengepackt. Eine MIDlet-Suite ist das Ergebnis eines so genannten Projekts im WTK und liegt letztlich als Kombination einer jad-Datei mit einer jar-Datei vor, die zur Ausführung zum Beispiel auf ein Handy geladen werden kann – wie auf Seite 25 beschrieben. MIDlets einer Suite können sich Ressourcen teilen. Jedes mobile Gerät, auf dem MIDlets laufen sollen, muss eine Umgebung bereitstellen, die es erlaubt, MIDlets auszuwählen, zu installieren, zum Laufen zu bringen und zu entfernen. Diese Umgebung, AMS (Application Management Software) genannt, steuert den Lebenszyklus von MIDlets und ist verantwortlich für die Interaktion mit dem Benutzer und die Behandlung von Fehlern.

4.1 Der MIDlet-Lebenszyklus

Ausschließlich auf der CLDC basierende Programme werden wie viele andere Java-Programme auch mit der Funktion `main(String[])` gestartet. Bei MIDlets ist das nicht so. Sie haben einen besonderen Lebenszyklus wie die bekannten Applets und sind auch sonst mit Applets vergleichbar. Wie bei Applets gibt es eine System-Konsole zur Ausgabe nur, wenn das Programm auf der Konsole gestartet wurde, was während der Entwicklung, nicht aber im normalen Betrieb vorkommt. Wie bei Applets wird die Funktion `System.exit(int)` zur Beendigung des Programms nicht unterstützt.

Ein MIDlet kann nur in einem von drei Zuständen sein: aktiv, pausierend, zerstört. Zwischen den ersten beiden Zuständen kann es hin und her wechseln, der letzte Zustand ist final. Es muss zu jeder Zeit möglich sein, ein laufendes MIDlet zu beenden. Die Zustände können durch die MIDlet-Methoden, aber auch von außen durch die AMS geändert werden, zum Beispiel, wenn durch einen hereinkommenden Anruf die Anwendung angehalten und das Display freigegeben werden soll. Wenn das MIDlet selbst seinen Zustand ändert, muss es die AMS benachrichtigen. Die Oberklasse `javax.microedition.midlet.MIDlet`, von der jedes MIDlet erbt, stellt entsprechende Methoden zur Verfügung. Die Methoden `startApp()`, `pauseApp()` und `destroyApp()` der Klasse `MIDlet` sind `protected abstract` und müssen daher implementiert werden. Abbildung 4.1 zeigt das UML-Zustandsdiagramm eines MIDlets.

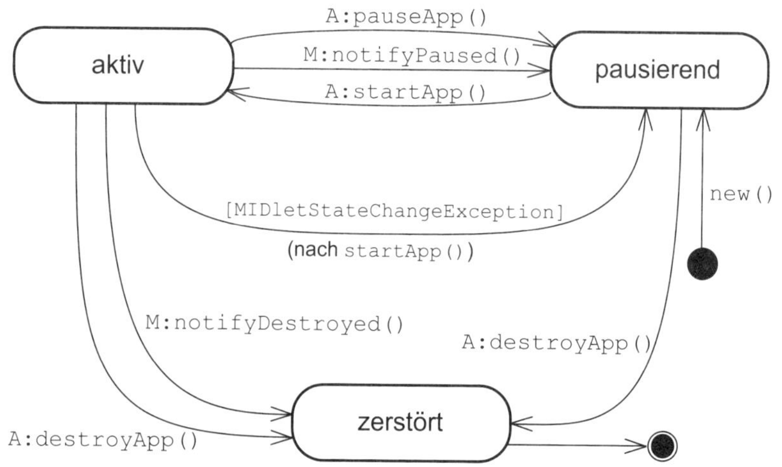

Abbildung 4.1: Vereinfachtes MIDlet-Zustandsdiagramm (A = AMS, M = MIDlet)

Ein typischer Ablauf mit Varianten könnte wie folgt aussehen:

1. Die Anwendungs-Management-Software (AMS) erzeugt ein MIDlet-Objekt mit dem argumentlosen Konstruktor. Das Objekt ist jetzt im Zustand »pausierend«. Der Konstruktor sollte keine zeitaufwändigen Operationen enthalten und keine Ressourcen anfordern und damit für andere blockieren – schließlich läuft das MIDlet (noch) nicht.

2. Die AMS ruft die Methode `startApp()` des MIDlets auf, um es laufen zu lassen. Das MIDlet wechselt in den Zustand »aktiv«, fordert alle benötigten Ressourcen an und führt die eigentliche Anwendung aus. Letzteres sollte, damit `startApp()` schnell zurückkehrt, in einem eigenen Thread geschehen.

3. Ein Telefonanruf trifft ein. Die AMS braucht daher einige Ressourcen und legt das MIDlet mit dem Aufruf `pauseApp()` schlafen. Es gibt alle Ressourcen frei, die es nicht unbedingt benötigt, und wechselt in den Zustand »pausierend«.

4. Im MIDlet läuft ein weiterer Thread, der im Falle des Pausierens in periodischen Abständen prüft, ob das MIDlet nicht doch weiterlaufen darf. Dieser Thread ruft dazu die Methode `resumeRequest()` auf. Es sei angenommen, dass die AMS daraufhin entscheidet, dass das MIDlet mit `startApp()` neu gestartet und in den Zustand »aktiv« gesetzt wird.

5. Nach einer gewissen Zeit benötigt die AMS alle Ressourcen und beendet das MIDlet mit dem Aufruf `destroyApp()`. Es gibt daraufhin alle angeforderten

Ressourcen frei, speichert gegebenenfalls Informationen im persistenten Speicher zur späteren Wiederverwendung und wechselt in den Zustand »zerstört«. In diesem Zustand kann es vom Garbage Collector abgeräumt werden.

→ Beispiel *Zustaende*

Im nachfolgenden Beispiel wird in `startApp()` erst gewartet, dann ein Thread der inneren Klasse `ResumeThread` gestartet und dann pausiert. In der `run()`-Methode des Threads wird der AMS der Wunsch mitgeteilt, wieder aktiv sein zu wollen. Diesem Wunsch kann, muss aber nicht stattgegeben werden. Die Abfolge von Zuständen wird auf dem Bildschirm protokolliert. Natürlich kann es sein, dass ein MIDlet sich selbst schlafen legt oder beendet. In diesen Fällen muss die AMS davon benachrichtigt werden, indem die Methode `notifyPaused()` bzw. `notifyDestroyed()` aufgerufen wird.

MIDlet-Zustände durchlaufen

```
import javax.microedition.midlet.MIDlet;
import javax.microedition.lcdui.Form;
import javax.microedition.lcdui.Display;

public class Zustaende extends MIDlet {

    class ResumeThread extends Thread {
        public void run() {
            try {
                Thread.sleep(5000);
                // Anfrage zur Wiederaktivierung:
                resumeRequest();
            } catch(InterruptedException e) {
                // nichts tun
            }
        }
    }

    private Display display = null;
    private Form form = new Form("Zustände eines MIDlets!");
    private ResumeThread thread;

    protected void startApp() {
        if(display == null) {
            display = Display.getDisplay(this);
            display.setCurrent(form);
            form.append(
                    "Zustand: aktiv! In 5 s wird pausiert.\n"
                  + "Bitte warten...\n");
```

```
            thread = new ResumeThread();
            try {
                Thread.sleep(5000);
                thread.start();
                form.append("Zustand: pausierend.\n"
                        + "(WTK: Resume oben links.)\n");
                notifyPaused();             // AMS benachrichtigen
            } catch(InterruptedException e) {
                // nichts tun
            }
        }
        else {                          // 2. Aktivierung
            form.append("Zustand: reaktiviert\n"
                    + "Das Ende naht!\n");
            display.setCurrent(form);
            try {
                // damit die Nachricht noch gesehen wird
                Thread.sleep(2000);
            } catch(InterruptedException e) {
                // nichts tun
            }
            notifyDestroyed();          // AMS benachrichtigen
        }
    }

    protected void pauseApp() { }

    protected void destroyApp(boolean b) { }
}
```

Der Ablauf im Beispiel:

1. Die AMS startet das MIDlet durch Aufruf der Methode `startApp()`. Das MIDlet ist im Zustand »aktiv«.

2. Nach fünf Sekunden wird der Thread gestartet und das MIDlet mit `notifyPaused()` in den Zustand »pausierend« überführt. Die angezeigten Meldungen können verschwinden, falls die AMS dem MIDlet den Bildschirm entzieht. Der Thread läuft im Hintergrund weiter.

3. Nach fünf Sekunden ruft der Thread `resumeRequest()` auf. Die AMS ruft, wenn sie nichts Wichtigeres zu tun hat, zum zweiten Mal die Methode `startApp()` auf, sodass das MIDlet reaktiviert wird. Der Zustand ist wieder »aktiv« mit einer entsprechenden Meldung auf dem Bildschirm.

4. Damit man die Nachricht noch sehen kann, wird das MIDlet erst nach weiteren zwei Sekunden gestoppt.

Es kann aber je nach Gerät auch sein, dass die AMS gar nichts tut. Dann sieht man die Reaktivierungs-Meldung nicht auf dem Bildschirm, und das Programm wird nach Ablauf aller Threads beendet. `ResumeThread` beendet sich von selbst.

Das Argument `true` im Aufruf von `destroyApp(true)` durch die AMS bewirkt den unbedingten Abbruch. Falls `false` übergeben wird, darf das MIDlet die Aufforderung zum Abbruch ignorieren (zum Beispiel, weil erst wichtige Daten gesichert werden müssen), muss dann aber eine `MIDletStateChangeException` werfen. Im Beispiel ist dies nicht vorgesehen, deswegen wird die `throws MIDletStateChangeException`-Deklaration weggelassen. Eine `MIDletStateChangeException` kann es auch beim Start geben, wenn er aus bestimmtem Anlass nicht gelingt, aber später durchaus gelingen kann.

Tipp

Es kann sein, dass vor dem Pausieren oder dem Beenden des MIDlets noch Aufräumarbeiten durchzuführen sind, wie etwa das Schließen einer Datei oder einer Verbindung. Es sei hier angenommen, dass diese Arbeiten in einer Methode `aufraeumen()` gekapselt sind. Die Methode `aufraeumen()` ist dann aufzurufen

- innerhalb der Methoden `pauseApp()` und `destroyApp()` und
- direkt vor jedem Aufruf von `notifyPaused()` bzw. `notifyDestroyed()`. Die AMS ruft zwar auf Grund äußerer Einflüsse `pauseApp()` und `destroyApp()` auf, tut dies aber nicht automatisch nach Benachrichtigung durch `notifyPaused()` und `notifyDestroyed()`. Also muss man vor der Benachrichtigung selbst fürs Aufräumen sorgen.

Anderes Verhalten im Sun WTK-Emulator

Das beschriebene Verhalten hängt sehr vom Gerät ab. Es gibt keine Garantie, dass die AMS von `resumeRequest()` veranlasst wird, `startApp()` wieder aufzurufen. Andererseits wird ein kontrolliertes pause/resume-Verhalten für Tests benötigt. Aus diesem Grund ist im Sun WTK vorgesehen, dass sowohl Pausieren des MIDlets als auch Neustart über ein Popup-Fenster gesteuert werden, wie Abbildung 4.2 zeigt. Anklicken von »Pause« oder Aufruf von `notifyPaused()` wird durch »Incoming Call ...« angezeigt. Ein Neustart kann durch Anklicken von »Resume« oder Aufruf von `resumeRequest()` bewirkt werden, wobei aber nur Ersteres das AMS zur Freigabe des Displays bewegt.

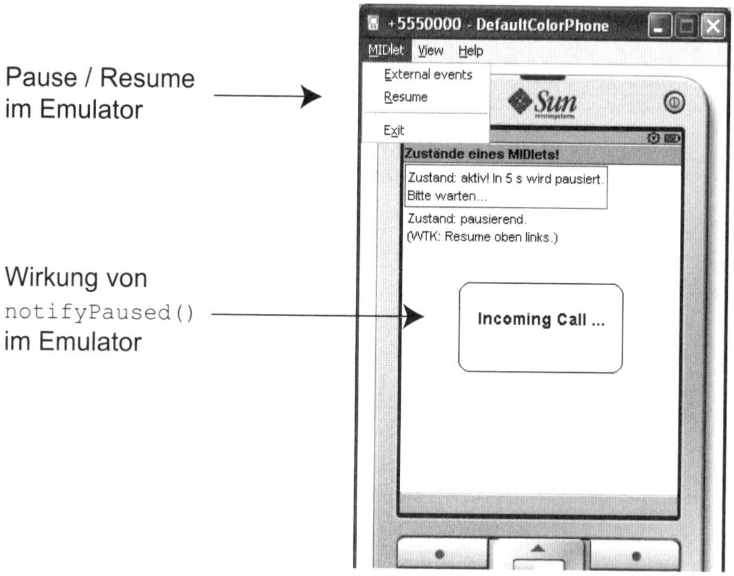

Abbildung 4.2: MIDlet-Zustände im Emulator

4.2 MIDlet- und System-Merkmale

Jedem MIDlet sind Merkmale (englisch *properties*) zugeordnet. Die Merkmale finden sich in der jad-Datei und in der Datei *MANIFEST.MF* und beschreiben unter anderem, welche Konfiguration und welches Profil verwendet wird und wie groß die jar-Datei ist. Bei der Erzeugung einer MIDlet-Suite können mit Hilfe des Entwicklungswerkzeugs weitere, selbst definierte Merkmale hinzugefügt werden. Sie dürfen nur nicht mit »MIDlet-« oder »Microedition-« beginnen. Alle Merkmale sind per Programm abfragbar. Sie ermöglichen der AMS, eine MIDlet-Suite zu identifizieren, zu installieren und auszuführen.

Leider gibt es nicht die aus dem JDK bekannte Methode `getProperties()`, die es erlaubt, alle vorhandenen Merkmale zu ermitteln, sondern man muss bei der Abfrage, welchen Wert ein Merkmal hat, dieses schon benennen. Das folgende Programmbeispiel benutzt die Methode `getAppProperty(String key)`, um die MIDlet-Merkmale auszugeben. Die MIDP-Spezifikation [JSR118] definiert eine Menge weiterer möglicher Merkmale.

→ Beispiel *Properties*

Mit der Methode `System.getProperty(String key)` können die System-Merkmale ermittelt werden.

MIDlet-Merkmale ermitteln

```
import javax.microedition.midlet.*;
import javax.microedition.lcdui.*;

public class Properties extends MIDlet {
    private Form form = new Form("Properties ausgeben");
    private String [] mkeys = {
        "MIDlet-1",
        "MIDlet-Jar-Size",
        "MIDlet-Jar-URL",
        "MIDlet-Name",
        "MIDlet-Vendor",
        "MIDlet-Version",
        "MicroEdition-Configuration",
        "MicroEdition-Profile",
        "Autor" // benutzerdefiniert
    };

    private String [] syskeys = {
        "microedition.locale",      // MIDP (JSR 118)
        "microedition.profiles",    // CLDC (JSR 139)
        "microedition.platform",
        "microedition.encoding",
        "microedition.configuration",
        "microedition.profiles",
        "microedition.jtwi.version" // JTWI (JSR 185)
    };

    public Properties() {
        form.addCommand(new Command("ENDE", Command.EXIT, 1));
        form.setCommandListener(new CommandListener() {
          public void commandAction(Command c, Displayable d) {
              notifyDestroyed();
          }
        });
    }

    protected void startApp() {
        Display.getDisplay(this).setCurrent(form);
        for(int i=0; i < mkeys.length; ++i) {
            String v = getAppProperty(mkeys[i]);
```

```
            if(v == null) {
                v = "undefiniert!";
            }
            form.append(new StringItem(mkeys[i], v));
        }
        for(int i=0; i < syskeys.length; ++i) {
            String v = System.getProperty(syskeys[i]);
            if(v == null) {
                v = "undefiniert!";
            }
            form.append(new StringItem(syskeys[i], v));
        }
    }
    protected void pauseApp() { }
    protected void destroyApp(boolean b) { }
}
```

Das Ergebnis könnte wie in Abbildung 4.3 gezeigt aussehen. Es gibt mindestens die folgenden Systemmerkmale, es bleibt aber jedem Hersteller überlassen, dem Gerät weitere hinzuzufügen.

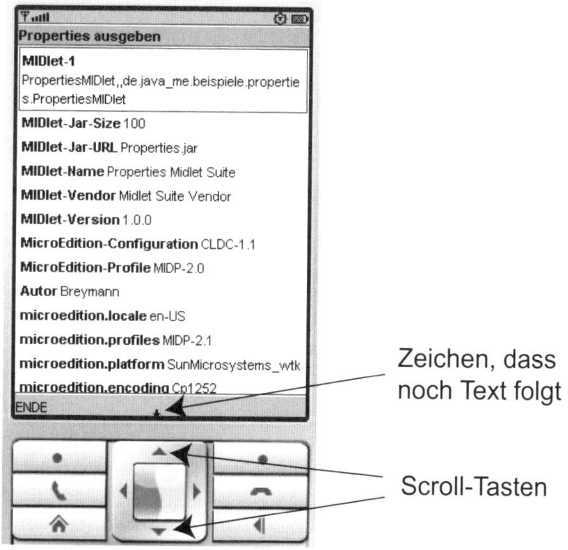

Abbildung 4.3: MIDlet-Merkmale

microedition.platform

Bedeutung:	Name der Entwicklungsplattform oder des Geräts
Gefordert von:	CLDC [JSR139]
Beispielwert:	SunMicrosystems_wtk

microedition.encoding

Bedeutung:	vorgegebener Zeichensatz. ISO 8859-1 wird immer unterstützt.
Gefordert von:	CLDC [JSR139]
Beispielwert:	Cp1252. Dieser Zeichensatz ist eine von Microsoft definierte Abbildung auf den Unicode-Zeichensatz. Einzelheiten siehe [Unic].

microedition.configuration

Bedeutung:	Name und Version der verwendeten Konfiguration
Gefordert von:	CLDC [JSR139]
Beispielwert:	CLDC-1.1

microedition.profiles

Bedeutung:	Namen und Versionen der unterstützten Profile
Gefordert von:	CLDC [JSR139], MIDP [JSR118]
Beispielwert:	MIDP-2.0

microedition.locale

Bedeutung:	Kennzeichnung von Sprache (nach ISO 639) und Land (nach ISO 3166)
Gefordert von:	MIDP [JSR118]
Beispielwert:	de_DE

microedition.jtwi.version

Bedeutung:	Versionsnummer der JTWI (Java Technology for the Wireless Industry)-Spezifikation
Gefordert von:	JTWI [JSR185], siehe auch Abschnitt A.5 (Seite 418) zum Nachfolgedokument [JS248].
Beispielwert:	1.0

4.3 Starten externer Anwendungen

Aus einem MIDlet heraus können andere Anwendungen installiert und gestartet werden, sofern die jeweilige Implementierung dies unterstützt. Der Schlüssel dazu ist die Methode `platformRequest(String URI)`. Wenn zum Beispiel der URI auf eine jad-Datei verweist, kann das dazugehörige MIDlet installiert und ausgeführt werden. Beispiel-URI: *http://www.mobilegames.com/neuesspiel.jad*.

Natürlich bleibt dem Benutzer die Kontrolle, ob er die Installation überhaupt möchte, eine Interaktion ist also notwendig. Die andere, nach [JSR118] mindestens vorgesehene Möglichkeit ist das Absetzen eines Telefonanrufs über die Telefonsoftware und -hardware des Geräts. Beispiel-URI: *tel:+49-421-59054999*. Der Gerätehersteller kann weitere Dienste hinzufügen. Ein auf eine html-Datei verweisender URI könnte zum Start eines Browsers führen. Die Art des Dienstes wird durch den Protokoll-Bezeichner des URI definiert. Statt *tel* könnte es auch *ftp* für File-Transfer oder *rtsp* für Video sein (rtsp = real time streaming protocol). Eine Übersicht über die theoretisch möglichen Protokoll-Bezeichner finden Sie in [URI].

Die AMS wertet den URI aus und startet den angefragten Dienst. Falls sie mit dem URI nichts anfangen kann, sei es, dass er nicht existiert, oder dass der Dienst nicht verfügbar ist, wird eine `ConnectionNotFoundException` geworfen. Der Aufruf von `platformRequest()` blockiert nicht, das heißt, er kommt sofort zurück, in der Regel mit dem Wert `false`. Das heißt, der angefragte Dienst wird parallel ausgeführt, während das MIDlet im Hintergrund bleibt. Es kann aber sein, dass das Gerät keine Parallelität unterstützt. In diesem Fall wird `true` zurückgegeben, und der gewünschte Dienst nimmt erst nach Beendigung des MIDlets seine Arbeit auf. Die angeforderte Anwendung wird dann in den Vordergrund gebracht. Mehrere Aufrufe von `platformRequest()` direkt hintereinander werden nicht gespeichert, der letzte gilt.

Das WTK von Sun unterstützt Aufrufe externer Anwendungen. So kann zum Beispiel der Mozilla- oder Firefox-Browser als vom emulierten Handy unabhängige Anwendung aufgerufen werden. Dazu muss die Zeile (als *eine* Zeile zu schreiben!)

```
com.sun.midp.midlet.platformRequestCommand:
"E:\Programme\Mozilla Firefox\firefox.exe"
```

beziehungsweise in einem Linux-System:

```
com.sun.midp.midlet.platformRequestCommand:/usr/bin/firefox
```

der Datei *system.config*, die sich im *lib*-Verzeichnis des Toolkits befindet, hinzugefügt werden [Ortiz]. Die Zeile

```
boolean erstBeenden = platformRequest("http://www.hanser.de/");
```

würde den Start des Browsers bewirken. Im Allgemeinen müssen Konfigurationsdateien in einem mobilen Endgerät nicht geändert werden, weil sich die Aufgabe aus dem MIME-Type des URI ergibt. Zum Beispiel kann sich nach dem Aufruf `platformRequest("http://wap.yahoo.de/");` direkt der vorinstallierte WAP-Browser melden. Dabei kann es, abhängig von Gerät und Hersteller, zu einem vorherigen Beenden des MIDLets kommen, oder es läuft im Hintergrund weiter. Die Möglichkeit, nicht nur speziell für mobile Geräte entworfene, sondern (fast) alle Internet-Seiten ansehen zu können, liefern spezielle Browser, die über einen besonderen Server die zu ladende Internet-Seite vorverarbeiten, bevor sie den Inhalt zum Handy senden. Ein Beispiel dafür ist der Opera Mini-Browser, siehe *http://www.opera.com/products/mobile/operamini/*.

Tipp!

4.4 Zugriff auf Ressourcen

Es ist stets sinnvoll, Ressourcen wie Texte, Bilder oder Sounds nicht fest in Programme einzubauen, sondern sie in Dateien vorzuhalten. Damit kann ein MIDlet ohne Änderung der Software auf benutzerspezifische Zwecke zugeschnitten werden, zum Beispiel Anpassung der Schnittstelle an die jeweilige Landessprache. Man könnte sich vorstellen, dass es für jede gewünschte Sprache Dateien gibt, etwa

text_de.txt
text_en.txt
text_fr.txt

für die Sprachen Deutsch, Englisch und Französisch usw. Bei der Namensgebung der Dateien sollte man sich an den Sprach- und Ländercodes der ISO orientieren (ISO 639 und ISO 3166). Über die Abfrage der System- oder der benutzerdefinierten Merkmale könnte man sich die richtige Datei heraussuchen, etwa so (siehe auch Abschnitt 4.1):

```
String spracheLand = System.getProperty("microedition.locale");
String dateiname = "text_en.txt";   // Vorgabe
if(spracheLand != null) {
   dateiname =  "text_"
              + spracheLand.substring(0, 2)
              + ".txt";
}
```

4.4.1 jar-Verzeichnisstruktur

Danach bleibt die Frage, wie die Ressourcen-Datei in der jar-Datei des Projekts wiedergefunden werden kann. Erinnern wir uns, wie eine jar-Datei erzeugt wird (Seite 32):

```
jar cfm bin/Textbox.jar bin/MANIFEST.MF -C classes .  -C res .
```

→ Beispiel *Textbox*

Der Projektname »Textbox« wird gewählt, weil es ein Beispiel gibt, das im nächsten Kapitel ab Seite 64 behandelt wird. *res* ist das Verzeichnis der vorhandenen und einzubindenden Ressourcendateien. Der Name ist letztlich beliebig, hier wird *res* gewählt, weil das die Voreinstellung im WTK ist. Die interne in einer jar-Datei abgebildete Verzeichnisstruktur lässt sich leicht sichtbar machen, wenn man die Datei entpackt:

```
jar xvf bin/Textbox.jar
```

Im Verzeichnis *bin* findet sich danach der vollständige Verzeichnisbaum, `jar xvf` entpackt nicht nur, sondern gibt auch ein Protokoll auf der Konsole aus, in dem alle entpackten Dateien und angelegten Verzeichnisse aufgelistet werden. Im folgenden Beispiel sei angenommen, dass das Projekt aus der Klasse `TextBoxMIDlet` und der Datei *dertext.txt* besteht. Die Klasse `TextBoxMIDlet` gehöre zum Package `de.java_me.beispiele.textbox`, das heißt, dass die Quelldatei den Dateinamen ***scr**/de/java_me/beispiele/textbox/TextBoxMIDlet.java*[1] hat, relativ zum Wurzelverzeichnis des Projekts gesehen. Die Protokollausgabe von `jar xvf bin/Textbox.jar` zeigt dann die Verzeichnisstruktur:

```
      erstellt: META-INF/
 dekomprimiert: META-INF/MANIFEST.MF
      erstellt: de/
      erstellt: de/java_me/
      erstellt: de/java_me/beispiele/
      erstellt: de/java_me/beispiele/textbox/
 dekomprimiert: de/java_me/beispiele/textbox/TextBoxMIDlet$1.class
 dekomprimiert: de/java_me/beispiele/textbox/TextBoxMIDlet.class
 dekomprimiert: dertext.txt
```

Man sieht, dass die Ressourcendatei *dertext.txt* im Wurzelverzeichnis des Projekts residiert. Der Zugriff in einem Programm geschieht dadurch, dass ein `InputStream` erzeugt wird, der dann gelesen werden kann. Das maßgebliche Verzeichnis ist das der ausgeführten class-Datei unter Berücksichtigung der Package-Struktur. Der Zugriff mit dem absoluten Dateinamen

```
InputStream is = getClass().getResourceAsStream("/dertext.txt");
```

geht vom Wurzelverzeichnis des Projekts aus, erkennbar am Schrägstrich '/' als erstem Zeichen des Dateinamens. `getClass()` bezieht sich auf das ausgeführte MIDlet. Wenn die Datei nicht gefunden wird, wird `null` von `getResourceAsStream()` zurückgegeben. Wenn ein relativer, also nicht mit einem Schrägstrich beginnender Name angegeben werden soll, bezieht er sich auf das Verzeichnis der class-Datei, wobei wegen der oben definierten Package-Struktur entsprechend weit in die Oberverzeichnisse gegangen werden muss:

```
InputStream is = getClass().getResourceAsStream(
                                    "../../../../dertext.txt");
```

Nun kann der Fall eintreten, dass für die Ressourcen eine Package-Struktur gewünscht ist. `de.java_me.beispiele.textbox.ressourcen` könnte zum Beispiel das Package sein, dem die Datei *dertext.txt* zugeordnet wird. Damit ist sie unter ***res**/de/java_me/beispiele/textbox/ressourcen/dertext.txt* abzulegen. Wenn dann *Textbox.jar* erzeugt wird, ergibt sich als letzte Zeile der Protokollausgabe von `jar xvf`:

```
de/java_me/beispiele/textbox/ressourcen/dertext.txt
```

[1] Im Folgenden werden Dateinamen der Einfachheit halber nur mit Schrägstrich geschrieben. Windows-User denken sich bitte stattdessen einen Backslash \, sofern ein Dateiname außerhalb eines Programmkontextes erscheint.

Natürlich muss dies von der Anweisung zum Öffnen der Datei berücksichtigt werden (hier in der Form des absoluten Pfadnamens):

```
InputStream is = getClass().getResourceAsStream(
        "/de/java_me/beispiele/textbox/ressourcen/dertext.txt");
```

4.4.2 Ressourcen-Datei lesen

Es gibt verschiedene Möglichkeiten, einen zu einer Ressourcen-Datei gehörenden `InputStream` zu lesen. Letztlich ist es ein Byte-Strom, der nur auf verschiedene Art interpretiert wird, zum Beispiel als String oder als Byte-Array, das ein Bild oder einen Sound darstellt.

Ressource als String interpretieren

Dazu wird ein Byte-Array als Zwischenpuffer genommen. Im ersten Beispiel geht man davon aus, dass die Anzahl der insgesamt zu lesenden Zeichen kleiner oder gleich der Konstanten `max` ist. Das spart Zwischenspeicher, muss aber nicht immer so sein (siehe nachfolgende Beispiele).

```
InputStream is = ... // siehe oben
String text = "Lesefehler!";
if (is != null)
   try {
      byte[] buf = new byte[max]; // max muss > 0 definiert sein
      int anzahl = is.read(buf);   // tatsächlich gelesene Anzahl
      is.close();
      text = new String(buf, 0, anzahl);
   } catch (IOException e) { } // vordefinierter Text gilt
}
```

Der `String`-Konstruktor wandelt die Bytes unter Berücksichtigung des plattformspezifischen Zeichensatzes in Zeichen des Typs `char` um. Falls es sich um mehr Zeichen handelt, als der Puffer aufnehmen kann, sollte ein `StringBuffer` zwischengeschaltet werden. Der arbeitet aber nicht mit einem Byte-Puffer zusammen, auch ist keine Umcodierung entsprechend des plattformspezifischen Zeichensatzes vorgesehen. Deswegen wird ein `InputStreamReader` vorgeschaltet, der dies bewerkstelligt:

```
InputStream is = ... // siehe oben
String text = "Lesefehler!";
if (is != null)
   try {
      StringBuffer sb = new StringBuffer(256);
      InputStreamReader isr = new InputStreamReader(is);
```

```
            int i;
            while((i = isr.read()) != -1) {
                sb.append((char)i);
            }
            is.close();
            text = sb.toString();
        } catch (IOException e) {
            // vordefinierter Text gilt
        }
    }
```

Es bleibt der Implementation vorbehalten, ob der `InputStreamReader` intern mit einem Puffer arbeitet. Falls nicht, könnte man selbst einen spendieren, wobei aber fraglich ist, welchen Nutzen insgesamt der zusätzlich benötigte Speicherplatz für den Puffer bringt (d.h. im Zweifelsfall testen).

```
// InputStreamReader mit externem Puffer
StringBuffer sb = new StringBuffer();
InputStreamReader isr = new InputStreamReader(is);
char[] cbuf = new char[256];    // char-Puffer
int len;
while((len = isr.read(cbuf, 0, cbuf.length) > 0) {
    sb.append(cbuf, 0, len);
}
// ... Rest wie oben
```

Ressource als Byte-Array verarbeiten

In diesem Fall sollen die Bytes »pur« verarbeitet werden, eine Umcodierung in Zeichen entfällt. Leider ist die Anzahl der zu lesenden Bytes nicht von vornherein bekannt, und es gibt im MIDP API keine Methode, die den Wert zurückgibt. Man kann sie natürlich durch vorheriges Lesen der Datei ermitteln. Damit hat man die Wahl zwischen zwei Optionen:

1. Nur ein Lesevorgang bei zwischenzeitlich höheren Speicheranforderungen

   Ein `ByteArrayOutputStream` nimmt jedes gelesene Byte in einem internen Puffer auf. Dieser Puffer vergrößert sich automatisch bei Bedarf. Am Ende der Datei gibt der `ByteArrayOutputStream` das Array zurück. Dabei wird es vollständig kopiert, sodass kurzfristig mindestens der doppelte Speicherbedarf anfällt.

```
InputStream is = ...          // siehe oben
byte[] ressource = null;      // zu füllendes Array
if (is != null)
   try {
       ByteArrayOutputStream bs = new ByteArrayOutputStream();
```

```
            int i;
            while((i = is.read()) != -1) {
               bs.write(i);
            }
            is.close();
            ressource = bs.toByteArray(); // Kopie
        } catch (IOException e) {
           // ...
        }
    }
```

2. Zwei Lesevorgänge erfordern weniger Speicher

   Dieses Verfahren kostet mehr Zeit, weil im ersten Durchgang die Anzahl der Bytes ermittelt wird. Wenn diese dann gegeben ist, kann ein Puffer maßgeschneiderter Größe bereitgestellt werden.

```
InputStream is = ...         // siehe oben
byte[] ressource = null;     // zu füllendes Array
if (is != null)
   try {
       int anzahl = 0;
       int i;
       while((i = is.read()) != -1) {
          ++anzahl;
       }
       // InputStream schließen und neu öffnen
       is.close();
       is = ...              // siehe oben
       ressource = new byte[anzahl]; // passt genau
       is.read(ressource);           // lesen
       is.close();
   } catch (IOException e) {
      // ...
   }
}
```

   Das aufwändige Neuöffnen des `InputStreams` kann entfallen, falls die Implementation die Methoden `mark(int)` und `reset()` unterstützt, abfragbar mit `boolean markSupported()`. Mit `mark(0)` merkt man sich den Anfang und springt nach dem ersten Lesen mit `reset()` wieder zurück.

Das Ressourcen-Array kann danach beliebig eingesetzt werden, zum Beispiel als Bild, wenn die gelesene Datei eine png-Datei war.

```
Image image = Image.createImage(ressource, 0, ressource.length);
```

Manche Klassen haben die Methode `setImage(image)`, mit der das Bild zur Anzeige gebracht wird. Beispiele folgen unten, ab Seite 62. Eine Möglichkeit, ein Bild direkt zu laden, ist

```
Image image = Image.createImage("/schoenesBild.png")
```

Hier ist der Schrägstrich am Anfang des Dateinamens obligatorisch. Zwar arbeitet `createImage(String)` auch mit `Class.getResourceAsStream()`, aber die Klasse wird nicht mit `getClass()` auf das MIDlet bezogen ermittelt. Das Bezugsverzeichnis ist daher implementationsabhängig mit der Folge, dass relative Dateinamen nicht sinnvoll sind.

Übrigens müssen alle Implementationen das PNG-Grafikformat (Portable Network Graphics) anbieten. Es ist lizenzfrei und weit verbreitet. JPEG soll ebenfalls unterstützt werden. Die Unterstützung für JPEG könnte irgendwann eingestellt werden, wenn das Format lizenzpflichtig werden sollte.

5 Benutzungsschnittstellen

Die APIs für die Benutzungsschnittstellen sind für die Bildschirme und Tastaturen kleiner Geräte gedacht und im Package `javax.microedition.lcdui` definiert. Dabei ist der Teil »lcdui« des Package-Namens eine Abkürzung für »liquid crystal display user interface« [JMEGl]. Die technische Basis dieser Bildschirme sind Flüssigkristalle (liquid crystals, LCD = Liquid Crystal Display). Flüssigkristalle ändern spannungsabhängig die Lichtdurchlässigkeit. Ein Gitter elektrischer Leitungen spricht jeden Punkt an. Moderne Farb-Displays verwenden die TFT-Technologie (Thin Film Transistor), wo jeder Punkt durch einen Transistor geschaltet wird. Diese Technik heißt deshalb auch Aktiv-Matrix-LCD. Natürlich umfasst das Package nicht nur APIs zur Bildschirmansteuerung, sondern auch zur Abfrage von Tastatur und Zeigegerät (sofern vorhanden).

Die Geräte, für die die APIs ausgelegt sind, unterscheiden sich teilweise erheblich vom Desktop-PC. Zeigegeräte, wie eine Maus oder ein Stift, sind oft nicht vorhanden. Der Bildschirm ist vergleichsweise klein, und es ist nicht sehr sinnvoll, verschiedene Fenster nebeneinander darzustellen. Die Benutzer zum Beispiel eines Handys haben möglicherweise keine Computererfahrung – trotzdem müssen Anwendungen einfach bedienbar sein, und dabei muss eine Hand genügen. Das AWT (Abstract Window Toolkit) ist daher ungeeignet, da es sich stark auf Zeigegeräte verlässt. Auch sprechen Laufzeitgründe gegen das AWT, da es jeweils neu erzeugte Ereignis-Objekte verwendet, die dann irgendwann vom Garbage Collector entsorgt werden müssen. Alles zusammengenommen ist Grund genug für eine auf mobile Geräte zugeschnittene Benutzungsschnittstelle.

Anwendungen für mobile Geräte haben ganz verschiedene Anforderungen. Es gibt Anwendungen, die sehr portabel sein sollen und die sich nicht im Einzelnen um das »look and feel« kümmern wollen. Diese Anwendungen verwenden Komponenten, die vorgefertigte Fähigkeiten, wie Scrolling oder andere Interaktionsmöglichkeiten, zur Verfügung stellen, ähnlich den Swing-Klassen des JDK. Für diese Anwendungen bietet `javax.microedition.lcdui` das so genannte High-level-API [JSR118]. Alle High-level-Klassen erben von der Klasse `Screen`.

Der hohe Abstraktionsgrad kann aber gelegentlich hinderlich sein, wenn nämlich pixelgenau gezeichnet oder eine einzelne Taste abgefragt werden soll. Für diese Zwecke gibt es das Low-level-API, das die volle Kontrolle über den Bildschirm erlaubt und es ermöglicht, direkt die Tastatur oder ein Zeigegerät anzusprechen. Das Sun WTK emuliert ein Zeigegerät, wenn in der Datei *..wtk/wtklib/devices/DefaultColorPhone/DefaultColorPhone.properties* der Eintrag `touch_screen` auf `true` gesetzt wird. Naturgemäß ist eine darauf basierende Anwendung an Geräteeigenschaften gebunden und daher in der Portabilität eingeschränkt. Dies gilt noch mehr für Spiele-Software, die schon aus Performance-Gründen eng mit der Hardware des Geräts zusammenarbeiten muss. Um die Entwicklung von Spielen zu erleichtern, gibt es das Package `javax.microedition.lcdui.game`. Wenn auch die Nutzung gerätespezifischer Eigenschaften die Portabilität einschränkt, so bieten die APIs doch einige Methoden, um diesen Nachteil zu kompensieren, indem viele Geräteeigenschaften per Programm abgefragt werden können.

5.1 Bildschirmanzeigen verwalten

Ein Objekt der Klasse `Display` verwaltet die von einem MIDlet anzuzeigenden Objekte. Jedem MIDlet ist genau ein `Display`-Objekt zugeordnet, das einen virtuellen Bildschirm repräsentiert und nur für dieses MIDlet zutändig ist. Mit »virtuell« ist gemeint, dass dieser Bildschirm nicht unbedingt immer sichtbar ist, denn es kann ja mehrere MIDlets oder andere Programme des Geräts geben, die um die Anzeige konkurrieren – aber nur einem wird die Anzeige tatsächlich zugeteilt. Ein MIDlet kann vom Aufruf der Methode `startApp()` an mit Hilfe der statischen Funktion `Display.getDisplay(MIDlet m)` das zugehörige `Display`-Objekt ermitteln. Als Argument trägt das MIDlet sich selbst ein (`this`). Wenn die Information mehrfach gebraucht wird, speichert man sie am besten beim ersten Aufruf von `startApp()` in einem Attribut der MIDlet-Klasse. Um die tatsächliche Anzeige bei der AMS anzufordern, wird die Methode `setCurrent(Displayable d)` des `Display`-Objekts aufgerufen, wie schon in den Programmbeispielen gezeigt; siehe die Anweisung `display.setCurrent(form)` auf Seite 43. Wenn seitens der AMS nichts dagegenspricht (d.h. kein wichtigerer Vorgang existiert), wird die aktuelle Anzeige entfernt und durch die mit `setCurrent()` angeforderte ersetzt. Nicht aktuell angezeigte MIDlets wandern in den Hintergrund.

Die Methode `getCurrent()` liefert das aktuell angezeigte Objekt. Das stimmt nur dann mit dem durch `setCurrent()` angeforderten überein, wenn die Display-Umschaltung bereits erfolgen konnte. Eine andere Möglichkeit, festzustellen, ob das anzuzeigende Objekt tatsächlich auf dem Display erscheint, bietet die Funktion `isShown()`. Mit anderen Worten: Wenn

```
Form form = new Form("neue Form"); // ein Displayable-Objekt
Display display = Display.getDisplay(this);
display.setCurrent(form);
```

ausgeführt wurde, gilt die Beziehung

```
form.isShown() == (form == display.getCurrent())
```

wobei streng genommen der Zugriff auf `form` noch zu synchronisieren wäre. Außerdem könnte, auch wenn `isShown()` den Wert `true` liefert, `form` durch ein externes Ereignis direkt nach dem Aufruf von `isShown()` wieder unsichtbar werden.

5.2 Virtuelle Bildschirme

Objekte der Klasse `Displayable` sind auf dem Display eines Geräts anzeigbar, sie füllen es aus und sind virtuelle Bildschirme. `Displayable` ist eine abstrakte Klasse, die ein paar minimale Eigenschaften eines anzeigbaren Bildschirms definiert. Dazu gehören ein Titel, ein Ticker (oder Laufband), wie er schon vom ersten Beispiel bekannt ist (Seite 22), Kommandos und entsprechend verbundene Listener. Alle diese Elemente sind optional, können also entfallen. Die direkten, ebenfalls abstrakten Unterklassen von `Displayable` sind `Screen` als Schnittstelle aller High-level-APIs und `Canvas` für die Low-level-APIs. Der anzuzeigende Inhalt und das Verhalten der Objekte wird durch deren Unterklassen definiert. Abbildung 5.1 zeigt die Klassenhierarchie.[1]

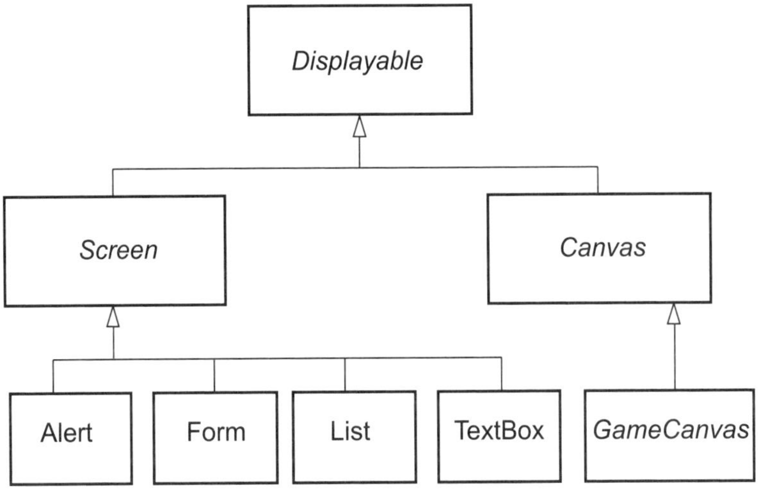

Abbildung 5.1: `Displayable` und Unterklassen

Einige Klassen aus Abbildung 5.1 können selbst weitere Elemente enthalten. Im Folgenden werden die abgebildeten konkreten Klassen in der Kombination mit weiteren Elementen dargestellt. Jedes `Displayable`-Objekt kann einen Titel haben, der mit der Methode `setTitle()` oder im Konstruktor einer der konkreten Unterklassen gesetzt werden kann. Die Methode `setTicker()` des Beispiels von Seite 22 bekannt, gehört auch zur Klasse `Displayable`.

[1] Supertypen, also abstrakte Klassen oder Interfaces, sind durch kursive Schrift gekennzeichnet, wie in der UML üblich.

5.2.1 Alert

→ Beispiel Alert

Ein `Alert`-Objekt soll den Benutzer auf Fehler oder besondere Umstände hinweisen, bevor die nächste Anzeige beginnt. Es kann entweder nach einer festzulegenden Zeit verschwinden oder durch ein Kommando beendet werden. Auch kann ein Ton abgespielt oder eine Fortschrittsskala angezeigt werden, um auf zeitraubende Prozesse hinzuweisen. Ein `Alert`-Objekt hat folgende Attribute (zusätzlich zu den geerbten):

- **Text**
  Der Text vom Typ `String` wird zur Information des Benutzers angezeigt. Zeilenumbrüche können mit »`\n`« erreicht werden (siehe Beispiel unten).

- **Image**
  Ein Image ist optional. Der angegebene Pfad zur Bilddatei beginnt mit einem »`/`« zur Kennung als Wurzelverzeichnis. Die Basis ist das Projektverzeichnis. Einzelheiten zur Dateistruktur sind oben im Abschnitt 4.4 zu finden.

- **Fortschrittsanzeige**
  Diese ist vom Typ `Gauge` und auch optional. Sie muss bestimmten Eigenschaften genügen, wenn sie in einem `Alert`-Objekt verwendet wird. So darf sie kein Label haben und nicht interaktiv sein. Dies wird im Programmbeispiel unten durch die Kapselung in der Klasse `Fortschrittsanzeige` gewährleistet. In dieser Klasse ist eine sekündliche Aktualisierung eingebaut. Die Anzeige ist implementationsabhängig. Die Länge des anzuzeigenden Bereichs wird durch eine `int`-Zahl vorgegeben. Falls diese Zahl `Gauge.INDEFINITE` ist, kann die Skala durch etwas ganz anderes ersetzt werden, etwa ein Sanduhr-Symbol. Einzelheiten zur Klasse `Gauge` finden Sie im Abschnitt 5.3.10 auf Seite 91.

- **Timeout**
  Mit `setTimeout(int ms)` wird die Anzahl der Millisekunden festgelegt, während der das `Alert`-Objekt angezeigt werden soll. Wenn `Alert.FOREVER` angegeben wird, bleibt die Anzeige so lange erhalten, bis sie durch ein Kommando gelöscht wird.

- **Typ**
  Der Typ charakterisiert das `Alert`-Objekt. Er kann ein `ALARM` sein, um den Benutzer auf ein Ereignis hinzuweisen, über das er benachrichtigt werden will, zum Beispiel dass der Kurs seiner Lieblingsaktie um mehr als 10 % abgestürzt ist. `CONFIRMATION` dient zur Bestätigung von *geschehenen* Aktivitäten, zum Beispiel E-Mail abgesendet. Eine Bestätigung von noch zu erledigenden Aktivitäten mit der Auswahl (ja, nein, abbrechen) ist mit einem `Alert`-Objekt nicht möglich. `ERROR` weist auf eine fehlerhafte und `WARNING` auf eine potenziell gefährliche Operation hin, und `INFO` ist eine schlichte Benachrichtigung. Alle hier aufgezählten Typen gehören zur Klasse `AlertType`, und mit jedem Typ ist ein implementa-

tionsabhängiger Ton verbunden, der mit `playSound()` abgespielt werden kann. Natürlich muss das Gerät das Abspielen von Tönen entsprechend unterstützen.

- **Kommando zum Löschen** (`Alert.DISMISS_COMMAND`)
  Dieses Kommando und der zugehörige Listener sind fest eingebaut. Nur bei der Definition eigener Kommandos werden die voreingestellten überschrieben. Das Kommando tritt bei einem zeitlich begrenzten `Alert`-Objekt nicht in Erscheinung, aber wenn `Alert.FOREVER` als Timeout angegeben wird, muss es ja irgendwie beendet werden. Falls selbstdefinierte Kommandos wieder entfernt werden, wird das voreingestellte automatisch wieder aktiv.

Das folgende Programmbeispiel zeigt eine Auswahl der Möglichkeiten. Das Verhalten kann variiert werden, wenn zum Beispiel

```
alert.setTimeout(5000);
```

statt `Alert.FOREVER` geschrieben wird. Das Verhalten der Fortschrittsanzeige ändert sich, wenn die Zahl beim Aufruf des Konstruktors durch `Gauge.INDEFINITE` ersetzt wird.

Alert-Beispiel

```
import javax.microedition.midlet.*;
import javax.microedition.lcdui.*;
import java.io.*;

public class AlertMIDlet extends MIDlet {
    private Alert alert = new Alert("Alert-Beispiel");
    private Display display;
    private Fortschrittsanzeige fortschrittsanzeige;

    private class Fortschrittsanzeige extends Thread {
        private Gauge skala;
        private final int maxWert;
        private boolean laufend = true;

        Fortschrittsanzeige(int max) {
            maxWert = max;
            if (maxWert != Gauge.INDEFINITE) {
                skala = new Gauge(null, false, max, 1);
                start();  // Aktualisierung starten
            }
            else {
                skala = new Gauge(null, false,  maxWert,
                              Gauge.CONTINUOUS_RUNNING);
```

```
            }
        }

        Gauge getGauge() {
            return skala;
        }

        void stop() {
            laufend = false;
        }

        public void run() { // Aktualisierung
            int i = 0;
            while (laufend) {
                skala.setValue(i++);
                i %=  maxWert;   // periodisch wiederholen
                try {
                    sleep(1000);
                } catch(InterruptedException ie) {
                     // nichts tun
                }
            }
        }
    } // innere Klasse Fortschrittsanzeige

    protected void startApp() {
        if (display == null) {   // beim ersten Aufruf
            String text = "Dauer-Alert. Abbruch manuell!";
            display = Display.getDisplay(this);
            try {
               alert.setImage(Image.createImage("/bild.png"));
               alert.setString(text);
            } catch(IOException ioe) {
               alert.setString("Bild nicht gefunden\n" + text);
            }
            alert.setType(AlertType.INFO);
            alert.setTimeout(Alert.FOREVER);
            fortschrittsanzeige = new Fortschrittsanzeige(9);
            alert.setIndicator(fortschrittsanzeige.getGauge());
        }
        Form form = new Form("Hinweis");
        form.append("Alert beendet!");
```

```
        display.setCurrent(alert, form);                    // 1
        alert.getType().playSound(display);                 // 2
    }    protected void pauseApp() {
        fortschrittsanzeige.stop();
    }

    protected void destroyApp(boolean b) {
        fortschrittsanzeige.stop();
    }
}
```

Normalerweise wird nach Beenden des `Alert`s der vorherige Bildschirm angezeigt. Wie die mit `// 1` gekennzeichnete Zeile zeigt, kann mit der überladenen Form der Funktion `setCurrent()` das als Nächstes anzuzeigende `Displayable` definiert werden. `setCurrent()` kommt in jedem Fall sofort zurück, ganz unabhängig von dem eingestellte Timeout. Das heißt, der Ton, der in der mit `// 2` gekennzeichneten Zeile abgespielt wird, ist sofort bei Erscheinen des `Alert`s zu hören. Abbildung 5.2 zeigt das Ergebnis des obigen Beispiels.

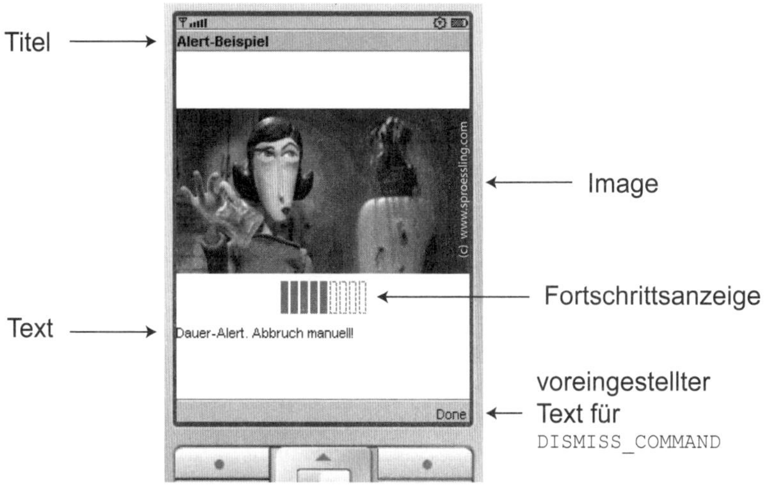

Abbildung 5.2: Alert mit Grafik und Fortschrittsanzeige

Ein Hinweis: Die mit `// 1` gekennzeichnete Zeile demonstriert nur in aller Kürze die überladene Form der Funktion `setCurrent()` – eigentlich müsste ein Bildschirm, der dem Benutzer auch eine Abbruchmöglichkeit bietet, angezeigt werden. Ein Beispiel dazu ist im Abschnitt über die Ereignisverarbeitung auf Seite 78 zu sehen.

Exit fehlt

5.2.2 TextBox

→ Beispiel
Textbox

Eine `TextBox` ist ein Bildschirm (`Screen`), der es erlaubt, Text anzuzeigen und zu editieren. Sie hat eine maximale, bei der Erzeugung festzulegende Kapazität, unabhängig davon, wie viele Zeichen tatsächlich gerade dargestellt werden. Wenn erforderlich, erlaubt ein Scroll-Balken das Bewegen des Textes. Die Darstellung und die Aufteilung von Zeilen und Spalten sind implementationsabhängig, wie auch eine Obergrenze für das Kapazitätsmaximum. Es kann sein, dass die zugeteilte maximale Kapazität kleiner als die von der Anwendung angeforderte ist – im Zweifelsfall gibt `getMaxSize()` Auskunft. Eine `TextBox` kann die syntaktische Struktur von Eingaben definieren, um die Wahrscheinlichkeit von Fehleingaben zu reduzieren. Gleichzeitig ist es möglich, in der Darstellung von der internen Repräsentation abzuweichen. Zum Beispiel kann ein `DECIMAL`-Objekt mit Komma dargestellt werden – die interne Repräsentation muss sich jedoch an die Java-Regeln für Gleitkommaliterale halten. Ähnliches gilt für Telefonnummern, die Leerzeichen, »+« oder »–« in der Darstellung enthalten können, obwohl die interne Repräsentation ausschließlich aus Ziffern besteht. Die syntaktischen Beschränkungen, gezeigt in Tabelle 5.1, sind Konstanten der Klasse `TextField`.

`TextField`-Konstante	**Bedeutung**
`ANY`	keine Einschränkung
`EMAILADDR`	nur E-Mail-Adresse erlaubt
`NUMERIC`	nur Ziffern und Minuszeichen
`PHONENUMBER`	Ziffern und ggf. »+« und »–«
`URL`	URL bzw. URI
`DECIMAL`	Ziffern und ».« und »–«

Tabelle 5.1: Eingabe-Beschränkungen

Die exakten mit den Konstanten verbundenen grammatischen Regeln sind implementationsabhängig. In Ergänzung zu den syntaktischen Beschränkungen der Eingabe gibt es Eingabe-Modifizierer (siehe Tabelle 5.2), die weitere Eigenschaften der Eingabe steuern. Ein Passwort ist stets sowohl `SENSITIVE` als auch `NON_PREDICTIVE`. Die Konstanten zur Eingabe-Beschränkung belegen die unteren 16 Bits, die Konstanten zur Eingabe-Modifizierung die oberen 16 Bits einer 32-Bit-`int`-Zahl. Damit lassen sich durch eine Oder-Operation die gewünschten Kombinationen bilden (von denen nicht alle sinnvoll sind): `TextField.PASSWORD | TextField.NUMERIC` würde ein nur aus Ziffern und aus einem optionalen Minuszeichen am Anfang bestehendes Passwort erlauben.

`TextField`-Modifizierer	Bedeutung
`PASSWORD`	Darstellung der Zeichen z.B. als »*«
`UNEDITABLE`	Editieren zur Zeit nicht möglich
`SENSITIVE`	Die Eingabe darf nicht dauerhaft gespeichert werden (z.B. für die automatische Vervollständigung); Beispiele: PIN, Kreditkartennummer
`NON_PREDICTIVE`	keine automatische Vervollständigung
`INITIAL_CAPS_WORD`	Wortanfang wird groß geschrieben.
`INITIAL_CAPS_SENTENCE`	Satzanfang wird groß geschrieben.

Tabelle 5.2: Eingabemodifizierer

Die Methode `getConstraints()` liefert die aktuell gesetzte Kombination. Die einzelnen Bestandteile kann man durch eine Und-Operation gewinnen:

```
TextBox tb =  new TextBox(
                    "TextBox-Beispiel", // Titel
                    null,         // kein anfänglicher Text
                    max,          // max. Anzahl Zeichen
              TextField.ANY | TextField.INITIAL_CAPS_WORD);

int beschraenkung = tb.getConstraints() & 0xFFFF;
int modifizierer  = tb.getConstraints() & 0xFF0000;
```

Statt `0xFFFF` kann alternativ `TextField.CONSTRAINT_MASK` genommen werden. Das folgende Programm zeigt die Verwendung einer `TextBox` – wegen einiger nachfolgender Erläuterungen mit Zeilennummern. Zum Beispiel wird in der Variablen `max` festgelegt (Zeile 9), wie viele Zeichen die `TextBox` maximal aufnehmen können soll. Diese Zahl wird dem Konstruktor übergeben (Zeile 16). Nun kann es aber sein, dass entgegen der Anforderung für die `TextBox` gar nicht so viel Platz reserviert wird. Mit der Methode `getMaxSize()` wird die tatsächlich zugewiesene maximale Anzahl von Zeichen ermittelt (Zeile 26), und in Zeile 27 wird `max` gegebenenfalls korrigiert. In Zeile 39 wird verhindert, dass zu viele Zeichen eingelesen werden. Bei Überschreitung der durch `getMaxSize()` gegebenen maximalen Zeichenzahl würde `setString()` (Zeile 49) eine `IllegalArgumentException` werfen. Dem Konstruktor wird auch mitgeteilt, ob der Text einigen der oben beschriebenen Restriktionen genügen soll. Mit `TextField.ANY` gibt es natürlich kein Problem, wenn aber der im Konstruktor oder mit der mit `setString()` übergebene Text den Beschränkungen nicht genügt, wird eine `IllegalArgumentException` geworfen. Abbildung 5.3 zeigt das Ergebnis des Programms.

TextBox-Beispiel

```
import javax.microedition.midlet.*;
import javax.microedition.lcdui.*;
import java.io.*;

public class TextBoxMIDlet extends MIDlet {
    private TextBox tb;
    private String text = "Textdatei nicht gefunden";
    private Display display;
    private int max = 5000;

    protected void startApp() {
        if (display == null) {   // beim ersten Aufruf
            tb =  new TextBox(
                      "TextBox-Beispiel", // Titel
                      null,        // anfänglicher Text
                      max,         // max. Anzahl Zeichen
                      TextField.ANY); // ggf. Restriktionen
            tb.addCommand(new Command("ENDE",
                                      Command.EXIT, 1));
            tb.setCommandListener(new CommandListener() {
                    public void commandAction(Command c,
                                              Displayable d) {
                        notifyDestroyed();
                    }
                });
            if(tb.getMaxSize() < max)
                max = tb.getMaxSize();
            display = Display.getDisplay(this);
            InputStream is = getClass()
                .getResourceAsStream("/dertext.txt");
            if (is != null) {
                try {
                    StringBuffer sb = new StringBuffer(256);
                    InputStreamReader isr =
                          new InputStreamReader(is);
                    int anzahl = 0;
                    int i;
                    while((i = isr.read()) != -1
                          && anzahl++ < max) {
                        sb.append((char)i);
                    }
```

```
                        isr.close();
                        text = sb.toString();
                    } catch (IOException ioe) {
                        // vordefinierter Text gilt
                    }
                }
            }
            tb.setString(text);
            display.setCurrent(tb);
        }

    protected void pauseApp() { }

    protected void destroyApp(boolean b) { }
}
```

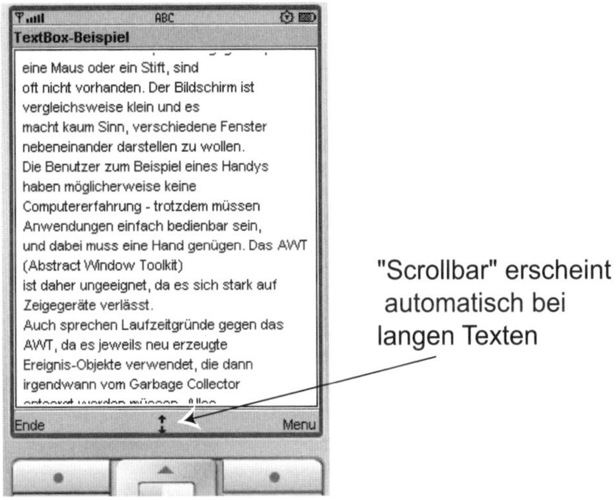

Abbildung 5.3: TextBox

Der Inhalt einer `TextBox` kann nicht nur vom Benutzer gelesen und verändert werden, sondern auch per Programm. Die wichtigsten Funktionen dazu sind:

- `insert(String str, int position)` fügt die Zeichenkette `str` an Position `position` ein;
- `delete(int start, int anzahl)` löscht `anzahl` Zeichen, beginnend an der Stelle `start`;

- `getString()` gibt den Inhalt der `TextBox` als `String` zurück;
- `setString(String str)` ersetzt den aktuellen Inhalt der `TextBox` durch `str`;
- `size()` gibt die aktuelle Anzahl der gespeicherten Zeichen zurück;
- `getCaretPosition()` gibt die Position des Cursors zurück;
- `setTicker(Ticker t)` erzeugt einen `Ticker`. Ein möglicherweise schon vorhandener `Ticker` wird ersetzt.

5.2.3 Choice

`List` ist ein Bildschirm (`Screen`), der eine Menge von Auswahlmöglichkeiten bietet. Eine `ChoiceGroup` leistet nahezu dasselbe, belegt aber nicht einen ganzen Bildschirm, sondern ist zum Einbau in andere Komponenten wie etwa `Form` gedacht. Die Gemeinsamkeiten beider Klassen sind im Interface `Choice` definiert, das beide implementieren. Die Möglichkeiten zur Auswahl erinnern an die Java SE-Swing-Klassen `JList`, `JCheckBox` und `JRadioButton`. Jedes auswählbare Element besteht aus einem Text des Typs `String` und einer optionalen Grafik (`Image`). Die Darstellung des Textes hängt vom zugeordneten Font-Attribut ab. Wenn kein Font festgelegt wird, kommt der voreingestellte zur Geltung. Die Darstellung der Grafik wird durch die Implementierung des Geräts bestimmt: Es kann sein, dass ein Bild abgeschnitten oder sogar nicht angezeigt wird. Ein langer Text ist vielleicht nur zum Teil zu sehen. Es gibt die vier nachfolgend beschriebenen Arten der Auswahl, die in Abbildung 5.4 zu sehen sind.

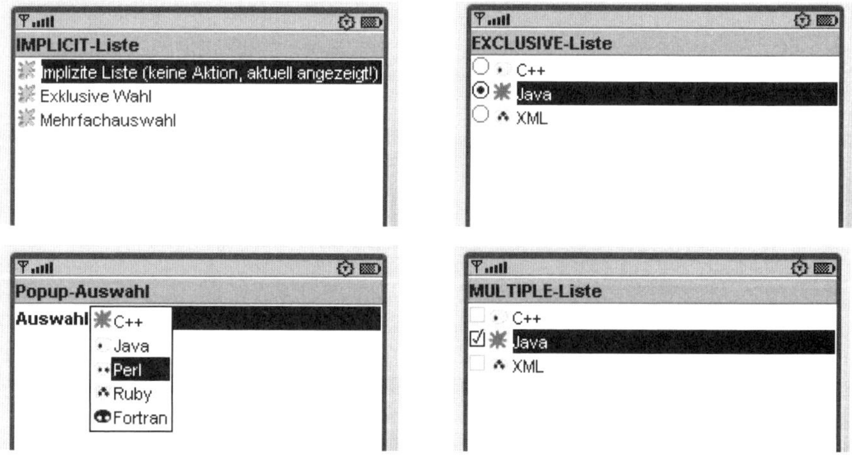

Abbildung 5.4: Vier Arten der Auswahl

Wahl genau einer Option – EXCLUSIVE

Mehrere Elemente werden zur Auswahl angeboten, aber es kann nur genau eins davon ausgewählt werden. Dieses ändert bei der Wahl deutlich sichtbar seine Darstellung, und ein möglicherweise vorher selektiertes Element gilt als nicht mehr angewählt. Es kann sein, dass die Implementierung zu Beginn ein Element bereits als gewählt markiert, es muss aber nicht sein. Wenn jedoch einmal eine Wahl getroffen wurde, gilt stets ein Element als gewählt. Das Verhalten entspricht einer Gruppe von Java SE-`JRadioButton`s. Nach Selektion muss ein Kommando benutzt werden, um das Angebot zur Auswahl zu verlassen und die getroffene Wahl auszuwerten. Bei der Instanziierung eines `Choice`-Objekts – oder genauer: eines `List`- oder `ChoiceGroup`-Objekts – wird dem Konstruktor der Parameter `Choice.EXCLUSIVE` mitgegeben.

Gleichzeitige Wahl mehrerer Optionen – MULTIPLE

Hier gilt dasselbe wie bei der exklusiven Wahl, nur dass die Selektion mehrerer Elemente gleichzeitig möglich ist. Das Verhalten entspricht einer Gruppe von Java SE-`JCheckBox`es. Bei der Instanziierung eines `Choice`-Objekts wird dem Konstruktor der Parameter `Choice.MULTIPLE` mitgegeben.

Wahl mit implizitem Kommando – IMPLICIT

Die implizite Wahl ist eine exklusive Wahl mit dem Unterschied, dass die Anwahl eines Elements sofort mit einem Kommando bzw. der dazugehörigen Aktion verbunden ist – das Kommando ist also »implizit« dabei und muss nicht explizit betätigt werden. Bei der Instanziierung eines `List`-Objekts wird dem Konstruktor der Parameter `Choice.IMPLICIT` mitgegeben. Implizite Wahl gibt es nicht für `ChoiceGroup`-Objekte. Die implizite Wahl haben Sie schon gesehen – nämlich dann, wenn eine Anwendung auf dem Bildschirm zur Auswahl angeboten wurde.

Popup-Wahl

Die Popup-Wahl erlaubt die Wahl genau einer Option (exklusive Wahl). Hier wird stets nur das ausgewählte Element angezeigt, die anderen bleiben verborgen, bis sie durch Interaktion des Benutzers angezeigt und zur Auswahl angeboten werden. Die Interaktion besteht im Drücken der Auswahltaste des Geräts, die im WTK-Emulator mit »Select« beschriftet ist. Das Verhalten ähnelt der Java SE-`JComboBox`. Bei der Instanziierung eines `ChoiceGroup`-Objekts wird dem Konstruktor der Parameter `Choice.POPUP` mitgegeben. Popup-Wahl gibt es nicht für `List`-Objekte. Abschnitt 5.3.7 (Seite 87) zeigt ein vollständiges Popup-Beispiel.

5.2.4 List

→ Beispiel Auswahlliste

Die folgenden Programmauszüge zeigen eine Liste des Typs `IMPLICIT` (links oben in Abbildung 5.4), von der aus eine `EXCLUSIVE`- und eine `MULTIPLE`-Liste, im Folgenden Sublisten genannt, zur Auswahl angeboten werden (rechte Seite der Abbildung 5.4). Popup-Auswahl wird weiter unten beim Thema `ChoiceGroup` behandelt.

```
public class ListMIDlet extends MIDlet {
    private List hauptliste;  // Die Haupt-Liste ist IMPLICIT
    private List exclusiveList;
    private List multipleList;
    private Display display;

    // Texte für die Listenelemente
    private static final String IMPL = "Implizite Liste "
                    + " (keine Aktion, aktuell angezeigt!)";
    private static final String EXCL = "Exklusive Wahl";
    private static final String MEHRFACH = "Mehrfachauswahl";

    // Kommando für die Hauptliste
    private static final Command CMD_ENDE =
                    new Command("Ende", Command.EXIT, 1);

    // Kommandos für die Sublisten
    private static final Command CMD_BACK =
                    new Command("Zurück", Command.BACK, 1);
    private static final Command CMD_INFO =
                    new Command("Anzeige", Command.ITEM, 1);

    private Alert alert =  new Alert(
                        "Anzeige des gewählten Elements",
                        "", null,
                        AlertType.INFO);
```

Das `Alert`-Objekt soll bei Betätigung des Kommandos `CMD_INFO` in einer Subliste (d.h. `MULTIPLE`- oder `EXCLUSIVE-List`) den Index und den Text des gewählten Elements anzeigen. Dies wird durch die Methode `indexAnzeige()` bewerkstelligt, die mit `getSelectedFlags(flags)` die angewählten Elemente ermittelt.

```
    private void indexAnzeige(List list) {
        StringBuffer sb = new StringBuffer();
        boolean[] flags = new boolean[list.size()];
        // Werte in flags mit getSelectedFlags(flags) setzen:
        int anzahl = list.getSelectedFlags(flags);
```

```
        if(anzahl > 0) {
            for(int i = 0; i < flags.length; ++i) {
                if(flags[i]) {
                    sb.append("Gewählt: " + list.getString(i)
                              + ". Index = " + i + "\n");
                }
            }
        }
        else {
            sb.append("nichts gewählt");
        }
        alert.setString(sb.toString());
        display.setCurrent(alert);
    }
```

Für jedes angewählte Element hat das entsprechende Element des `boolean`-Arrays den Wert `true`. Im Fall einer `EXCLUSIVE`-Liste schießt diese Methode mit Kanonen auf Spatzen, weil ja nur maximal ein Array-Element `true` sein kann, aber dafür ist die Methode für beide Arten von Listen geeignet. Wenn nur eine `EXCLUSIVE`-Liste vorliegt, wird das Array nicht benötigt, und der Text für das `Alert`-Objekt könnte wie folgt gesetzt werden:

```
int index = list.getSelectedIndex();
alert.setString("Gewählt: "
     + list.getString(index)
     + ". Index = " + index + "\n");
```

`getSelectedIndex()` gibt –1 zurück, wenn kein Element ausgewählt wurde. Das kann aber bei einer `EXCLUSIVE`-Liste nicht vorkommen, weil laut Spezifikation die Implementierung dafür sorgen muss, dass exakt ein Element angewählt ist, gegebenenfalls durch eine voreingestellte Auswahl. Vorausgesetzt wird dabei natürlich, dass die Liste nicht leer ist.

Die folgende Klasse `SublistenCommandListener` ist nur für die Sublisten des Beispiels gedacht. Das anschließend erzeugte Objekt `SCL` kann für jede der Listen verwendet werden, eine mehrfache Erzeugung wird damit vermieden.

```
    private class SublistenCommandListener
                                implements CommandListener {
        public void commandAction(Command c, Displayable d) {
            if(c == CMD_BACK) {
                display.setCurrent(hauptliste);
            }
            else {   // kann hier nur noch CMD_INFO sein
                indexAnzeige((List)d);
            }
```

```
        }
    }
    private final SublistenCommandListener SCL =
                                new SublistenCommandListener();
```

Die folgende innere Klasse definiert die Sublisten. Der jeweilige Typ wird im Konstruktor festgelegt. Mit `append()` werden die Listeneinträge erzeugt. Am Ende des Konstruktors werden die Kommandos und der `CommandListener` eingetragen.

```
    private class ExclOrMultList extends List {
        private final String [] optionen =
                                        {"C++", "Java", "XML"};
        private final Image[] bilder =
                                    new Image[optionen.length];

        private ExclOrMultList(String titel, int typ) {
            super(titel, typ);
            for(int i = 0; i < bilder.length; ++i) {
                try {
                    bilder[i] = Image.createImage(
                                    "/ico" + (i+1) + ".png");
                }
                catch(IOException ioe) {
                    // kein Image bei Dateifehler
                    bilder[i] = null;
                }
                append(optionen[i], bilder[i]);
            }
            addCommand(CMD_BACK);
            addCommand(CMD_INFO);
            setCommandListener(SCL);
        }
    }
```

Die nachfolgende Methode `startApp()` erzeugt die Hauptliste vom Typ `IMPLICIT`, von der die Sublisten aufgerufen werden. Das Kommando zum Beenden ist nur in der Hauptliste aktiv.

```
    protected void startApp() {
        if (display == null) {   // beim ersten Aufruf
            display = Display.getDisplay(this);
            // Haupt-Liste aufbauen (IMPLICIT-Liste)
            String [] optionen = {IMPL, EXCL, MEHRFACH};
            Image img;
            try {
                img = Image.createImage("/ico0.png");
```

```
}
catch(IOException ioe) {
    img = null;   // kein Image bei Dateifehler
}
Image[] bilder = {img, img, img};
hauptliste =  new List("IMPLICIT-Liste",
              Choice.IMPLICIT, optionen, bilder);
hauptliste.addCommand(CMD_ENDE);

// Sub-Listen aufbauen
exclusiveList = new ExclOrMultList(
            "EXCLUSIVE-Liste", Choice.EXCLUSIVE);
multipleList = new ExclOrMultList(
              "MULTIPLE-Liste", Choice.MULTIPLE);
```

Im `CommandListener` unten werden Kommandos ausgewertet, und das Programm wird beendet, oder die entsprechenden Sublisten werden angezeigt. Dabei wird auf die oben definierten Strings `EXCL` bzw. `MEHRFACH` abgefragt. Die Alternative, direkt mit `switch( getSelectedIndex())` zu verzweigen, wäre ebenso möglich, aber weniger fehlertolerant gegenüber Vertauschungen in der Reihenfolge der angezeigten Optionen.

```
hauptliste.setCommandListener(
                       new CommandListener() {
    public void commandAction(Command c,
                              Displayable d) {
      List list = (List)d;
      if(list == hauptliste) {
        if(c == CMD_ENDE) {
            notifyDestroyed();
        }
        else {
            int index = list.getSelectedIndex();
            String txt = list.getString(index);
            if(txt.equals(EXCL)) {
               display.setCurrent(exclusiveList);
            }
            if(txt.equals(MEHRFACH)) {
               display.setCurrent(multipleList);
            }
            // sonst nichts tun
        }
      }
    }
```

```
            });
        }
        display.setCurrent(hauptliste);
    }
    // ... destroyApp() usw.
```

Mit diesen Auszügen liegt eine vollständige Struktur für eigene Listen-Anwendungen vor. Das vollständige Beispiel ist auf der Internet-Seite zum Buch erhältlich. Wie das Wort `IMPLICIT` besagt, sind Kommandos direkt mit der Auswahl verbunden. Das liegt daran, dass es ein voreingestelltes Kommando `SELECT_COMMAND` gibt. Es ist Attribut der Klasse `List`, hat den Typ `Command.SCREEN`, einen leeren String (`""`) als Namen und die Priorität 0. Die Klasse `Command` wird weiter unten in Abschnitt 5.2.6 beschrieben. Man kann das voreingestellte Kommando mit `setSelectCommand()` überschreiben oder mit `addCommand()`, von der Klasse `Displayable` geerbt, welche hinzufügen. `setSelectCommand(null)` löscht das voreingestellte Kommando, das heißt, es kann nichts selektiert werden. Mit `setSelectCommand(List.SELECT_COMMAND)` wird es wiederhergestellt. Die Anweisung

```
hauptliste.setSelectCommand(new Command("Wählen Sie",
                                       Command.ITEM, 1));
```

Hinweis

würde im obigen Programm bewirken, dass das Kommando bei Drücken des nunmehr mit »Wählen Sie« beschrifteten Softbuttons ausgeführt wird. Der Name `setSelectCommand()` ist etwas irreführend, denn wenn das Argument nicht das standardmäßige `SELECT_COMMAND` ist, wird es tatsächlich hinzugefügt, als ob `addCommand()` ausgeführt worden wäre. Der Auswahlbutton funktioniert also weiterhin, zusätzlich zu dem neuen Softbutton.

5.2.5 Form

Ein `Form`-Objekt ist uns bereits im ersten Programmbeispiel auf Seite 22 begegnet, um einen Text darzustellen. Tatsächlich ist `Form` ein Bildschirm, der eine beliebige Zusammenstellung von Bildern, Testeingabefeldern, Fortschrittsanzeigen usw. enthalten kann, geeignet für Dialoge und Formulare verschiedenster Art. Natürlich sollte alles auf einem kleinen Bildschirm unterzubringen sein, auch wenn der Inhalt bei Überschreiten der Grenzen automatisch scrollbar ist – die Ergonomie muss beachtet werden. Generell können Objekte aller Klassen, die von der abstrakten Klasse `Item` erben, in einem `Form`-Objekt untergebracht werden. Sie sind nummeriert, beginnend mit 0. Ein `Item`-Objekt kann nur zu genau einem `Form`-Objekt gehören – wenn man Ersteres mehrfach verwenden möchte, muss man es zuerst mit `delete()` aus dem vorherigen `Form`-Objekt entfernen. Tabelle 5.3 zeigt eine Auswahl der Methoden der Klasse `Form`. Die mit `getHeight()` und `getWidth()` gewonnene Information ermöglicht es, von vornherein einen überladenen Bildschirm zu vermeiden.

Tipp

Form-Methode	Bedeutung
`Form(String titel)`	Konstruktor
`Form(String titel, Item[] items)`	Konstruktor (`Item` siehe Seite 80)
`void append(String str)`	`String` hinzufügen
`void append(Image img)`	`Image` hinzufügen
`void append(Item it)`	`Item` hinzufügen
`Item get(int i)`	gibt `Item` an Position `i` zurück
`void delete(int i)`	`Item` Nr. `i` löschen
`int getHeight()`	verfügbare Höhe in Pixeln
`int getWidth()`	verfügbare Breite in Pixeln
`setItemStateListener( ItemStateListener isl)`	setzt `ItemStateListener` zur Überwachung von Änderungen der `Item`s.

Tabelle 5.3: Auswahl von `Form`-Methoden

Layout

Die Implementierung kümmert sich um das Layout, wobei von einem zeilenweisen Aufbau ausgegangen wird und Layout-Einstellungen für `Item`s (Seite 80) berücksichtigt werden. Die Art der Darstellung in einem `Form`-Objekt hängt von der Reihenfolge ab, in der `Item`-Objekte hinzugefügt worden sind, und von der Art dieser Objekte. Die Zeilen werden von links nach rechts aufgebaut (bei der Einstellung für unseren Sprachraum) und müssen nicht gleich hoch sein. Die Höhe hängt von der Größe der eingefügten Objekte ab. Eine neue Zeile wird *vor* einem `Item` begonnen, wenn

- das `Item` ein `StringItem` ist, das mit dem Zeichen »`\n`« beginnt,
- das `Item` eine `LAYOUT_NEWLINE_BEFORE`-Kennung hat,
- das `Item` keine `LAYOUT_2`-Kennung[2] hat und es Benutzereingaben ermöglicht (d.h. `ChoiceGroup`, `TextField`, `DateField`, `Gauge`) oder
- das `Item` eine Layout-Kennung hat, die nicht zu der aktuellen Ausrichtung des `Form`-Objekts passt.

Eine neue Zeile wird *nach* einem `Item` begonnen, wenn

[2] MIDP 2, gekennzeichnet durch `LAYOUT_2`, hat genauere Layout-Regeln als MIDP 1.0.

- eine Zeile gefüllt ist,
- das `Item` ein `StringItem` ist, das mit dem Zeichen `\n`endet,
- das `Item` eine `LAYOUT_NEWLINE_AFTER`-Kennung hat oder
- das `Item` keine `LAYOUT_2`-Kennung hat und es von einem der Typen `Gauge`, `ChoiceGroup`, `TextField` oder `DateField` ist.

Beispiele für Anwendungen der Klasse `Form` sind in Abschnitt 5.3 zu finden, der sich mit der Klasse `Item` und ihren Unterklassen beschäftigt.

5.2.6 Ereignisverarbeitung für Displayable-Objekte

Die einzigen Ereignisse, auf die Objekte der in den Abschnitten 5.2.1 bis 5.2.5 beschriebenen Klassen reagieren, sind Kommandos. Sie können verschiedenen Benutzungsschnittstellenelementen zugeordnet werden, zum Beispiel als Menüpunkt oder als so genannter Softbutton. Ein durch den Schriftzug »ENDE« gekennzeichneter Softbutton ist uns schon in Abbildung 2.3 auf Seite 26 begegnet, ein Menü mit zwei Wahlmöglichkeiten rechts in Abbildung 2.4 auf Seite 28. Wie in Java üblich, wird die auszulösende Aktion in einem `Listener` definiert, der in diesem Fall das Interface `CommandListener` implementiert und der dem `Displayable`-Objekt zugeordnet wird. Es kann nur einen `CommandListener` für jedes `Displayable`-Objekt geben, der allerdings mehrere Kommandos verarbeiten kann. Die genaue Art der Verarbeitung ist in der Methode `commandAction( Command cmd, Displayable d)` der das Interface `CommandListener` implementierenden Klasse festzulegen. Die Methode muss sofort zurückkehren, weil nicht garantiert ist, dass das Gerät Ereignisse in separaten Threads weiterleitet. Das heißt, dass eine längliche Aktion den Bildschirm blockieren kann und deswegen in einen Thread auszulagern ist. Die entscheidenden Methoden der Klasse `Displayable` sind:

Vorsicht!

- `addCommand(Command cmd)` fügt ein `Command` hinzu.
- `removeCommand(Command cmd)` löscht `Command cmd`.
- `setCommandListener(CommandListener cl)` legt den `CommandListener` fest, wobei ein vorher existierender überschrieben wird. Falls `null` übergeben wird, gibt es keine Reaktion mehr auf ein Kommando.

Klasse Command

Die Klasse `Command` kapselt Namen (englisch *label*), Typ und Priorität einer Aktion. Vom Namen gibt es eine Kurzform und optional eine Langform. Die Aktion selbst ist in einem Kommando (d.h. Objekt der Klasse `Command`) nicht enthalten, sie wird in der Methode `commandAction()` definiert, wie oben erwähnt. Wie ein

Kommando auf dem Bildschirm angezeigt wird, bleibt der Implementierung überlassen, wobei die Kommando-Eigenschaften allerdings eine Rolle spielen können. So kann es sein, dass Kommandos als Softbuttons dargestellt werden, aber auch als Teil eines Menüs. Die letztere Lösung ist für mehrere Kommandos geeignet, wenn nicht genügend Platz für Softbuttons zur Verfügung steht. Die Kurzform des Namens könnte für einen Softbutton, die Langform, sofern vorhanden, in einem Menü verwendet werden. All diese Möglichkeiten sind aber nicht per Programm steuerbar. Die Attribute werden dem Konstruktor mitgegeben und sind danach mit `get`-Methoden abfragbar, aber nicht mehr zu verändern. Die Schnittstelle der Klasse ist

```
Command(String kurzname, int typ, int prioritaet);
Command(String kurzname, String langname, int typ, int prio);
String getLabel();
String getLongLabel();
int getCommandType();
int getPriority();
```

Hinweis

Niedrige Zahlen bedeuten hohe Prioritäten, also genau umgekehrt, wie es bei Threads gehandhabt wird. Tabelle 5.4 zeigt die möglichen `Command`-Typen.

Command-Typ	**Bedeutung**
`SCREEN`	Bildschirmbezogenes Kommando, z.B. Laden, Speichern, Öffnen
`BACK`	Rückkehr zum vorherigen Bildschirm
`CANCEL`	Dialog-Abbruch
`EXIT`	Programm-Abbruch
`HELP`	Hilfe anfordern
`ITEM`	Kommando für Bildschirmelemente, z.B. Auswahlliste
`OK`	Bestätigung durch den Benutzer
`STOP`	Abbruch der laufenden Operation

Tabelle 5.4: Command-Typen

→ Beispiel *TextboxCmd*

Die Bedeutung muss entsprechend in `commandAction()` implementiert werden. Das folgende Beispiel zeigt auszugsweise die Verwendung verschiedener Kommandos für eine `TextBox` und das Ergebnis in Abbildung 5.5. Die Anforderung der Online-Hilfe wird mit einem `Alert`-Objekt vom Typ `AlertType.INFO` realisiert. Bei Wahl des Hilfe-Kommandos erhält das `Alert`-Objekt den Bildschirm. Mit dem schon auf Seite 61 beschriebenen voreingestellten Kommando

`Alert.DISMISS_COMMAND` wird der Hilfe-Bildschirm zum Verschwinden gebracht und es erscheint wieder der vorhergehende. `Alert.DISMISS_COMMAND` ist nicht in der Tabelle 5.4 aufgeführt, weil es nicht ein Attribut der Klasse `Command` wie die Typen in der Tabelle, sondern ein konstantes, vollständiges `Command`-Objekt ist. Es ist Attribut der Klasse `Alert`, hat den Wert `Command.OK`, einen leeren String (`""`) als Namen und die Priorität 0.

```
// Verwendung von Kommandos für eine TextBox
tb =  new TextBox( .....);              // Details weggelassen

tb.addCommand(new Command("Ende", "Anwendung beenden",
                         Command.EXIT, 1));

tb.addCommand(new Command("Löschen", "Text löschen",
                         Command.SCREEN, 2));

tb.addCommand(new Command("Hilfe", Command.HELP, 2));

tb.setCommandListener(new CommandListener() {
        public void commandAction(Command c, Displayable d) {
            switch(c.getCommandType()) {
            case Command.EXIT:
                notifyDestroyed();
                break;
            case Command.HELP:
                Alert alert =  new Alert("Hilfe",
                     "Löschen: Der Text wird gelöscht.\n"
                   + "Ende: Anwendung beenden", null,
                     AlertType.INFO);
                alert.setTimeout(Alert.FOREVER);
                display.setCurrent(alert);
                break;
            case Command.SCREEN:
                tb.setString(null);
                break;
            }
        }
    });
```

Statt den Typ des Kommandos für die Auswahl abzufragen, hätte man alternativ mit `getLabel()` die Kurzform auswerten können. Man sieht, dass das WTK das `EXIT`-Kommando als Softbutton unten links realisiert, während die anderen Kommandos in einem Menü angeboten werden, ohne dass irgend ein Hinweis auf diese Anordnung im Programmauszug vorhanden ist. Dabei wird die Langform des Kommandos »Löschen« angezeigt.

Abbildung 5.5: TextBox mit Kommandos

5.3 Items – Komponenten für Formulare

Wie schon in Abschnitt 5.2.5 erwähnt, ist ein `Form`-Objekt ein Container für Objekte, deren Klasse die Klasse `Item` spezialisiert. Die folgenden Klassen sind im Package `javax.microedition.lcdui` bereits vorhanden. Sie werden in eigenen Abschnitten weiter unten beschrieben:

- `StringItem` Ein Label, d.h. ein namensgebender String, der mit `getLabel()` abfragbar ist, kombiniert mit einem weiteren Text. Label und Text können verschiedenartig dargestellt werden.
- `ImageItem`

  Enthält unter anderem einen Verweis auf eine Grafik und einen Ersatztext, falls diese nicht darstellbar ist.
- `CustomItem`

  Abstrakte Superklasse für eigene, speziell konstruierte `Item`-Klassen.
- `Spacer`

  Dient als unsichtbares Trennelement zwischen zwei `Item`-Objekten.
- `ChoiceGroup`

  Gruppe auswählbarer Elemente. Die Eigenschaften sind im Wesentlichen in der Klasse `Choice` definiert, siehe Abschnitt 5.2.3 auf Seite 68.

- TextField

  Editierbares Texteingabefeld mit ähnlichen Eigenschaften wie die bekannte TextBox (Seite 64).

- DateField

  editierbare Komponente zur Datums- und Zeitdarstellung.

- Gauge

  Fortschrittsanzeige, auch interaktiv zum Einstellen von Werten nutzbar.

Jedes Item hat eine Beschriftung (Label), das mit der jeweiligen Komponente angezeigt wird. Das Label darf den Wert null annehmen. Ein Item hat eine *minimale* und eine *bevorzugte* Größe. Die minimale Größe ist die kleinste Größe, bei der das Item noch so darstellbar ist, dass es seine Funktion erfüllt. Die bevorzugte Größe ist die kleinste Größe, bei der noch keine Information abgeschnitten wird. Die bevorzugte Größe kann mit der Methode setPreferredSize() eingestellt und mit der entsprechenden get-Methode abgefragt werden. Weil die Größen vom Inhalt abhängen, können sich ihre Werte ändern, sobald sich der Inhalt des Items ändert.

5.3.1 Ereignisverarbeitung für Items

Ein Item hat eine Kommandoverarbeitung ähnlich der, wie sie im Abschnitt 5.2.6 für Displayable-Objekte beschrieben wird. Es gibt voreingestellte Kommandos, vergleichbar mit dem Kommando DISMISS_COMMAND der Klasse Alert oder dem Kommando SELECT_COMMAND der Klasse List. Nur sind die Namen zum Teil andere, weswegen sie in Tabelle 5.5 aufgeführt werden. Falls das Item einen anderen Bildschirm aktiviert hat, sollte mit der Methode Display.setCurrentItem(item) zurückgekehrt werden (statt Display.setCurrent(form)), damit das Item wieder den Fokus erhält.

5.3.2 Layout von Items

Die Anordnung von Items innerhalb eines Form-Objekts wird in Abschnitt 5.2.5 skizziert. Hier geht es darum, wie einem einzelnen Item ein Attribut zugeordnet werden kann, das das Layout bestimmt. Tabelle 5.6 zeigt die Einstellmöglichkeiten. Die Werte der Tabelle 5.6 können, soweit sinnvoll, mit einem »Oder« kombiniert werden, zum Beispiel Item.LAYOUT_RIGHT | Item.LAYOUT_NEWLINE_BEFORE. Eine Anwendung folgt in Abschnitt 5.3.6 auf Seite 85.

→ Beispiel *FormBeispiel*

Darüber hinaus gibt es Attribute für das Erscheinungsbild, nämlich PLAIN, BUTTON und HYPERLINK. Das Layout kann mit setLayout() gesetzt werden. Der Wert für das Erscheinungsbild-Attribut wird dem Konstruktor der Item-Unterklassen StringItem und ImageItem übergeben. PLAIN meint das vorgegebene Erscheinungsbild, während BUTTON und HYPERLINK das Item wie ein Button oder Hyperlink aussehen lassen sollen. Damit ist allerdings keine Aktion festgelegt: Wenn

Name	Bedeutung
`void addCommand(Command cmd)`	Kommando `cmd` hinzufügen
`ItemCommandListener`	Listener-Interface für `Item`-Kommandos
`void commandAction(Command c, Item item)`	zu implementierende Methode des Interfaces
`void setItemCommandListener( ItemCommandListener l)`	Methode zur Festlegung des `ItemCommandListener`-Objekts
`void setDefaultCommand( Command cmd)`	`cmd` zum voreingestellten Kommando machen. `cmd == null` löscht das voreingestellte Kommando.
`void removeCommand(Command c)`	Kommando `c` entfernen
`void notifyStateChanged()`	Explizite Benachrichtigung des Listeners, z.B. nachdem das `Item` per Programm verändert wurde

Tabelle 5.5: `Item`-Kommandoverarbeitung

sich das `Item` wie ein Button oder Hyperlink verhalten soll, ist dies mit Hilfe eines Kommandos zu implementieren, wie nachfolgend gezeigt.

```
// StringItem als Button:
final String CMDSTR = "wähle dies!";
StringItem buttonStringItem = new StringItem(
                        null,          // ohne Label
                        CMDSTR,        // Kommando-String
                        Item.BUTTON);  // Erscheinungsbild
form.append(buttonStringItem);
buttonStringItem.setDefaultCommand(new Command(CMDSTR,
                                   Command.ITEM, 1));
buttonStringItem.setItemCommandListener(
       new ItemCommandListener() {
           public void commandAction(Command c, Item item) {
               if(c.getLabel().equals(CMDSTR)) {
                  display.setCurrent(new Alert("Aktion",
                                     "Dies gewählt!",
                                null, AlertType.INFO));
               }
           }
   });
```

`Item`-Attribut	Bedeutung
`LAYOUT_DEFAULT`	Layout-Regeln der `Form`, die das `Item` aufnimmt
`LAYOUT_LEFT`	Ausrichtung links
`LAYOUT_RIGHT`	Ausrichtung rechts
`LAYOUT_CENTER`	Ausrichtung mittig
`LAYOUT_TOP`	Ausrichtung oben
`LAYOUT_BOTTOM`	Ausrichtung unten
`LAYOUT_VCENTER`	vertikale Zentrierung
`LAYOUT_NEWLINE_BEFORE`	neue Zeile vor dem `Item`, siehe auch Seite 75
`LAYOUT_NEWLINE_AFTER`	neue Zeile nach dem `Item`
`LAYOUT_SHRINK`	`Item` kann auf minimale Breite schrumpfen
`LAYOUT_VSHRINK`	`Item` kann auf minimale Höhe schrumpfen
`LAYOUT_EXPAND`	`Item` darf die verfügbare Breite einnehmen.
`LAYOUT_VEXPAND`	`Item` darf die verfügbare Höhe einnehmen.
`LAYOUT_2`	Layout für MIDP 2, siehe auch Seite 75

Tabelle 5.6: Item-Layout-Attribute

Die Einzelheiten der Darstellung werden durch die Implementation bestimmt. So könnte `BUTTON` zu einem Rahmen um den Text führen und `HYPERLINK` zu einem unterstrichenen Text.

5.3.3 Ereignisverarbeitung in Form-Objekten

Zusätzlich zur Verarbeitung von Kommandos ist es für ein `Form`-Objekt möglich, auf Änderungen von `Item`s, die durch Interaktion mit dem Benutzer verursacht wurden, zu reagieren. Dazu dient die Methode `itemStateChanged()`. Voraussetzung ist, dass mit `setItemStateListener()` ein `ItemStateListener` installiert wurde. Im folgenden Programmfragment wird gezeigt, wie der in einem Textfeld eingegebene Text bei jeder Änderung in ein Ausgabefeld mit vergrößerter Schrift übertragen wird. Abbildung 5.6 zeigt ein mögliches Ergebnis.

```
// Auszug einer MIDlet-Klasse
private Form form = new Form("Form-Test");
private Display display;
private StringItem ausgabe = new StringItem("Ausgabe:", null);
```

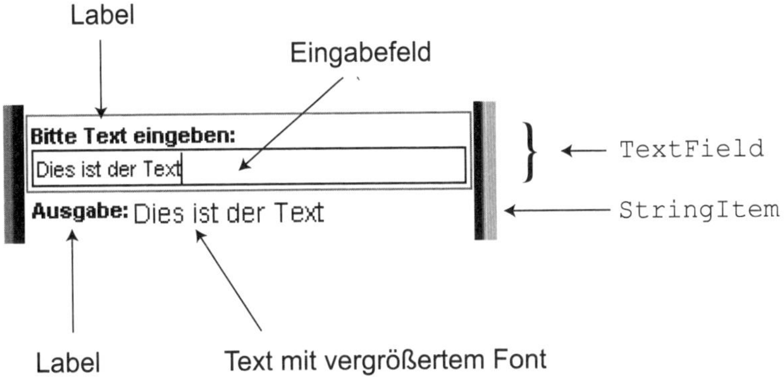

Abbildung 5.6: Form-Ausschnitt mit `TextField` und `StringItem`

```
protected void startApp() {
    if(display == null) {
        display = Display.getDisplay(this);
        TextField tf = new TextField("Bitte Text eingeben:",
                         "Anfangstext", 20, TextField.ANY);
        form.append(tf);
        Font font = Font.getFont(Font.FACE_MONOSPACE,
                                 Font.STYLE_PLAIN,
                                 Font.SIZE_LARGE);
        ausgabe.setFont(font);
        form.append(ausgabe);

        form.setItemStateListener(new ItemStateListener() {
                public void itemStateChanged(Item item) {
                    // Item identifizieren:
                    if(item instanceof TextField) {
                        // eingetippten Text anzeigen
                        ausgabe.setText(
                          ((TextField)item).getString());
                    }
                }
            });
    }
    display.setCurrent(form);
}
```

Allerdings bleibt es der Implementation vorbehalten, wann die Änderung wirksam wird. Dies kann sowohl bei jedem eingegebenen Zeichen geschehen, wie beim

WTK, es ist aber auch möglich, dass die Änderung erst dann zum Aufruf von `itemStateChanged()` führt, wenn der Fokus des Feldes verlassen wird. Übrigens kann man weder einen Font erzeugen noch alle vorhandenen Fonts mit einem einfachen Methodenaufruf (»`getFonts()`«) ermitteln. Man kann sich nur einen vorhandenen Font mit der statischen Methode `getFont()` geben lassen.

5.3.4 Spacer

Ein `Spacer` ist ein `Item`, das in der Darstellung auf dem Bildschirm als Leerstelle zwischen zwei anderen `Items` dient. Dem Konstruktor `Spacer(int b, int h)` werden die Mindestbreite und Mindesthöhe in Pixeln übergeben. Ein Beispiel für die Anwendung ist weiter unten im Abschnitt »ImageItem« (5.3.6) zu sehen.

5.3.5 StringItem

Ein `StringItem` ist ein sehr einfaches `Item`. Es besteht nur aus einem Label und einem Text. Label und Text können im Aussehen verschieden sein, auch kann man den Font einstellen, wie im obigen Abschnitt 5.3.3 gezeigt. Tabelle 5.7 listet die wichtigsten Methoden auf. Das Beispiel auf Seite 81 zeigt ein `StringItem` mit einem Button-Erscheinungsbild und einem zugeordneten Kommando.

`StringItem`-Methode	**Bedeutung**
`StringItem(String label, String text, int erscheinungsbild)`	Konstruktor
`StringItem(String label, String text)`	dasselbe wie `StringItem(label, text, Item.PLAIN)`
`void setText(String text)`	Text setzen
`String getText()`	Gibt Text zurück, bzw. `null`, falls nicht vorhanden
`void setFont(Font font)`	Font setzen
`Font getFont()`	Gibt Font zurück
`int getAppearanceMode()`	Gibt Erscheinungsbild-Attribut zurück. Nur die Werte `Item.PLAIN`, `Item.BUTTON` und `Item.HYPERLINK` sind möglich.

Tabelle 5.7: Auswahl von `StringItem`-Methoden

5.3.6 ImageItem

Ein `ImageItem` ist ebenso einfach wie ein `StringItem`. Es besteht nur aus einem Label und einer Grafik. Tabelle 5.8 zeigt die wichtigsten Methoden.

`ImageItem`-Methode	Bedeutung
`ImageItem(String label, Image img, int layout, String ersatztext, int erscheinungsbild)`	Konstruktor. `ersatztext` ist ein Text, der ersatzweise angezeigt wird, wenn die Grafik aus irgendwelchen Gründen nicht angezeigt werden kann.
`ImageItem(String label, Image img, int layout, String ersatztext)`	Konstruktor (Erscheinungsbild: `Item.PLAIN`)
`void setImage(Image img)`	Image setzen
`Image getImage()`	Gibt Image zurück, bzw. `null`, falls nicht vorhanden
`void setLayout(int layout img)`	Layout-Attribut setzen
`int getLayout()`	Gibt Layout-Attribut zurück
`void setAltText(String ersatztext)`	Setzt Ersatztext
`String getAltText()`	Gibt alternativen Text zurück
`int getAppearanceMode()`	Gibt Erscheinungsbild-Attribut zurück. Nur die Werte `Item.PLAIN`, `Item.BUTTON` und `Item.HYPERLINK` sind möglich.

Tabelle 5.8: Auswahl von `ImageItem`-Methoden

Die Layout-Attribute der Tabelle auf Seite 82 werden nur zum Teil geerbt, teilweise werden sie redefiniert. Abbildung 5.7 zeigt ein `Form`-Objekt mit `Image`s, `ImageItem` und `Spacer`. Ein dazu passender Programmauszug ist:

```
form.append(bilder[0]);
form.append(new Spacer(110, 20));
form.append(bilder[1]);
form.append(bilder[2]);
form.append(bilder[3]);
ImageItem imageItem = new ImageItem("Stern", bilder[4],
                                    ImageItem.LAYOUT_RIGHT,
                                   "Bild");
form.append(imageItem);
```

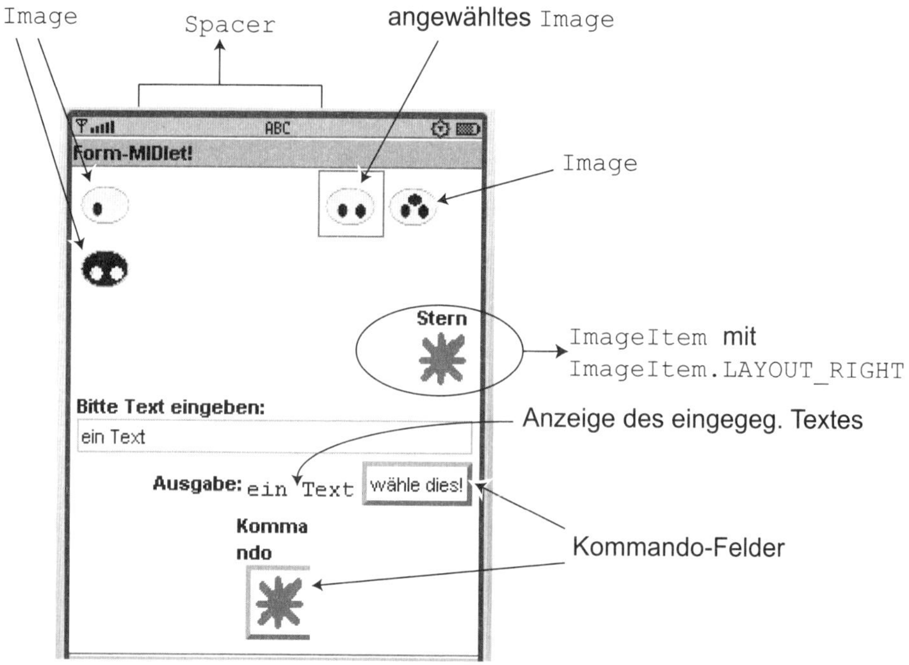

Abbildung 5.7: `Form`-Beispiel mit verschiedenen Komponenten

Bei veränderlichen Grafiken, die zum Beispiel gerade von der Anwendung aufgebaut werden, wird ein Schnappschuss für die Anzeige genommen. Falls die Anzeige nach Änderung der Grafik aktualisiert werden soll, kann dies mit dem Aufruf `imageItem.setImage(imageItem.getImage());` erreicht werden. Wie einem `StringItem` können auch einem `ImageItem` Kommandos zugeordnet werden.

Tipp

Im Beispiel bewirkt die Auswahl des `ImageItem`s das kurzzeitige Erscheinen eines `Alert`-Fensters.

```
// ImageItem als Button:
final String CMDSTR = "wähle dies!";
ImageItem imgItem = new ImageItem("Kommando", image,
    ImageItem.LAYOUT_CENTER | ImageItem.LAYOUT_NEWLINE_BEFORE,
            "Bild konnte nicht geladen werden", Item.BUTTON);
form.append(imgItem);
imgItem.setDefaultCommand(new Command(CMDSTR, Command.ITEM, 1));
imgItem.setItemCommandListener( new ItemCommandListener() {
            public void commandAction(Command c, Item item) {
                if(c.getLabel().equals(CMDSTR)) {
                    display.setCurrent(new Alert("Aktion",
```

```
                    "ImageItem gewählt!", null, AlertType.INFO));
                }
            }
        });
```

5.3.7 ChoiceGroup

`ChoiceGroup` implementiert das Interface `Choice`, das oben in Abschnitt 5.2.3 ab Seite 68 beschrieben wird. Eine `ChoiceGroup` ist vornehmlich zum Einbau in ein `Form`-Objekt gedacht. Sie bietet drei der vier verschiedenen in Abschnitt 5.2.3 beschriebenen Möglichkeiten zur Auswahl: `EXCLUSIVE`, `MULTIPLE` und `POPUP`. Abbildung 5.4 (Seite 68) zeigt alle diese Möglichkeiten. Im Rahmen der `List`-Klasse werden nur `EXCLUSIVE` und `MULTIPLE` im Programmbeispiel auf Seite 70 behandelt, weswegen hier ein vollständiges Beispiel für die Einbettung einer Popup-`ChoiceGroup` in ein `Form`-Objekt folgt (links unten in der Abbildung auf Seite 68).

→ Beispiel *Popup*

Die `ChoiceGroup` ist mit einem Kommando verbunden, dessen Auslösung den gewählten Index in einem `Alert`-Fenster anzeigt, wie im Beispiel auf Seite 70. `EXCLUSIVE` und `MULTIPLE` lassen sich auf ähnliche Art realisieren.

Popup-ChoiceGroup

```
import javax.microedition.midlet.*;
import javax.microedition.lcdui.*;
import java.io.*;

public class PopupMIDlet extends MIDlet {
    private Display display;
    private final Alert alert = new Alert(
                          "Anzeige des gewählten Elements",
                           "", null, AlertType.INFO);
    private Form form;
    private final Command CMD_ENDE = new Command("Ende",
                                        Command.EXIT, 1);
    private final Command CMD_INFO = new Command("Anzeige",
                                        Command.ITEM, 1);
    private final String [] optionen =
                {"C++", "Java", "Perl", "Ruby", "Fortran"};
    private final Image[] bilder = new Image[optionen.length];
    private ChoiceGroup cg;

    protected void pauseApp() { }
    protected void destroyApp(boolean b) { }
```

```
    protected void startApp() {
        if (display == null) {   // beim ersten Aufruf
            display = Display.getDisplay(this);
            form = new Form("Popup-Auswahl");
            for(int i = 0; i < bilder.length; ++i) {
                try {
                    bilder[i] = Image.createImage(
                                        "/ico" + i + ".png");
                }
                catch(IOException ioe) {
                    // kein Image bei Dateifehler
                    bilder[i] = null;
                }
            }
            cg = new ChoiceGroup("Auswahl", Choice.POPUP,
                                 optionen, bilder);
            cg.addCommand(CMD_ENDE);
            cg.addCommand(CMD_INFO);
            cg.setItemCommandListener(
                    new ItemCommandListener() {
                      public void commandAction(Command c,
                                                Item i) {
                          if(c == CMD_ENDE) {
                              notifyDestroyed();
                          }
                          else {   // i ist cg
                              int index = cg.getSelectedIndex();
                              alert.setString("Gewählt: "
                                      + cg.getString(index)
                                      + ". Index = " + index
                                      + "\n");
                              display.setCurrent(alert);
                          }
                      }
                });
            form.append(cg);
        }
        display.setCurrent(form);
    }
}
```

5.3.8 TextField

Ein `TextField` ist ein Bereich zum Anzeigen und Editieren von Text und bereits von Abschnitt 5.3.3 bekannt. Es gibt sehr viele Ähnlichkeiten zur Klasse `TextBox`, die ja die syntaktische Struktur von Eingaben mit Hilfe von `TextField`-Konstanten, die in Tabelle 5.1 (Seite 64) aufgelistet sind, definiert. Diese und auch die darauf folgende Tabelle 5.2 erfüllen denselben Zeck für ein `TextField`. Der Unterschied besteht im Wesentlichen in zwei Punkten:

- Eine `TextBox` stellt einen ganzen Bildschirm dar, während ein `TextField` in ein `Form`-Objekt, das als Container dient, integriert wird.
- Wenn sich der Inhalt einer `TextBox` ändert, gibt es keine Möglichkeit, dies direkt per Programm festzustellen. Änderungen in einem `TextField` hingegen können über den `ItemStateListener` des aufnehmenden `Form`-Containers registriert werden. Ein Beispiel dazu findet sich auf Seite 83.

5.3.9 DateField

Ein `DateField` ist ein `Item`, das sowohl zur Darstellung als auch zur Änderung von Uhrzeit und Datum geeignet ist. Mit den Konstanten `DATE`, `TIME` bzw `DATE_TIME` wird ausgewählt, ob das Datum, die Uhrzeit oder beides angezeigt werden soll. Abbildung 5.8 zeigt in der Mitte ein `DateField` und links und rechts die Folge-Bildschirme, die bei Anwahl der Zeit oder des Datums erscheinen. Im Fall, dass die Werte nicht initialisiert werden, erscheinen entsprechende Platzhalter. → Beispiel *DateField*

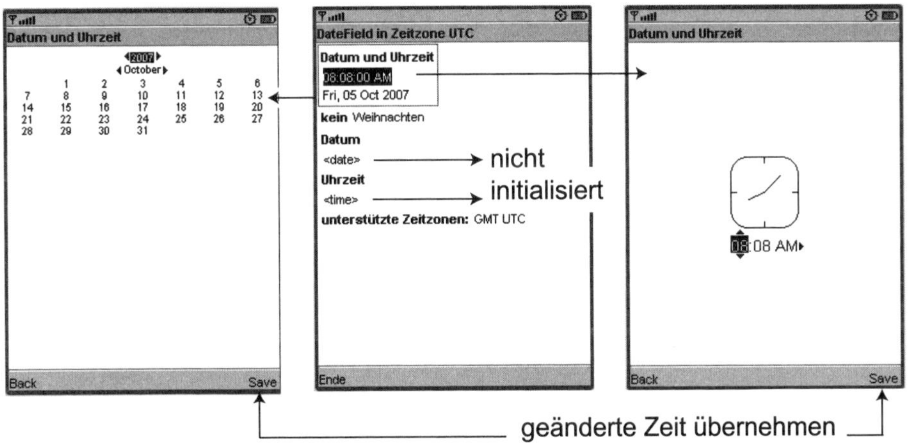

Abbildung 5.8: `DateField` (Mitte) mit Folge-Bildschirmen

In der Abbildung werden die voreingestellte Zeitzone in der `Form`-Beschriftung sowie die verfügbaren Zeitzonen im `StringItem` unten angezeigt. Das obere `DateField` wird mit der aktuellen Zeit initialisiert, indem der Methode `setDate()` ein neu erzeugtes `Date`-Objekt übergeben wird (siehe nachfolgendes Programmbeispiel). Die Methode `getDate()` gibt das gespeicherte Datum zurück. Über die Klasse `Calendar`, die mit den Klassen `TimeZone` und `Date` verwandt ist, lassen sich Wochentage und anderes per Programm ermitteln.

```
static boolean istWeihnachten(Date date) {
    Calendar cal = Calendar.getInstance();
    cal.setTime(date);
    return   (cal.get(Calendar.DATE) == 25
           || cal.get(Calendar.DATE) == 26)
           && cal.get(Calendar.MONTH) == Calendar.DECEMBER;
}
```

Zum Beispiel könnte man ermitteln, ob gerade Weihnachten ist, wie die vorstehenden Zeilen zeigen. Bei der Monatsangabe empfiehlt sich die Verwendung von Konstanten der Klasse `Calendar`, um Fehler zu vermeiden. Grund: die Zählung beginnt ab 0, das heißt: `Calendar.DECEMBER` hat den Wert 11.

DateField-Beispiel

```
import javax.microedition.lcdui.*;
import javax.microedition.midlet.*;
import java.util.*;

public class DateFieldMIDlet  extends MIDlet {
    private final static Command CMD_EXIT = new Command(
                              "Ende", Command.EXIT, 1);
    private Display display = null;
    private Form form = null;
    private DateField uhrzeitDatum = new DateField(
                 "Datum und Uhrzeit", DateField.DATE_TIME);
    private DateField datum = new DateField(
                              "Datum", DateField.DATE);
    private DateField uhrzeit = new DateField(
                            "Uhrzeit", DateField.TIME);
    protected void startApp() {
        if (display == null) {
            display = Display.getDisplay(this);
            form = new Form("DateField in Zeitzone "
                          + TimeZone.getDefault().getID());
```

```
            // mit aktueller Zeit initialisieren:
            uhrzeitDatum.setDate(new Date());
            form.append(uhrzeitDatum);
            form.append(datum);
            form.append(uhrzeit);
            form.addCommand(CMD_EXIT);

            form.setCommandListener(new CommandListener () {
                    public void commandAction(Command c,
                                            Displayable d) {
                        if (c == CMD_EXIT) {
                            notifyDestroyed();
                        }
                    }
                });
            // verfügbare Zeitzonen ermitteln
            String[] zeitzonen = TimeZone.getAvailableIDs();
            StringBuffer sb = new StringBuffer();
            for(int i=0; i < zeitzonen.length; ++i)
                sb.append(" " + zeitzonen[i]);
            StringItem zz = new StringItem(
                    "unterstützte Zeitzonen:", sb.toString());
            form.append(zz);
        }
        display.setCurrent(form);
    }

    protected void destroyApp(boolean b) { }

    protected void pauseApp() { }
}
```

5.3.10 Gauge

Ein `Gauge`-Objekt wird zum Beispiel als Fortschrittsanzeige verwendet (siehe Seite 61). Es kann auch als eine Art »Schieberegler« zur Einstellung ganzzahliger Werte verwendet werden. In Abbildung 5.9 wird mit den Pfeiltasten des Auswahl-Buttons ein Wert gewählt, der ausgelesen und in einem `StringItem` als Zahl dargestellt wird. Es können Werte zwischen 0 und einschließlich dem vorzugebenden Maximum eingestellt werden. Die Anzahl der Stufen in der Anzeige wird automatisch gewählt und entspricht wegen der kleinen Bildschirmauflösung nicht dem Maximum.

→ Beispiel

Skalenanzeige

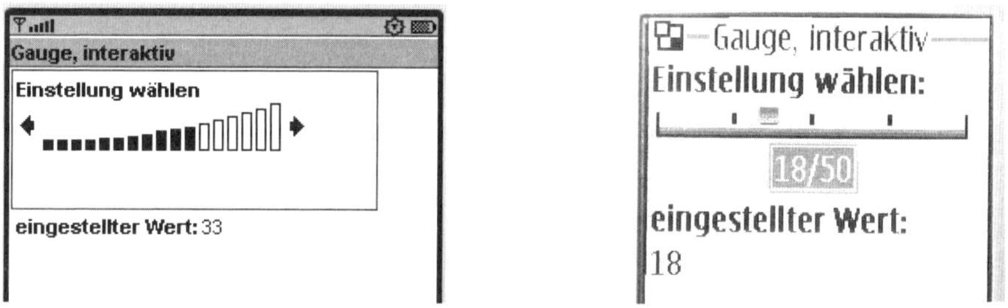

Abbildung 5.9: Einstellung mit `Gauge`, links WTK, rechts Handy (Foto)

Je nach maximalem Wert und Einstellung der Größe kann eine Stufe zwei, fünf oder eine andere Schrittweite bedeuten. Abbildung 5.9 zeigt links ein `Gauge`-Objekt, wie es sich mit dem WTK darstellt – tatsächlich kann es, je nach Gerät, ganz anders aussehen, wie die rechte Seite der Abbildung zeigt. Ein interaktives `Gauge`-Objekt wird wie folgt konstruiert:

```
Gauge gauge = new Gauge("Einstellung wählen",
                                        true, // interaktiv
                                        50,   // max. Wert
                                         0    // Anfangswert
);
```

Im aufnehmenden `Form`-Container kann jede Zustandsänderung abgefragt werden. Wie in Abbildung 5.9 sei angenommen, dass ein `StringItem`-Objekt, hier mit dem Namen `wertanzeige`, den aktuellen Wert anzeigen soll. Dazu muss nur dem `Form`-Objekt ein `ItemStateListener` bekannt gemacht werden, etwa wie folgt:

```
form.setItemStateListener(new ItemStateListener() {
        public void itemStateChanged(Item item) {
            // wenn nur Gauge Ereignisauslöser ist:
            wertanzeige.setText("" + gauge.getValue());
        }
    });
```

Eine größere Darstellung im Vergleich zur Standardeinstellung kann etwa mit `gauge.setPreferredSize(200, 70);` erreicht werden.

5.3.11 CustomItem

`CustomItem` ist eine abstrakte Klasse, die neue visuelle und interaktive Komponenten zum Einbau in `Form`-Container ermöglichen soll. Die implementierende Unterklasse ist dafür verantwortlich, dass Änderungen im `Form`-Container ankommen. Ein `CustomItem` benutzt zur Gestaltung das am Anfang des Kapitels erwähnte

Low-level-API, nämlich Schnittstellen der Klasse `Canvas`, auf die ausführlich im Abschnitt 5.4 eingegangen wird. Das Label wird von der Oberklasse `Item` gehandhabt, um die Darstellung des Inhalts muss sich aber die Unterklasse selbst kümmern. `CustomItem` benutzt dafür die Methode `paint()` und ein `Graphics`-Objekt. Die Abmessungen müssen daher berücksichtigt werden, weswegen außer `paint()` auch die folgenden Methoden von der Unterklasse implementiert werden müssen: `getMinContentHeight()`, `getMinContentWidth()`, `getPrefContentHeight()` und `getPrefContentWidth()`. Abbildung 5.10 zeigt ein `CustomItem`, das als sehr einfache Eingabekomponente nur die Wahl der Richtungen »links« und »rechts« mit den Pfeiltasten erlaubt. Zunächst muss das `CustomItem` selektiert werden und ist dann von dem Rahmen umgeben. Die Wahl wird durch die Blickrichtung des stilisierten »Gesichts« angezeigt. Änderungen werden dem aufnehmenden `Form`-Objekt zur Anzeige in einem `StingItem` bekannt gemacht (oben im Bild). Im Folgenden werden das MIDlet zur Anzeige eines `CustomItem`s und das `CustomItem` selbst (Klasse `SpezialItem`) als Programmbeispiel gezeigt.

→ Beispiel *Customitem*

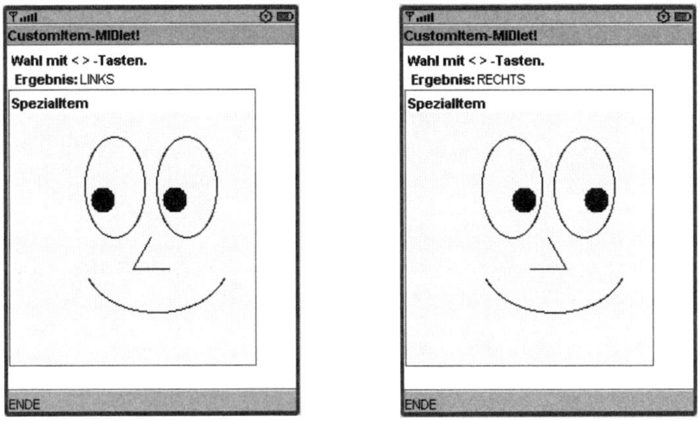

Abbildung 5.10: Zwei Zustände eines `CustomItems` (siehe Programmbeispiel)

MIDlet zur Anzeige des CustomItem-Beispiels

```
import javax.microedition.midlet.*;
import javax.microedition.lcdui.*;

public class CustomItemMIDlet extends MIDlet {
    private final Form form = new Form("CustomItem-MIDlet!");
    private Display display;
    private StringItem wahlanzeige;
```

```
    public CustomItemMIDlet() {
        form.addCommand(new Command("ENDE", Command.EXIT, 1));
        form.setCommandListener(new CommandListener() {
                public void commandAction(Command c,
                                          Displayable d) {
                    notifyDestroyed();
                }
            });
    }
    protected void startApp() {
        if(display == null) {
            display = Display.getDisplay(this);
            wahlanzeige = new StringItem(
                           "Wahl mit < > -Tasten.\n Ergebnis:",
                           "undefiniert");
            form.append(wahlanzeige);
            form.append(new SpezialItem("SpezialItem"));

            form.setItemStateListener(
                  new ItemStateListener() {
                    public void itemStateChanged(Item item) {
                        // Item-Identifizierung:
                        if(item instanceof SpezialItem) {
                            if(((SpezialItem)item).getZustand()
                                == 1) {
                                wahlanzeige.setText("RECHTS");
                            }
                            else {
                                wahlanzeige.setText("LINKS");
                            }
                        }
                    }
                });
        }

        display.setCurrent(form);
    }

    protected void pauseApp() { }
    protected void destroyApp(boolean b) { }
```

Wie bekannt, werden Zustandsänderungen des `CustomItem`s mit einem Objekt des Typs `ItemStateListener` und dessen Methode `itemStateChanged()` ermittelt. Die Identifizierung des `Items` könnte hier entfallen, weil das `SpezialItem`-Objekt in diesem Beispiel das einzige mit einer entsprechenden Aktion ist. In der folgenden Klasse `SpezialItem` stehen die Anweisungen zum Zeichnen in der Methode `paint()`, wie auch bei Java SE-Grafiken üblich. Im Unterschied zu Letzteren werden zusätzlich Parameter für Breite und Höhe übergeben. `paint()` wird vom Laufzeitsystem aufgerufen.

CustomItem-Beispiel

```
import javax.microedition.midlet.*;
import javax.microedition.lcdui.*;

public class SpezialItem extends CustomItem {
    private int zustand = 0; // 0=undef., 1=rechts, 2=links

    public SpezialItem(String title) {
        super(title);
    }

    protected void paint(Graphics g, int w, int h) {
        int farbe = g.getColor();              // Farbe merken
        g.setColor(255, 255,200);              // Rechteckfarbe setzen
        g.fillRect(0,0,w,h);                   // Fläche löschen
        g.setColor(farbe);                     // Farbe restaurieren
        // Eigentlichen Inhalt zeichnen:
        g.drawArc(60, 20, 50, 80, 0, 360);        // Auge links
        g.drawArc(120, 20, 50, 80, 0, 360);       // Auge rechts
        g.drawArc(60, 80, 120, 80, 200, 140);     // Mund
        g.drawLine(100, 125, 130, 125);           // Nase
        if(zustand == 0                           // noch undef.?
           || zustand == 1) {
           g.fillArc(85, 60, 20, 20, 0, 360);
           g.fillArc(145, 60, 20, 20, 0, 360);
           g.drawLine(115, 100, 130, 125);
        }
        else {
           g.fillArc(65, 60, 20, 20, 0, 360);
           g.fillArc(125, 60, 20, 20, 0, 360);
           g.drawLine(115, 100, 100, 125);
        }
    }

    public int getZustand() {  return zustand;  }
```

```
    protected int getMinContentHeight() { return 200; }
    protected int getMinContentWidth() {  return 200; }
    protected int getPrefContentHeight(int w) { return 200; }
    protected int getPrefContentWidth(int h) {  return 200; }

    protected boolean traverse(int dir, int viewportWidth,
                 int viewportHeight, int[] visRect_inout) {
        int alterZustand = zustand;
        switch(dir) {
          case Canvas.RIGHT: zustand = 1; break;
          case Canvas.LEFT : zustand = 2; break;
          default : ; // nichts tun
        }

        if(zustand != alterZustand) {   // nur bei Änderung
           repaint();                   // neu zeichnen
           notifyStateChanged();        // Form-Objekt informieren
        }
        return true;
    }
}
```

Die redefinierte Methode `traverse()` wird vom System aufgerufen, wenn der Benutzer entweder das `CustomItem` anwählt oder aber sich mit den Richtungstasten innerhalb des `CustomItem`s bewegt. Die Bewegungsrichtung wird in Konstanten der Klasse `Canvas` ausgedrückt. Die Methode muss entsprechend die Zustandsinformation aktualisieren (siehe Beispiel) und gegebenenfalls Aktionen ausführen.

Eine der Aktionen wird oft das Neuzeichnen mit `repaint()` sein. Wie aus der Java SE bekannt, ruft `repaint()` die Methode `paint()` auf. `viewportWidth` und `viewportHeight` geben die Größe des sichtbaren Rechteckbereichs an. Der Parameter `visRect_inout` ist ein `int[4]`-Array (x, y, b, h), das in (x, y) die Koordinaten der linken oberen Ecke und in (b, h) die Breite und Höhe des Rechtecks enthält. Breite und Höhe können null sein, wenn das `Item` sich gerade in einem nicht sichtbaren Bereich aufhält. Das Array kann zur Rückgabe von Werten benutzt werden, die aber nur berücksichtigt werden, wenn die Methode `true` zurückgibt. Das kann notwendig werden, wenn Bewegungen innerhalb des Items zu äußeren Reaktionen führen sollen (z.B. scrolling). Der erste Aufruf von `traverse()` zeigt das Betreten des `Item`s an, alle folgenden signalisieren Bewegung *innerhalb* des `Item`s. Verlassen des `Item`s führt zum Aufruf der Methode `traverseOut()` und kann damit erkannt werden.Im Gegensatz zu anderen `Item`-Klassen wird das zugehörige `Form`-Objekt nicht automatisch von Zustandsänderungen informiert, dies muss daher durch Aufruf von `notifyStateChanged()` geschehen. Welche Interaktions-Modi überhaupt vorhanden sind, kann durch Aufruf von `getInteractionModes()` fest-

Hinweis

gestellt werden. Der zurückgegebene `int`-Wert kann dann auf die entsprechenden Möglichkeiten untersucht werden, indem die gesetzten Bits geprüft werden, zum Beispiel

```
boolean horizontal = ((getInteractionModes()
                     & CustomItem.TRAVERSE_HORIZONTAL) != 0);
```

Es gibt mehrere Interaktions-Modi, die auch bei der Klasse `Canvas` auftreten. Wenn zum Beispiel das Bit `CustomItem.KEY_PRESS` gesetzt ist, kann alternativ zu den Richtungstasten die Zahlentastatur benutzt werden. Die vom System bei jedem Tastendruck gerufene Methode `keyPressed()` könnte damit wie folgt redefiniert und in das obige Beispiel integriert werden:

```
protected void keyPressed(int keycode) {
    if(keycode == Canvas.KEY_NUM1) {
        // Aktion für Taste '1'
    }
    // ... usw.
}
```

Entsprechendes gilt für die Unterstützung von Zeigegeräten. Es gibt Modi wie `CustomItem.POINTER_PRESS` und Methoden wie `pointerPressed()` usw. Weil es viele der `CustomItem`-Methoden auch in der weiter unten beschriebenen Klasse `Canvas` gibt, zeigt Tabelle 5.9 nur die dort nicht vorkommenden. Die ersten vier Methoden der Tabelle 5.9 werden vom Layout-Algorithmus der Implementation aufgerufen. Die tatsächlich zugewiesene Höhe wird `paint()` übergeben, wie an der Schnittstelle von `paint()` im Programm auf Seite 95 zu sehen.

5.4 Canvas

Die Klasse `Canvas` erbt wie die Klasse `Screen` von der Klasse `Displayable`, wie die Abbildung auf Seite 59 zeigt, ist aber für die Low-level-APIs zur Ereignisverarbeitung und zum Zeichnen von Grafik zuständig. Die von `Screen` abgeleiteten Klassen wie `Form` oder `List` sind bequem in der Handhabung, ermöglichen aber keine individuelle Bildschirmgestaltung. `Canvas` hingegen erlaubt die Kontrolle über einzelne Pixel und Farben und über Benutzungsaktionen. Das verursacht mehr Arbeit, macht aber die Klasse besonders für Spieleanwendungen geeignet. `Canvas` ist abstrakt, sodass eine davon abgeleitete Klasse notwendig wird. Insbesondere muss die abstrakte Methode `paint()` implementiert werden. Viele Methoden, die auf Ereignisse (wie Tastendruck) reagieren, sind nicht abstrakt, sondern leer. Sie tun nichts und müssen daher redefiniert werden, wenn man an bestimmten Ereignissen interessiert ist. `Canvas` übernimmt in dieser Hinsicht dieselbe Funktion wie die aus der Java SE bekannten Adapter-Klassen, zum Beispiel `java.awt.event.KeyAdapter`. Ein `Canvas`-Objekt muss in ein MIDlet eingebunden werden.

`CustomItem`-Methode	Bedeutung
`int getMinContentHeight()`	Minimale Höhe des Bereichs für den Inhalt in Pixeln
`int getMinContentWidth()`	Entsprechend für die Breite
`int getPrefContentHeight( int b)`	Bevorzugte Höhe des Bereichs für den Inhalt in Pixeln. Die mit `b` übergebene beabsichtigte Breite kann zur Berechnung der Höhe dienen.
`int getPrefContentWidth( int h)`	Entsprechend für die Breite.
`int getInteractionModes()`	Gibt die Interaktions-Modi zurück, Beispiel siehe oben.
`void invalidate()`	Signalisiert der Implementation, dass die Größe oder die aktuelle Position innerhalb des Items sich geändert hat. Kann einen Aufruf von `repaint()` und der ersten vier Methoden dieser Tabelle auslösen.
`boolean traverse( ... )`	Parameter und Bedeutung siehe Text oben.
`void traverseOut()`	Wird vom System bei Verlassen des `Item`-Objekts aufgerufen.

Tabelle 5.9: `CustomItem`-Methoden (ohne `Canvas`-Methoden)

Abbildung 5.11: Display-Farbenzahl und Canvas-Eigenschaften

Farbenzahl und Canvas-Eigenschaften ermitteln

```
import javax.microedition.midlet.*;
import javax.microedition.lcdui.*;

public class FrageAnDieHardware extends MIDlet {
  private Display display = null;
  private Form form = null;
  private Canvas canvas = new Canvas() { // siehe Text
      protected void paint(Graphics g) {
  }};
  protected void startApp() {
    if (display == null) {  // beim ersten Aufruf
      display = Display.getDisplay(this);
      form = new Form("Eigenschaften");
      form.addCommand(new Command("ENDE", Command.EXIT, 0));
      form.setCommandListener(new CommandListener() {
          public void commandAction(Command c, Displayable d) {
             notifyDestroyed(); // einziges Kommando ist EXIT
          }});
      String str = display.isColor()? "Farben: " : "Grautöne:";
      form.append(new StringItem(str,
        String.valueOf(display.numColors())));
      form.append(new StringItem("numAlphaLevels(): ",
        String.valueOf(display.numAlphaLevels())));
      form.append(new StringItem("getWidth(): ",
        String.valueOf(canvas.getWidth())));
      form.append(new StringItem("getHeight(): ",
        String.valueOf(canvas.getHeight())));
      form.append(new StringItem("isDoubleBuffered(): ",
        String.valueOf(canvas.isDoubleBuffered())));
      form.append(new StringItem("hasPointerEvents(): ",
        String.valueOf(canvas.hasPointerEvents())));
      form.append(new StringItem("hasPointerMotionEvents(): ",
        String.valueOf(canvas.hasPointerMotionEvents())));
      form.append(new StringItem("hasRepeatEvents(): ",
        String.valueOf(canvas.hasRepeatEvents())));
    }
    display.setCurrent(form);
  }
  protected void pauseApp() { }
  protected void destroyApp(boolean b) { }
}
```

→ Beispiel
HardwEigensch

Wenn portabel programmiert werden soll, darf man sich nicht auf bestimmte Eigenschaften wie etwa eine definierte Bildschirmgröße verlassen. Die Klassen `Display` und `Canvas` stellen Auskunftsfunktionen bereit, um die Eigenschaften des aktuellen Geräts zu ermitteln. Das Programm zu Abbildung 5.11 finden Sie auf der Seite gegenüber.Die Methode `isColor()` der Klasse `Display` fragt ab, ob es sich um ein Farbdisplay handelt. Falls ja, gibt `numColors()` die Anzahl der vom Gerät darstellbaren Farben zurück, andernfalls die Anzahl der Grauabstufungen. Die Anzahl der Transparenzebenen (`numAlphaLevels()`) ist für die Verarbeitung von mehr oder weniger durchsichtigen Bildern wichtig (Alpha Blending). Die nachfolgenden Aufrufe beziehen sich auf ein `Canvas`-Objekt. Weil in diesem Beispiel nur die Auskunftsfunktionen benötigt werden, wird im folgenden Beispiel ein `Canvas`-Objekt mit leerer `paint()`-Methode erzeugt. Mit `isDoubleBuffered()` wird ermittelt, ob Double-Buffering zur flackerfreien Grafikdarstellung unterstützt wird. Wenn nicht, könnte man auf eine eigene Implementierung umschalten, wenn eine flackerfreie Darstellung gewünscht wird. Ein vom Gerät unterstütztes Double-Buffering ist vermutlich effizienter.

`hasPointerEvents()` und `hasPointerMotionEvents()` informieren, ob Ereignisse eines Zeigegeräts ausgewertet werden können und ob nicht nur Antippen und Loslassen, sondern auch Ziehen unterstützt wird, wichtig zum Beispiel beim Schreiben eines Textes mit einem Stift auf einem berührungsempfindlichen Bildschirm. Die letzte Methode der Klasse `Canvas` zur Abfrage der Hardware ist `hasRepeatEvents()`. Sie gibt an, ob dauerhaftes Drücken einer Taste wiederholt Ereignisse für die Software erzeugt.

5.4.1 Ereignisverarbeitung

Einem `Canvas`-Objekt können Kommandos zugeordnet werden, wie sie in Abschnitt 5.2.6 beschrieben sind. Hier geht es um andere externe oder interne Ereignisse, die zum Aufruf verschiedener Methoden durch das Laufzeitsystem führen. Deren Implementation in der Klasse `Canvas` ist leer, und sie müssen daher bei Bedarf redefiniert werden. Diese Methoden werden streng seriell aufgerufen, das heißt, ein Aufruf findet erst dann statt, wenn ein vorhergehender Aufruf beendet worden ist. Damit braucht man sich nicht den Kopf über eine mögliche Nebenläufigkeit zu zerbrechen. Manche Methoden und Tastencodes sind bereits von Abschnitt 5.3.11 über die Klasse `CustomItem` bekannt. Es handelt sich um die folgenden Methoden:

- `showNotify()` wird aufgerufen, bevor ein `Canvas`-Objekt mit `paint()` auf dem Bildschirm angezeigt wird. In diese Methode könnte man initialisierende Operationen hineinschreiben wie etwa das Starten einer Animation oder einer Uhr.

- `hideNotify()` wird aufgerufen, kurz nachdem ein `Canvas`-Objekt vom Bildschirm verschwindet. Diese Methode könnte zum Beispiel zum Anhalten einer Animation benutzt werden.

- `keyPressed(int keycode)` wird bei Tastendruck aufgerufen. `keycode` gibt an, welche Taste gedrückt wurde, zur Auswertung siehe unten, Abschnitt 5.4.2.
- `keyReleased(int keycode)` wird aufgerufen, wenn eine Taste mit dem Code `keycode` losgelassen wird.
- `keyRepeated(int keycode)` wird aufgerufen, wenn eine Taste mit dem Code `keycode` festgehalten wird, vorausgesetzt, `hasRepeatEvents()` liefert `true` für das Gerät.
- `pointerPressed(int x, int y)` wird bei Aufsetzen des Stifts aufgerufen, vorausgesetzt, `hasPointerEvents()` ergibt `true` für das Gerät. `x` und `y` sind die Koordinaten des Stifts relativ zum Canvas.
- `pointerReleased(int x, int y)`: wie vorstehende Funktion, nur dass der Aufruf bei Loslassen des Stifts erfolgt.
- `pointerDragged(int x, int y)`: Falls `hasPointerMotionEvents()` für das Gerät gilt, wird die Methode aufgerufen, wenn sich der Stift über die Touchscreen-Fläche bewegt. `x` und `y` sind die Koordinaten des Stifts.
- `paint(Graphics g)` ist die Methode, die letztlich alles auf den Bildschirm zeichnet. »Alles« ist wörtlich zu nehmen: `paint()` ist für jedes Pixel zuständig. Die Anwendung kann nicht bestimmen, unter welchen Umständen `paint()` aufgerufen wird. Falls nur ein Ausschnitt neu gezeichnet werden soll, ist `repaint()` aufzurufen (Einzelheiten folgen auf Seite 114).

5.4.2 Verarbeitung von Tastaturereignissen

Jedem Tastaturereignis sind eine Taste und ein Tastencode zugeordnet. Die Werte sind für die Standardtelefontastatur in MIDP als symbolische Konstanten festgelegt. Den Zifferntasten 0 bis 9 und den Tasten `*` und `#` entsprechen die `Canvas`-Konstanten `Key_NUM0` bis `Key_NUM9`, `Key_STAR` und `Key_POUND`. Gerade bei Spielen sind auch andere Tasten, wie etwa Pfeiltasten, interessant. Manchen Tasten sind daher Konstanten zugeordnet, die »Game Actions« (dt. Spielaktion) heißen: `UP`, `DOWN`, `LEFT`, `RIGHT`, `FIRE`, `GAME_A`, `GAME_B`, `GAME_C` und `GAME_D`. Die ersten vier sind klar Pfeiltasten zugeordnet, die anderen liegen woanders, zum Beispiel auf den Zifferntasten. Aus Portabilitätsgründen sollten nur die vordefinierten Tastencodes verwendet werden. Die Funktion `getGameAction(int t)` gibt für einen bestimmten Tastencode `t` die zugehörige Game Action-Konstante zurück bzw. 0, wenn einer Taste keine Game Action zugeordnet ist. Das Gegenstück ist die Funktion `getKeyCode(int g)`, die für eine Game Action `g` den Tastencode zurückgibt. Dabei ist zu beachten, dass es mehrere Tasten geben kann, die derselben `GameAction` zugeordnet sind, aber nur der Tastencode von einer dieser Tasten zurückgegeben wird. Auch kann die Zuordnung während einer Anwendung geändert werden, sodass nur `getGameAction(int)` verwendet werden soll, um einen

Hinweis

einer `GameAction` zugeordneten Tastencode zu finden. Abbildung 5.14 auf Seite 106 und das Beispiel auf Seite 105 zeigen die Auswertung von Tastaturereignissen, kombiniert mit der grafischen Darstellung. Tastencodes können mit

```
char c = (char) tastencode;    // muss > 0 sein
```

in ein Unicode-Zeichen umgewandelt werden. Allerdings werden Groß- und Kleinschreibung und Zeichen, die mehr als einen Tastendruck benötigen, nicht korrekt dargestellt. Für Texteingaben ist daher ein `TextField` oder eine `TextBox` zu nehmen (Abschnitt 5.2.2).

5.4.3 Zeichnen mit paint() und Graphics

Die Methode `Canvas.paint(Graphics g)` ist schon als Methode der Klasse `Container` der Java SE bekannt, und von daher stammt das Konzept. Wesentlich ist hier wie dort, wozu das vom Laufzeitsystem übergebene MIDP-`Graphics`-Objekt in der Lage ist, aber auch der Zusammenhang von `paint()` und `repaint()`. Es gibt einige wichtige Regeln:

3 Regeln

- `paint()` muss die gesamte sichtbare Fläche zeichnen. Man darf sich nicht darauf verlassen, dass Teile einer vorhergehenden Anzeige erhalten und damit sichtbar geblieben sind.
- `paint()`-Aufrufe kommen stets von außerhalb der Anwendung, zum Beispiel ausgelöst durch `repaint()`. Eine Anwendung darf `paint()` nicht selbst aufrufen!
- Das übergebene `Graphics`-Objekt existiert nur innerhalb von `paint()`. Referenzen auf das Objekt sollten nicht angelegt werden, sie wären ungültig, sobald `paint()` sich beendet.

Farbe

Farben werden durch eine Zahl des Formats `0xAARRGGBB` definiert, wobei `AA` die Undurchsichtigkeit oder Deckkraft der Farbe und `RR`, `GG`, `BB` die Anteile der Farben Rot, Grün und Blau bedeuten. Die Werte können jeweils im Bereich 0 (`0x00`) bis 255 (`0xFF`) liegen. Der Buchstabe A steht für Alpha. Die Verarbeitung der Transparenzinformation heißt Alpha Blending. 0 für `AA` bedeutet maximale Transparenz. Jedes Pixel eines veränderlichen Bildes ist stets undurchsichtig, sodass der AA-Anteil ignoriert wird. Wie oben gezeigt, gibt `Display.numColors()` die Anzahl der darstellbaren Farben zurück. Diese Anzahl kann natürlich sehr viel kleiner sein als der Bereich, der durch eine Zahl des Formats `0xRRGGBB` möglich ist. In diesem häufigen Fall werden die Farben intern auf die überhaupt darstellbaren Farben abgebildet. Dabei kann es vorkommen, dass zwei verschiedene Farben auf dieselbe darstellbare Farbe abgebildet werden. Die Funktion `getDisplayColor(int` `farbe)` der Klasse `Graphics` gibt die Farbe zurück, die statt `farbe` tatsächlich dargestellt werden würde, sodass eine Überprüfung möglich ist. Bei einem monochromen Bildschirm würde also entweder der Wert `0xFFFFFF` für Weiß oder `0x000000` für Schwarz zurückgegeben.

Graphics

Das an `paint()` übergebene `Graphics`-Objekt ist zuständig für alle Zeichenoperationen. Es repräsentiert die Zeichenfläche, die sowohl den gesamten durch `getWidth()` und `getHeight()` definierten Bereich umfassen kann als auch einen Teil davon, Clip-Bereich genannt. Die Zeichenfläche kann im Falle von Double Buffering ein spezieller Speicherbereich für das Bild sein, ist dann also nicht aktuell sichtbar. Der Koordinatenursprung (0, 0) liegt links oben. Für einen Punkt (x, y) ist die positive x-Richtung rechts, und die y-Achse zeigt nach unten. Nun haben Pixel ja selbst eine flächige Ausdehnung. Um Unschärfe zu vermeiden, beziehen sich Koordinaten eines Pixels immer auf die linke obere Ecke des Pixels. Aus Platzgründen folgt nur eine Auswahl der wichtigsten `Graphics`-Funktionen zum Zeichnen: *Auswahl*

- `setColor(int f)` legt die Farbe `f` der nächsten Zeichenoperationen fest.
- `setColor(int r, int g, int b)` legt die Farbe der nächsten Zeichenoperationen fest, wobei die Farbanteile für Rot, Grün und Blau einzeln angegeben werden. Die Werte müssen zwischen 0 und 255 liegen.
- `fillRect(int x, int y, int b, int h)` füllt das an der Stelle (x, y) befindliche Rechteck der Breite `b` und der Höhe `h` mit der aktuellen Farbe. Dabei ist (x, y) die linke obere Ecke des Rechtecks, die Höhe zeigt also nach unten. `fillRect(0, 0, 3, 2)` färbt 6 Pixel ein.
- `drawRect(int x, int y, int b, int h)` zeichnet mit dem aktuellen Linienstil das an der Stelle (x, y) befindliche Rechteck der Breite `b` und der Höhe `h`. Die linke und obere Linie liegen dabei innerhalb eines mit `fillRect(x, y, b, h)` gefüllten Rechtecks, die untere und rechte Linie liegen um ein Pixel nach außen verschoben. Die von `drawRect(0, 0, 3, 2)` betroffene Fläche hat die Ausmaße (3+1)(2+1) (siehe Abbildung 5.12).
- `drawLine(int x1, int y1, int x2, int y2)` zeichnet eine Linie zwischen den Punkten (x1, y1) und (x2, y2). `drawLine(1, 1, 1, 1)` zeichnet ein einziges Pixel.
- `drawString(String str, int x, int y, int anker)` zeichnet den String `str` in der aktuellen Farbe und dem aktuellen Font. Die Koordinaten x und y beziehen sich auf den Ankerpunkt, der angibt, wie (x, y) bezogen auf ein die Zeichenkette begrenzendes Rechteck zu platzieren ist. `TOP|LEFT` heißt, dass (x,

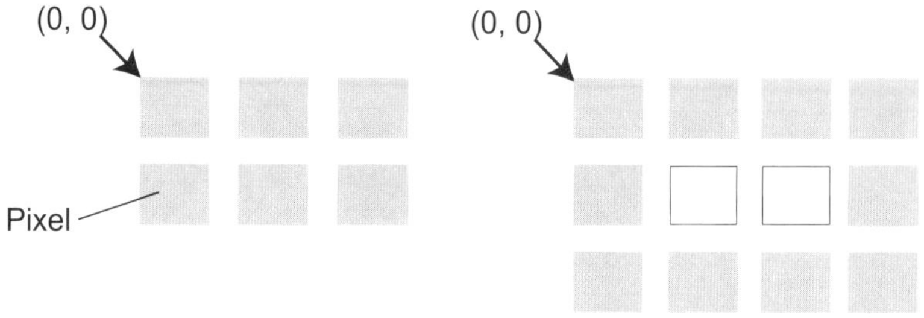

Abbildung 5.12: `fillRect(0,0,3,2)` (links) und `drawRect(0,0,3,2)`

y) oben links liegt, `BOTTOM|HCENTER` meint, dass der Text bezüglich x zentriert dargestellt wird und y auf der Unterkante des begrenzenden Rechtecks liegt.

- `drawImage(Image img, int x, int y, int anker)` zeichnet das Bild `img`. Zur Bedeutung der anderen Parameter siehe `drawString()`.

→ Beispiel *ArcBeispiel*

- `fillArc(int x, int y, int b, int h, int startWinkel, int winkel)` füllt den Sektor einer Ellipse beginnend bei `startWinkel` und endend bei `startWinkel + winkel`. Der Winkel zählt positiv gegen den Uhrzeigersinn, die x-Achse entspricht 0 Grad. Der Mittelpunkt liegt im Mittelpunkt des Rechtecks der Breite `b` und der Höhe `h`, dessen linke obere Ecke die Koordinaten (x, y) hat (siehe Abbildung 5.13). Falls Breite und Höhe gleich sind, ergibt sich ein Kreisausschnitt, und auch nur dann entspricht der gezeichnete Winkel dem angegebenen. Der tatsächlich gezeichnete Winkel hängt vom Verhältnis `b/h` ab: Die Linie vom Mittelpunkt des Rechtecks zum rechten oberen Punkt entspricht stets 45 Grad.

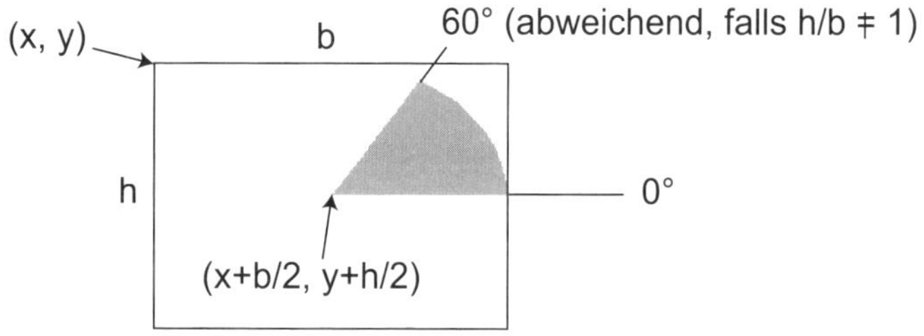

Abbildung 5.13: `fillArc(x,y,b,h,0,60)` mit eingezeichnetem Bezugsrechteck

- `drawArc(int x, int y, int b, int h, int startWinkel, int winkel)` zeichnet die Bogenlänge eines Sektors, wie er mit `fillArc()` und denselben

Parametern gezeichnet werden würde (siehe oben). Wie bei `drawRect()` im Vergleich zu `fillRect()` ist auch bei `drawArc()` die Linie um ein Pixel verschoben.

- `fillTriangle(int x1, int y1, int x2, int y2, int x3, int y3)` füllt ein Dreieck, das durch die Ecken (x1,y1), (x2,y2) und (x3,y3) gegeben ist, einschließlich der die Ecken verbindenden Linien.

In der Dokumentation des Packages `javax.microedition.lcdui` sind weitere Funktionen zu finden. Die Anwendung eines großen Teils dieser Funktionen wird im nachfolgenden Beispiel demonstriert. Die Anwendung stellt die wichtigsten Tastaturereignisse und einfache Grafikoperationen exemplarisch dar. Das MIDlet zeigt die Einbindung eines `Canvas`-Objekts und die Abbildung 5.14 das Ergebnis des Programms. Der Programmcode für die `Canvas`-Klasse schließt das Beispiel ab. Es gibt noch einige weitere `Graphics`-Funktionen, von denen Sie einen Teil im Zusammenhang mit besonderen Techniken weiter unten kennen lernen.

→ Beispiel *CanvasBeispiel*

MIDlet für Canvas-Beispiel

```
import javax.microedition.midlet.*;
import javax.microedition.lcdui.*;

public class CanvasMIDlet extends MIDlet {
  private Display display = null;
  private Canvas canvas = new DemoCanvas(); // siehe unten

  protected void startApp() {
    if (display == null) {  // beim ersten Aufruf
      display = Display.getDisplay(this);
      // Auch Canvas kennt Kommandos.
      canvas.addCommand(new Command("ENDE", Command.EXIT, 0));
      canvas.setCommandListener(new CommandListener() {
          public void commandAction(Command c, Displayable d) {
            notifyDestroyed();   // einziges Kommando ist EXIT
          }
        });
    }
    display.setCurrent(canvas); // Canvas sichtbar machen
  }

  protected void pauseApp() { }

  protected void destroyApp(boolean b) { }
}
```

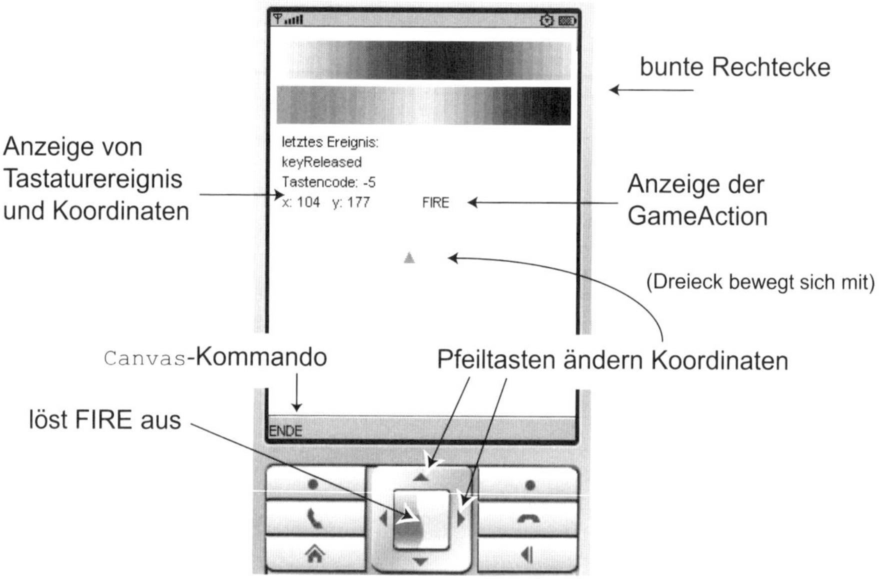

Abbildung 5.14: Grafik und Tastaturereignisse (siehe Beispielprogramm)

Canvas-Beispiel

```
import javax.microedition.midlet.*;
import javax.microedition.lcdui.*;

class DemoCanvas extends Canvas {
    private int hoehe;
    private int breite;
    private int tastenCode;
    private String ereignis = "";
    private String gameAction = "";

    // Koordinaten, die auf die Pfeiltasten reagieren
    private int x,y;

    public DemoCanvas() {
        hoehe = getHeight();   // in Pixeln
        breite = getWidth();   // in Pixeln
        x = breite/2;
        y = hoehe/2;
    }
```

```
// redefinierte Funktionen der Oberklasse Canvas
protected void keyPressed(int key) {
    tastaturEreignis("keyPressed", key);
}

protected void keyReleased(int key) {
    tastaturEreignis("keyReleased", key);
}

private void tastaturEreignis(String was, int taste) {
    ereignis = was;
    tastenCode = taste;
    int aktion = getGameAction(taste);
    switch (aktion) {
      // Pfeiltasten ändern die Koordinaten
      case LEFT:  --x; break;
      case RIGHT: ++x; break;
      case UP:    --y; break;
      case DOWN:  ++y; break;
      // einige andere Tasten definieren eine GameAction
      case FIRE:   gameAction = "FIRE";   break;
      case GAME_A: gameAction = "GAME A"; break;
      case GAME_B: gameAction = "GAME B"; break;
      case GAME_C: gameAction = "GAME C"; break;
      case GAME_D: gameAction = "GAME D"; break;
      default : gameAction = String.valueOf(aktion);
    }
    // Koordinaten nicht über den Rand laufen lassen
    if(x < 0)
        x = 0;
    if(y < 0)
        y = 0;
    if(x >= breite)
        x = breite - 1;
    if(y >= hoehe)
        y = hoehe  - 1;
    repaint(); // führt zum Neuzeichnen (ruft paint())
}

protected void paint(Graphics g) {
   g.setColor(0x00FFFFFF);     // weiß
   // Vorherige Inhalte löschen:
   g.fillRect(0, 0, breite-1, hoehe-1);
```

```
// 1. buntes Rechteck, bestehend aus vielen einzelnen
// Rechtecken verschiedener Farben mit je 1 Pixel Breite
int startY = 10;
for(int i = 5; i < breite-5; ++i) {
    int blau = i*255/breite; // ansteigend
    int rot = 255 - blau;    // abfallend
    // Minimum in der Mitte
    int gruen =  (500*Math.abs(i-breite/2))/breite;
    g.setColor(rot, gruen, blau);
    // Rechteck mit 1 Pixel Breite
    g.fillRect(i, startY, 1, hoehe/10);
}

// 2. buntes Rechteck
startY +=  5 + hoehe/10;
for(int i = 5; i < breite-5; ++i) {
    int blau = i*255/breite; // ansteigend
    int rot = 255 - blau;    // abfallend
    // Maximum in der Mitte
    int gruen = 255- (500*Math.abs(i-breite/2))/breite;
    g.setColor(rot, gruen, blau);
    // Rechteck mit 1 Pixel Breite
    g.fillRect(i, startY, 1, hoehe/10);
}

// Tastenereignisse anzeigen
startY +=  5 + hoehe/10;
int ausrichtung = Graphics.TOP|Graphics.LEFT; // s. Text
g.setColor(0);          // schwarz
g.drawString("letztes Ereignis: " + ereignis, 10,
              startY, ausrichtung);
startY += 15;
g.drawString("Tastencode: " + tastenCode,
             10, startY, ausrichtung);

// Game Action anzeigen
startY += 15;
g.drawString(gameAction, breite/2, startY, ausrichtung);
// bei Pfeiltasten: Koordinaten aktualisieren
g.drawString("x: " + String.valueOf(x)
        + "   y: " + String.valueOf(y),
         10, startY, ausrichtung);
```

```
            // und die Position des Dreiecks adjustieren
            g.setColor(0x00FF0000); // rot
            startY += 40;
            g.fillTriangle(x, y, 10+x, y, 5+x, y-10);
        }
    }
```

Statt der vordefinierten `Graphics`-Konstanten für die Ausrichtung hätte der Zahlenwert 0 genügt. Er bedeutet »oben links«. Die Methode `tastaturEreignis()` speichert die geänderten Werte in Attributen, die von `paint()` ausgewertet werden. Um zu vermeiden, dass Buchstaben und Ziffern aus einem vergangenen Tastaturereignis sich mit denen eines neuen überlagern, wird in `paint()` zuerst der ganze Bildbereich gelöscht (weiß gezeichnet). Das spart auch das Löschen des Dreiecks an der alten Position, wenn es mit den Pfeiltasten bewegt wird.

5.5 Software-Muster für spezielle Problemstellungen

Benutzungsoberflächen sollen stets bedienbar sein. Das schließt lang laufende oder blockierende Operationen aus, diese müssen in einen eigenen Java-Thread verlegt werden. Andererseits soll ein Thread zur Berechnung von Animationen oder Bilddaten vielleicht nicht laufen, wenn das Ergebnis gerade nicht sichtbar ist, zum Beispiel wenn das MIDlet pausieren muss, weil die AMS (Application Management Software) ein eingehendes Gespräch registriert. Ein Thread soll also kontrolliert angehalten, fortgesetzt oder beendet werden können. Das ständige Neuzeichnen einer Grafik kann zum Flackern des Displays führen, was aus ergonomischen Gründen unerwünscht ist. Aus Laufzeit-ökonomischen Gründen sollen nicht-notwendige Zeichenoperationen vermieden werden. Die folgenden Abschnitte beschreiben Standardlösungen für diese Art von Problemen.

5.5.1 Steuerung von Threads

Im Prinzip wird einem Thread durch Aufruf der Methode `interrupt()` signalisiert, dass er sich beenden soll. Ein Thread, der einen Interrupt auf diese Art erhält, wird auf den Zustand »unterbrochen« gesetzt. Der Zustand kann im Gegensatz zur Java SE oder CDC *nicht* mit der Abfrage `isInterrupted()` ermittelt werden. Der Thread wird durch `interrupt()` nicht zum Abbruch gezwungen – das muss in der Methode `run()` durch geeignete Mittel erledigt werden. Man kann die Unterbrechungsanforderung also gänzlich ignorieren, wenn man will. Falls der Thread sich gerade in einer `wait()`- oder `sleep()`-Anweisung befindet, wird die Anweisung mit einer `InterruptedException` verlassen. Eine `InterruptedException` setzt jedoch den Zustand »unterbrochen« wieder zurück. Im Übrigen werden bestimmte Operationen, zum Beispiel eine Lese-Operation mit `read()`, nicht mit einer `InterruptedException` verlassen. Statt nun den Zustand in der `catch`-Klausel mit `interrupt()` neu zu setzen, ist es einfacher, einen Thread mit Flags zu steuern, die gezielt durch (weiter unten spezifizierte) Methoden gesetzt werden:

- `stop()` beendet den Thread. Die Methode darf nicht mit der nicht mehr zu benutzenden Methode `Thread.stop()` der Java SE verwechselt werden.
- `pause()` hält den Thread an.
- `weiter()` setzt den Thread fort.

Eine Thread-Klasse `SteuerbarerThread`, die dies leistet und periodisch bestimmte Dinge erledigt, benötigt das Attribut `laufend`, das signalisiert, dass der Thread laufen soll, ein Wert `false` wäre die Aufforderung zum Abbruch. Ferner das Attribut `pause`, das angibt, ob der Thread für unbestimmte Zeit angehalten wird, und natürlich eine Zeitkonstante für das Zeitintervall zwischen den periodischen Aktivitäten. So eine Klasse sollte etwa die auf Seite 111 dargestellte Struktur besitzen.

Ein `SteuerbarerThread`-Objekt wird dort wie üblich durch Aufruf der geerbten Methode `start()`, die implizit `run()` aufruft, in Gang gesetzt. Die Schleife in `run()` unterteilt sich in drei Abschnitte: zu erledigende Arbeit des Thread-Objekts, prüfen, ob pausiert werden soll, und Zeitintervall abwarten. Was bewirken die Aufrufe der anderen Methoden?

- `stop()` setzt das Attribut `laufend`, das in `run()` ausgewertet wird und zum Abbruch der Schleife führt. Nun kann es ja sein, dass der Thread sich gerade in einer `wait()`- oder `sleep`-Anweisung befindet. Der Aufruf von `interrupt()` in `stop()` sorgt dafür, dass eine `InterruptedException`, auf die nicht reagiert zu werden braucht, zum sofortigen Verlassen der jeweiligen Anweisung führt. `stop()` muss nicht synchronisiert sein, weil die Änderung einer `boolean`-Variable sowieso atomar ist und weil `stop()` als einzige Methode die Variable `laufend` ändern kann. Es kann also keine Probleme bei der Abfrage in der `while`-Bedingung der Methode `run()` geben. Die Reihenfolge der beiden Anweisungen in der Methode `stop()` ist gleichgültig, weil die `while`-Schleife in `run()` entweder durch das entsprechende Ergebnis der Schleifenbedingung abbricht oder wegen einer Unterbrechung von `sleep()` oder `wait()`, hervorgerufen durch `interrupt()`.
- `pause()` setzt das Attribut `pause`, das in `run()` mit `wait()` dazu führt, dass der Thread blockiert wird. Aus der Warteschlange der blockierten Threads kann er nur entfernt werden, wenn er mit `interrupt()` unterbrochen oder mit `notify()` befreit wird.
- `weiter()` setzt den Thread fort, indem der blockierte Thread mit `notify()` befreit wird.

Struktur eines steuerbaren Thread

```
public class SteuerbarerThread extends Thread {
   private static final int ZEITINTERVALL = ...;   // in ms
   private boolean laufend = true;
   private boolean pause = false;
   // ... weitere Attribute und Konstruktor weggelassen

   public void stop() {   // nicht synchronisiert, siehe Text
      laufend = false;
      interrupt();
   }

   public synchronized void pause() {
      pause = true;
   }

   public synchronized void weiter() {
      pause = false;
      notify();
   }

   public void run() {
      try {
         // ... initialisierende Anweisungen
         while(laufend) {
            // Funktionalität der Klasse, ggf. gekapselt in
            // einen synchronized(this)-Block, hier einfügen.
            synchronized(this) {   // pausieren?
               while(pause) {
                  wait();
               }
            }
            sleep(ZEITINTERVALL); // Intervall abwarten
         }
      } catch(InterruptedException e) {
          // nichts tun
      }
      // ... hier folgen ggf. Aufräumarbeiten
   }
   // ... weitere Methoden
}
```

Die Struktur hat den Vorteil, dass auch pausierende Threads zu jedem Zeitpunkt abgebrochen werden können und dass der Abbruch unmittelbar erfolgt. Beim Anhalten oder Pausieren ist die Verwendung von `interrupt()` überflüssig, weil ein schlafender Thread ohnehin angehalten ist und eine Befreiung aus einem schon existierenden `wait()`-Zustand unerwünscht ist. Einige wichtige Hinweise:

Achtung!

- Es ist darauf zu achten, dass sowohl `pause()` als auch `weiter()` `synchronized` sind, damit die Operationen auf der Variablen `pause` garantiert atomar (unteilbar) sind.
- `sleep()` sollte *nie* in einem `synchronized`-Block stehen, weil dies jeden anderen synchronisierten Zugriff während dieser Zeit verhindern würde.
- `wait()` *muss* in einem `synchronized`-Block stehen und sollte *nach oder vor* allen anderen synchronisierten Bereichen stehen, aber niemals dazwischen. Der Grund: `wait()` versetzt den Thread in eine Warteschlange für dieses Objekt, und die Synchronisationssperre (englisch *lock*) wird für das Objekt aufgehoben. Mit anderen Worten: jetzt ist jeder Zugriff auf das Objekt möglich, auch mit einer `synchronized`-Methode – wie zum Beispiel mit der Methode `weiter()`. Nachdem `notify()` in `weiter()` ausgeführt wurde und kein anderer das Objekt synchronisiert anfordert, erhält der Thread wieder die Synchronisationssperre und `wait()` kehrt zurück. Das bedeuted, dass die Code-Bereiche vor dem `wait()`-Block und danach zu *verschiedenen* kritischen Abschnitten (englisch *critical section*) gehören und damit nicht beide für eine einzige als atomar zu betrachtende Aktion zuständig sein dürfen.

5.5.2 Steuerung von Runnable-Objekten

Manchmal kann man eine Klasse nicht von `Thread` erben lassen, Mehrfachvererbung gibt es in Java nicht. Der übliche Weg besteht darin, dass die Klasse das Interface `Runnable`, also die Methode `run()`, implementiert. Der Thread wird meistens wie folgt gestartet:

```
// MeinRunnable implementiert das Interface Runnable
MeinRunnable mr = new MeinRunnable();
Thread t = new Thread(mr);
t.start();              // ruft mr.run()
```

Hier könnten sogar mehrere Threads mit demselben Objekt `mr` arbeiten, was aber in der Regel nicht erwünscht ist. Eine einfache Möglichkeit, eine `Runnable`-implementierende Klasse in eine Art Thread zu verwandeln, ist die im Folgenden beschriebene. Sie hat den Vorteil, dass einem `Runnable`-Objekt genau ein Thread zugeordnet wird, wie die Klasse `CanvasThread` auf Seite 113 zeigt. Der Rest, nämlich die Methoden `run()`, `pause()` und `weiter()`, entsprechen exakt denen für die Klasse `SteuerbarerThread` von Seite 111. In Verbindung mit der `Canvas.paint()`-Methode gibt es eine Alternative, die in Abschnitt 5.5.8 beschrieben wird.

Struktur einer steuerbaren Runnable-Klasse

```
public class CanvasThread extends Canvas implements Runnable {
   private boolean laufend = true;      // wie oben
   private boolean pause = false;       // wie oben
   private Thread canvasThread = null;
   // ... weitere Attribute und Konstruktor weggelassen

   // simuliert Thread.start()
   public synchronized void start() {
      if(canvasThread == null) {
         canvasThread = new Thread(this);
         canvasThread.start();
      }
   }
   public synchronized void stop() {
      laufend = false;
      if(canvasThread != null) {
         canvasThread.interrupt();
      }
   }
   // ... Rest siehe unten
```

5.5.3 Synchronisation von AMS und Berechnung

Wie im Kapitel 4 beschrieben, kann sich ein MIDlet selbst schlafen legen und benachrichtigt mit `notifyPaused()` die AMS. Es kann aber auch sein, dass die AMS das Display für andere Dinge, zum Beispiel einen eingehenden Ruf, benötigt. Ein gerade dargestelltes `Canvas`, auf dem etwa eine Animation läuft, muss dann in den Hintergrund treten. Um Prozessorzeit zu sparen, sollte die Berechnung für die Animation gestoppt werden. Irgendwann später kann sie wieder gestartet werden, und das `Canvas` kann wieder auf dem Bildschirm erscheinen. Wie kann das gesteuert werden? Die Klasse `Canvas` stellt zwei leere Methoden zur Verfügung, die geeignet überschrieben werden können:

- `hideNotify()` wird kurz nachdem das `Canvas`-Objekt vom Bildschirm verschwunden ist, von der AMS aufgerufen.
- `showNotify()` wird aufgerufen, kurz bevor das `Canvas`-Objekt wieder dargestellt wird. Es wird gänzlich neu gezeichnet, man kann sich nicht darauf verlassen, dass alte Inhalte erhalten geblieben sind.

Um den erwünschten Effekt, Berechnungen anzuhalten, wenn nichts dargestellt wird, zu erreichen, werden am besten die oben beschriebenen Funktionen `pause()` und `weiter()` integriert:

```
protected void hideNotify() {
    pause();
}

protected void showNotify() {
    weiter();
}
```

5.5.4 Bildflackern vermeiden mit Double Buffering

Bildflackern kommt dadurch zustande, dass Zeichenoperationen bei manchen Geräten direkt auf dem Bildschirm ausgeführt werden. Der Wechsel von Bild löschen und neu zeichnen bewirkt den flackernden Eindruck. Mit einem zweiten, nicht sichtbaren Bildspeicher (daher »double buffering«), in den man die Grafik schreibt und der im Ganzen ausgegeben wird, lässt sich Abhilfe schaffen. Weil ab MIDP 2.1 Double Buffering von allen Implementierungen unterstützt werden soll und sich damit über kurz oder lang das Problem, Double Buffering selbst zu implementieren, erledigt haben wird, verzichten wir an dieser Stelle aus Platzgründen auf weitere Einzelheiten. Für alle, die dennoch wissen möchten, wie man Double Buffering selbst implementieren kann, haben wir eine Kurzanleitung bereitgestellt (siehe *http://www.java-me.de/doublebuffering.pdf*).

5.5.5 Minimierung der Zeichenoperationen

Als Alternative oder Ergänzung zum Double Buffering bietet sich an, nur die notwendigen Zeichenoperationen durchzuführen, also nur die geänderten Bildteile zu aktualisieren. Dazu gibt es im Wesentlichen zwei Wege:

Clipping

Mit Clipping ist das Beschneiden der neu zu zeichnenden Fläche gemeint. Im Programm wird dabei das zu aktualisierende Rechteck festgelegt, der Rest wird der Implementation überlassen. Es gibt dazu entsprechende `set`- und `get`-Methoden der Klasse `Graphics`, einfacher ist jedoch die Verwendung einer überladenen Variante von `Canvas.repaint()`:

```
repaint(x, y, b, h);
```

zeichnet nur das Rechteck der Breite `b` und der Höhe `h` an der Stelle `(x, y)` neu. `repaint()` ist daher gleichbedeutend mit `repaint(0, 0, getWidth(), getHeight())`.

Nur geänderte Bildinformation aktualisieren

Eine weitere Möglichkeit ist, selbst per Programm dafür zu sorgen, dass nur geänderte Bildinformationen neu gezeichnet werden. Dazu kann man in `paint()` ein Flag benutzen, mit dessen Hilfe nur beim erstmaligen Aufruf bzw. nach Neuerscheinen des `Canvas` das Bild vor dem Neuzeichnen komplett gelöscht wird. Des Weiteren können bewegte Objekte dargestellt werden, indem man sie an der alten Position löscht, das heißt, mit der Hintergrundfarbe zeichnet, und sie dann erst an der neuen Position darstellt. Alle hier dargestellten Möglichkeiten einschließlich Clipping werden unten in Abschnitt 5.5.7 an einem vollständigen Beispiel gezeigt.

5.5.6 Synchronisation von Anzeige und Berechnung

Vordergründig betrachtet, wird `paint()` von `repaint()` aufgerufen. Tatsächlich optimiert die Implementation die Aktualisierung des Displays, indem verschiedene `repaint()`-Aufrufe gesammelt werden, ehe das tatsächliche Zeichnen erfolgt. Falls die `repaint()`-Aufrufe verschiedene Clip-Bereiche umfassen, ist die Wirkung so, als ob ein alle diese Rechtecke umschließendes Rechteck neu gezeichnet würde. Der asynchrone Aufruf von `paint()` ermöglicht es der Implementation, Prozessorzeit zu sparen. Bei interaktiven Spielen ist es aber vielleicht notwendig, dass jeder Zwischenschritt auch dargestellt wird. Das kann per Programm erzwungen werden, indem nach den `repaint()`-Aufrufen

```
serviceRepaints();
```

aufgerufen wird. Diese Methode kehrt erst dann zurück, wenn alle `paint()`-Anforderungen abgearbeitet worden sind. In der Java ME-Dokumentation wird ausdrücklich darauf hingewiesen, dass es keine Garantie gibt, dass `paint()` vom selben Thread wie `serviceRepaints()` aufgerufen wird. Um Deadlocks zu vermeiden, werden in Ergänzung zu den Tipps auf Seite 112 folgende Empfehlungen für die Synchronisation von `repaint()` gegeben: *Tipps*

- In der `run()`-Methode oder mit dort aufgerufenen Methoden werden die darzustellenden Daten berechnet. In `paint()` werden sie abgefragt und gezeichnet. Um konsistente Daten zu garantieren, sollte die Berechnung mit der lesenden Auswertung in `paint()` synchronisiert werden.
- Alternative (je nach Problemstellung): Berechnung *und* Darstellung in `paint()` verlegen. Eine Synchronisation kann dann entfallen. Weil Synchronisation Laufzeit kostet, sollte sie nur eingesetzt werden, wenn sie notwendig ist.
- `repaint()` und `serviceRepaints()` sollten nicht innerhalb von synchronisierten Blöcken aufgerufen werden.

Bei Nichteinhaltung dieser Empfehlungen ist sicherzustellen, dass `paint()` und Aufrufe von `serviceRepaints()` nicht dieselben Ressourcen anfordern.

5.5.7 Anwendungsbeispiel

→ Beispiel *EsSchneit*

Das folgende Anwendungsbeispiel kombiniert die vorstehenden Ansätze, aus Platzgründen mit Ausnahme des Double Buffering (Abschnitt 5.5.4) und Teilen der Threadsteuerung (Abschnitt 5.5.1) (zugunsten der Runnable-Steuerung von Abschnitt 5.5.2). Das MIDlet soll auf einfache Art fallende Schneeflocken und die wachsende Schneedecke simulieren. Dabei kommt eine `Canvas`-Klasse zur Anwendung, die das Interface `Runnable` implementiert. Um die Steuerung zu zeigen, kann der simulierte Schneefall sowohl über das auf Seite 45 beschriebene Pause/Resume-Popup-Fenster des WTK als auch über den Softkey »Stop/Go« angehalten und wieder fortgesetzt werden (siehe Abbildung 5.15).

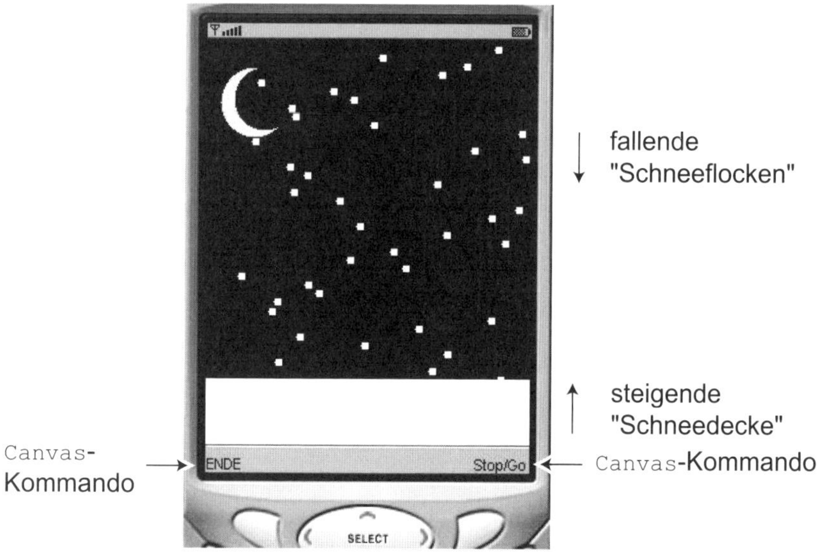

Abbildung 5.15: Anwendung Schneefallsimulation

Die Schneeflocken werden in der Klasse `SchneeCanvas` durch ein Array namens `dieSchneeflocken` repräsentiert, das zufällig verteilte x-Koordinaten enthält. In der Darstellung entspricht jeder Zeile des Arrays eine »Schneeflocke«. Die ganze Darstellung wird im Zeittakt 50 ms um jeweils ein Pixel in der Höhe verschoben, kontrolliert durch die Variable `offset`. Dadurch entsteht der Bewegungseindruck. Das Bild ist zyklisch, das heißt, unten verschwindende Flocken tauchen oben wieder auf. Die Variable `schneehoehe` gibt die Höhe der Schneedecke an. Sie wird nach und nach dekrementiert, was ein Steigen der Schneedecke bedeutet (die y-Koordinate weist nach unten). Wenn der Bildschirm gänzlich weiß ist, beginnt der Zyklus von neuem.

MIDlet zur Schneefallsimulation

```
import javax.microedition.lcdui.*;

public class EsSchneitMIDlet extends MIDlet {
    private Display display = null;
    private final SchneeCanvas schneecanvas
                                = new SchneeCanvas();
    private final Command exitCmd = new Command("ENDE",
                                        Command.EXIT, 0);
    private final Command pauseCmd = new Command("Stop/Go",
                                        Command.SCREEN, 0);
    private boolean pausierend = false;

    protected void startApp() {
        if (display == null) {  // beim ersten Aufruf
            display = Display.getDisplay(this);
            schneecanvas.addCommand(exitCmd);
            schneecanvas.addCommand(pauseCmd);
            schneecanvas.setCommandListener(
               new CommandListener() {
                 public void commandAction(Command c,
                                           Displayable d) {
                   if(c == exitCmd) {
                           schneecanvas.stop();
                           notifyDestroyed();
                   } else if(c == pauseCmd) {
                           if(pausierend)
                               schneecanvas.weiter();
                           else
                               schneecanvas.pause();
                   }
                   pausierend = !pausierend;
                 }
               });
            schneecanvas.start(); // Thread.start() simulieren
        }
        display.setCurrent(schneecanvas);
    }

    protected void pauseApp() { }
    protected void destroyApp(boolean b) { }
}
```

Canvas zur Schneefallsimulation

```
import java.util.Random;
import javax.microedition.midlet.*;
import javax.microedition.lcdui.*;

public class SchneeCanvas extends Canvas
                                implements Runnable {
    // problembezogene Attribute
    private static final Random zufall = new Random();
    private static final int D = 6; // Flockendurchmesser
    private int[] dieSchneeflocken;
    int offset = 0;  // vertikale Zeichenposition
    int schneehoehe = 0;
    // Steuerungsattribute
    private boolean laufend = true;
    private boolean pause = false;
    private boolean neuerStart = true;
    // Runnable als Thread (siehe start())
    private Thread canvasThread = null;

    public SchneeCanvas() {
        dieSchneeflocken = new int[getHeight()/D];
        schneehoehe = getHeight();
        // zufällige x-Koordinaten zuweisen
        for(int i = 0; i < dieSchneeflocken.length; ++i) {
            dieSchneeflocken[i]
                  = (int)(getWidth()*zufall.nextFloat());
        }
    }

    public synchronized void start() {
        if(canvasThread == null) {
            canvasThread = new Thread(this);
            canvasThread.start();
        }
    }

    public synchronized void stop() {
        laufend = false;
        if(canvasThread != null) {
           canvasThread.interrupt();
        }
    }
```

```
    public synchronized void weiter() {
        pause = false;
        neuerStart = true;
        notify();
    }

    public synchronized void pause() { pause = true;}
    protected void hideNotify()      { pause();}
    protected void showNotify()      { weiter(); }

    public void run() {
        try {
            while(laufend) {
                // Synchronisierte Verwendung von offset
                synchronized(this) {         // und schneehoehe
                    ++offset;
                    offset %= getHeight();
                    if(offset % 4 == 0)
                        --schneehoehe;     // langsam 'erhöhen'
                    if(schneehoehe == 0) { // alles von vorn
                        neuerStart = true;
                        schneehoehe = getHeight();
                    }
                }
                repaint(0, 0, getWidth(), schneehoehe+1);
                synchronized(this) {
                    while(pause) {
                        wait();
                    }
                }
                Thread.sleep(50);
            }
        } catch(InterruptedException e) { // nichts tun
        }
    }

    protected void paint(Graphics g) {
        if(neuerStart) {
            neuerStart = false;
            g.setColor(0x00000000);
            g.fillRect(0, 0, getWidth(), getHeight());
        }
```

```
86          // Mond
87          g.setColor(0x00FFFF00);
88          g.fillArc(10, 20, 50, 50, 0, 360);
89          g.setColor(0x00000000);
90          g.fillArc(20, 20, 45, 45, 0, 360);
91          // Schneefall
92          for(int i = 0; i < dieSchneeflocken.length; ++i) {
93              int x = dieSchneeflocken[i];
94              int ypos = i*getHeight()/dieSchneeflocken.length;
95              synchronized(this) {
96                  int y = (ypos + offset-1) % getHeight();
97                  // wenn sichtbar, an alter Position löschen
98                  if(y < schneehoehe) {
99                      g.setColor(0x00000000);
100                     g.fillArc(x, y, D, D, 0, 360);
101                 }
102                 // an neuer Position zeichnen, wenn sichtbar
103                 y = (ypos + offset) % getHeight();
104                 g.setColor(0x00FFFFFF);
105                 if(y < schneehoehe) {
106                     g.fillArc(x, y, D, D, 0, 360);
107                 }
108             }
109         }
110         g.fillRect(0, schneehoehe, getWidth(), // Schneepegel
111                    getHeight() - schneehoehe); // zeichnen
112     }
113 }
```

Hier sei zum erleichterten Auffinden auf die Stellen der Verwendung der genannten Konzepte hingewiesen:

- Abschnitt 5.5.1, Steuerung von Threads: Methoden `weiter()` und `pause()`, Zeilen 43 und 49. Struktur von `run()`, Zeilen 53–77.
- Abschnitt 5.5.2, Steuerung von Runnable-Objekten: Methoden `start()` und `stop()`, Zeilen 30 und 37. Falls auf das Ende des Threads gewartet werden soll, kann die Methode `canvasThread.join()` eingefügt werden (Zeile 39).
- Abschnitt 5.5.3, Synchronisation von AMS und Berechnung: Zeilen 50 und 51.
- Abschnitt 5.5.5, Clipping: `repaint()` mit Clip-Bereichsparametern, Zeile 67, sowie die Aktualisierung nur der geänderten Bildinformation anstatt den ganzen Bildschirm zu löschen: Zeilen 80–84 und 98–101.

- Abschnitt 5.5.6, Synchronisation von Anzeige und Berechnung: Zeile 68.

5.5.8 Synchronisation mit Display.callSerially()

In Verbindung mit `paint()` gibt es neben `serviceRepaints()` eine ganz andere Möglichkeit, das Zeichnen mit der Berechnung von Daten zu synchronisieren: Die Methode `Display.callSerially(Runnable r)` bewirkt, dass `r.run()` zum Laufen vorgemerkt wird. Die tatsächliche Ausführung geschieht aber erst nach Abarbeiten der noch ausstehenden `repaint()`-Aufrufe. Ein Aufruf macht also die Methode `start()` zum Starten eines Threads überflüssig. Auch kann die `while`-Schleife in `run()` entfallen, wenn in `run()` selbst `callSerially()` aufgerufen wird. Allerdings kann nicht `interrupt()` zum schnellen Beenden benutzt werden, man muss schon den Zeittakt abwarten, weil die Steuerung nur über Flags läuft. Die dafür notwendige Struktur für ein steuerbares `Runnable` sieht also ganz anders aus als oben beschrieben. Die Veränderungen im Vergleich zur obigen Anwendung bzw. der Struktur in Abschnitt 5.5.2 sind wie folgt (der Rest bleibt):

→ Beispiel *EsSchneit2*

- Die `Canvas`-Klasse benötigt ein Attribut `display`, das mit einem dem Konstruktor übergebenen Parameter definiert wird. Das MIDlet muss dafür Sorge tragen, dass dem Konstruktor das aktuelle `Display`-Objekt mitgegeben wird. Beispiel:

```
public SchneeCanvas(Display d) {
     display = d;
     // ... usw.
}
```

- Die Methoden `stop()` und `weiter()` ändern sich:

```
public void stop() {
    laufend = false;    // interrupt() entfällt jetzt
}
public synchronized void weiter() {
    pause = false;
    neuerStart = true;
    // kein notify() mehr
    display.callSerially(this);      // impliziert run()
}
```

- Die Methode `run()` hat jetzt keine `while`-Schleife und kein `wait()` mehr:

```
public void run() {
    try {
        // ... Hier kommt die Berechnung der Bilddaten hin.
        repaint();
        Thread.sleep(50);
```

```
        } catch(InterruptedException e) {     // nichts tun
        }
        if(laufend && !pause) {
            display.callSerially(this);
        }
    }
```

- Die Methode `start()` entfällt in der `Canvas`-Klasse, und damit der Aufruf im zugehörigen MIDlet. Der Grund: Im MIDlet wird das Display aktuell gesetzt, zum Beispiel mit `display.setCurrent(schneecanvas);`. Dieser Aufruf bewirkt automatisch den Aufruf der `Canvas`-Methode `showNotify()`, die ihrerseits `weiter()` aufruft, das seinerseits `display.callSerially(this)` ruft – und damit den Aufruf von `run()` bewirkt.

Es wird also zuerst `run()` aufgerufen. Dieses ruft `repaint()` auf. Sowohl `repaint()` als auch `callSerially()` sind nur Voranmeldungen für bestimmte Wünsche an die Implementation und kommen daher sehr schnell zurück. Die Implementation sorgt nun dafür, dass der nächste Aufruf von `run()` erst erfolgt, wenn wirklich `repaint()` abgearbeitet worden ist. Um den `run()`-aufrufenden Thread der Implementation nicht zu blockieren, sollte `run()` nicht lange benötigen (betrifft hier die Zeitkonstante im `sleep()`-Aufruf).

5.6 API für Spiele

Um Spiele zu programmieren, ist die bisher beschriebene GUI API nicht immer gut geeignet. Aus diesem Grund stellt das Package `javax.microedition.lcdui.game` fünf Klassen bereit, die die Programmierung erleichtern und dazu beitragen, den Bedarf an Rechenleistung und die Größe von Anwendungen zu reduzieren. Double Buffering ist eingebaut, man muss sich nicht mehr darum kümmern. Die Synchronisation von Berechnung und Anzeige muss ebenfalls nicht eigens berücksichtigt werden: Alle Grafikänderungen werden zwischengespeichert, sind also zunächst nicht sichtbar. Erst bei Aufruf von `flushGraphics()` wird die Grafik vollständig zur Anzeige gebracht. Die Funktion kehrt auch dann erst zurück, wenn alle Zeichenoperationen vollständig abgearbeitet sind, ganz anders als das asynchron arbeitende `paint()` der vorherigen Abschnitte. Die fünf Klassen sind `GameCanvas`, `TiledLayer`, `Sprite`, `LayerManager` sowie `Layer` als abstrakte Oberklasse der beiden Klassen `TiledLayer` und `Sprite`.

5.6.1 GameCanvas

`GameCanvas` erbt von `Canvas` und stellt implizit Double Buffering zur Verfügung. Auch die erwähnte Funktion `flushGraphics()` gehört zu dieser Klasse. Wie beschrieben, wird `keyPressed()` immer dann vom Laufzeitsystem, also nicht vom eigenen Programm, aufgerufen, wenn eine Taste gedrückt wird. Im Unterschied dazu kann in einem `GameCanvas`-Objekt aktiv der Zustand aller Tasten gleichzeitig mit `getKeyStates()` abgefragt werden. Im zurückgegebenen `int`-Wert wird geprüft, ob das entsprechende zu einer bestimmten Taste gehörende Bit gesetzt ist, zum Beispiel

```
int keyState = getKeyStates();
if ((keyState & LEFT_PRESSED) != 0) {  //... usw.
```

5.6.2 TiledLayer

`TiledLayer`, wörtlich übersetzt etwa »gekachelte Schicht« (oder »Ebene, Lage«), ist ein in viele gleich große, rechteckige Zellen unterteiltes Rechteck. Jede Zelle enthält den Index eines Grafikelements (»Kachel«). So kann etwa ein Foto, wie in Abbildung 5.16 gezeigt, aufgeteilt werden.

Abbildung 5.16: Aufteilung eines Bildes in Kacheln

Der Clou besteht aber darin, dass eine einzige Kachel sehr vielen Zellen zugeordnet werden kann. So können zum Beispiel 100 Zellen, die einen blauen Himmel darstellen sollen, alle auf ein einziges hellblaues Quadrat verweisen. Damit können sehr große Hintergrundbilder mit dennoch kleinem Speicherplatzbedarf geschaffen werden. Abbildung 5.17 verdeutlicht das Prinzip. Von so einem Hintergrundbild wird meistens nur ein Ausschnitt gezeigt, der sich über die Fläche des Hintergrundbildes bewegen kann. Das zugrunde liegende `Image` kann ein- oder zweidimensional sein. Im letzteren Fall werden, wie in der Abbildung gezeigt, die Kacheln zeilenweise durchnummeriert. Dabei ist zu beachten, dass die Zählung nicht ab 0, sondern ab 1 beginnt.

Zählung ab 1!

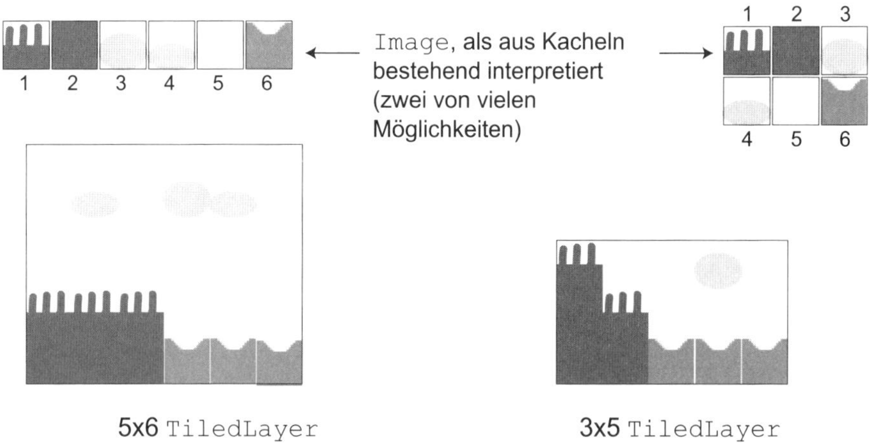

Abbildung 5.17: Zwei Grafiken, zusammengesetzt aus sechs Kacheln

Ein `TiledLayer`-Objekt wird aus einem `Image` erzeugt, wobei die Ausmaße des Rechtecks und der Kacheln angegeben werden:

```
Image image = Image.createImage("/dieKacheln.png");

TiledLayer tiledlayer = new TiledLayer(
                                anzahlZeilen,
                                anzahlSpalten,
                                image,
                                KACHELBREITE, // in Pixeln
                                KACHELHOEHE); // in Pixeln
```

Alle Zellen enthalten ursprünglich den Wert 0 (= leere Zelle). Mit Aufrufen der Art `tiledlayer.setCell(i, j, k)` werden den einzelnen Zellen des Rechtecks die im `Image`-Objekt enthaltenen Kacheln zugeordnet. Dabei ist `i` die Zeile des Rechtecks, `j` die Spalte und `k` die Nummer der Kachel aus dem `Image`-Objekt. `(k == 0)` bedeutet, die Zelle leer zu lassen. Die Zählung von Zeilen und Spalten beginnt wie üblich bei 0. Die Breite der Grafik `image` in Pixeln muss ein ganzzahliges Vielfaches der Breite einer einzelnen Kachel sein (`KACHELBREITE`), dasselbe gilt entsprechend für die Höhe. Andernfalls gibt es eine `IllegalArgumentException`.

Hinweis

5.6.3 Sprite

Animierte Objekte werden mit `Sprite`s realisiert. Ein `Sprite` wird aus einem `Image` erzeugt, das nur anders interpretiert wird: Es wird nicht als Folge von Kacheln, sondern von Einzelbildern (Frames) aufgefasst. Der Eindruck einer Animation wird durch eine Sequenz von nacheinander dargestellten Frames aufgefasst.

So bewirkt das in kurzen Zeitabständen wiederholte Abspielen der beiden Frames des `Sprite`-Objekts aus Abbildung 5.18 den Eindruck einer Auf- und Abwärtsbewegung der Flügel. Wenn mehr als zwei Einzelbilder pro Animation verwendet werden, sind die Übergänge weniger abrupt, und der Ablauf erscheint flüssiger. Die Nummerierung einzelner Frames in einem `Image` geschieht wie oben bei der Kachelaufteilung beschrieben, nur dass im Gegensatz dazu die Nummerierung bei 0 beginnt – es gibt kein leeres Einzelbild. Bei der Erzeugung muss die Anzahl der Frames bekannt sein und angegeben werden:

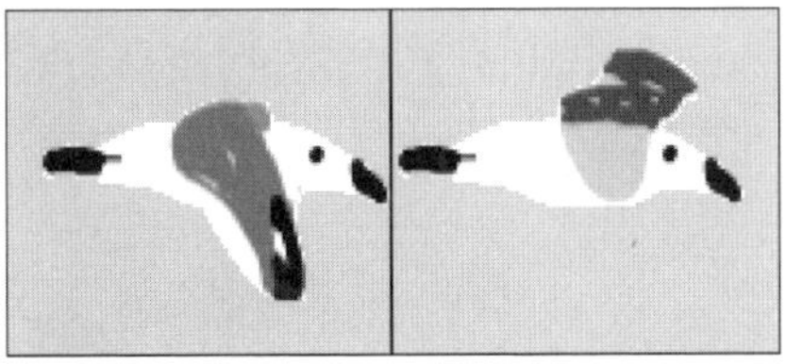

Abbildung 5.18: Sprite, bestehend aus zwei Einzelbildern

```
Image imgage = Image.createImage("/sprite.png");
int frameBreite = image.getWidth()/2; // 2 Frames in der Breite
int frameHoehe = image.getHeight();   // 1 Frame in der Höhe
Sprite sprite = new Sprite(image, frameBreite, frameHoehe);
```

Breite und Höhe der Grafik `image` in Pixeln müssen wie bei den Kacheln ganzzahlige Vielfache von Breite bzw. Höhe eines einzelnen Frames sein. Der Punkt oben links ist Bezugspunkt für alle Transformationen, es kann aber auch ein anderer dafür definiert werden, zum Beispiel der Mittelpunkt des Frames (hilfreich bei späteren Rotationen):

```
sprite.defineReferencePixel(frameBreite/2, frameHoehe/2);
```

Die Position eines Frames im Gesamtbild wird mit `setRefPixelPosition(x, y)` festgelegt. Das Weiterschalten von einem zum nächsten Einzelbild geschieht mit `nextFrame()`, wobei am Ende einer Sequenz automatisch wieder an den Anfang gesprungen wird. Die Auswahl eines Frames kann aber auch ganz willkürlich sein (`setFrame(int nr)`), und es können in einem Array abgelegte Bildfolgen vordefiniert werden (`setFrameSequence(int[] seq`). Ein `Sprite` wird mit der Methode `paint(Graphics g)` angezeigt.

Es können auf einfache Art und Weise Transformationen für ein `Sprite` ausgeführt werden, indem `setTransform(int t)` aufgerufen wird. Für den Parameter `t` ist eine der verschiedenen acht in der Klasse `Sprite` definierten Konstanten anzugeben. Zum Beispiel bewirkt `TRANS_MIRROR` eine Spiegelung an der vertikalen Achse durch den Bezugspunkt, und `TRANS_ROT90` eine Drehung um den Bezugspunkt im Uhrzeigersinn um 90 Grad. `TRANS_NONE` bewirkt keine Transformation.

Alle Transformationen beziehen sich auf das ursprüngliche Bild und sind nicht additiv. Mit `TRANS_NONE` wird also immer der Anfangszustand wiederhergestellt. Der definierte Bezugspunkt ändert sich bei keiner der möglichen Transformationen.

Kollisionserkennung

Gerade in Spielen ist es wichtig zu wissen, ob bewegte Objekte mit anderen zusammenstoßen. Da Sprites rechteckige Objekte sind, ist eine Aussage über die Kollision dieser Rechtecke nicht immer ausreichend. Abbildung 5.19 zeigt im Fall (1) die Kollision oder Überlappung zweier umgebender Rechtecke (die in der Abbildung hilfsweise eingezeichnet sind) und im Fall (2) eine echte Kollision, das heißt, dass sich nicht-transparente Bereiche überlappen.

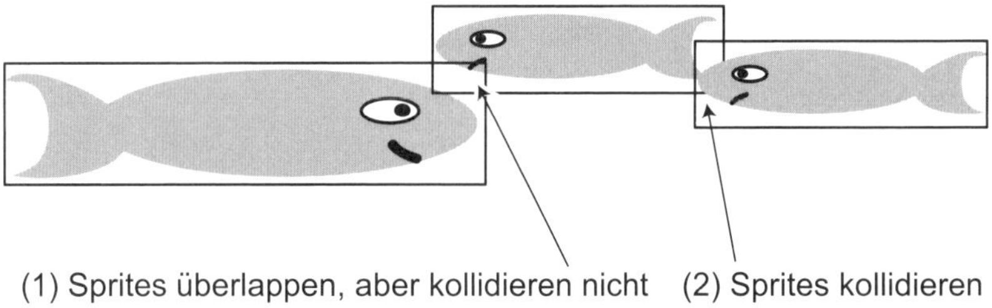

Abbildung 5.19: Kollisionserkennung bei Sprites

Die Methode `collidesWith()` der Klasse `Sprite` gibt die benötigte Information. Wenn `s1` und `s2` zwei `Sprite`-Objekte sind, gilt:

- `s1.collidesWith(s2, false)` ergibt `true`, wenn die umhüllenden Rechtecke überlappen.
- `s1.collidesWith(s2, true)` ergibt `true`, wenn es zusätzlich nicht-transparente Pixel mit denselben Positionen gibt.

Die `Sprite`s müssen zur Erkennung sichtbar sein. Der erste Aufruf, bei dem der zweite Parameter den Wert `false` hat, ist natürlich erheblich schneller. Die zweite Art des Aufrufs enthält intern die erste. Das heißt, dass es nicht notwendig ist, zur Geschwindigkeitssteigerung das Ergebnis des ersten Aufrufs selbst zu ermitteln und in Abhängigkeit davon den zweiten durchzuführen, wenn letztlich pixelweise geprüft werden soll. Darüber hinaus gibt es zwei überladene Methoden, mit denen auf ähnliche Art geprüft werden kann, ob sich nicht-transparente Pixel überlappen (Parameter `pixelLevel` ist `true`).

`collidesWith(t, pixelLevel)` prüft, ob es eine Kollision mit dem `TiledLayer`-Objekt `t` gibt. Falls `pixelLevel` den Wert `false` hat, ist das Ergebnis `true`, wenn das umhüllende Rechteck mit einer nicht-leeren Zelle des `TiledLayer` kollidiert.

`collidesWith(image, x, y, pixelLevel)` prüft, ob es eine Kollision mit dem `Image`-Objekt `image` gibt. (x,y) ist die Ecke links oben. Falls `pixelLevel` den Wert `false` hat, ist das Ergebnis genau dann `true`, wenn das umhüllende Rechteck mit dem das `Image` bildenden Rechteck kollidiert.

5.6.4 LayerManager

Diese Klasse verwaltet eine Menge von Ebenen, seien sie `Sprite`- oder `TiledLayer`-Objekte, in einer geordneten Liste. Die Reihenfolge in dieser Liste bestimmt die relative Anordnunge der Ebenen in z-Richtung. Die z-Achse steht senkrecht auf der x- und y-Achse. Das erste Element (Index 0) ist stets im Vordergrund, das letzte im Hintergrund, alle anderen dazwischen. Löschen einer Ebene lässt alle nachfolgenden aufrücken, es gibt also keine leeren Listenpositionen. `paint(Graphics g, int x, int y)` zeigt alle Ebenen an, wobei die mit dem größten Index zuerst gezeichnet wird. `x` und `y` bestimmen die relative Position des anzuzeigenden Bildausschnitts.

5.6.5 Zusammenspiel

→ Beispiel *GameCanvas*

Im Folgenden soll das Zusammenspiel der oben beschriebenen Game-API-Klassen an einem einfachen Beispiel gezeigt werden. Das Szenario: Eine Möwe fliegt vor einem Küstenhintergrund, im Vordergrund werden schematische Meereswellen dargestellt. Dabei bleibt die Möwe, deren Flügel sich auf- und abbewegen, immer an derselben Position des Bildschirms, und der Hintergrund bewegt sich entsprechend seitlich, um den Bewegungseindruck zu erzeugen. Auch die »Wellen« sind animiert. Mit den Tasten kann die Flugrichtung der Möwe geändert und die Bewegung des Hintergrunds angehalten werden. Mit dem Softkey »ENDE« wird die Animation beendet. Die Möwe wird als `Sprite` realisiert. Abbildung 5.20 vermittelt einen Eindruck.

Animationsbeispiel

```
import java.io.*;
import javax.microedition.lcdui.*;
import javax.microedition.lcdui.game.*;

public class KuestenSpiel extends GameCanvas
                        implements Runnable {
    private TiledLayer hintergrundbild;
    private TiledLayer vordergrundbild;
    private Sprite vogel;
    private LayerManager layerManager = new LayerManager();
    private boolean laufend = true;
```

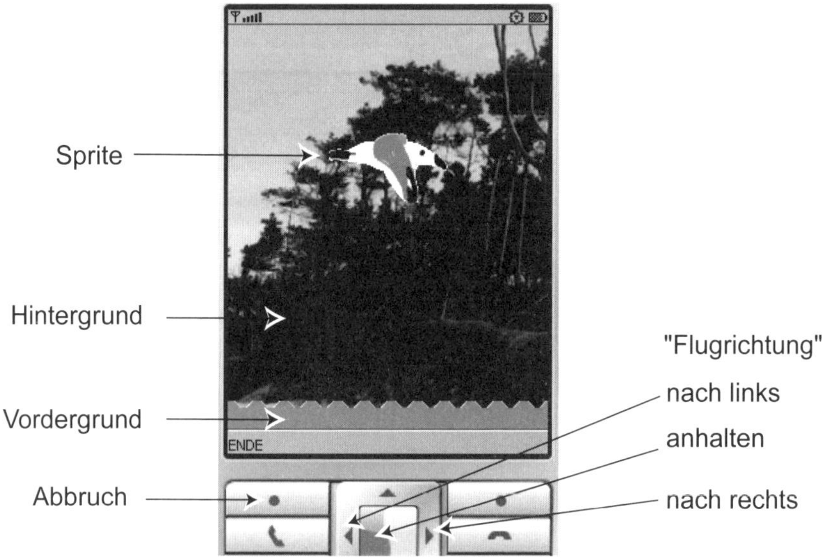

Abbildung 5.20: Momentaufnahme eines animierten Bildes

```
private Thread canvasThread = null;
private String fehlertext = null;
private int verschiebung = 0;
private boolean linksflug = false;
private boolean stillstand = false;
// Aktualisierungsperioden:
private static final int ZEITTAKT = 50;      // ms
private static final int FLUEGELTAKT = 300; // ms
private int zeitSeitFluegelschlag = 0;   // Hilfsvariable
// Die scheinbare Bewegung der Wellen wird durch eine
// Verschiebung in jedem Zeittakt realisiert.
private int wellenverschiebung = 0;
private static final int KACHELBREITE = 20;
private static final int KACHELHOEHE = 20;

public KuestenSpiel() {
    super(false); // Tasten werden nicht unterdrückt
    try {
        Image img = Image.createImage("/welle.png");
        vordergrundbild = new TiledLayer(26, 1, img,
                                   KACHELBREITE, KACHELHOEHE);
```

```
            layerManager.append(vordergrundbild);
            img = Image.createImage("/wald.png");
            hintergrundbild = new TiledLayer(25, 15, img,
                                       KACHELBREITE, KACHELHOEHE);
            layerManager.append(hintergrundbild);
            img = Image.createImage("/vogel.png");
            int frameBreite = img.getWidth()/2; // 2 Frames
            int frameHoehe = img.getHeight();    // 1 Frame
            vogel = new Sprite(img, frameBreite, frameHoehe);
            // Mittelpunkt = Referenzpunkt
            vogel.defineReferencePixel(frameBreite/2,
                                           frameHoehe/2);
            // Lage im Bild
            vogel.setRefPixelPosition(getWidth()/2,
                                          getHeight()/3);
        } catch(IOException e) {
            fehlertext = "Bild konnte nicht geladen werden!";
        }
    }

    private synchronized void start() {
        laufend = true;
        canvasThread = new Thread(this);
        canvasThread.start();
    }
    public synchronized void stop() {
        laufend = false;
        canvasThread.interrupt();
    }
    protected void hideNotify() { stop();}
    protected void showNotify() { start();}

    public void run() {
      // Kacheln des Image den Zellen der TiledLayer-Objekte
      // zuordnen (Hintergrundfoto):
      for(int i = 0; i < hintergrundbild.getColumns(); ++i) {
          for(int j = 0; j < hintergrundbild.getRows(); ++j) {
              hintergrundbild.setCell(i, j,
                      1 + i + j*hintergrundbild.getColumns());
          }
      }
      // Nur eine einzige Kachel wird für den gesamten
      // Vordergrund (Wellen) verwendet:
```

```
  for(int i = 0; i < vordergrundbild.getColumns(); ++i) {
      vordergrundbild.setCell(i, 0, 1); // Nr. 1
  }
  // Bild löschen
  getGraphics().setColor(0x00FFFFFF);
  getGraphics().fillRect(0, 0, getWidth(), getHeight());

  try {
      // Die folgende Schleife wird durch stop() (ENDE-
      // Kommando) oder Pausieren des MIDlets (vgl.
      // hideNotify()) beendet.
      while(laufend) {
          zeichnen(getGraphics());         // siehe unten
          tastenAuswertung();              // siehe unten
          Thread.sleep(ZEITTAKT);
          zeitSeitFluegelschlag += ZEITTAKT;
      }
  } catch(InterruptedException e) { // nichts tun
  }
}
private void tastenAuswertung() {
    int keyState = getKeyStates();
    if ((keyState & LEFT_PRESSED) != 0) {
        stillstand = false;
        linksflug = true;
        vogel.setTransform(Sprite.TRANS_MIRROR);
    } else if ((keyState & RIGHT_PRESSED) != 0) {
        stillstand = false;
        linksflug = false;
        vogel.setTransform(Sprite.TRANS_NONE);
    } else if ((keyState & FIRE_PRESSED) != 0) {
        stillstand = true;
    }
}

public void zeichnen(Graphics g) {
    if(fehlertext != null) {
        g.setColor(0x00000000);
        g.drawString(fehlertext, 0, 0, 0);
    }
    else {
        // Verschiebung des Hintergrundbildes berechnen:
        int offset = verschiebung;
```

```
            if(!stillstand) {
                offset = linksflug ?
                    --verschiebung : ++verschiebung;
            }
            // Verschiebung des Vordergrunds berechnen:
            wellenverschiebung += 2;
            wellenverschiebung %=KACHELBREITE;
            vordergrundbild.setPosition(wellenverschiebung
                     - KACHELBREITE, getHeight()-KACHELHOEHE);
            // Hinter- und Vordergrund zeichnen:
            layerManager.paint(g, -offset, 0);
            // Sprite zeichnen
            vogel.paint(g);
            if(zeitSeitFluegelschlag > FLUEGELTAKT) {
                zeitSeitFluegelschlag = 0;
                vogel.nextFrame();
            }
        }
        // Stopp am Bildende oder -anfang
        if(verschiebung == hintergrundbild.getColumns()
           * hintergrundbild.getCellWidth() - getWidth()
           || verschiebung == 0) {
            stillstand = true;
        }
        flushGraphics();
    }
}
```

MIDlet für das Animationsbeispiel

```
import javax.microedition.midlet.*;
import javax.microedition.lcdui.*;

public class GameCanvasMIDlet extends MIDlet {
    private Display display = null;
    private final KuestenSpiel kuestenspiel
                                    = new KuestenSpiel();
    protected void startApp() {
        if (display == null) {   // beim ersten Aufruf
            display = Display.getDisplay(this);
```

```
                kuestenspiel.addCommand(new Command(
                  "ENDE", Command.EXIT, 0)); // einziges Kommando
                kuestenspiel.setCommandListener(
                   new CommandListener() {
                    public void commandAction(Command c,
                                                Displayable d) {
                        kuestenspiel.stop();
                        notifyDestroyed();
                    }
                });
            }
            display.setCurrent(kuestenspiel);
        }

        protected void pauseApp() { }

        protected void destroyApp(boolean b) { }
    }
```

5.6.6 Transparenz

Die Codierung von Farbe im Format `0xAARRGGBB` wird im Unterabschnitt »Farbe« auf Seite 102 erläutert. AA steht dabei für die Undurchsichtigkeit oder die Deckkraft der Farbe. Die Anwendung des Alpha Blending, also Verwendung der Transparenzinformation, soll hier gezeigt werden, indem zu Abbildung 5.20 (Seite 128) ein nach oben abnehmender »Bodennebel« hinzugefügt wird, sodass sich Abbildung 5.21 ergibt.

→ Beispiel *GameCanvAlphBl*

Das wird einfach durch ein `Image` bewirkt, das aus einem weißen Rechteck besteht, dessen Durchsichtigkeit nach oben zunimmt. Dieses Rechteck wird zuletzt über alle anderen Grafikelemente gelegt. Zur Liste der Attribute auf Seite 128 wird zunächst ein weiteres Attribut hinzugefügt:

```
private Image nebel;
```

Die Funktion `createRGBImage()` der Klasse `Image` erzeugt ein rechteckiges `Image`-Objekt aus einer Folge von Werten des Formats `0xAARRGGBB`, die in einem linearen Array abgelegt sind. Die Ablage ist zeilenweise organisiert, das heißt, für ein `Image` der Breite b und der Höhe h werden die ersten h Positionen des Arrays der ersten Pixelzeile zugeordnet, die nächsten h Positionen der zweiten usw. Die Zahl `0xFFFFFF` entspricht der Farbe »Weiß«, es muss nur der passende α-Wert vorangestellt werden. Das folgende Programmfragment, am Ende des Konstruktors auf Seite 129 einzufügen, zeigt, wie das Array mit passenden Werten versehen und das `Image` erzeugt wird.

Abbildung 5.21: Küstennebel: Anwendung von Alpha Blending

```
int b = getWidth();    // Anzahl der Spalten
int h = getHeight(); // Anzahl der Zeilen
int [] rgbi = new int[h*b];
int dichte = 230;      // max 255
// Array füllen (s = Spalte, z = Zeile)
for(int z = h-1; z >= 0; --z) { // Nebel nimmt nach oben ab
    if(dichte > 0) { // Bereich 0 .. 255 einhalten
        --dichte;
    }
    for(int s = 0; s < b; ++s) {
        rgbi[z*b + s] = (dichte << 24) | 0x00FFFFFF;
    }
}
// Image erzeugen
nebel = Image.createRGBImage(rgbi, b, h, true);
```

Der letzte Parameter schaltet Alpha Blending ein. `false` würde bewirken, dass alle α-Werte ignoriert werden und das Image gänzlich undurchsichtig wird. Was bleibt, ist die Anweisung

```
g.drawImage(nebel, 0, 0, 0);       // Image zeichnen
```

direkt nach dem Zeichnen des `Sprite`-Objekts (Seite 131) einzufügen, um das durchscheinende weiße Rechteck zu zeichnen.

5.6.7 Game Builder

Natürlich gibt es Werkzeuge, um Spiele mit dem Game API leichter konstruieren zu können. An dieser Stelle sei nur auf die Möglichkeit hingewiesen, mit NetBeans (Seite 395) Spiele mit Hilfe eines Visual Editors zu programmieren. Eine gute Einführung ist unter [NbGame] zu finden.

5.7 2D-Grafik mit SVG

Ein mobiles Endgerät kann einen Bildschirm mit guter oder mit schlechter Auflösung haben, je nach Preis und Stand des technischen Fortschritts. Da liegt es nahe, eine Grafikdarstellung zu entwickeln, die von der Auflösung gänzlich unabhängig ist. Während die Rastergrafik pixelorientiert ist und somit nur eine begrenzte Auflösung haben kann, ermöglicht die vom W3C (siehe Glossar Seite 441) entwickelte Scalable Vector Graphics, kurz SVG, die mathematische Beschreibung einer Grafik im XML-Format. Diese Beschreibung kann für jedes Gerät optimal interpretiert werden, sodass die vorhandene Auflösung voll zur Geltung kommt. Die Beschreibung kann im einfachen Fall einer von links nach rechts gehenden grünen Linie wie folgt aussehen:

```
<?xml version="1.0" standalone="no"?>
<!DOCTYPE svg PUBLIC "-//W3C//DTD SVG 1.1 Tiny//EN"
"http://www.w3.org/Graphics/SVG/1.1/DTD/svg11-tiny-flat.dtd">
<svg xmlns="http://www.w3.org/2000/svg"
     xmlns:xlink="http://www.w3.org/1999/xlink" >
    <!-- Koordinaten, Farbe, Dicke -->
    <line x1="100" y1="100"
          x2="200" y2="100"
          stroke="#00FF00"
          stroke-width="5"  />
</svg>
```

SVG bietet sehr viele Möglichkeiten, auf die hier nicht eingegangen werden kann. Dieser Abschnitt zeigt die Nutzung von SVG für Handy-Applikationen auf möglichst einfache Weise und ohne Beiwerk. Entsprechend der Philosophie dieses Buchs konzentrieren sich die Beispiele auf die zu erläuternden Aspekte. Wenn Sie diesen Abschnitt gelesen haben, empfehlen wir zur Vertiefung die Beschäftigung mit etwas anspruchsvolleren SVG-Beispielen, wie sie etwa mit dem Sun WTK geliefert werden. Den speziellen Anforderungen für mobile Endgeräte wird durch die Profile »SVG Tiny« für Handys und »SVG Basic« für PDA entsprochen [SVG]. Im Vergleich zur Rastergrafik hat das SVG-Format Vorteile:

Vertiefung

- Der benötigte Speicherplatz ist meistens geringer. Der Grund ist einfach: Der Speicherplatz für die geometrischen Daten zum Beispiel einer Linie ist sehr viel kleiner als der für die Daten Hunderter Pixel.

- Eine SVG-Datei ist eine gültige XML-Datei. Damit ist die interne Darstellung als Baum im Sinn des Document Object Models (DOM) des W3C ([DOM]) organisiert, und ihre Elemente sind dementsprechend manipulierbar. Die einzelnen Objekte können separat herausgelöst oder modifiziert werden.
- SVG eignet sich für jede Auflösung. Vergrößerungen oder Verkleinerungen finden ohne Qualitätsverlust statt.

Die Abbildung 5.22 zeigt links einen Stern, der auch als Rastergrafik im JPEG-Format abgespeichert wurde. Die Mitte des Bildes zeigt das um den Faktor 5 vergrößerte JPEG-Bild, rechts ist das um denselben Faktor vergrößerte SVG-Bild zu sehen. Man erkennt leicht den durch die Vergrößerung bedingten Qualitätsverlust bei dem JPEG-Bild.

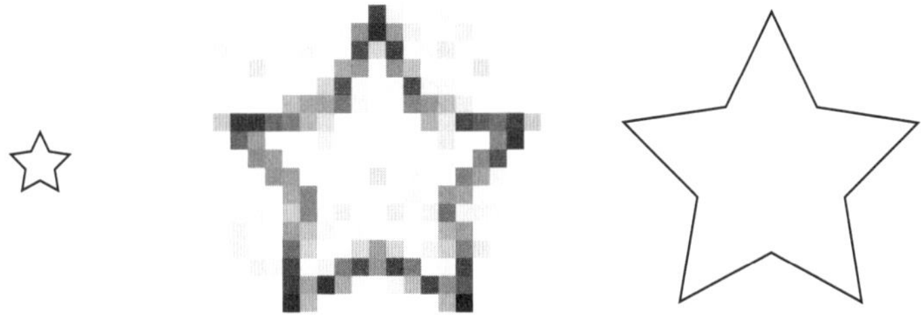

Abbildung 5.22: SVG-Original, JPG vergrößert, SVG vergrößert

Das folgende MIDlet zeigt, wie eine SVG-Grafik auf einem Handy dargestellt werden kann. Dabei ist es möglichst knapp gehalten, um nur die wichtigsten Funktionen zu realisieren. Auch der Name der Bilddatei ist fest vorgegeben.

SVG-Betrachter

```
import java.io.*;
import javax.microedition.lcdui.*;
import javax.microedition.midlet.*;
import javax.microedition.m2g.*;

class SVGCanvas extends Canvas { // Zeichenfläche für SVG
   private final SVGImage svgImage;
   private final ScalableGraphics
                      sg = ScalableGraphics.createInstance();
   SVGCanvas(SVGImage si) {
      svgImage = si;
   }
```

```
    public void paint(Graphics g) {
        g.setColor(0xFFFFFF);     // Hintergrund weiß
        g.fillRect(0, 0, getWidth(), getHeight());
        sg.bindTarget(g);
        sg.render(0, 0, svgImage);
        sg.releaseTarget();
    }
}

// Hauptklasse
public class SVGBetrachterMIDlet extends MIDlet {
    private SVGCanvas svgCanvas = null;

    public void startApp() {
        if (svgCanvas == null) {
            try {
              InputStream is =
                      getClass().getResourceAsStream("/bild.svg");
              SVGImage svgImage = (SVGImage) ScalableImage
                                        .createImage(is, null);
              svgCanvas = new SVGCanvas(svgImage);
              svgImage.setViewportWidth(svgCanvas.getWidth());
              svgImage.setViewportHeight(svgCanvas.getHeight());
              svgCanvas.addCommand(new Command("Exit",
                                            Command.EXIT, 1));
              svgCanvas.setCommandListener(new CommandListener() {
                    public void commandAction(Command c,
                                          Displayable d) {
                        // Das einzige Kommando ist Exit:
                        notifyDestroyed();
                    }
                });
            } catch (Exception e) {
                  // weggelassen: Exception behandeln
                  // und MIDlet beenden
            }
        }
        Display.getDisplay(this).setCurrent(svgCanvas);
    }

    public void pauseApp() { }
    public void destroyApp(boolean b) { }
}
```

SVG eignet sich nicht für Fotos. Allerdings können Rastergrafikbilder (png, jpg, gif) in eine SVG-Datei eingebettet werden. Für die Geräte, auf die dieses Buch zielt, ist im Wesentlichen SVG Tiny 1.1 [JSR226] geeignet. Der Nachfolger ist SVG Tiny 1.2 [JSR287]. Das [JSR290], das die Gestaltung von Benutzungsoberflächen mit XML behandelt, ist für heutige Geräte noch Zukunftsmusik.

Abbildung 5.23 zeigt, wie mit dem MIDlet der Vorseite die folgende SVG-Datei dargestellt wird. Es handelt sich um einen Stern, wie er schon in Abbildung 5.22 gezeigt wird. Die Zahlenfolge ist durch das verwendete Werkzeug erzeugt worden. Alle nicht notwendigen Hilfsinformationen wurden aus der Datei gelöscht.

```
<?xml version="1.0" standalone="no"?>
<!DOCTYPE svg PUBLIC "-//W3C//DTD SVG 1.1 Tiny//EN"
"http://www.w3.org/Graphics/SVG/1.1/DTD/svg11-tiny-flat.dtd">
<svg xmlns="http://www.w3.org/2000/svg"
     xmlns:xlink="http://www.w3.org/1999/xlink"
     width="240" height="320" viewBox="-120 -160 240 320" >
<path
     d="M 46.119015,0.58711011 L -4.471041,-25.718013 L -55.212,
     0.30508353 L -45.375941,-55.084468 L -86.252008,-94.444719
     L -29.58289,-102.3722 L -4.1046816,-152.72129 L 21.082645,
     -102.2312 L 77.705114,-93.988382 L 36.602612,-54.856307 L
     46.119015,0.58711011 z"
     stroke="blue" fill="white" stroke-width="1"  />
</svg>
```

Abbildung 5.23: Unspektakuläres SVG-Bild

Die Webseite *http://developers.sun.com/techtopics/mobility/device/device* zeigt, welche Geräte überhaupt SVG unterstützen, wenn dort im Filter »Scalable 2D Vector Graphics« eingestellt wird. Es gibt eine Menge mehr oder weniger komfortabler Werkzeuge zum Anzeigen und Bearbeiten von SVG-Dateien. Eine Übersicht findet man unter *http://www.svgi.org/*. Uns hat der im NetBeans Mobility Pack integrierte Visual Mobility Designer gefallen, der im Gegensatz zu manchen anderen kostenfreien Werkzeugen die Anzeige der Animation erlaubt.

5.7.1 Animierte SVG-Grafik

SVG erlaubt animierte Grafiken ohne die Speicherung von Bildfolgen (wie etwa beim GIF), indem Animationsbefehle hinzugefügt werden. Allerdings kann die Animation nicht mit dem MIDlet von Seite 135 sichtbar gemacht werden. Dazu bedarf es einer anderen Technik, die hier kurz vorgestellt werden soll. Das vorstehende Stern-Beispiel wird für diesen Zweck so modifiziert, dass der Pfad `<path>` in eine Gruppe `<g>` eingebettet und die Gruppe mit Animationsbefehlen versehen werden. »`fill="white"`« wird wegen der Farbanimation gelöscht:

```
<?xml version="1.0" standalone="no"?>
<!DOCTYPE svg PUBLIC "-//W3C//DTD SVG 1.1 Tiny//EN"
"http://www.w3.org/Graphics/SVG/1.1/DTD/svg11-tiny-flat.dtd">
<svg xmlns="http://www.w3.org/2000/svg"
     xmlns:xlink="http://www.w3.org/1999/xlink"
     width="240" height="320" viewBox="-120 -160 240 320" >
  <g>
    <path
     d="M 46.119015,0.58711011 L -4.471041,-25.718013 L -55.212,
     0.30508353 L -45.375941,-55.084468 L -86.252008,-94.444719
     L -29.58289,-102.3722 L -4.1046816,-152.72129 L 21.082645,
     -102.2312 L 77.705114,-93.988382 L 36.602612,-54.856307 L
     46.119015,0.58711011 z"
     stroke="blue"  stroke-width="1"
    />
    <animateColor  attributeName="fill"
       values="white;yellow;red;green;blue"
       begin="0s" dur="5s"
       repeatCount="indefinite"
    />
    <animateTransform attributeName="transform"
       attributeType="XML"
       type="rotate"
       from="0" to="360"
       begin="0s" dur="4s"
       repeatCount="indefinite"
    />
  </g>
</svg>
```

In diesem Fall geht es um Farbänderungen und um eine Rotation. Der Stern dreht sich innerhalb von 4 Sekunden vollständig (von 0 bis 360 Grad) um den Koordinatenursprung des Bildes. Dabei ändert er jede Sekunde seine Farbe (5 Farben für 5 Sekunden). Das folgende MIDlet zeigt die Animation.

Animierte SVG-Grafik

```
import java.io.*;
import javax.microedition.lcdui.*;
import javax.microedition.midlet.*;
import javax.microedition.m2g.*;

public class SVGanimiertMIDlet extends MIDlet {
   private Canvas canvas = null;
   private SVGAnimator svgAnimator = null;

   public void startApp() {
      if (canvas == null) {
         try {
            InputStream is = getClass().getResourceAsStream(
                                          "/bild.svg");
            SVGImage svgImage = (SVGImage) ScalableImage
                                          .createImage(is, null);
            // Animator-Objekt anlegen:
            svgAnimator = SVGAnimator.createAnimator(svgImage);
            // 1/Bildfrequenz in s einstellen:
            svgAnimator.setTimeIncrement(0.1f);
            canvas = (Canvas)svgAnimator.getTargetComponent();
            svgImage.setViewportWidth(canvas.getWidth());
            svgImage.setViewportHeight(canvas.getHeight());
            canvas.addCommand(new Command("Exit",
                                          Command.EXIT, 1));
            canvas.setCommandListener(new CommandListener() {
              public void commandAction(Command c,
                                          Displayable d) {
                notifyDestroyed(); // nur Exit möglich
              }
            });
         } catch (Exception e) {
            // weggelassen: MIDlet mit Fehlermeldung beenden
         }
      }
      Display.getDisplay(this).setCurrent(canvas);
      svgAnimator.play();
   }

   public void pauseApp() { }
   public void destroyApp(boolean b) { }
}
```

Angesichts der beschränkten Fähigkeiten eines Buchs zur Bewegtbildanzeige wird auf eine Abbildung des Ergebnisses verzichtet. Das MIDlet ähnelt dem von Seite 135 nur bezüglich des Ladens der Datei, der Einstellungen des Canvas für Höhe und Breite und der Verarbeitung des Exit-Kommandos. Es wird jedoch keine eigene `Canvas`-Klasse benötigt, weil das Animator-Objekt eine bereitstellt. Die Unterschiede sind im Listing herausgehoben.

5.7.2 Manipulation von SVG-Grafiken

Wie schon erwähnt, wird eine SVG-Grafik intern als Baum im Sinn des Document Object Models (DOM) des W3C ([DOM]) gespeichert. Dies erlaubt es, die einzelnen Elemente zu manipulieren, das heißt, ihre Inhalte und Eigenschaften per Programm zu verändern. Das mit dem Sun WTK mitgelieferte Beispiel SVGContactList zeigt diesen Mechanismus. Es enthält aufwendige Animationen und besondere Zeichendarstellungen und ist deshalb relativ umfangreich geraten (14 Java-Dateien, 36 kB SVG-Datei). Die Dokumentation zur Wirkungsweise besteht im Wesentlichen aus dem Quellcode. Aus diesen Gründen zeigen und erklären wir ein äquivalentes Beispiel, das sich auf den in diesem Abschnitt wesentlichen Aspekt der Manipulation einer SVG-Grafik konzentriert. Dafür reichen zwei kleine Java-Dateien und eine sehr kleine SVG-Datei aus.

Abbildung 5.24: Per Programm aktualisierte SVG-Grafik

Abbildung 5.24 zeigt das Ergebnis. Links werden Vornamen angezeigt, und zu einem ausgewählten Vornamen, der herausgehoben dargestellt wird, werden in einem Feld rechts der Nachname und die Adresse dargestellt. Mit den Pfeiltasten des Handys lassen sich die nächsten Einträge anwählen. Dabei wird die Liste gescrollt: Der gewählte Eintrag bewegt sich an die Stelle des herausgehoben angezeigten

Eintrags und wird nun selbst herausgehoben dargestellt. Die angezeigte Adresse wird entsprechend aktualisiert. Die zugrunde liegende SVG-Datei folgt.

SVG-Datei für Adress-Einträge

```
<?xml version="1.0" standalone="no"?>
<!DOCTYPE svg PUBLIC "-//W3C//DTD SVG 1.1 Tiny//EN"
"http://www.w3.org/Graphics/SVG/1.1/DTD/svg11-tiny-flat.dtd">
<svg xmlns="http://www.w3.org/2000/svg"
     xmlns:xlink="http://www.w3.org/1999/xlink"
     width="240" height="320" viewBox="0 0 240 320" >
    <rect id="Hintergrund" width="240" height="320"
        fill="white"
    />
    <g id="liste" transform="translate(10,20)"
                    font-size="12" fill="black" >
        <text id="item_1" x="0" y="0"  >item 1</text>
        <text id="item_2" x="0" y="30" >item 2</text>
        <text id="item_3" x="0" y="60" >item 3</text>
        <text id="item_4" x="0" y="90" >item 4</text>
        <text id="item_5" x="0" y="120">item 5</text>
        <text id="item_6" x="0" y="150">item 6</text>
        <text id="item_7" x="0" y="180">item 7</text>
    </g>
    <g id="detail" transform="translate(100,40)" fill="black" >
        <rect id="rechteck" x="0" y="10" rx="10" ry="10"
              width="120" height="55"
              fill="#FEFE2B" stroke="#AEFE10"
              stroke-width="8"
        />
        <text id="detailtext1" x="10" y="30">detail1</text>
        <text id="detailtext2" x="10" y="40">detail2</text>
        <text id="detailtext3" x="10" y="50">detail3</text>
    </g>
</svg>
```

Die Grafik besteht aus einem Rechteck, das den Hintergrund definiert, und zwei Gruppen, gekennzeichnet durch `<g>`. Die erste Gruppe ist die Liste der Vornamen. Man sieht, dass in der Datei keinerlei Vornamen enthalten sind; diese werden erst vom Programm eingetragen. Ohne Letzteres würden nur die Elemente »item 1« usw. angezeigt. Mit dem `translate()`-Attribut kann die ganze Gruppe passend verschoben werden. Die zweite Gruppe definiert ein gelbes (Attribut `fill`) Rechteck mit einem grünen Rand (Attribut `stroke`). Es ist abgerundet; die Rundungsradien finden sich in den Attributen `rx` und `ry`. Die Textelemente »detailtext1« usw. werden vom Programm mit den Adressdaten gefüllt.

Anzeige und Manipulation einer SVG-Grafik

```
import java.io.*;
import javax.microedition.lcdui.*;
import javax.microedition.midlet.*;
import javax.microedition.m2g.*;

public class SVGdomMIDlet extends MIDlet {
   private Canvas canvas = null;
   private SVGAnimator svgAnimator = null;
   private SVGImage svgImage = null;
   private DemoDaten datenbank = new DemoDaten(); // Seite 144
   private int anzuzeigen = 0; // hervorzuhebendes Element

   public void startApp() {
      if (canvas == null) {
         try {
            InputStream is = getClass().getResourceAsStream(
                                             "/liste.svg");
            svgImage = (SVGImage) ScalableImage.createImage(
                     is, null);
             datenbank.updateSVG(svgImage, anzuzeigen);
             svgAnimator = SVGAnimator.createAnimator(svgImage);
             // 1/Bildfrequenz in s einstellen
             svgAnimator.setTimeIncrement(0.2f);

             // Der SVGEventListener berabeitet die Pfeiltasten
             svgAnimator.setSVGEventListener(
                new SVGEventListener() {
                 public void keyPressed(int keyCode) {
                     if (canvas.getGameAction(keyCode)
                           == Canvas.UP) {
                        datenbank.updateSVG(svgImage,
                                          --anzuzeigen);
                     } else if (canvas.getGameAction(keyCode)
                           == Canvas.DOWN) {
                        datenbank.updateSVG(svgImage,
                                          ++anzuzeigen);
                     }
                 }
```

```
                // SVGEventListener ist ein Interface.
                // Notwendige Implementierungen:
                public void sizeChanged(int i, int j) { }
                public void hideNotify() { }
                public void showNotify() { }
                public void keyReleased(int i) { }
                public void pointerPressed(int i, int i0) { }
                public void pointerReleased(int i, int i0) { }
            });

            canvas = (Canvas)svgAnimator.getTargetComponent();
            svgImage.setViewportWidth(canvas.getWidth());
            svgImage.setViewportHeight(canvas.getHeight());

            canvas.addCommand(new Command("Exit",
                                          Command.EXIT, 1));
            canvas.setCommandListener(new CommandListener() {
                public void commandAction(Command c,
                                          Displayable d) {
                    // Exit ist das einzige Kommando.
                    notifyDestroyed();
                }
            });
        } catch (Exception e) {
            // Exception behandeln (Fehlermeldung)
            notifyDestroyed();
        }
    }
    Display.getDisplay(this).setCurrent(canvas);
    svgAnimator.play();
  }

  public void pauseApp() { }

  public void destroyApp(boolean b) { }
}
```

Das Programm ähnelt stark dem Betrachter für animierte SVG-Grafiken von Seite 139. Die wesentlichen Änderungen bestehen in den Anweisungen zur Aktualisierung, halbfett im vorstehenden Listing markiert. Die die Änderungen bewerkstelligende Klasse `DemoDaten` enthält im Wesentlichen ein paar fiktive Adressen und die Funktion `updateSVG()`, die für das Eintragen der Daten in den XML-Baum zuständig ist.

Demo-Daten und Aktualisierungsfunktion

```
import javax.microedition.m2g.SVGImage;
import org.w3c.dom.Document;
import org.w3c.dom.svg.SVGElement;

public class DemoDaten {
    // fiktive Adressen als Ersatz für Zugriffe auf echte Daten
    private String[][] daten = {
      {"Britta", "Meier", "Holzweg 46", "28763 Worphausen"},
      {"Max", "Schulze", "Parkallee 2", "89363 Winkelstadt"},
      {"Helmut", "Rumsdi", "Am Steg 9", "43670 Münster"},
      {"Albert", "Einstein", "Gendarmenmarkt 1",
                                           "10117 Berlin"},
      {"Jean", "Diesel", "Alsterallee 77", "20632 Hamburg"},
      {"Hans-Georg", "Mann", "Am Berge 13", "17209 Kieve"},
      {"Solveig", "Odenthal", "Hauptplatz 3", "50649 Köln"}};
    private int fontsize = -1; // noch undefiniert

    /* Aktualisiert ein SVGImage.
     * @param si zu aktualisierendes SVGImage
     * @param nr hervorzuhebender Eintrag
     */
    void updateSVG(SVGImage si, int nr) {
        final int anzahl = daten.length;
        final int HERVORZUHEBEN = 2; // hervorzuhebende Pos.
        nr = nr < 0? -nr : nr;
        nr %= anzahl;
        int top = (nr - HERVORZUHEBEN + anzahl) % anzahl;

        // Root-Element des Baums ermitteln:
        Document doc = si.getDocument();

        SVGElement start = (SVGElement)doc.getElementById(
                                                  "liste");
        SVGElement el = (SVGElement)start.getFirstElementChild();
        SVGElement detail1 = (SVGElement)doc.getElementById(
                                            "detailtext1");
        SVGElement detail2 = (SVGElement)doc.getElementById(
                                            "detailtext2");
        SVGElement detail3 = (SVGElement)doc.getElementById(
                                            "detailtext3");
        int index = top;
        int relPos = 0;
```

```
        while (el != null) {
            // Haupteintrag
            el.setTrait("#text", daten[index][0]);
            if (relPos == HERVORZUHEBEN) { // Details
                el.setTrait("fill", "red"); // rote Schrift
                // etwas nach rechts verschieben:
                el.setFloatTrait("x", 20);
                if(fontsize < 0) {   // noch undefiniert?
                   fontsize = (int)el.getFloatTrait("font-size");
                }
                el.setFloatTrait("font-size", 2+ fontsize);
                detail1.setTrait("#text", daten[index][1]);
                detail2.setTrait("#text", daten[index][2]);
                detail3.setTrait("#text", daten[index][3]);
            }
            ++relPos;
            index = ++index % anzahl;
            el = (SVGElement) el.getNextElementSibling();
        }
    }
}
```

Im vorhergehenden Programm wird zunächst die Wurzel des Document Object Models ermittelt. Anschließend werden zwei Methoden des Zugriffs auf die Elemente des Baums gezeigt:

- Zugriff über den Identifier mit der Funktion `getElementById()`. Zum Beispiel bezieht sich die Variable `start` auf die erste, mit `id="liste"` gekennzeichnete Gruppe der SVG-Datei. Entsprechendes gilt für die Elemente `detail1` usw.
- Aufsuchen aller Kind-Elemente eines (Teil-)Baums. Dazu wird zunächst das erste Kind-Element mit `getFirstElementChild()` ermittelt (Variable `el` oben). In der `while`-Schleife werden dann alle Geschwister-Elemente mit `getNextElementSibling()` gefunden. Falls kein Geschwister-Element mehr vorhanden ist, wird `null` zurückgegeben.

Hier spielt es keine Rolle, aber mit der zweiten Methode kann man sich beliebig tief durch ein XML-Dokument bewegen. Jedes Element trägt bestimmte Eigenschaften (englisch *traits*) mit sich, die mit `get`-Funktionen abgefragt und mit `set`-Funktionen gesetzt werden können. So wird oben die aktuelle Fontgröße mit `getFloatTrait("font-size")` abgefragt, um den hervorzuhebenden Eintrag mit `setFloatTrait("font-size", 2 + fontsize)` um zwei Stufen vergrößert erscheinen zu lassen. Auf ähnliche Weise werden mit `setTrait()` Namen und Adressen eingetragen. Wenn es um die Änderung von Attributen geht, ist das Attribut als String zu übergeben. Bei der Textänderung wird kein Attribut, sondern der Inhalt des XML-Tags `<text>` neu definiert. In diesem Fall muss der Tag-Name mit dem Numeruszeichen versehen werden, also `"#text"` statt `"text"`. Weitere Funktionen finden Sie in [JSR226]. Die Modulo-Rechnung sorgt dafür, dass Namen, die oben beim Scrollen verschwinden, unten wiederauftauchen.

6 Record Management System

Verschiedene Anwendungen, seien sie geschäftlicher oder privater Art, benötigen Daten, die nach Beenden eines MIDlets oder nach Ausschalten des Geräts erhalten bleiben sollen. Das können Konfigurationsdaten sein, zum Beispiel persönliche Einstellungen für eine Anwendung, Adressdaten, Spielstände und anderes. Die MIDP-Spezifikation fordert daher nicht-flüchtigen Speicher. Ein MIDlet wird in einer sicheren Umgebung ausgeführt. Lesen von in der jar-Datei enthaltenen Ressourcen ist möglich, ein Schreiben dieser Dateien ist nicht vorgesehen. Das Package `javax.microedition.rms` stellt zu persistenter Datenspeicherung die Klasse `RecordStore` bereit. Die Endung `rms` steht für Record Management System (RMS). Ein `RecordStore` speichert Datensätze (Records), wobei ein Record ein Byte-Array ist und beliebige Daten enthalten kann, also nicht nur Text, sondern auch Grafiken und Musik. Records können verschieden lang sein.

Die damit realisierbare Datenbank erlaubt keine komplexen Operationen und Verriegelungen, ist also sehr einfach. SQL-Anfragen sind nicht möglich. Alle Record-Operationen sind atomar, synchronisiert und werden serialisiert. Das heißt, wenn zwei gleichzeitige Anforderungen zum Schreiben desselben Records eintreffen, werden sie in jedem Fall nacheinander ausgeführt. Es ist in der Verantwortung der MIDlets, die korrekte Abfolge durch eigene Synchronisation sicherzustellen. Dabei ist zu beachten,

- dass kein Thread einen Datensatz lesen kann, den ein anderer Thread gerade löscht oder ändert,
- dass kein Thread einen Datensatz löschen kann, den ein anderer Thread gerade liest oder ändert, und
- dass kein Thread einen Datensatz ändern kann, den ein anderer Thread gerade ändert, liest oder löscht,

wenn die Reihenfolge dieser Operationen wichtig ist – mindestens, wenn Löschen im Spiel ist. Das geschieht am besten, indem man vor jedem dieser Zugriffe auf das `RecordStore`-Objekt synchronisiert, wenn die Möglichkeit des gleichzeitigen Zugriffs anderer Threads besteht. Das Hinzufügen neuer Records ist hingegen unkritisch. Falls zwischen dem Lesen und der Aktualisierung eines Datensatzes eine längere Zeit vergeht, zum Beispiel, weil die Aktualisierung auf der Eingabe eines Benutzers beruht, sollte überlegt werden, die Sperre durch die Synchronisation nicht aufrechtzuerhalten. Wenn die Versionsnummer der Datenbank (siehe *Tipp* `getVersion()` weiter unten) dieselbe ist, ist ein Update unproblematisch. Andernfalls muss geprüft werden, ob der betroffene Datensatz sich inzwischen geändert hat und nur falls ja, muss mit einer anwendungsbezogenen Fehlerbehandlung reagiert werden.

RMS und MIDlet

Eine MIDlet-Suite kann aus einem oder mehreren MIDlets bestehen. Jedes dieser MIDlets kann mehrere `RecordStore`s anlegen. Jedes MIDlet einer Suite hat Zugriff auf die `RecordStore`s anderer MIDlets derselben Suite. MIDlets anderer Suiten können nur zugreifen, wenn das den `RecordStore` erzeugende MIDlet die Erlaubnis dazu gegeben hat. Solange sich eine MIDlet-Suite auf einem Gerät befindet, bleiben die Daten erhalten, ob nun MIDlets aktiv sind oder nicht, oder das Gerät ganz ausgeschaltet ist. Nach dem Einschalten sind die Daten wieder verfügbar. Wenn allerdings eine MIDlet-Suite insgesamt entfernt wird, werden auch alle von ihr angelegten `RecordStore`-Objekte entfernt.

6.1 Klasse RecordStore

Die Klasse `RecordStore` organisiert das Hinzufügen, Löschen oder Ändern von Datensätzen. Jeder `RecordStore` hat einen eindeutigen Namen, um ihn von anderen unterscheiden zu können. Jedem Record ist eine positive ganze Zahl als Primärschlüssel zugeordnet, im Folgenden Record-Nummer genannt. Bei jedem Hinzufügen eines Records bekommt der neue Record eine um 1 größere Nummer als der bisher größte vergebene Primärschlüssel. Späteres Löschen von Records löscht auch deren Primärschlüssel, diese werden aber nicht wieder verwendet. Abbildung 6.1 zeigt die Struktur, die folgende Merkmale aufweist:

- Es gab 781 Einfügungsvorgänge. Es sind danach etliche Records gelöscht worden, sodass nur noch 5 übrig blieben.
- Ein Byte-Array kann den Wert `null` annehmen (= leerer Record).
- Die genaue Struktur der Collection bleibt verborgen. Es kann intern ein Vektor, eine Hash-Tabelle oder noch etwas anderes sein. Der Zugriff geschieht über den Primärschlüssel oder eine Enumeration.
- Es kann eine nach zu wählenden Kriterien gestaltete Enumeration geben. Mit Hilfe dieser Enumeration kann der Reihe nach auf die Records, einem Sortierkriterium (Name, Uhrzeit, Geburtsdatum, ...) entsprechend, zugegriffen werden.
- Die Enumeration muss nicht alle Einträge enthalten. Mit Hilfe eines Filters können Datensätze ausgeblended werden.

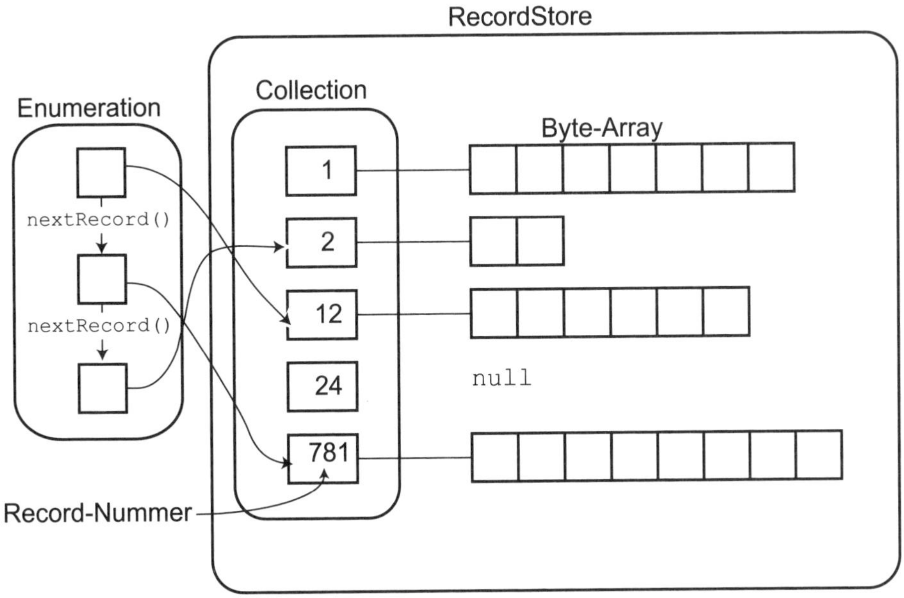

Abbildung 6.1: Struktur eines `RecordStore`-Objekts mit Enumeration

6.2 Benutzungsablauf

Vor jeglicher Abfrage oder Modifikation muss ein `RecordStore`-Objekt zuerst geöffnet werden. Es wird nicht mit einem Konstruktor erzeugt,[1] sondern von der Methode `openRecordStore()` zurückgegeben:

```
RecordStore rs = RecordStore.openRecordStore("db1", false);
```

Der erste Parameter ist eine maximal 32 Zeichen lange Zeichenkette des Typs `String`, die den Namen des `RecordStore`-Objekts angibt. Der zweite Parameter ist vom Typ `boolean` und gibt an, ob der `RecordStore` neu angelegt werden soll, sofern er noch nicht existiert. `false` setzt also einen existierenden `RecordStore` voraus. Diese open-Operation ist die wichtigste, es gibt noch weitere, die die Berechtigung von Zugriffen und den Zugriff auf andere MIDlet-Suiten regeln. Zum Beispiel öffnet

```
RecordStore.openRecordStore("db2", "Hanser", "buchkauf" );
```

die Datenbank »db2« der MIDlet-Suite »buchkauf« des Herstellers »Hanser«. Voraussetzung ist, dass »buchkauf« der Datenbank entsprechende Lese- bzw. Schreib-

[1] Der Konstruktor ist `private`.

rechte gewährt und natürlich, dass beide MIDlet-Suiten, die die Datenbank benutzende und »buchkauf«, auf dem Gerät installiert sind. Im nächsten Schritt folgen alle lesenden oder die Datenbank verändernden Operationen. Am Ende wird die Datenbank geschlossen:

```
rs.closeRecordStore();
```

Die Operationen können verschiedene `Exceptions` werfen, die entweder abgefangen oder weitergereicht werden sollten. Ihre Namen sind weitgehend selbsterklärend:

```
RecordStoreException          // Oberklasse der folgenden Klassen
InvalidRecordIDException      // Primärschlüssel nicht vorhanden
RecordStoreFullException
RecordStoreNotFoundException
RecordStoreNotOpenException // Operation auf geschlossenem RS
```

6.3 Operationen auf Datensätzen

Records oder Datensätze werden als Byte-Arrays abgelegt. Dies bedeutet, dass es dem Array nicht angesehen werden kann, was da eigentlich gespeichert wurde. Sowohl ein lesender wie auch ein schreibender Prozess müssen also die interne Struktur kennen und eine Übereinkunft über die Interpretation der Bytes zugrunde legen. Um zu zeigen, wie ganz verschiedene Datentypen, die zu einem Datensatz gehören, gespeichert und wieder gelesen werden können, wird eine Klasse `Datensatz` mit drei unterschiedlichen Attributen eingeführt:

```
public class Datensatz {
    private String text;
    private Date datum;
    private Image bild;
    public String getText() { return text;}
    public Date  getDatum() { return datum;}
    public Image getBild() { return bild;}
    // Konstruktor und weitere Methoden weggelassen
}
```

Alle Daten eines Datensatzes müssen in oder aus einem Byte-Array transformiert werden. Die Möglichkeit der Serialisierung von Objekten, wie sie aus der Java SE bekannt ist, gibt es im MIDP nicht. Da die Attribute `text` und `bild` von jeweils unterschiedlicher Länge sein können, muss die Information über den benötigten Platz im Byte-Array untergebracht werden. Deshalb wird für die folgenden Beispiele die folgende Struktur vereinbart:

Bedeutung	**Bytes**
Breite b des Bildes in Pixeln (`int`)	4
Höhe h des Bildes in Pixeln (`int`)	4
Bilddaten	$4\,hb$
Textdaten einschließlich Längeninformation	n
Datum als `long`-Zahl	8

Die Information über die Textlänge könnte explizit mitgegeben werden, indem mit `String.getBytes()` der Text in ein Byte-Array umgewandelt würde und dessen Länge die gewünschte Information ergäbe. Dies wird aber implizit von den Methoden `writeUTF()` bzw. `readUTF()` erledigt (siehe unten), sodass man sich darum nicht kümmern muss. Sie schreiben bzw. lesen alle Zeichen maschinenunabhängig im UTF.[2]

6.3.1 Schreiben

Die Umwandlung von Daten in ein Byte-Array geht am einfachsten, indem in einen Stream geschrieben wird, aus dem das Byte-Array anschließend extrahiert wird. `rs` ist das `RecordStore`-Objekt, das von der open-Funktion zurückgegeben wird. Das Schreiben wird zweckmäßig in einer Methode `int write()` der Klasse `Datensatz` realisiert. Die Record-Nummer wird zurückgegeben.

→ Beispiel *RMSBeispiel*

```
public int write(RecordStore rs)
        throws IOException, RecordStoreException {
    ByteArrayOutputStream bytesOut =
                            new ByteArrayOutputStream();
    DataOutputStream dataOut = new DataOutputStream (bytesOut);
    dataOut.writeInt(bild.getWidth());   // Bildgröße merken
    dataOut.writeInt(bild.getHeight());

    // Bilddaten ermitteln und schreiben
    int b = bild.getWidth();
    int h = bild.getHeight();
    int[] rgbi = new int[b*h];
    bild.getRGB(rgbi, 0, b, 0, 0, b, h); // Image als int-Array
    for(int i = 0; i < rgbi.length; ++i) {
        dataOut.writeInt(rgbi[i]);       // Bild schreiben
    }

    dataOut.writeUTF(text);              // Text schreiben
    dataOut.writeLong(datum.getTime());  // Datum schreiben

    // Byte-Array extrahieren
    byte[] dieDaten = bytesOut.toByteArray();
```

[2] Siehe Glossar Seite 441.

```
        dataOut.close();                    // Stream schließen
        // Record schreiben und Record-Nummer zurückgeben
        return rs.addRecord(dieDaten, 0, dieDaten.length);
}
```

Ein `DataOutputStream` schreibt Bytes von Java-Objekten in einem portablen, maschinenunabhängigen Format. Mit einem `DataInputStream` können die Bytes wieder in Java-Typen zurückverwandelt werden. Die Methode `Image.getRGB()` ist das Gegenstück der von Seite 133 bekannten Methode `createRGBImage()`.

Alternative für Image-Objekte

Wenn das `Image` als Ressource vorliegen sollte, kann die Abspeicherung auf folgende Art geschrieben werden:

```
InputStream is = getClass().getResourceAsStream(bildname);
int len = is.available();
dataOut.writeInt(len);      // Bildgröße merken
byte[] buf = new byte[len];
is.read(buf);   // Puffer mit Stream-Daten füllen
is.close();
for(int i = 0; i < buf.length; ++i) {
    dataOut.writeByte(buf[i]);          // Bild schreiben
}
```

Dabei ist `bildname` vom Typ `String`. Wie oben wird ein Stream benutzt, um die Daten in ein Byte-Array zu verwandeln. Warum sollte man eine ohnehin vorliegende Ressource überhaupt separat abspeichern, könnte man sich fragen. Die Antwort: Über diesen Weg kann auch eine andere MIDlet-Suite Zugriff auf diese Ressource erhalten, die entsprechende Berechtigung vorausgesetzt.

6.3.2 Lesen

Das Lesen eines Records mit bekannter Record-Nummer geht dementsprechend, die bekannte Reihenfolge muss beachtet werden. Die Auswertung kann in eine Methode `set()` der Klasse `Datensatz` verlegt werden:

```
public Datensatz(byte[] record){
    set(record);
}

public void set(byte[] record) {
    // Byte-Strom anlegen, um danach mit readImage()
    // die geschriebenen Daten aus dem Stream lesen zu können
    ByteArrayInputStream bytesIn
```

```
                              = new ByteArrayInputStream(record);
    DataInputStream dataIn = new DataInputStream (bytesIn);

    try {
        bild = readImage(dataIn);  // siehe unten
        text = dataIn.readUTF();            // Text lesen
        long millis = dataIn.readLong();    // Datum lesen
        datum = new Date(millis);
        dataIn.close();                     // Stream schließen
    } catch(IOException e) {
        datum = null;
    }
}

private Image readImage(DataInputStream dataIn)
    throws IOException {
    int b = dataIn.readInt();
    int h = dataIn.readInt();
    int[] rgbi = new int[b*h];
    for(int i = 0; i < rgbi.length; ++i) {
        rgbi[i] = dataIn.readInt();   // lesen wie geschrieben
    }
    return Image.createRGBImage(rgbi, b, h, true);
}
```

Je nach Verwendungszweck könnte man einen neuen Datensatz erzeugen oder, wenn man ihn nicht weiter aufheben muss, zur Speicherplatzoptimierung einen vorhandenen Datensatz mit Hilfe der `set`-Methode wiederverwenden.

```
byte[] record = rs.getRecord(recordNr);
// Existierendes Datensatz-Objekt d1 wiederverwenden:
d1.set(record);

// Alternativ: Datensatz-Objekt erzeugen (speicherintensiv)
Datensatz d2 = new Datensatz(record);
// ... hier Datensatz weiterverwenden
```

Alternative für Image-Objekte

Beim Schreiben wie beim Lesen wird vorausgesetzt, dass das `Image` in einem der unterstützten, selbstbeschreibenden Standardformate wie JPG oder PNG vorliegt. Diese Formate enthalten auch die Informationen über Höhe und Breite. Weil beim Lesen ein Zwischenpuffer genau passender Größe benötigt wird, muss in diesem Beispiel beim Schreiben die Größe des Bildes mit abgespeichert werden.

```
int len = dataIn.readInt();
byte[] buf = new byte[len];
```

```
dataIn.read(buf);          // Zwischenpuffer füllen
// Bild erzeugen
Image img = Image.createImage(buf, 0, buf.length);
```

6.3.3 Löschen, Ändern, Datensatzgröße

Ergänzend zu den wesentlichen Operationen wie Schreiben und Lesen gibt es die folgenden datensatzbezogenen Methoden:

- `void deleteRecord(int recordNr)` löscht Datensatz Nr. `recordNr`.
- `int getRecordSize(int recordNr)` gibt die Anzahl der Bytes im Datensatz Nr. `recordNr` zurück.
- `void setRecord(int recordNr, byte[] daten, int offset, int anz)` ersetzt die Daten des Datensatzes `recordNr` durch ein Byte-Array, das aus den Bytes `daten[offset]` bis `daten[offset+anz]` besteht.

6.4 Enumerationen

Oft ist der Zugriff auf Datensätze über die Record-Nummern uninteressant, weil sie nicht bekannt sind oder weil diese Primärschlüssel automatisch erzeugt werden, also nicht anwendungsbezogen sind. Man möchte vielleicht alle Datensätze verarbeiten, möglicherweise sortiert. Die Methode `enumerateRecords()` ermöglicht dies:

```
RecordEnumeration enumerateRecords(
                        RecordFilter filter,
                        RecordComparator vergleich,
                        boolean aktuellHalten)
```

Der erste Parameter trifft eine Auswahl, welche Datensätze überhaupt in der Aufzählung enthalten sein sollen. Der zweite gibt an, wie die Auswahl sortiert sein soll. Der dritte Parameter gibt an, ob die Enumeration bei jeder Aktualisierung des `RecordStore`-Objekts ebenfalls aktualisiert werden soll. Detaillierte Beispiele folgen. Die beiden ersten Parameter dürfen `null` sein mit der Konsequenz, dass alle Records in der Aufzählung enthalten sind und die Reihenfolge willkürlich ist. Natürlich ist das gleichzeitig die schnellste Art, eine Aufzählung zu bilden – jeder Aufwand für Sortierung usw. entfällt. Um Performanzeinbußen zu vermeiden, sollte der Parameter `aktuellHalten` auf `false` gesetzt, und erst nach vielen Änderungen der Datenbank sollte dann für die Enumeration die Methode `rebuild()` aufgerufen werden. Dabei ist aber zu beachten, dass Löschen eines Records die Enumeration ungültig machen kann. Auch neu hinzugefügte Datensätze sind in der Aufzählung nicht enthalten, und geänderte Datensätze erscheinen falsch sortiert. Wenn durch den Ablauf des Programms dieses Risiko besteht, sollte

Vorsicht

auf den Geschwindigkeitsvorteil verzichtet und `aktuellHalten` auf `true` gesetzt oder `rebuild()` aufgerufen werden. Im Folgenden wird angenommen, dass `rs` ein geöffneter `RecordStore` ist, in dem Objekte der auf Seite 150 beschriebenen Klasse `Datensatz` als Byte-Array gespeichert sind. `rf` ist ein Filter- und `rc` ein Vergleichsobjekt. Die typische Bearbeitung einer Aufzählung könnte so aussehen:

```
RecordEnumeration re =  rs.enumerateRecords(rf, rc, false);
while(re.hasNextElement()) {
    record = re.nextRecord();
    Datensatz d = new Datensatz(record);
    // ... hier den Datensatz verwenden
}
```

Wenn die Datensatzobjekte nicht aufbewahrt werden müssen, ist es vorteilhaft, die Erzeugung vieler Objekte zu vermeiden:

```
RecordEnumeration re =  rs.enumerateRecords(rf, rc, false);
Datensatz d = new Datensatz();      // leerer Datensatz
while(re.hasNextElement()) {
    record = re.nextRecord();
    d.set(record);  // aktualisieren und wiederverwenden
    // ... hier den Datensatz verwenden
}
```

6.4.1 Sortierte Verarbeitung

Das Konzept zum Ordnen von Enumerationen entspricht dem aus der Java SE bekannten Prinzip der Sortierung von Collections, mit einigen kleinen Unterschieden in der Ausgestaltung. Der Parameter `rc` oben muss ein Objekt einer Klasse sein, die das Interface `RecordComparator` implementiert, das eine Methode `int compare((byte[] r1, byte[] r2)` fordert. Das folgende Beispiel soll die Einträge der Datenbank nach Datum sortieren:

```
import java.io.*;
import javax.microedition.rms.*;

public class Datumvergleich implements RecordComparator {
    boolean aufsteigend;

    public Datumvergleich(boolean aufsteigend) {
        this.aufsteigend = aufsteigend;
    }

    public int compare(byte[] r1, byte[] r2) {
        Datensatz d1 = new Datensatz(r1);
        Datensatz d2 = new Datensatz(r2);
        long t1 = d1.getDatum().getTime();
```

```
        long t2 = d2.getDatum().getTime();
        if(aufsteigend) {
          if(t1 < t2) return PRECEDES;
          if(t1 > t2) return FOLLOWS;
        }
        else {   // absteigend
          if(t1 > t2) return PRECEDES;
          if(t1 < t2) return FOLLOWS;
        }
        return EQUIVALENT;
    }
}
```

Eine absteigende Sortierung, also die neuesten Einträge zuerst, würde so erreicht:

```
Datumvergleich rc = new Datumvergleich(false);
RecordEnumeration re =  rs.enumerateRecords(null, rc, false);
// ... usw. wie oben
```

6.4.2 Filter

Nun kann es sein, dass nicht alle Einträge in der Enumeration enthalten sein sollen. Der Parameter `rf` oben muss ein Objekt einer Klasse sein, die das Interface `RecordFilter` implementiert, das eine Methode `boolean matches((byte[] r)` fordert. Der folgende Filter selektiert alle Einträge, deren Text eine bestimmte Zeichenfolge, zum Beispiel »Java«, enthält.

```
import javax.microedition.rms.*;

public class TextRecordFilter implements RecordFilter {
    private String enthaltenerString = null;

    public TextRecordFilter(String str) {
        enthaltenerString = str;
    }

    public boolean matches(byte[] record) {
        Datensatz d = new Datensatz(record);
        return d.getText().indexOf(enthaltenerString) > -1;
    }
}
```

Die Anwendung entspricht dem bekannten Muster:

```
TextRecordFilter rf = new TextRecordFilter("Java");
RecordEnumeration re =  rs.enumerateRecords(rf, rc, false);
// ... usw. wie oben
```

6.5 Ereignisverarbeitung

Ein `RecordStore` kann überwacht werden, sodass jede Änderung zu bestimmten Aktionen führen kann. Dazu wird ein Objekt benötigt, das das Interface `RecordListener` implementiert. Dieses Objekt muss sich bei dem zu überwachenden `RecordStore` registrieren.

```
RecordListener recordListener = new RecordListener() {
    public void recordAdded(RecordStore rs, int recNr) {
            // hier Aktion einfügen
    }

    public void recordDeleted(RecordStore rs, int recNr) {
            // hier Aktion einfügen
    }

    public void recordChanged(RecordStore rs, int recNr) {
            // hier Aktion einfügen
    }
};
rs.addRecordListener(recordListener);    // registrieren
```

Die Methoden werden dann bei jeder Änderung aufgerufen. Möglichen Aktionen stehen der betroffene `RecordStore` und die Nummer des betroffenen Datensatzes zur Verfügung.

6.6 Verwaltungsfunktionen

Ergänzend zu den Operationen wie Schreiben und Lesen der Daten oder Öffnen der Datenbank gibt es einige Verwaltungsfunktionen, die oben nicht behandelt werden, keine ausführliche Erläuterung benötigen und deshalb hier in Kürze zusammengefasst sind:

- `static void deleteRecordStore(String dbname)` entfernt die Datenbank `dbname` von der MIDlet-Suite.
- `long getLastModified()` gibt eine Zahl zurück, die den Zeitpunkt der letzten Änderung angibt, Format entsprechend `System.currentTimeMillis()`, Umwandlung in ein Datum mit `Date(long)`.
- `String getName()` gibt den Namen des `RecordStore`-Objekts zurück.
- `int getNextRecordID()` gibt die Record-Nummer zurück, die beim nächsten Hinzufügen eines Datensatzes vergeben würde.
- `int getNumRecords()` gibt die Anzahl gespeicherter Datensätze zurück.

- `int getVersion()` gibt die Versionsnummer des `RecordStore` zurück. Diese Nummer wird bei jeder Veränderung um eins hochgezählt. Ein schreibender Prozess, der sich die letzte Version merkt, kann so feststellen, ob ein anderer Prozess inzwischen Daten verändert hat. Es kann so nicht festgestellt werden, *was* sich geändert hat.

- `String[] listRecordStores()` gibt die Namen aller `RecordStore`s der MIDlet Suite zurück.

- `void setMode(int authmode, boolean writable)` setzt die Zugriffsart. Der erste Parameter kann die Werte `AUTHMODE_ANY` (Zugriffserlaubnis für alle MIDlets dieses Geräts) und `AUTHMODE_PRIVATE` (Zugriffserlaubnis nur für das MIDlet, das diese Datenbank erzeugt hat) annehmen. Der letzte Wert gilt automatisch, wenn die oben beschriebene open-Funktion aufgerufen wird. Der zweite Parameter besagt, ob die MIDlets mit Zugriffsrecht auch schreiben dürfen.

- `getSize()` gibt den vom `RecordStore` verbrauchten Speicherplatz in Bytes zurück.

- `int getSizeAvailable()()` gibt noch erhältlichen Speicherplatz in Bytes an.

7 Dateisystem

Ein Dateisystem ist üblicherweise wie ein Baum in der Informatik strukturiert, wobei die oberste Ebene Wurzel (englisch *root*) genannt wird. Es kann mehrere Wurzeln geben, zum Beispiel die Laufwerke C:, D: usw. des Windows-Betriebssystems. Unix kennt verschiedene Dateisysteme mit ihren jeweiligen Wurzeln, zum Beispiel für jede Partition einer Festplatte, die jedoch unterhalb der obersten Ebene »/« eingehängt (»gemounted«) sind. Dieses Konzept macht es möglich, Dateisysteme problemlos hinzuzufügen. So werden Speicherkarten für mobile Systeme als Dateisystem aufgefasst. Der Unterschied zum RMS (Record Management System, siehe voriges Kapitel) ist klar: Es können beliebige binäre Daten als Datei abgespeichert werden, und die Speicherkapazität des mobilen Geräts kann erheblich erweitert werden. An Stelle von Speicherkarten sind auch Mini-Festplatten denkbar.

Zur Benutzung werden die üblichen Dateioperationen wie Lesen oder Schreiben einer Datei, Anlegen eines Verzeichnisses usw. benötigt, aber auch Möglichkeiten, das Einstecken oder Entfernen einer Speicherkarte festzustellen. Ein API zum Dateisystem ist Teil von [JSR75] und optional, also nicht zwangsläufig vorhanden (vgl. Tabelle A.4 auf Seite 417). Die Abfrage

```
String version = System.getProperty(
                "microedition.io.file.FileConnection.version");
```

ergibt die aktuelle Version (derzeit 1.0) oder `null`, wenn die Schnittstelle nicht vorhanden ist. Ist sie vorhanden, sind die in den folgenden Abschnitten beschriebenen Operationen möglich. Vorweg aber einige Hinweise zur Verwendung in eigener Software:

- Dateioperationen können lange dauern und die grafische Benutzungsschnittstelle blockieren. Wie der Aufbau einer Netzverbindung, sollte auch eine Dateioperation in einem eigenen Thread ablaufen.

eigene Threads

- Veränderungen im Dateisystem, wie etwa das Schreiben einer Datei, sollten nicht unterbrochen werden. Das heißt, dass zum Beispiel ein durch das GUI veranlasster Programmabbruch zurückgestellt werden muss, bis der Schreibvorgang mit `close()` beendet worden ist. Oder es muss bei versehentlichem Doppelklick verhindert werden, dass dieselbe Dateioperation von zwei Threads gleichzeitig ausgeführt wird. Eine einfache Möglichkeit zur Vermeidung dieser Konflikte ist die Serialisierung der Threads, die parallel zum GUI ablaufen. Im Folgenden sei angenommen, dass die Dateioperationen über das GUI angestoßen werden.

- Es wird ein Flag (Boolesche Variable) eingeführt, das eine Dateiaktivität anzeigt.
- Der `CommandListener` des GUIs prüft, ob dieses Flag gesetzt ist. Wenn ja, ignoriert er das Kommando (einfach), oder er packt es in eine Warteschlange (aufwändig). Nur falls nein, setzt er das Flag und startet den neuen Thread, der mit der Dateiarbeit beginnt.
- Erst am Ende der `run()`-Methode des dann gestarteten Threads, wenn also alle Tätigkeiten erledigt sind, wird dieses Flag zurückgesetzt.

Auch falls auf `synchronized`-Zugriffe auf die zur Synchronisierung benutzte Boolesche Variable verzichtet wird, gibt es keine Konflikte, weil das Setzen einer Booleschen Variablen eine atomare Aktion ist, nur der GUI-`CommandListener` das Flag prüft und setzt, und nur der gestartete Thread es am Ende von `run()` zurücksetzt. Es wäre nicht kritisch, wenn Prüfen und Zurücksetzen kollidierten (vgl. zweiter Punkt oben).

7.1 Dateisystem-Operationen

Die Klasse `javax.microedition.io.file.FileSystemRegistry` hat statische Methoden zum Hinzufügen und Entfernen von Dateisystem-Listenern (siehe Abschnitt 7.1.1 unten) und die statische Methode `listRoots()`, die die Namen der Dateisysteme als Enumeration zurückgibt. Das Beispiel zeigt alle Dateisysteme auf einem `Form`-Objekt `form` an:

```
Enumeration wurzeln = FileSystemRegistry.listRoots();
while(wurzeln.hasMoreElements()) {
    form.append((String)wurzeln.nextElement() + "\n");
}
```

7.1.1 Speicherkarten einfügen und entfernen

Das Einstecken oder Entfernen einer Speicherkarte (SmartCard, MemoryStick, ...) ist das Hinzufügen oder Entfernen eines Dateisystems. Wie üblich zum Bearbeiten von Ereignissen, wird auch hier ein Listener-Objekt angelegt, dessen Methode `rootChanged()` vom System aufgerufen wird. Diese Methode muss überschrieben werden. Hier zeigt sie einen Wechsel im `Form`-Objekt `form` an:

```
FileSystemRegistry.addFileSystemListener(
            new FileSystemListener() {
                public void rootChanged(int status, String name) {
                    form.append("Dateisystem " + name + " wurde ");
                    if(status ==  FileSystemListener.ROOT_ADDED) {
                        form.append("hinzugefügt\n");
```

```
            }
            else {
               form.append("entfernt\n");
            }
         }
      });
```

Der Status könnte auch den Wert `FileSystemListener.ROOT_REMOVED` annehmen. Falls ein `FileSystemListener` nicht als Objekt einer anonymen Klasse, sondern als Referenz zum Beispiel mit dem Namen `fsl` angelegt wird, kann er mit `removeFileSystemListener(fsl)` wieder entfernt werden. Im Sun WTK kann das Hinzufügen und Entfernen von Dateisystemen simuliert werden, indem im Emulator »MIDlet« → »External events« angeklickt wird (siehe dazu obere linke Ecke der Abbildung 4.2 auf Seite 46).

Tipp

7.2 Verzeichnis- und Datei-Operationen

Verzeichnis anzeigen

Das Beispiel zeigt das Dateisystem `wurzel` mit seinen Dateien und Verzeichnissen auf einem `Form`-Objekt `form` an:

→ Beispiel *Dateisystem*

```
String wurzel =  ...  // Name des Dateisystems ermitteln
FileConnection fc = null;
try {
   fc = (FileConnection)Connector.open("file:///" + wurzel);
   Enumeration dateien = fc.list();
   while(dateien.hasMoreElements()) {
      form.append("  " + (String)dateien.nextElement() + "\n");
   }
} catch(Exception e) {
    form.append(wurzel + "-Inhalt kann nicht angezeigt werden!"
               + " Grund: " + e.toString() + "\n");
}
```

Das Sun WTK legt *root* im Arbeitsverzeichnis an, zum Beispiel als *root1* in *user/j2mewtk/2.5.2/appdb/DefaultColorPhone/filesystem/*. Mit `Enumeration list(String filter, boolean versteckt)` können Namen gefiltert und auch versteckte Dateien und Verzeichnisse angezeigt werden. Die Filter (»Wildcards«) `"*"` heißen »alles anzeigen«, `"*.png"` Auswahl der png-Bilddateien. Der dem `open()`-Aufruf übergebene URI hat als Protokoll stets `file:///` (vgl. Tabelle 7.1).

Eigenschaften ermitteln

Ein `FileConnection`-Objekt, wie oben mit dem Aufruf `Connector.open(URI)` gewonnen, bietet einige Auskunftsmöglichkeiten:

Dateisystem	URI
`/`	`"file:////"`
`root1/`	`"file:///root1/"`
`C:/`	`"file:///C:/"`
`SDCard`	`"file:///SDCard/"`

Tabelle 7.1: Dateisysteme und URI

- `long availableSize()`: Verfügbare, d.h. noch freie Anzahl von Bytes im Dateisystem, in dem die Datei bzw. das Verzeichnis liegt. –1, falls der Wert nicht ermittelt werden kann.
- `boolean canRead()`: Ist die Datei oder das Verzeichnis lesbar?
- `boolean canWrite()`: Ist die Datei oder das Verzeichnis beschreibbar?
- `long directorySize(boolean mitUnterverz)`: Belegung eines Verzeichnisses mit allen Dateien in Bytes, ggf. mit Unterverzeichnissen.
- `boolean exists()`: Existiert die Datei oder das Verzeichnis?
- `long fileSize()`: Dateigröße in Bytes.
- `String getName()`: Name von Datei oder Verzeichnis ohne Pfadangaben (relativer Name). Verzeichnisnamen enden mit einem Schrägstrich `/`.
- `String getPath()`: Der Pfad ohne `file:///` und Host-Name.
- `String getURL()`: Vollständiger URI, wie er in der `Connector.open()`-Methode gefordert wird.
- `boolean isDirectory()`: Ist der URI ein Verzeichnis?
- `boolean isHidden()`: Ist die Datei oder das Verzeichnis nicht sichtbar? Was »sichtbar« bedeutet, hängt vom System ab. Unix-Dateien, deren Name mit einem Punkt beginnt, werden mit `ls` nicht angezeigt. Windows-Dateien, die das hidden-Attribut gesetzt haben, werden mit `dir` nicht angezeigt (ändern mit dem Befehl `attrib`).
- `boolean isOpen()`: Ist die Datei geöffnet (und damit les- oder beschreibbar)?
- `long lastModified()`: Zeitpunkt der letzten Änderung in Millisekunden seit dem 1.1.1970, 0 Uhr. Falls diese Auskunft nicht unterstützt wird oder falls es einen Fehler gibt, wird 0L zurückgegeben.

- `long totalSize()`: Gesamtgröße des Dateisystems.
- `long usedSize()`: In Anspruch genommene Bytes des Dateisystems.

Mit `setHidden(boolean)`, `setReadable(boolean)` und `setWritable(boolean)` können die entsprechenden Attribute verändert werden.

Datei lesen

Wie bei den HTTP-Netzverbindungen muss zum Lesen und Schreiben ein Stream-Objekt benutzt werden. Das folgende Beispiel zeigt byteweises Lesen einer Datei, wobei die Bytes als Zeichen interpretiert und mit einem `Form`-Objekt angezeigt werden.

```
FileConnection fi = null;
InputStream is = null;
Sring verzeichnis = ...          // hier definieren
Sring dateiname = ...            // hier definieren
try {
    fc = (FileConnection)Connector.open("file:///"
                           + verzeichnis + dateiname,
                           Connector.READ); // zum Lesen öffnen
    if(fc.exists()) {
        is = fc.openInputStream();
        StringBuffer sb = new StringBuffer();
        int ci;
        while((ci = is.read()) != -1)
           sb.append((char)ci);
        sb.append("\n");
        form.append(sb.toString());
    }
    else {
       form.append(verzeichnis + dateiname
          + " nicht vorhanden\n");
    }
} catch(Exception e) {      // Fehlerbehandlung
} finally {
    try{
       if(is != null) is.close();
    } catch(IOException e) { }  // nichts tun
    try{
       if(fc != null) fc.close();
    } catch(IOException e) { }  // nichts tun
}
```

Der `finally`-Block garantiert das Schließen der Dateien, selbst wenn in der Fehlerbehandlung die Exception mit `throw` eine Ebene höher gereicht wird.

Datei schreiben

Beim Schreiben einer Datei kann es sein, dass diese Datei noch nicht existiert. In diesem Fall muss sie angelegt werden. Im Beispiel wird das aktuelle Datum als String in eine Datei geschrieben:

```
FileConnection fc = null;
OutputStream os = null;
Sring verzeichnis = ...      // hier definieren
Sring dateiname = ...        // hier definieren
try {
    fc = (FileConnection)Connector.open("file:///"
                              + verzeichnis + dateiname);
    if(!fc.exists()) {       // ggf. erzeugen
        fc.create();
    }
    os = fc.openOutputStream();
    os.write(new Date().toString().getBytes());
} catch(Exception e) { // ggf. Fehlerbehandlung
} finally {
    try{
       if(os != null) os.close();
    } catch(IOException e) { }  // nichts tun
    try{
       if(fc != null) fc.close();
    } catch(IOException e) { }  // nichts tun
}
```

Die Voreinstellung bei `open()` ist `Connector.READ_WRITE`, deswegen kann dieser Parameter fehlen. Der `finally`-Block ist hier besonders wichtig, damit der Rest des internen Dateipuffers tatsächlich geschrieben und die Datei dann geschlossen wird. Andernfalls wäre ein Teil der bis zur Exception (wenn es eine geben sollte) geschriebenen Daten verloren.

Löschen, Umbenennen und anderes

Zu guter Letzt seien in Kürze noch einige weitere nützliche Funktionen aufgeführt:

- `void delete()`: Datei oder Verzeichnis löschen.
- `void mkdir()`: Verzeichnis anlegen, entsprechend dem Namen im URI.
- `void rename(String neu)`: Datei oder Verzeichnis umbenennen.

- `void truncate(long offset)`: Datei kürzen, sodass alle Bytes ab Nummer `offset` gelöscht werden.

- `void setFileConnection(String name)`: Ein `FileConnection`-Objekt, das auf ein Verzeichnis verweist, auf eine andere Datei oder ein Unterverzeichnis desselben Verzeichnisses verweisen lassen. Damit genügt ein einziges Objekt des Typs `FileConnection`, um alle Dateien eines Verzeichnisses anzusprechen.

7.3 Sicherheit

Bei einem Netzzugriff wird man vom Gerät gefragt, ob man der Operation zustimmt. Eine Zustimmung bei einem nicht als vertrauenswürdig (siehe Kapitel 16) eingestuften MIDlet wird dann außer höheren Verbindungskosten keinen Schaden anrichten. Anders ist die Lage, wenn es um das Dateisystem geht. Da wäre es durchaus verständlich, wenn nicht vertrauenswürdige MIDlets *keinerlei* Zugriff bekämen, um wichtige Dateien und das Betriebssystem zu schützen. So wird es zwar nicht vom Sun WTK, aber von einiger Hardware gehandhabt.

Beispiel: Nokia Dateisystem

Nokia[1] beschreibt den Weg, dass bestimmte Verzeichnisse beschränkt freigegeben werden, während andere ganz vom Zugriff ausgeschlossen sind. Zugriff auf erlaubte Verzeichnisse holt man sich über bestimmte Properties:

```
private final String MEMCARD = System.getProperty(
                         "fileconn.dir.memorycard");
private final String FOTOVERZ = System.getProperty(
                         "fileconn.dir.photos");
```

In der Nokia-Dokumentation sind weitere Properties angegeben. Zu den Verzeichnissen bekommt man sprachlich angepasste Namen zur Anzeige im GUI mit der Erweiterung `.name`, also zum Beispiel

```
String nameFuerGUI = System.getProperty(
                         "fileconn.dir.photos.name"};
```

Damit ist wenigstens das Lesen für »nicht vertrauenswürdige« MIDlets möglich, schreibende Operationen einschließlich Umbenennung und Löschen ist weiterhin nur für »trusted« MIDlets möglich. Im Nokia-Emulator funktioniert Lesen und Schreiben von Dateien, wenn vorher die Security Domain auf »trusted« gesetzt wird (»Tools« → »Preferences« → »MIDP«). Das folgende Programmfragment zeigt rekursiv alle Verzeichnisse und Dateien der MemoryCard und des Oberverzeichnisses von `FOTOVERZ` an:

[1] Der Text gilt für das Gerät 6230i.

```
// form: Form-Objekt zur Ausgabe, fc: FileConnection-Referenz
if(FOTOVERZ != null) { // vermutlich Nokia-Gerät
    fc = (FileConnection)Connector.open(
        FOTOVERZ, Connector.READ);
    fc.setFileConnection(".."); // Oberverzeichnis
    String url = fc.getURL();
    fc.close();
    verzAnzeigen(url, 0);
    if(MEMCARD != null) {
        fc = (FileConnection)Connector.open(
            MEMCARD, Connector.READ);
        url = fc.getURL();
        fc.close();
        verzAnzeigen(url, 0);
    }
} else { // anderes Gerät oder Sun WTK
    form.append("Property fileconn.dir.photos undefiniert!");
}
```

Dabei ist `verzAnzeigen()` die eigentlich anzeigende Funktion. Die Hilfsfunktion `leerzeichen()` sorgt je nach Verzeichnisebene für entsprechende Einrückung. `fileSep` ist der von `System.getProperty("file.separator")` zurückgegebene String. Weil dieser Programmteil den Inhalt *aller* Verzeichnisse anzeigt, muss man recht häufig die Frage nach der Zustimmung des lesenden Zugriffs beantworten.

```
private void verzAnzeigen(String url, int level) {
    form.append(leerzeichen(level) + url + "\n");
    try {
        FileConnection fcon = (FileConnection)Connector.open(
                        url, Connector.READ);
        Enumeration dateien = fcon.list();
        while(dateien.hasMoreElements()) {
            String datei = (String)dateien.nextElement();
            if(datei.endsWith(fileSep)) { // Verzeichnis?
                verzAnzeigen(url+datei, ++level);
            }
            else form.append(leerzeichen(level+1) + datei + "\n");
        }
        fcon.close();
    } catch(Exception e) {
        form.append("Inhalt kann nicht angezeigt werden!"
                    + " Grund: " + e.toString() + "\n");
    }
}
```

8 Persönliche Informationen verwalten

Praktisch alle Mobiltelefone und verwandte Geräte erlauben die Verwaltung persönlicher Informationen (engl. *Personal Information Management*, kurz PIM), worunter insbesondere Namen, Adressen und Telefonnummern zu verstehen sind, aber auch Termine und zu erledigende Aufgaben. Diese Informationen sind in speziellen Datenbereichen (`PIMList`-Objekte) abgelegt, und ein Gerätehersteller kann sie über eine Schnittstelle zugänglich machen. Das Java API ist der andere Teil[1] von [JSR75]. Es gibt drei `PIMList`-Typen:

- `ContactList` für Namen, Adressen usw.
- `EventList` für zeitliche Ereignisse (Geburtstage, Besprechungstermine, Weckruf,...)
- `ToDoList` für noch zu erledigende Aufgaben mit Priorität und Zeitpunkt, bis zu dem die Aufgabe erledigt sein soll.

Ob eine PIM-Implementation überhaupt vorhanden ist, kann mit der Abfrage

```
String version = System.getProperty("microedition.pim.version");
```

festgestellt werden. Ist `version` ungleich `null`, gibt es sie. In diesem Fall muss wenigstens eine der drei aufgeführten Listen vorhanden sein. Vom selben Listentyp kann es mehrere Listen geben. Das PIM API unterstützt den Im- und Export von persönlichen Informationen im vCard- (elektronische Visitenkarte) und vCalendar-Format (elektronische Kalender- und Termin-Information [IMC]). Alle lesenden oder schreibenden Operationen sollten – wie bei Zugriffen auf das Dateisystem und bei Netzverbindungen – in einem eigenen Thread ablaufen, um die Benutzungsoberfläche nicht zu blockieren. Falls eine Anwendung mehrere Threads dazu benutzt, muss sie für die Synchronisation der Zugriffe sorgen.

eigener Thread

→ Beispiel *PIMinformation*

8.1 Aufbau

Jede `PIMList` hat einen Namen, der von der eingestellten Sprache und dem Hersteller des Geräts abhängt. Der Startpunkt für jeglichen Zugriff auf die Daten ist ein `PIM`-Objekt, das von der statischen Methode `getInstance()` geliefert wird. Diese

[1] Der erste Teil ist das Dateisystem-API, siehe Kapitel 7.

Methode stellt sicher, dass es nur genau ein `PIM`-Objekt gibt. Das folgende Programmfragment zeigt die Namen aller vorhandenen Listen in einem gegebenen `Form`-Objekt `form` an:

```
int[] typen = {PIM.CONTACT_LIST, PIM.EVENT_LIST, PIM.TODO_LIST};
String[] typnamen = {"ContactList", "EventList", "ToDoList"};

PIM pim = PIM.getInstance();
for(int i = 0; i < typen.length; ++i) {
   form.append(typnamen[i] + ":");
   // alle Listen des Typs typen[i] anzeigen
   String [] arr = pim.listPIMLists(typen[i]);
   for(int j = 0; j < arr.length; ++j) {
      form.append(arr[j] + "\n");
   }
}
```

Eine `PIMList` enthält `PIMItem`s, die je nach Typ der `PIMList` ein `Contact`, ein `Event` oder ein `ToDo` sein können. Abbildung 8.1 zeigt den Zusammenhang der Klasse `PIM` und der PIM-Interfaces als UML-Diagramm.

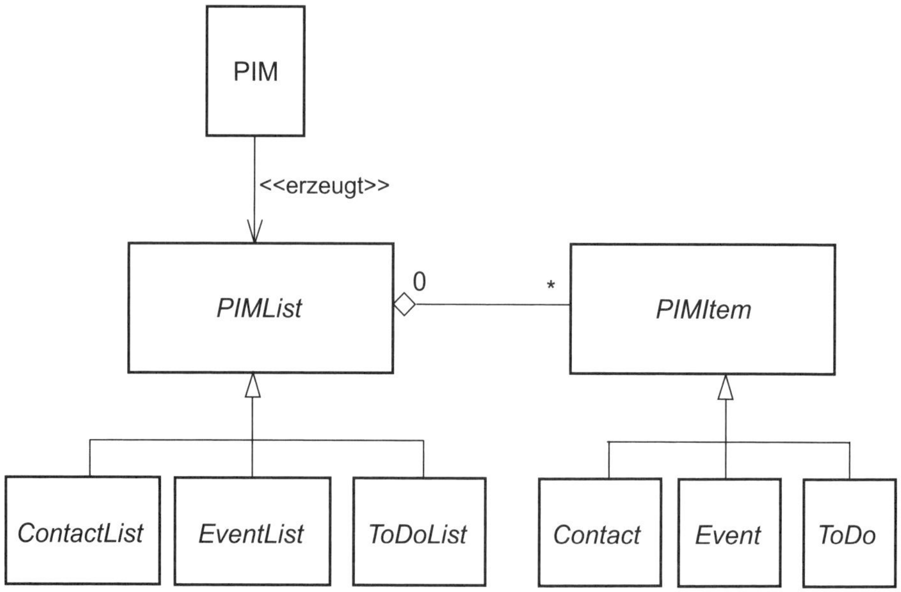

Abbildung 8.1: Klasse `PIM` und PIM-Interfaces

Die Namen einer `PIMList` sind abhängig von Hersteller, Gerät und Sprache. Um in einem Programm nicht die Kenntnis des Namens voraussetzen oder den Namen wie oben ermitteln zu müssen, ist eine der Listen desselben Typs die Hauptliste. Beim Öffnen der Hauptliste muss kein Name angegeben werden, wie hier an einer Kontaktliste gezeigt:

```
ContactList kontaktListe = (ContactList)pim.openPIMList(
                              PIM.CONTACT_LIST, PIM.READ_ONLY);
```

Vom letzten Parameter hängt es ab, was mit der Liste getan werden kann, möglich wären auch `PIM.READ_WRITE` oder `PIM.WRITE_ONLY`. Falls eine andere als die Hauptliste geöffnet werden soll, ist als dritter Parameter der Name der Liste zu übergeben. Auch im folgenden Text dienen nur die Kontaktliste und ihre Eigenschaften als Beispiel. Auf eine nähere Darstellung der Ereignisliste (`EventList`) und der Aufgabenliste (`ToDoList`) wird verzichtet, weil sie strukturell genau der `ContactList` entsprechen. Nur die Namen der Felder usw. unterscheiden sich.

Ein `PIMItem` enthält Datenfelder entsprechend [IMC] und Methoden zum Verwalten dieser Felder. Ein Feld in diesem Sinn hat einen Namen, und es fasst zugehörige Dinge zusammen, wie zum Beispiel Adressinformationen. Ein Feld kann mehrere Werte desselben Typs enthalten, Zugriff auf diese Werte ist über einen Index möglich. Einem Wert ist optional ein Attribut zur näheren Beschreibung zugeordnet. Einem `PIMItem` kann eine Kategorie zugeordnet werden. Damit werden zum Beispiel die Telefonnummern in »beruflich« und »privat« unterteilt. Es gibt mehr als 40 in [JSR75] definierte Felder (Standardfelder). Eine kleine Auswahl dieser Felder zeigt die Tabelle 8.1.

Kontaktfeld	**vCard-Name bzw. -Eigenschaft**	**Java-Typ**	**Bedeutung**
`ADDR`	ADR	`String[]`	Adresse
`ADDR_COUNTRY`	7. Komponente von ADR	`String`	Landesteil der Adresse
`BIRTHDAY`	BDAY	`long`	Geburtsdatum
`NAME`	N	`String[]`	Name
`NAME_FAMILY`	1. Komponente von N	`String`	Nachname
`TEL`	TEL/VOICE	`String`	Telefonnummer

Tabelle 8.1: PIM-Felder für ein `Contact`-Objekt (6 von über 40 nach [JSR75])

Den Kontaktfeldern `ADDR` usw. entsprechen Konstanten der Klasse `Contact`. Jeder Hersteller kann Felder weglassen oder neue hinzufügen. Vor der Benutzung muss man sich daher vergewissern, ob das betreffende Feld unterstützt wird, für die obige Liste `kontaktListe` also etwa

```
if(kontaktListe.isSupported(Contact.TEL)) {
   // hier Tel.-Nr. eines Kontaktes lesen/schreiben
}
```

Auf einzelne Elemente einer `PIMList` wird über eine Enumeration zugegriffen, zum Beispiel

```
Enumeration items = kontaktListe.items();
    while(items.hasMoreElements()) {
        Contact kontakt = (Contact)items.nextElement();
        // kontakt verwenden
}
```

Um herauszufinden, welche Felder überhaupt vom Gerät unterstützt werden, lassen sich die unterstützten Felder mit `getSupportedFields()`, die Feldnamen mit `getFieldLabel(int)` und die Datentypen mit `getFieldDataType(int)` erfragen:

```
// Unterstützte Felder ausgeben
int[] felder = kontaktListe.getSupportedFields();
for(int i = 0; i < felder.length; ++i) {
    // unterstützte Feldnamen mit Datentyp ausgeben
    int typ = kontaktListe.getFieldDataType(felder[i]);
    String tname = typName(typ);                  // siehe unten
    form.append(kontaktListe.getFieldLabel(felder[i])
          + "  Typ: " + tname  + "\n");
}
```

Die verwendete Hilfsfunktion `typName()` bildet die gängigen Typen auf entsprechende Namen ab:

```
public static String typName(int typ) {
     switch(typ) {
       case PIMItem.BINARY       : return "BINARY";
       case PIMItem.BOOLEAN      : return "BOOLEAN";
       case PIMItem.DATE         : return "DATE";
       case PIMItem.INT          : return "INT";
       case PIMItem.STRING       : return "STRING";
       case PIMItem.STRING_ARRAY : return "STRING_ARRAY";
       default: return "anderer Typ";
     }
}
```

Wie schon erwähnt, können in einem Feld mehrere Einträge desselben Typs vorhanden sein. Die Funktion `countValues(int nr)` gibt die Anzahl der Einträge zurück. Damit und mit den vorstehend erwähnten Funktionen können alle Einträge einer Liste angezeigt werden, ohne dass Felder, Feldnamen und Typen bekannt sind und ohne dass die Abfrage `isSupported(Contact.`*feldname*`)` notwendig ist. Das folgende Beispiel zeigt dieses und gleichzeitig, mit welchen Funktionen typabhängig die Daten erfragt werden können:

```
Enumeration items = kontaktListe.items();
while(items.hasMoreElements()) {
   Contact kontakt = (Contact)items.nextElement();

   felder = kontakt.getFields(); // definierte Felder ermitteln
   for(int i = 0; i < felder.length; ++i) {
       int feld = felder[i];
       // Inhalt ausgeben. Jedes Feld kann mehrere Einträge
       // desselben Typs haben.
       int anzahl = kontakt.countValues(feld);
       int typ = kontaktListe.getFieldDataType(feld);
       StringBuffer sb = new StringBuffer();
       for(int j = 0; j < anzahl; ++j) {
           switch(typ) {
           case PIMItem.BINARY :   // nicht anzeigen, Ersatztext
           //byte[] binaerdaten = kontaktListe.getBinary(feld, j);
               sb.append("Binärdaten");
               break;
           case PIMItem.BOOLEAN :
               sb.append(kontakt.getBoolean(feld, j));
               break;
           case PIMItem.DATE    :
               sb.append(new Date(kontakt.getDate(feld, j))
                                  .toString());
               break;
           case PIMItem.INT     :
               sb.append(kontakt.getInt(feld, j));
               break;
           case PIMItem.STRING  :
               sb.append(kontakt.getString(feld, j));
               break;
           case PIMItem.STRING_ARRAY :
               String[] arr = kontakt.getStringArray(feld, j);
               for(int k = 0; k < arr.length; ++k) {
                   String str = arr[k];
                   if(str != null) {
                       sb.append("\n"+str);
                   }
```

```
                }
                break;
            default: sb.append("unbekannter Typ");
            }
            sb.append(" ");
        }
        sb.append("\n");
        // Feldnamen und Inhalt anzeigen
        form.append(new StringItem(kontaktListe.getFieldLabel(feld),
                                   sb.toString()));
    }
}
```

8.2 Attribute

Verschiedenen Einträgen innerhab eines Feldes können vordefinierte Attribute zugeordnet werden. [JSR75] kennt 11 Attribute, darunter `ATTR_AUTO`, `ATTR_FAX`, `ATTR_HOME`, `ATTR_MOBILE`, `ATTR_PAGER`, `ATTR_PREFERRED`, `ATTR_WORK`. Sie werden als Bit-Flag codiert und können mit dem Oder-Operator kombiniert werden. So kennzeichnet bei mehreren unter `TEL` eingetragenen Nummern `ATTR_FAX | ATTR_HOME` das Fax zu Haus und `ATTR_FAX | ATTR_WORK` das bei der Arbeit. Und `ATTR_PREFERRED | ATTR_HOME` meint, dass die Person vorzugsweise zu Hause angerufen werden möchte. `ATTR_NONE` kann verwendet werden, wenn kein Attribut zugeordnet sein soll. Mit `getAttributes(int feld, int index)` werden die Attribute eines Feldeintrags abgefragt. Die *erste* Faxnummer kann etwa so ermittelt werden:

```
int index = -1;
for(int i = 0; i < kontakt.countValues(Contact.TEL); ++i) {
  if((kontakt.getAttributes(Contact.TEL, i) & ATTR_FAX) != 0) {
    index = i;
    break;
  }
}
if(index != -1) {
  String ersteFaxnr = kontakt.getField(Contact.TEL, index);
   // usw.
}
```

Das Attribut `ATTR_PREFERRED` darf nur für einen der Werte des Feldes verwendet werden. Außer den von `PIMItem` geerbten Methoden hat das Interface `Contact` nur einige einzige Methode: `int getPreferredIndex(int feld)`. Sie liefert den Index des Wertes mit dem Attribut `ATTR_PREFERRED`, wenn es einen solchen gibt, ansonsten –1. Eine Abfrageschleife wie oben kann man sich sparen.

8.3 Einträge verwalten

Wie Einträge gelesen werden, ist im vorigen Abschnitt beschrieben. Das Hinzufügen neuer Einträge, das Verändern und Löschen wird in diesem Abschnitt behandelt. Für alle Abschnitte gilt:

- Viele der Funktionen werfen im Fehlerfall eine Exception einer der Klassen `PIMException`, `UnsupportedFieldException` oder `FieldFullException`, die bearbeitet werden muss.
- Änderungen an einem `PIMItem` werden erst dann in den persistenten Speicher übertragen, wenn für das Item `commit()` aufgerufen wird. Beim Testen sollte der Inhalt mit dem tatsächlich gespeicherten Inhalt verglichen werden. Grund: Es kann sein, dass Feldinhalte vor dem Abspeichern ohne Zutun des Programms geändert werden. Beispiele: *Achtung*
  - Groß- und Kleinschreibung von Kategorienamen werden im Java API unterschieden, es kann aber sein, dass das Gerät nur Großschreibung unterstützt.
  - Ein Datumsobjekt wird als `long` mit einer Genauigkeit von einer Millisekunde dargestellt. Die Implementation des Geräts unterstützt vielleicht nicht diese Genauigkeit und rundet den zu speichernden Wert vor der Ablage.
- Ressourcen sollten möglichst schnell freigegeben werden. Eine `PIMListe` ist daher mit `close()` zu schließen, sobald man sie nicht mehr braucht. Empfohlene Struktur:

```
ContactList kontaktListe = null;
try {
  kontaktListe = (ContactList) PIM.getInstance().openPIMList(
                              PIM.CONTACT_LIST, PIM.READ_WRITE);
  // Hier Kontakte bearbeiten, hinzufügen, löschen, dabei
  // PIMException, UnsupportedFieldException und
  // FieldFullException beachten.
} catch (PIMException e) {
  // Fehlerbehandlung
} finally {
     try {
         if(kontaktListe != null)
           kontaktListe.close();
     } catch (PIMException e) { // nichts tun
     }
}
```

- Wie bei Netz- oder Dateisystemzugriff gilt auch hier, dass bei enger Verzahnung mit GUI-Aktivitäten PIM-Operationen in einem eigenen Thread laufen sollten.

8.3.1 Neue Einträge

Ein neuer, leerer Kontakt wird mit der Methode `createContact()` des jeweiligen Listenobjekts angelegt. Die Liste muss mit `PIM.READ_WRITE` eröffnet worden sein. Mit den `addXXX(int feld, int attribute, XXX wert)`-Methoden wird das `Contact()`-Objekt gefüllt. Dabei steht `XXX` wie bei `get`-Methoden (vgl. Programmcode Seite 171) für den jeweiligen Datentyp. Im Fall von Binärdaten muss abweichend von der beschriebenen Schnittstelle der Offset und die Anzahl der Bytes angegeben werden. Das Interface `PIMItem`, von dem `Contact` erbt, deklariert die folgenden Methoden zum Hinzufügen von Daten:

```
void addBinary(int feld, int attribute, byte[] wert, int offset,
              int anzahl)
void addBoolean(int feld, int attribute, boolean wert)
void addDate(int feld, int attribute, long wert)
void addInt(int feld, int attribute, int wert)
void addString(int feld, int attribute, String wert)
void addStringArray(int feld, int attribute, String[] wert)
```

Falls ein Feld vom Typ `STRING_ARRAY` ist, muss die fixe Größe vorab ermittelt werden. Um zu berücksichtigen, dass vielleicht einige Felder eines String-Arrays nicht unterstützt werden, gibt es im Wesentlichen zwei Möglichkeiten:

1. Fehlertolerantes Verhalten. Dabei werden die unterstützten Felder gefüllt, die anderen werden ignoriert, ggf. mit Fehlermeldung.

2. Fehlerkritisches Verhalten. Man kann die Auffassung teilen, dass ein Programm, das nicht-unterstützte Felder anspricht, schon im Test scheitern sollte.

Fehlertolerantes Verhalten

Ergänzend zur schon erwähnten Funktion `isSupportedField(int feld)` gibt es die Funktion `isSupportedArrayElement(int feld, index)` für Arrays. Falls Informationen unter den Tisch fallen müssen, könnte es eine Fehlermeldung geben. Um nicht in jedem Einzelfall `if`-Abfragen tätigen zu müssen, wird die Prüfung zweckmäßig in eine Hilfsfunktion verlegt, zum Beispiel hier für String-Arrays:

```
public void arrayInfoHinzufuegen(ContactList klist, int feld,
                        int index, String[] arr, String info) {
   if(klist.isSupportedArrayElement(feld, index)) {
      arr[index] = info;
   }
   else {
      // Fehlerbehandlung, z.B. Meldung mit Alert anzeigen
   }
}
```

Das Beispiel zeigt das Füllen einiger Elemente eines Kontaktes. `kontaktListe` sei dabei der Name der Liste. Alternativ zur Benutzung der obigen Hilfsfunktion, die bei vielen Einträgen den Programmcode übersichtlicher machen kann, wird bei den Feldern direkt abgefragt, ob sie unterstützt werden:

```
Contact kontakt = kontaktListe.createContact();
// Telefonnummer eintragen
if(kontaktListe.isSupportedField(Contact.TEL)) {
   kontakt.addString(Contact.TEL, Contact.ATTR_WORK,
             "0421-59055400");
}
else {
   // Fehlerbehandlung
}
// Namen eintragen. Dazu String-Array aufbauen:
String[] namen = new String[kontaktListe.stringArraySize(
                            Contact.NAME)];
arrayInfoHinzufuegen(kontaktListe, Contact.NAME,
                 Contact.NAME_FAMILY, namen, "Duck");
arrayInfoHinzufuegen(kontaktListe, Contact.NAME,
                 Contact.NAME_GIVEN, namen, "Donald");
// String-Array hinzufügen
if(kontaktListe.isSupportedField(Contact.NAME)) {
   kontakt.addStringArray(Contact.NAME, Contact.ATTR_NONE,
                            namen);
}
else {
   // Fehlerbehandlung
}
// Adresse eintragen. Dazu String-Array aufbauen:
String[] adresse = new String[kontaktListe.stringArraySize(
                                              Contact.ADDR)];
arrayInfoHinzufuegen(kontaktListe, Contact.ADDR,
                 Contact.ADDR_COUNTRY, adresse, "Deutschland");
arrayInfoHinzufuegen(kontaktListe, Contact.ADDR,
            Contact.ADDR_STREET, adresse, "Flughafenallee 10");
arrayInfoHinzufuegen(kontaktListe, Contact.ADDR,
                 Contact.ADDR_LOCALITY, adresse, "Bremen");
arrayInfoHinzufuegen(kontaktListe, Contact.ADDR,
                 Contact.ADDR_POSTALCODE, adresse, "28199");
// String-Array hinzufügen
if(kontaktListe.isSupportedField(Contact.ADDR)) {
   kontakt.addStringArray(Contact.ADDR, Contact.ATTR_WORK,
                            adresse);
```

```
}
else {
    // Fehlerbehandlung
}
try {
  kontakt.commit(); // speichern
} catch (PIMException e) {
  // Fehlerbehandlung
}
```

Fehlerkritisches Verhalten

Wenn ein fehlerkritisches Verhalten gewünscht ist, wird bei dem ersten Fehler eine Exception geworfen, weitere Anweisungen werden ignoriert. Der Programmcode wird dadurch vereinfacht.

```
try {
    Contact kontakt = kontaktListe.createContact();
    kontakt.addString(Contact.TEL, Contact.ATTR_WORK,
                      "0421-59055400");
    // Namen eintragen. Dazu String-Array aufbauen:
    String[] namen = new String[kontaktListe.stringArraySize(
                             Contact.NAME)];
    namen[Contact.NAME_FAMILY] = "Duck";
    namen[Contact.NAME_GIVEN] = "Donald";
    // String-Array hinzufuegen:
    kontakt.addStringArray(Contact.NAME, Contact.ATTR_NONE,
                                   namen);

    // Adresse eintragen. Dazu String-Array aufbauen:
  String[] adresse = new String[kontaktListe.stringArraySize(
                                                 Contact.ADDR)];
  adresse[Contact.ADDR_COUNTRY] = "Deutschland";
  adresse[Contact.ADDR_STREET] = "Flughafenallee 10";
  adresse[Contact.ADDR_LOCALITY] = "Bremen";
  adresse[Contact.ADDR_POSTALCODE] = "28199";
  // String-Array hinzufuegen:
  kontakt.addStringArray(Contact.ADDR, Contact.ATTR_WORK,
                             adresse);
  kontakt.commit(); // speichern
} catch(ArrayIndexOutOfBoundsException e) {
   // Fehlermeldung
} catch(UnsupportedFieldException e) {
   // Fehlermeldung
```

```
} catch(FieldFullException e) {
    // Fehlermeldung
} catch(PIMException e) {
    // Fehlermeldung
}
```

8.3.2 Einträge ändern

In Entsprechung zu den `get`- und `add`-Methoden gibt es die `setXXX()`-Methoden zum Ändern eines Wertes. Das Interface `PIMItem` deklariert die folgenden `set`-Methoden zum Ändern von Daten:

```
void setBinary(int feld, int index, int attribute, byte[] wert,
               int offset, int anzahl)
void setBoolean(int feld, int index, int attribute,
                boolean wert)
void setDate(int feld, int index, int attribute, long wert)
void setInt(int feld, int index, int attribute, int wert)
void setString(int feld, int index, int attribute, String wert)
void setStringArray(int feld, int index, int attribute,
                    String[] wert)
```

In den meisten Fällen wird es nur einen Wert geben (Index 0). Andernfalls sollte zu den in Abschnitt 8.3.1 diskutierten Sicherheitsprüfungen die Prüfung des Index hinzukommen. `countValues()` ist die Anzahl der aktuell besetzten Werte eines Feldes. Damit gilt $0 \leq$ Index $<$ `countValues()`. Das abschließende `commit()` sollte nicht vergessen werden.

8.3.3 Einträge löschen

Ein Wert eines Feldes wird mit `remove(int feld, int index)` gelöscht. Dabei *kann* es sein, dass die nachfolgenden Werte aufrücken, deren Index sich also verändert. Ein ganzer Kontakt wird mit dem Aufruf `kontaktListe.removeContact(kontakt)` gelöscht, wobei `kontakt` ein nicht-leerer Verweis auf ein `Contact`-Objekt ist.

9 Multimedia

Viele Multimedia-Elemente wie Video-Clips und Audio-Dateien in verschiedenen Formaten einschließlich MIDI-Sequenzen sind heute online erhältlich. Dazu kommen die erweiterten Möglichkeiten wie zum Beispiel Videoübertragung während eines Telefonats oder aus Nachrichtenquellen. In Anbetracht der technischen Entwicklung ist es nur eine Frage der Zeit, bis sich die Nutzung audio-visueller Elemente auch im Massenmarkt durchsetzen wird. Die für die Java Microedition in Frage kommende Hardware reicht von einfachen Mobiltelefonen bis zu komfortablen PDAs. Die Medienunterstützung für Audio und Video wird in den zwei Spezifikationen [JSR118] (Mobile Information Device Profile 2.0) und [JSR135] (Mobile Media API) definiert. Die erste Spezifikation [JSR118] ist für knappe Hardware-Ressourcen gedacht und erlaubt nur die Erzeugung und Wiedergabe von Tönen. Sie ist eine Untermenge der Zweiten [JSR135], die optional die Videofähigkeit vorsieht. Es ist jedoch davon auszugehen, dass die Geräte am Markt immer mehr Fähigkeiten haben werden und dass damit diese Spezifikation, obwohl nicht verpflichtend, zunehmend erfüllt wird. Dennoch ist die Mobile Media API im Hinblick auf knappe Hardware-Ressourcen entsprechend der CLDC entwickelt worden. Weiterentwicklungen, die neuere Hardware-Innovationen berücksichtigen, finden sich in [JSR234] (Advanced Multimedia Supplements). Die Einhaltung der Spezifikation [JSR135] ist optional und es ist einem Hersteller erlaubt, nur Teile davon zu realisieren. Das bedeutet, dass eine Anwendung, die über MIDP 2 hinausgeht, auf jeder einzusetzenden Hardware besonders getestet werden muss.[1] Die Klassen und Interfaces zur Multimedia-Unterstützung liegen im Package `javax.microedition.media`.

9.1 Konzept

Multimediaverarbeitung ist die dynamische Interpretation eines Byte-Stroms und seiner Transformation in eine akustische oder visuelle Form. Der Byte-Strom entspringt einer Datenquelle, die eine lokale Datei, eine Videokamera oder ein Streaming-Server im Internet sein kann. Zu jeder Art dieser verschiedenen Ursprungsorte gibt es eine besondere Verarbeitungsvorschrift, *Protokoll* genannt. »Streaming« meint in diesem Zusammenhang, dass die Daten zum Beispiel eines Videofilms laufend verarbeitet werden, geradewegs wie sie in das Gerät hinein-

---

1 Das soll nicht heißen, dass man sich Tests sparen kann, wenn man sich auf MIDP 2 beschränkt – nur ist die Wahrscheinlichkeit des Versagens geringer.

kommen, ohne vorheriges Speichern des ganzen Films. Es bleibt der Implementation überlassen, ob ein Teil der Daten (und wie viel) vorab geladen und zwischengespeichert wird, um eine unterbrechungsfreie Wiedergabe zu erleichtern. Der Datenstrom wird von einem `Player` verarbeitet, also decodiert und über einen Lautsprecher oder Bildschirm wiedergegeben (englisch *rendering*). Der Datenstrom enthält nicht nur den Inhalt, sondern auch die Information über die Art der Codierung. Ort und Protokoll werden syntaktisch als URL bzw. URI formuliert:

```
<Protokoll>:<Ort>
```

Der `Manager` erzeugt aus der URI eine Datenquelle, die intern das Protokoll abhandelt, und einen `Player`, der den Inhalt verarbeitet:

```
Player p = Manager.createPlayer(
                    "http://www.drumnbase.org/bigdrum.wav");
```

Die Datenquelle, repräsentiert durch ein Objekt einer von der abstrakten Klasse `DataSource` abgeleiteten Klasse, kapselt die Verarbeitung des Protokolls. Diese Klasse ist für den Anwender nicht sichtbar. Es besteht aber die Möglichkeit, die Verarbeitung eigener Protokolle zu realisieren, indem man eine eigene, von `DataSource` abgeleitete Klasse schreibt und damit einen `Player` erzeugt.

GUI nicht blockieren!

Der `Player` stellt Software-Instrumente, Controls genannt, zur Steuerung der Wiedergabe bereit. Damit werden Lautstärke, Wiedergabegeschwindigkeit, Stoppzeitpunkte und vieles andere eingestellt. Für die Wiedergabe sollte stets ein eigener Thread erzeugt werden. Nur so ist die Blockade des Displays bei zeitaufwändigen Operationen des `Player`s, wie etwa Download einer Datei aus dem Internet, zu verhindern. Wenn das MIDlet pausiert, weil ein Anruf kommt, sollte der `Player` angehalten werden – sonst würde vielleicht Ihr gerade anrufender Schwiegervater, der am liebsten schaurige Volksmusik hört, wieder einmal feststellen, dass Sie doch einen ganz anderen Musikgeschmack haben. Zur Unterstützung und Kontrolle durchläuft ein `Player` verschiedene Zustände, die gezielt abgefragt und erreicht werden können. Die Zustände sind durch Konstanten mit entsprechenden Namen definiert und hier in der typischen Reihenfolge, wie sie erreicht werden, aufgeführt:

- `UNREALIZED`: Zu Beginn hat der `Player` noch nicht genügend Information. Die Methode `realize()` konstruiert weitere Teile des `Player`s, prüft möglicherweise einige Daten des wiederzugebenden Mediums, noch ohne es in Beschlag zu nehmen, und bringt ihn in den nächsten Zustand.
- `REALIZED`: Der `Player` hat alle benötigten Informationen, aber noch keine Ressourcen angefordert (zum Beispiel eine Datei geöffnet). Dies erledigt die Methode `prefetch()`, die den `Player` in den nächsten Zustand bringt.
- `PREFETCHED`: In diesem Zustand kann der `Player` jederzeit gestartet werden. Um Verzögerungen zu reduzieren, werden einige oder sogar alle Media-Daten be-

reits geladen und vorverarbeitet. Aufruf der Methode `start()` bringt ihn in den nächsten Zustand.

- `STARTED`: In diesem Zustand verbleibt der `Player`, bis der Abspielvorgang beendet ist oder die Methode `stop()` aufgerufen wird. Beides führt zum Zustand `PREFETCHED` zurück.
- `CLOSED`: Aus jedem anderen Zustand kann dieser mit `close()` erreicht werden. Dabei werden alle Ressourcen freigegeben und der `Player` ist nicht mehr benutzbar.

Falls `start()` in einem der Zustände `REALIZED` oder `UNREALIZED` aufgerufen werden sollte, wird implizit vorher `prefetch()` aufgerufen. Falls `prefetch()` im Zustand `UNREALIZED` aufgerufen werden sollte, wird implizit vorher `realize()` aufgerufen. Zu dem typischen Ablauf gibt es Variationen:

- Im Zustand `PREFETCHED` kann die Ressource mit `deallocate()` freigegeben werden. Der `Player` geht in den Zustand `REALIZED`.
- Wenn der Zustand `PREFETCHED` durch Aufruf von `stop()` erreicht wurde, setzt der nächste `start()`-Aufruf die Wiedergabe an der Stelle fort, an der abgebrochen wurde, andernfalls am Anfang.

9.1.1 Eigenschaften der Geräte

Außer `http` sind andere Protokolle wie `file` möglich. Mit der `Manager`-Klasse kann auch ermittelt werden, welche MIME-Typen[2] für welche Protokolle unterstützt werden. Das folgende Programmfragment gibt die möglichen Kombinationen auf einem `Form`-Objekt aus, wie Abbildung 9.1 zeigt. Die Methode `getSupportedContentTypes(String p)` gibt die MIME-Typen zurück, die das Protokoll `p` unterstützt. Wenn `p == null` gilt, werden *alle* MIME-Typen des Geräts zurückgegeben. Für `getSupportedProtocols(String mim)` gilt Entsprechendes.

→ Beispiel *Toene*

```
StringBuffer sb = new StringBuffer("\n");
String[] strarr = Manager.getSupportedContentTypes(null);
for(int i = 0; i < strarr.length; ++i) {
    sb.append(strarr[i]).append("    [");
    String[] prots = Manager.getSupportedProtocols(strarr[i]);
     for(int p=0; p < prots.length; ++p) {
         sb.append(" ").append(prots[p]);
     }
     sb.append(" ]\n");
}
form.append(new StringItem(
   "Content-Typen [Protokolle]:", sb.toString()));
```

[2] Siehe Glossar Seite 438.

Content-Typen [Protokolle]:
video/mpeg [http file]
image/gif [http file]
audio/x-wav [http file capture]
audio/amr [http file]
audio/x-tone-seq [http file device]
video/vnd.sun.rgb565 [capture]
audio/sp-midi [http file]
audio/midi [http file device]

Abbildung 9.1: MIME-Typen und unterstützende Protokolle des WTK

Die Endung eines MIME-Typs gibt das Format an. So bedeutet *mpeg* ein spezielles Codierungs- und Kompressionsverfahren der Moving Picture Experts Group (Homepage siehe [MPEG]), wie etwa MPEG-2 bei Video oder MP3 (= MPEG Audio Layer-3) bei Musik. Tabelle 9.1 zeigt einige Beispiele.

MIME-Typ	**Bedeutung**
audio/x-tone-seq	MIDP-Tonfolge
audio/x-wav	Im WAV PCM-Format aufgezeichneter Schall (PCM = Pulscodemodulation)
audio/midi	MIDI-Datei
audio/sp-midi	Scalable Polyphony MIDI
image/gif	GIF-Format 89a (animiertes GIF)
video/mpeg	MPEG-Video
video/vnd.sun.rgb565	Video-Aufnahme

Tabelle 9.1: MIME-Typen und ihre Bedeutung

Weitere Eigenschaften lassen sich mit `System.getProperty(String eig)` ermitteln. [JSR135] definiert für den Parameter `eig` die in Tabelle 9.2 aufgeführten Werte bzw. Eigenschaften. Die Formate, die zu den letzten Einträgen der Tabelle 9.2 gehören, werden als String zurückgegeben, wobei die Formate durch Leerzeichen getrennt sind. Der String kann `null` sein, wenn es kein unterstütztes Format gibt.

9.2 Audio

9.2.1 Einfache Tonerzeugung

Die Klasse `Manager` bietet die Möglichkeit, mit der statischen Methode `playTone()` einfache Töne zu erzeugen, zum Beispiel:

Eigenschaft	Bedeutung
`microedition.media .version`	1.1 für [JSR135] vom 4.6.2003
`supports.mixing`	`true`: Es können mindestens zwei Töne oder Audiosignale gleichzeitig wiedergegeben werden.
`supports.audio.capture`	`true`: Audio-Aufzeichnung möglich
`supports.video.capture`	`true`: Video-Aufzeichnung möglich
`supports.recording`	`true`: Wenigstens ein `Player` ermöglicht die Aufnahme.
`audio.encodings`	Unterstützte Audio-Formate. Beispiel: *encoding=pcm* *encoding=pcm&rate=8000&bits=8&channels=1* *encoding=pcm&rate=22050&bits=16&channels=2*
`video.encodings`	Unterstützte Video-Formate. Beispiel: *encoding=rgb565&width=160&height=120* *encoding=rgb565&width=320&height=240* *encoding=rgb565&width=120&height=160*
`video.snapshot .encodings`	Unterstützte Video-Formate für die `getSnapshot()`-Methode. Beispiel: *encoding=jpeg encoding=png*
`streamable.contents`	Unterstützte MIME-Typen für Streaming Beispiel: *audio/x-wav*

Tabelle 9.2: MMAPI Eigenschaften

```
Manager.playTone(69,       // Note 0..127
                 1000,     // Dauer in ms
                 50);      // Lautstärke 0..100
```

Die Grenzwerte der `int`-Parameter sind angegeben. Wird für die Lautstärke ein Wert außerhalb des Bereichs gewählt, wird er auf den nächsten Grenzwert gesetzt. Ein Methodenaufruf kommt sofort zurück, das heißt, dass die Tonerzeugung nur angestoßen wird und selbstständig weiterläuft. Was hat nun die »Note« für eine Bedeutung? Um die Tonerzeugung möglichst einfach zu gestalten, wird nur eine positive ganze Zahl benötigt, die die fortlaufende Nummer einer Note angibt, an Stelle eines komplexeren Formats, wie es etwa für *audio/x-tone-seq* notwendig ist. Die gleichmäßig temperierte Tonleiter, bei uns meistens verwendet, unterteilt eine

Oktave in 12 gleich große Intervalle (Halbtöne), wenn die Frequenz logarithmisch aufgetragen wird. Eine Oktave unterscheidet sich von der vorhergehenden durch Verdopplung der Frequenz. Die Frequenz f in Hertz eines Halbtons der Nummer n läßt sich aus einer Referenzfrequenz ableiten. [JSR118] ordnet der Frequenz 8,176 Hz die Halbton-Nummer 0 zu. 8,176 Hz ist die nicht mehr hörbare Frequenz des Tons C einer sehr tiefen Oktave. Der Zusammenhang zwischen Frequenz und Notennummer ist dann

$$f = 8,176 \cdot 2^{n/12}$$

oder, nach n aufgelöst: $n = 12\, lg_2(\frac{f}{8,176})$. Der Bereich 0...127 deckt den Frequenzbereich 8,176 bis 12544,16 Hz ab. Die Nummer der Oktave entsprechend der üblichen Zählung ergibt sich aus $(n/12) - 1$. Tabelle 9.3 zeigt die chromatische Tonleiter mit Halbtönen und die *relativen* Nummern innerhalb der Oktave. Die absolute Nummer für `playTone()`-Zwecke ergibt sich durch Addition von 12 (= 1 + Nummer der Oktave).

Note oder	C	Cis Des	D	Dis Es	E	F	Fis Ges	G	Gis As	A	Ais B	H
relative Nr.	0	1	2	3	4	5	6	7	8	9	10	11

Tabelle 9.3: Notennummerierung

Das mittlere C (261,63 Hz), zu dem die Notennummer 60 gehört, liegt in der Oktave 4. Es ist der einzige Ton, der als Byte-Konstante `ToneControl.C4` fest definiert ist.

9.2.2 Tonfolgen

Wenn es nicht um einfache Töne geht, sondern um eine Melodie, also eine definierte Abfolge verschiedener Töne unterschiedlicher Dauer, ist `playTone()` weniger empfehlenswert. Die Dokumentation zum Interface `ToneControl` beschreibt, wie komplexe Tonfolgen mit Hilfe einer speziellen Syntax beschrieben werden können. Eine Tonfolge dieser Art hat den MIME-Typ audio/x-tone-seq. Eine Datei mit entsprechenden Daten hat die Endung .jts. Das folgende Beispiel lässt die Tonleiter ertönen:

```
byte C = ToneControl.C4;
byte d = 16;                          // Dauer
byte[] tonleiter  = {
    ToneControl.VERSION, 1,       // Version 1
    C , d, (byte)(C+2), d, (byte)(C+4), d,    // C, D, E,
    (byte)(C+5), d, (byte)(C+7),  d,          // F, G
```

```
        (byte)(C+9), d, (byte)(C+11), d,          // A, H
        (byte)(C+12), d);                         // C
try{
    Player p = Manager.createPlayer(Manager.TONE_DEVICE_LOCATOR);
    p.realize();
    ToneControl c = (ToneControl)p.getControl("ToneControl");
    c.setSequence(tonleiter);
    p.start();
} catch (IOException e) {       // ... Fehlerbehandlung
} catch (MediaException e) {    // ... Fehlerbehandlung
}
```

Die Angabe der Version, zur Zeit »1«, ist vorgeschrieben. Danach folgen die Töne und die Dauer, deren Wert 16 bei den gegebenen Voreinstellungen einer halben Sekunde entspricht. Das Beispiel zeigt nicht annähernd die vorhandenen Möglichkeiten. So können zum Beispiel Blöcke definiert werden, die dann zur Wiedergabe aufgerufen werden – sinnvoll bei Wiederholungen. Aus Platzgründen wird für weitere Einzelheiten auf [JSR135] verwiesen. Eine weit verbreitete Sprache zur Beschreibung von Klingeltönen ist die »Ringing Tones Text Transfer Language«. In diesem Format sind viele Melodien erhältlich, sodass sich für das Herunterladen und Umwandeln das Format audio/x-tone-seq anbietet. Suns WTK enthält einen Konverter für diese Zwecke (*RingToneConverter.java*). Eine Einführung in die Klingelton-Beschreibungssprache ist in [Rese] zu finden.

9.2.3 Wiedergabe von Audio-Dateien

Audio-Dateien können in verschiedenen Formaten vorliegen (siehe Tabelle 9.1 auf Seite 182). Die Dateinamen-Extension kennzeichnet das Format, das der `Player` automatisch berücksichtigt:

```
try {
   Player p = Manager.createPlayer(
                "http://www.softmusi.de/produkte/schnulze.mp3");
   p.start();
} catch(MediaException e) { // ... Fehlerbehandlung
} catch(IOException e) {    // ... Fehlerbehandlung
}
```

Wegen des langsamen Netzzugriffs sollten diese Zeilen in einem separaten Thread ablaufen. Falls eine Datei als Ressource vorliegt, also Teil der MIDlet-Suite ist, oder aus einem RMS stammt, muss sie in einen `InputStream` verwandelt werden. Bei der Konstruktion des `Player`s wird dann das Format explizit übergeben:

```
// Ressource
InputStream is1 = getClass().getResourceAsStream("/bach.midi");
```

```
Player p1 = Manager.createPlayer(is1, "audio/midi");
InputStream is2 = getClass().getResourceAsStream("/hendrix.jts");
Player p2 = Manager.createPlayer(is2, "audio/x-tone-seq");

RecordStore rs = ...;     // RMS
int recordNummer = ...;
try {
    InputStream is = new
          ByteArrayInputStream(rs.getRecord(recordNummer));
    Player p = Manager.createPlayer(is, "audio/x-wav");
    p.start();
} catch (IOException e) {        // ... Fehlerbehandlung
} catch (MediaException e) {   // ... Fehlerbehandlung
}
```

9.2.4 Lautstärke- und andere Einstellungen

Im Beispiel auf Seite 184 diente die Funktion `getControl()` des `Player`s dazu, ein `ToneControl`-Objekt zur Definition der Tonfolge zu erhalten. Tatsächlich gehört diese Funktion zu `javax.microedition.media.Controllable`, einem Interface, das vom `Player` implementiert wird. Ein `Control` steht für die Möglichkeit, die Wiedergabe zu steuern und zu beeinflussen. Mit `getControls()` erhält man ein Array der `Control`s, die für das vom `Player` wiederzugebende Medium zur Verfügung stehen. Aus diesem Array können Klassenname und Typ der `Control`s ermittelt werden. Der Klassenname allein ist nicht ausreichend, weil eine Klasse mehrere Interfaces implementieren kann und auch ein Klassenname, weil frei wählbar, nicht unbedingt aussagekräftig ist.

```
Form f = ...;      // Form-Objekt zur Anzeige
Player p = ...;    // abzufragender Player
Control[] ctls = p.getControls();
for(int i = 0; i < ctls.length; ++i) {
    Class cl = ctls[i].getClass();
    f.append("\n" + cl.getName() + " ist ein:\n");
    Control c = ctls[i];
    // Abfrage aller javax.microedition.media.control-Interfaces
    if(c instanceof VolumeControl)   f.append(" VolumeControl");
    if(c instanceof MIDIControl)     f.append(" MIDIControl");
    if(c instanceof TempoControl)    f.append(" TempoControl");
    if(c instanceof MetaDataControl) f.append(" MetaDataControl");
    if(c instanceof RecordControl)   f.append(" RecordControl");
    if(c instanceof RateControl)     f.append(" RateControl");
    if(c instanceof GUIControl)      f.append(" GUIControl");
    if(c instanceof PitchControl)    f.append(" PitchControl");
```

```
    if(c instanceof StopTimeControl) f.append(" StopTimeControl");
    if(c instanceof VideoControl)    f.append(" VideoControl");
}
```

Lautstärke

Die Lautstärke wird mit einem `VolumeControl`-Objekt eingestellt. Der übergebene Wert muss zwischen 0 und 100 (=maximale Lautstärke) liegen. `setMute(boolean)` schaltet den Ton aus bzw. an, lässt aber die eingestellte Lautstärke unverändert.

```
derPlayer.realize();   // falls noch nicht geschehen
VolumeControl vc = (VolumeControl)derPlayer.getControl(
                                          "VolumeControl");
vc.setLevel(75);         // Lautstärke einstellen
```

Mit `getLevel()` wird die eingestellte Lautstärke ermittelt. Hier wie bei den folgenden Beispielen gibt `getControl()` den Wert `null` zurück, falls das Steuerungselement nicht implementiert ist. Gegebenenfalls ist auf `null` abzufragen.

Relativer Wiedergabezeitpunkt

Der relative Wiedergabezeitpunkt ist durch einen Zeitpunkt zwischen Start der Wiedergabe und dem Ende gegeben, bezogen auf den Beginn der Wiedergabe. `derPlayer.getMediaTime()` gibt während der Wiedergabe die vom Start bis zum Aufruf verstrichene Zeit in *Mikrosekunden* zurück. Mit `setMediaTime(long mikrosec)` kann das Medium gezielt an einen bestimmten Wiedergabezeitpunkt gefahren werden, zum Beispiel, um einen schnellen Vorlauf zu realisieren.

Tonhöhenregelung

Die Tonhöhe kann mit `PitchControl.setPitch(int)` relativ zur Tonhöhe des Originals verändert werden. Der Parameter gibt die zu berücksichtigende Tonhöhendifferenz in Tausendstel Halbtönen an. (–12000) bedeutet damit, alles eine Oktave tiefer abzuspielen (Frequenzhalbierung). Die Methoden `getMaxPitch()` und `getMinPitch()` geben an, was der `Player` überhaupt an Tonhöhenregelung leisten kann. `setPitch()` gibt den tatsächlich vom `Player` eingestellten Wert zurück, der nicht derselbe wie der geforderte sein muss.

```
PitchControl pc = (PitchControl)derPlayer.getControl(
                                       "PitchControl");
pc.setPitch(1000); // einen Halbton höher
```

Abspieldauer

Der Zeitpunkt für das Ende der Wiedergabe wird mit einem `StopTime`-Objekt eingestellt. Dabei ist die Zeitdauer relativ zum Startzeitpunkt in *Mikrosekunden* als `long`-Zahl anzugeben, obwohl die zeitliche Genauigkeit des tatsächlichen Anhaltens nur etwa eine Sekunde beträgt. Falls die Wiedergabe bereits beendet ist, ist der Aufruf wirkungslos.

```
StopTimeControl st = (StopTimeControl)derPlayer.getControl(
                                        "StopTimeControl");
st.setStopTime(10000000L); // nach 10 s anhalten
```

Falls die Wiedergabedauer bei Aufruf die einzustellende Zeitdauer schon überschritten hat, wird der `Player` sofort angehalten. `setStopTime(StopTime.RESET)` löscht die vorgemerkte Abspieldauer. Hinter `RESET` verbirgt sich `long.MAX_VALUE`.

Temposteuerung

Das Tempo gibt an, wie schnell ein Musikstück abzuspielen ist. Die Einheit ist Schläge pro Minute (englisch *beats per minute (bpm)*). In der Musik werden seit dem 17. Jahrhundert italienische Bezeichnungen für Tempi verwendet, zum Beispiel *andante*, das etwa 75–100 Schlägen/Minute je nach Interpretation entspricht. Mit `TempoControl.setTempo(int t)` wird die Abspielgeschwindigkeit eines `Players` eingestellt, wobei der Parameter `t` in Tausendstel Schläge pro Minute anzugeben ist. 100000 ist gleichbedeutend mit 100 bpm.

Wiedergabegeschwindigkeit

MIDI-Sequenzen können selbst Befehle zur Temposteuerung enthalten, die ein mit `TempoControl` eingestelltes Tempo überschreiben. Die Wiedergabegeschwindigkeit kann mit `RateControl.setRate(int)` relativ zur Originalgeschwindigkeit verändert werden, ohne zurückgesetzt zu werden. Der Parameter gibt die Geschwindigkeit in Tausendstel Prozent an. 200000 meint doppelte und 50000 meint halbe Abspielgeschwindigkeit. Die Methoden `getMaxRate()` und `getMinRate()` geben an, was der `Player` überhaupt verkraften kann. 100000 muss jeder `Player` können. `getRate()` gibt den tatsächlich vom `Player` eingestellten Wert zurück, der nicht derselbe wie der geforderte sein muss.

```
RateControl rc = (RateControl)derPlayer.getControl(
                                        "RateControl");
rc.setRate(100000); // normale Geschwindigkeit
```

9.2.5 MIDI

Wenn sich MIDI (Musical Instrument Digital Interface)-Dateien von einem Gerät abspielen lassen, enthält es einen Synthesizer, der die Klänge erzeugt und der dann auch direkt angesprochen werden kann. Für solche Anwendungen ist `MIDIControl` gedacht.

```
Player p = Manager.createPlayer(Manager.MIDI_DEVICE_LOCATOR);
p.prefetch();
MIDIControl mc = (MIDIControl)p.getControl("MIDIControl");
mc.shortMidiEvent(MIDIControl.NOTE_ON | 9, // 9 = Kanal
        0x32,     // Trommel (bei Kanal 9)
        100);     // Anschlagstärke (max. 127)
```

Das Beispiel produziert den Klang eines Trommelschlags. Bei länger andauernden Klängen muss die »Taste« wieder losgelassen werden, indem die Anschlagstärke gleich danach auf 0 gesetzt wird. Mehr Informationen sind im Glossar auf Seite 438, den mmapi-Beispielen des Sun WTK sowie in der Spezifikation [JSR135] zu finden.

9.2.6 Aufnahme

Wenn ein Gerät in der Lage ist, Audiosignale aufzunehmen, hat die Eigenschaft supports.audio.capture den Wert `true` (vgl. Tabelle auf Seite 183). Bei so einer Aufnahme wird ein akustisches Ereignis beliebiger Art und Dauer digitalisiert, codiert und gespeichert. Die Aufzeichnung wird auch *Sample* genannt. Um das GUI nicht zu blockieren, sollte die Aufnahme in einem eigenen `Thread` laufen. `RecordControl` steuert den Aufnahmeablauf. Das Beispiel auf Seite 189 zeigt einen `Thread`, der vom Standardgerät aufnimmt. Die Aufnahme läuft so lange, bis der `Thread` mit `interrupt()` angehalten wird oder die dem Konstruktor übergebende maximale Aufnahmezeit erreicht ist. Die Methoden `getAufnahme()` und `getMIMEtyp()` geben die aufgenommenen Daten und den MIME-Typ zurück, falls die Aufnahme beendet wurde, andernfalls `null`. Gegebenenfalls ist eine geschicktere Synchronisation, etwa mit `notify()` und `wait()`, zu wählen. Der Standard-URI, der `Manager.createPlayer()` übergeben wird, kann um weitere Informationen ergänzt werden. Zum Beispiel bedeutet

```
"capture://devmic0?encoding=pcm&rate=11025&bits=16"
```

die Aufnahme vom Mikrofon `devmic0`, Codierung: Pulscodemodulation, Abtastfrequenz 11025 Hz und 16 Bit Auflösung.

9.3 Video

Um Videos auf dem Bildschirm anzuzeigen, werden dieselben Konzepte wie bei der Audiowiedergabe benutzt. Auch die Wiedergabe kostet Zeit, also muss sie in einem parallelen Prozess stattfinden, um die Benutzungsoberfläche nicht zu blockieren. Ein Unterschied ist, dass der Bildschirm für die Anzeige benötigt wird. Damit liegt es nahe, dass sowohl die Bildschirmsteuerung wie auch der Abspielvorgang in einem eigenen `Thread` ablaufen. Es muss auch darauf geachtet werden, dass die Wiedergabe abgebrochen oder unterbrochen wird, wenn das MIDlet pausiert, um nicht unnötig Ressourcen zu blockieren.

Audioaufnahme

```
public class AudioaufnahmeThread extends Thread {
    private int dauer;
    private String mimeTyp = null;
    private byte[] aufnahme = null;

    AudioaufnahmeThread(int d)  { dauer = d;}
    public byte[] getAufnahme() { return  aufnahme; }
    public String getMIMEtyp()  { return mimeTyp; }

    public void run() {
        RecordControl rc = null;
        Player p = null;
        ByteArrayOutputStream ausgabe = null;
        try {
            p = Manager.createPlayer("capture://audio");
            p.realize();
            rc = (RecordControl)p.getControl("RecordControl");
            ausgabe = new ByteArrayOutputStream();
            rc.setRecordStream(ausgabe);
            rc.startRecord();              // aufnahmebereit
            p.start();                     // Aufnahmestart
            sleep(dauer);
        } catch (InterruptedException e) { // nichts tun
        } catch (Exception e) {          // ... Fehlerbehandlung
        }
        finally { // Ende und Daten bereitstellen
            try {
                rc.commit();               // Aufnahmestopp
                // zum Weiterverwenden:
                mimeTyp = rc.getContentType();
                aufnahme = ausgabe.toByteArray();
                ausgabe.close();
                if(p != null)
                   p.close();
            } catch (Exception e) { // hier alles ignorieren
            }
        }
    }
}
```

Wenn ein `MIDlet` ein Objekt `va` des (unten beschriebenen) Typs `VideoAnzeige` zur Steuerung verwendet, ist es am einfachsten, sich die verstrichene Zeit zu merken und die Anzeige zu unterbrechen:

```
protected void pauseApp() {              // MIDlet-Methode
   if(va != null) {
      startzeit = va.getMediaTime(); // verstrichene Abspieldauer
      va.interrupt();
   }
}
```

Die entsprechende Methode `destroyApp()` muss natürlich ebenfalls die Anzeige unterbrechen, braucht sich aber die bereits abgelaufene Zeit nicht zu merken. Beim nächsten Start desselben Videos könnte die Anzeige am selben Abspielzeitpunkt `startzeit` wieder aufsetzen.

→ Beispiel *Video*

Ein Video kann sowohl als `Item` auf einem `Form`-Objekt gezeigt werden wie auch auf einem `Canvas`. Beide leiten sich von der Klasse `Displayable` ab, weswegen die Abhängigkeit von der Anzeigefläche leicht gekapselt werden kann. Die folgende Klasse ist für beide Formen geeignet. Sie erlaubt das Anhalten und spätere Weiterlaufen nach Pausieren des steuernden `MIDlet`s. Auf besondere Eigenschaften, wie Anordnen des Video-Bildes auf der Anzeige usw. wird verzichtet.

```
public class VideoAnzeige extends Thread {
   private Player p = null;
   private Display display;                // aktuelles Display
   private Displayable vorherigesDisplay;
   private String uri;                     // Datenquelle
   private Command exitCmd
            = new Command("zurück", Command.EXIT, 1);
   private Command pauseCmd
            = new Command("Pause", Command.ITEM, 1);
   private Command startCmd
            = new Command("Weiter", Command.ITEM, 1);
   private boolean pausierend = false;
   private long startzeit = 0L;
   private boolean anzeigeAlsForm = false;
   private Displayable displayable = null;
```

Der Konstruktor initialisiert die entsprechenden Attribute bis auf die Ressourcen-intensiven Objekte `displayable` und `p`, die erst nach Starten des Threads erzeugt werden. Eine Referenz auf das vorige Display sichert, dass bei Abbruch der Vorführung der vorhergehende Bildschirm wieder erscheinen kann.

```
   public VideoAnzeige(String uri, Display d,
            long startzeitpunkt, boolean anzeigeAlsForm) {
      this.uri = uri;
      display = d;
      vorherigesDisplay = display.getCurrent(); // merken
      startzeit = startzeitpunkt;
```

```
        this.anzeigeAlsForm = anzeigeAlsForm;
    }
```

Wenn die Variable `anzeigeAlsForm` gesetzt wird, wird für `displayable` ein `Form`-Objekt genommen, andernfalls ein `Canvas`. Diese Eigenschaft wird dem `VideoControl`-Objekt durch spezifische Parameter `USE_GUI_PRIMITIVE` bzw. `USE_DIRECT_VIDEO` bei Aufruf der Methode `initDisplayMode()` mitgeteilt:

```
private void verbindeMitDisplayable(VideoControl vc) {
   if(anzeigeAlsForm) {
      displayable = new Form("Video");
      Item item = (Item)vc.initDisplayMode(
                   VideoControl.USE_GUI_PRIMITIVE, null);
      ((Form)displayable).append(item);
   }
   else { // Canvas
      displayable =  new Canvas() { // siehe Text
            protected void paint(Graphics g) {
               g.setColor(0x00FFFFFF); // Hintergrund löschen
               g.fillRect(0, 0, this.getWidth(),
                              this.getHeight());
            }};
      vc.initDisplayMode(VideoControl.USE_DIRECT_VIDEO,
                        displayable);
      vc.setVisible(true);
   }
}
```

Die Methode `paint()` der Klasse `Canvas` ist abstrakt, deswegen muss sie definiert werden. Sie kann leer sein oder aber wie hier zum Beispiel den Bildschirm löschen. Die Methode `erzeugePlayer()` erzeugt das `Player`-Objekt und berücksichtigt dabei, ob die Datenquelle eine lokale Ressource oder eine Internet-Adresse ist:

```
void erzeugePlayer() throws  MediaException, IOException {
   if(uri.startsWith("http:")) {
      p = Manager.createPlayer(uri);
   }
   else if(uri.startsWith("resource:")) {
      InputStream is = getClass().getResourceAsStream(
                     uri.substring(9));
      p = Manager.createPlayer(is, "video/mpeg");
   }
}
```

Die zentrale Methode der Klasse ist `run()`. In ihr wird der ganze Lebenszyklus der Video-Anzeige gesteuert. Der Abbruch der Anzeige erfolgt über eine externe

Unterbrechung (siehe MIDlet-Methode `pauseApp()` oben). Die dadurch ausgelöste Exception führt zum Verlassen der Warteschleife, Rückgabe der Ressourcen des `Player`s und Anzeige des vorherigen Bildschirms:

```
public void run() {
   try {
      erzeugePlayer();                                  // siehe oben
      p.prefetch();
      VideoControl vc = (VideoControl)p.getControl(
                                          "VideoControl");
      verbindeMitDisplayable(vc);                       // siehe oben
      displayable.addCommand(exitCmd);
      displayable.addCommand(pauseCmd);
      displayable.setCommandListener(new CommandListener() {
            public void commandAction(Command c,
                                      Displayable d) {
               if(c == exitCmd) {     interrupt();}
               else if(c == pauseCmd) {  pause();} // s. unten
               else if(c == startCmd) { weiter();} // s. unten
            }
         });
      display.setCurrent(displayable);

      try {
         p.setMediaTime(startzeit);
      } catch(MediaException e) {
         // setMediaTime() wird nicht unterstützt
      }

      // Abspielen beginnen und warten
      p.start();
      while(nichtBeendet()) {                          // siehe unten
         sleep(500);
      }
   } catch(InterruptedException e) {                  // nichts tun
   } catch(Exception e) {           // ... Fehlerbehandlung
   } finally {
      display.setCurrent(vorherigesDisplay);
      if(p != null) p.close();
   }
}
```

Der Thread hängt in der Warteschleife, bis er entweder unterbrochen wird oder bis der Abspielvorgang beendet ist, erkennbar an dem dann wieder erreichten Zustand `PREFETCHED`. Auch ein Pausieren führt nicht zum Abbruch:

```
    private synchronized boolean nichtBeendet() {
        return p.getState() != Player.PREFETCHED     // nicht zuende
            || pausierend;
    }
```

Außer dem periodischen Warten mit `sleep()` gibt es die Möglichkeit der spontanen Reaktion. Mehr dazu ist in Abschnitt 9.4 »Ereignisverarbeitung« unten zu finden. Wenn der Softkey »Pause« gedrückt wird, hält die folgende Funktion den `Player` an und setzt den Status `pausierend` entsprechend. Wegen der asynchronen Aufrufe der den Status lesenden oder verändernden Funktionen sind Letztere synchronisiert. Der Softkey »Pause« auf dem Display wird durch den Softkey »Weiter« ersetzt.

```
    private synchronized void pause() {
        pausierend = true;
        try {
            p.stop();
        } catch(MediaException e) {          // ... Fehlerbehandlung
        }
        displayable.removeCommand(pauseCmd);
        displayable.addCommand(startCmd);
    }
```

Wenn der Softkey »Weiter« gedrückt wird, wird der `Player` gestartet und der Status `pausierend` auf `true` gesetzt. Der Softkey »Weiter« wird durch den Softkey »Pause« ersetzt.

```
    private synchronized void weiter() {
        pausierend = false;
        try {
            p.start();
        } catch(MediaException e) {
              // ... Fehlerbehandlung
        }
        displayable.removeCommand(startCmd);
        displayable.addCommand(pauseCmd);
    }
}   // Klasse VideoAnzeige
```

Die oben dargestellte Struktur erlaubt es, eine Video-Anzeige zu starten, anzuhalten, weiterlaufen zu lassen und abzubrechen. Dank der Möglichkeit, die bisherige Abspieldauer abzufragen, können die Ressourcen bei Pausieren des MIDlets vollständig zurückgegeben werden, und dennoch kann bei Neustart der Abspielvorgang an der zuletzt gezeigten Stelle beginnen.

9.3.1 Kameraaufnahme

Wenn das Gerät eine integrierte Video-Kamera hat, ist eine Kameraaufnahme letztlich nichts anderes als ein Schnappschuss aus einer laufenden Videosequenz. Für die Anzeige tritt an Stelle des Video-Films nur das Objektiv und die damit verbundene Hard- und Software als Datenquelle. Daraus ergibt sich, dass eine Kameraaufnahme aus der Beobachtung eines Geschehens mit der Video-Kamera besteht, wobei gelegentlich auf den Auslöser gedrückt wird. Die Systemeigenschaft `supports.video.capture` muss den Wert `true` haben, andernfalls ist eine Aufnahme per Programm nicht möglich, selbst wenn das Gerät sie von Hand erlaubt. Die Anzeige kann wie oben als `Item` auf einem `Form`-Objekt oder auf einem `Canvas` gezeigt werden. Das folgende Beispiel beschränkt sich auf die erste Möglichkeit. Es zeigt das Abbild der Kamera, und wenn der Softkey »Auslöser« gedrückt wird, wird das aufgenommene Bild zusätzlich angezeigt. Dem `Player` wird durch den URI »capture://video« mitgeteilt, dass die Geräte-Hardware als Datenquelle dient.

```
public class Kameraaufnahme extends Thread {
   private Display display;
   private Displayable vorherigeAnsicht;
   private Command exitCmd = new Command("zurück",
                                         Command.EXIT, 1);

   private Command ausloeseCmd = new Command("Auslöser",
                                         Command.ITEM, 1);
   private VideoControl vc;
   private boolean ausgeloest = false;
   private Form form = new Form("Kamera");
   private byte[] aufnahme = new byte[0];

   public Kameraaufnahme(Display d) {
      display = d;
      vorherigeAnsicht = display.getCurrent(); // merken
   }
```

Über die folgende Funktion kann die Aufnahme an das »Auftraggeber«-MIDlet zurückgegeben werden, zum Beispiel zum Deponieren der Bilder in einer Datenbank oder Versenden an eine Internet-Adresse.

```
   public byte[] getAufnahme() {
      synchronized(aufnahme) {
         return aufnahme;
      }
   }
```

Falls die Länge des zurückgegebenen Arrays 0 ist, hat es noch keine Aufnahme gegeben. Wegen der Synchronisation wird `aufnahme` oben nicht mit `null` initialisiert.

Auf weitere Abstimmung mit dem ansteuernden MIDlet wird hier der Kürze wegen verzichtet. Die Methode `run()` ist etwas kürzer als bei der Videoanzeige, weil die Funktion des Pausierens fehlt.

```
public void run() {
   Player p = null;
   try {
      p = Manager.createPlayer("capture://video");
      p.realize();
      vc = (VideoControl)p.getControl("VideoControl");
      form.addCommand(exitCmd);
      form.addCommand(ausloeseCmd);
      form.append((Item)vc.initDisplayMode(
                       VideoControl.USE_GUI_PRIMITIVE, null));
      form.setCommandListener(new CommandListener() {
            public void commandAction(Command c,
                                      Displayable d) {
               if(c == exitCmd)      { interrupt();}
               if(c == ausloeseCmd) { ausloesen();} // s. u.
            }
         });
      display.setCurrent(form);
```

Im folgenden Teil wird der `Player` gestartet. Einen Abbruch der äußeren Schleife gibt es nur mit `interrupt()`, sei es über das `exitCmd` oder Pausieren oder Abbruch des MIDlets. Die innere Schleife wird ebenso mit `interrupt()` verlassen, aber auch durch einen `notify()`-Aufruf, der sich in der Funktion `ausloesen()` verbirgt (siehe unten).

```
      p.start();
      while(true) { // siehe Text
         synchronized(this) {
            while(!ausgeloest) {
                  wait();
            }
         }
         ausgeloest = false;
         synchronized(aufnahme) {
            aufnahme = vc.getSnapshot(null);
         }
         Image img = Image.createImage(aufnahme, 0,
                                       aufnahme.length);
         ImageItem imageitem = new ImageItem(
                                      "Aufnahme", img, 0, "");
         if(form.size() == 1) form.append(imageitem);
```

```
            else form.set(1, imageitem);
          }
      } catch(InterruptedException e) {
            // nichts tun
      } catch (Exception e) {
            // ... Fehlerbehandlung
      } finally {
        display.setCurrent(vorherigeAnsicht);
        if(p != null)
            p.close();
      }
  }
```

Die eigentliche Aufnahme wird mit `vc.getSnapshot(null)` bewirkt. Das Kommando `ausloeseCmd` bewirkt den Aufruf der Funktion `ausloesen()`, der damit die innere Warteschleife in `run()` beendet:

```
  private synchronized void ausloesen() {
      ausgeloest = true;
      notify();
  }
} // Klasse Kameraaufnahme
```

9.3.2 Thumbnails

Thumbnail, das englische Wort für »Daumennagel«, bezeichnet eine miniaturisierte Grafik, die als Vorschaubild in Inhaltsverzeichnissen oder Übersichten dient. Die folgende Funktion erzeugt aus einem `Image` eine solche Mini-Grafik. Der Parameter `breite` gibt die Breite der erzeugten Mini-Grafik in Pixeln an. Der Faktor `skal` dient zur Skalierung und zur Ermittlung der Höhe, sodass das Seitenverhältnis gewahrt bleibt. Der Algorithmus übernimmt entsprechend dem Skalierungsfaktor nur einen Bruchteil der Pixel des Originalbildes in das Ergebnis. Wenn `skal` den Wert 0.25 hat, wird nur jedes vierte Pixel kopiert.

```
public Image makeThumbnail(Image img, int breite) {
    float skal =  (float)breite/img.getWidth();
    int hoehe = (int)(skal*img.getHeight());
    // Minigrafik-Objekt erzeugen ...
    Image miniGrafik = Image.createImage(breite, hoehe);
    Graphics g = miniGrafik.getGraphics();
    // ... und füllen
    for(int xdest = 0; xdest < breite; ++ xdest) {
        int xsrc = (int)(xdest/skal);
        for(int ydest = 0; ydest < hoehe; ++ ydest) {
            int ysrc = (int)(ydest/skal);
```

```
            g.drawRegion(img, xsrc, ysrc, 1, 1, Sprite.TRANS_NONE,
                         xdest, ydest, 0);
        }
    }
    return miniGrafik;
}
```

9.4 Ereignisverarbeitung

Im Abschnitt über die Video-Anzeige wird in einer Schleife 500 ms gewartet und dann überprüft, ob die Anzeige beendet ist (siehe `sleep(500)` auf Seite 193). Damit ist eine Reaktionsverzögerung verbunden, die dort sicher tolerierbar ist, nicht aber bei der Schnappschussaufnahme. Deswegen wird im vorherigen Abschnitt die Steuerung mit `wait()`/`notify()` bevorzugt. Bei der Video-Anzeige wäre das nicht direkt so umsetzbar, weil die genaue Information, wann der Abspielvorgang beendet ist, nicht vorliegt. Für diesen und andere Zwecke gibt es die Möglichkeit, auf Zustandsänderungen des `Player`s spontan zu reagieren. Dazu muss dem `Player` ein `PlayerListener` hinzugefügt werden, dessen Methode `playerUpdate()` zu implementieren ist. Um zum Beispiel den anzeigenden Thread sofort nach Filmende zu stoppen, wird vor der Anweisung `p.start()` auf Seite 193 die folgende Anweisung hinzugefügt:

```
// p = Player-Objekt
p.addPlayerListener(new PlayerListener() {
     public void playerUpdate(Player player,
                              String event,
                              Object eventdata) {
        if(event == PlayerListener.END_OF_MEDIA) {
           interrupt();
        }
     }
  });
```

Außer `END_OF_MEDIA` gibt es noch weitere Zustandskennungen wie `STARTED` usw., siehe [JSR135]. Die Parameter haben folgende Bedeutung:

- `player`: Der das Ereignis verursachende `Player`.
- `event`: Der Ereignistyp als Stringkonstante der Klasse `PlayerListener`.
- `eventdata`: Mit dem Ereignis übermittelte Information, die vom Ereignis selbst abhängt. Zum Beispiel ist bei `END_OF_MEDIA` die Information ein `Long`-Objekt mit der Abspielzeit, bei `ERROR` ist sie ein String mit der Fehlermeldung, und bei `CLOSED` ist `eventdata` schlicht `null`.

10 Internet-Anbindung

Der Anteil der reinen Telefonie mit Handys und PDA sinkt zunehmend zugunsten von Spielen und anderen Anwendungen, von denen viele nicht mehr allein lokal sind, sondern eine Verbindung zum Internet nutzen. Die damit verbundenen Herausforderungen führten zur Definition des Generic Connection Frameworks (GCF) in der CLDC ([JSR30], dort Abschnitt 6.3.2). Das Framework besteht aus einer Menge Interfaces, die durch ein Profil wie MIDP ergänzt und implementiert werden. Sie liegen im Package `javax.microedition.io`, siehe auch Abbildung 10.1. Es gibt keine öffentlichen Konstruktoren für Verbindungen: Jedes Verbindungsobjekt wird durch den Aufruf der statischen Methode `Connector.open(String uri)` erhalten. Der String `uri` muss den üblichen Syntaxdefinitionen genügen, die in der Dokumentation zu dem Package `javax.microedition.io` bei den entsprechenden Interfaces aufgeführt sind. Mit einer Typumwandlung wird das erhaltene Objekt in den benötigten Typ umgewandelt, zum Beispiel

```
HttpConnection hc = (HttpConnection)
                    Connector.open("http://www.hs-bremen.de");
```

Der eigentliche Typ des Objekts `hc` spielt keine Rolle, es genügt, dass `hc` das Interface `HttpConnection` implementiert. Wie die Netzwerkprotokolle implementiert werden, ist nicht in der CLDC festgelegt. Zum sequentiellen Lesen und Schreiben von Daten kommen die Stream-Klassen des MIDP-Packages `java.io` zum Tragen. Die CLDC definiert die folgenden Protokolle:

- HTTP, Beispiel: `Connector.open("http://www.hs-bremen.de";`
- Socket, Beispiel: `Connector.open("socket://127.0.0.1:32780");`
- Datagram, Beispiel: `Connector.open("datagram://127.0.0.1:9090");`
- serieller Port, zum Beispiel eine Infrarotschnittstelle:
  `Connector.open("comm:IR0;baudrate=19200");`

Es ist nicht garantiert, dass ein gegebenes Profil alle diese Protokolle unterstützt. Ob eine serielle Schnittstelle angeboten wird, kann mit

```
String commListe = System.getProperty("microedition.commports");
```

erfragt werden. Es wird eine durch Kommas getrennte Liste von Portbezeichnern zurückgegeben. Ein Bezeichner kann mit `comm:` wie oben gezeigt kombiniert werden, um den Port anzusprechen. Andererseits kann ein Profil weitere Protokolle anbieten. So unterstützt MIDP 2 ([JSR118]) zusätzlich

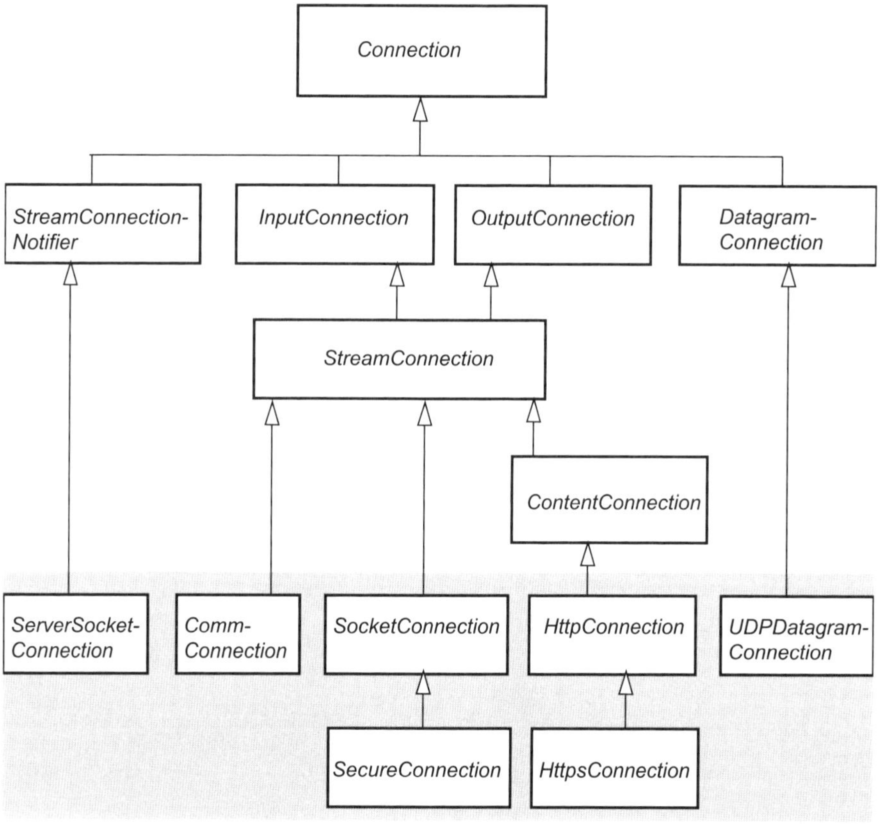

Abbildung 10.1: Interface-Abhängigkeiten im GCF (unterlegt: MIDP-Anteil)

- HTTPS, also HTTP über SSL (Secure Sockets Layer), TLS (Transport Layer Security) oder ein ähnliches Protokoll zur Verschlüsselung und Authentifizierung; Beispiel: `Connector.open("https://www.meinebank.de");`
- Server-Socket. Wenn ein Server an einem Port lauschen soll, wird der (lokale) Host-Name weggelassen: `Connector.open("socket://:10099");`
- SSL für sichere Socket-Verbindungen; Beispiel: `Connector.open("ssl://65.345.124.13:7892");`

Die verschiedenen Möglichkeiten werden in den folgenden Abschnitten beschrieben, beginnend mit dem Hypertext Transfer Protocol (HTTP) als wichtigstem Protokoll.

10.1 HTTP

HTTP ist ein weitverbreitetes Übertragungsprotokoll auf Anwendungsebene für Hypermedia-Informationen. Es ist ein zustandsloses Protokoll, eine zweite HTTP-Anfrage weiß also nichts von der ersten, weswegen mehrere logisch zusammengehörige Informationen, die mit HTTP hin und her transportiert werden, besonderer Erkennungsmechanismen bedürfen. Ein Beispiel dafür ist ein Online-Kauf, bei dem sich erst nach und nach der virtuelle Einkaufskorb füllt und am Ende durch Angabe der Kreditkartennummer bezahlt wird. HTTP ist auch für viele andere Dinge wie zum Beispiel Name-Server nutzbar. Mit HTTP können verschiedene Rechner miteinander Datenformate »aushandeln«, und es gibt eine Menge Fehlercodes. Es benutzt verschiedene Methoden zum Datentransfer, von denen GET und POST die bekanntesten sind. Für beide gibt es weiter unten Beispiele. Die HTTP/1.1-Spezifikation RFC 2616 ist über die Website des World Wide Web Consortiums (W3C) oder direkt von der Internet Engineering Task Force erhältlich [Fiel].

HTTP ist ein Anfrage-Antwort-Protokoll. Ein Client sendet eine Anfrage an einen Server. Die Anfrage besteht aus einer Zeile, die dem Server sagt, mit welcher Methode er die Anfrage auswerten soll (etwa GET oder POST), einem URI und der Angabe des Protokolls mit Version, heutzutage HTTP/1.1. Anschließend folgt ein Kopfteil (englisch *header*) mit aus Attribut-Wert-Paaren bestehenden Zeilen zur Beschreibung des nachfolgenden Inhalts. Zum Beispiel besagen die Zeilen

```
Content-Length: 400
Content-Type: text/plain; charset=ISO-8859-1
```

dass der nachfolgende Inhalt 400 Bytes lang ist und aus schlichtem Text des Zeichensatzes ISO-8859-1 besteht. MIDP unterstützt eine Untermenge der HTTP-Methoden, nämlich GET, POST und HEAD. HEAD unterscheidet sich von GET darin, dass nur der Header, aber nicht der Inhalt vom Server zurückgesendet wird. Das erlaubt es dem Clienten, die Informationen auszuwerten und in Abhängigkeit davon die GET-Anfrage zu starten. Es könnte ja sein, dass die Content-Length so groß ist, dass auf ein Laden verzichtet werden soll. Der Content-Type (MIME-Typ) sagt, wie der Inhalt zu interpretieren ist. Zum Beispiel steht `gzip` für einen zipkomprimierten Inhalt, und `application/x-www-form-urlencoded` heißt, dass Umlaute, Sonderzeichen und Leerzeichen durch andere Symbole ersetzt wurden. Die Regeln sind in [BFIM] festgelegt und relativ einfach: Alle alphanumerischen Zeichen und die Sonderzeichen `-_.!~*'()` bleiben unverändert. Alle anderen Zeichen werden hexadezimal codiert, wobei ein %-Zeichen vorangestellt wird. Nach einer Leerzeile folgt der Inhalt, falls erforderlich. Alle Zeilen enden mit CRLF bzw. `\r\n`, nicht nur mit LF bzw. `\n`.

Der Server antwortet in einem ähnlich strukturierten Format. Es enthält unter anderem einen Antwort-Code. `200 OK` ist der Code, wenn die Anfrage erfolgreich beantwortet werden kann. Der Code `404 Not Found` ist fast jedem Internet-Benutzer bekannt. Die verschiedenen möglichen Codes sind in [Fiel], Abschnitt 10, definiert. Der Inhalt der Antwort ist typischerweise ein HTML-Text, wenn der Client ein Browser ist.

10.1.1 Verbindung mit GET

Die GET-Methode des HTTP enthält die vollständige Anforderung im URI. Die Herstellung der Verbindung löst im Server die gewünschte Reaktion aus, das Senden der Daten. Jeder hat wohl schon mal sehr lange URLs im Adressfenster eines Browsers gesehen. Häufig sind es URLs, die Parameter enthalten. Dabei folgt der eigentlichen Adresse, zum Beispiel `http://www.google.de/search`, die Liste der GET-Parameter, deren Beginn durch ein `?` markiert wird, zum Beispiel `?hl=de`. Vor dem `=`-Zeichen steht der Name des Parameters, danach der Wert. Weitere GET-Parameter können folgen, abgetrennt durch jeweils ein `&`-Zeichen, zum Beispiel `&q=Wert`. Die Parameter müssen entsprechend dem oben schon erwähnten MIME-Typ `application/x-www-form-urlencoded` codiert sein. Im Beispielprogramm wird das Google-Formular zur Eingabe von Suchbegriffen geladen und als schlichter Text ausgegeben. Der GET-Parameter `hl` steuert die Sprache. Wenn die Verbindung geöffnet wird, kann ein Eingabestrom erfragt werden, auf dem die gewünschten Informationen häppchenweise eintreffen. Diese Häppchen werden zu einem String zusammengefügt, der als Ergebnis ausgegeben wird. Wichtiges Entwurfsprinzip: Um eine Fortschrittsanzeige bei dem möglicherweise langsamen Verbindungsaufbau- und Ladevorgang zu bieten und stets die Bedienbarkeit einschließlich einer Abbruchmöglichkeit zu gewährleisten, werden die Fortschrittsanzeige und der Ladevorgang in jeweils eigenen Threads abgewickelt. Diese Threads werden dargestellt, anschließend das MIDlet, das diese Threads kontrolliert.

→ Beispiel *HTTPget*

Fortschrittsanzeige-Thread

```
import javax.microedition.lcdui.Gauge;
public class AnzeigeThread extends Thread {
    private Gauge gauge;
    public AnzeigeThread(Gauge gauge) { this.gauge = gauge;}
    public void run() {
        try {
            while (true) {
                gauge.setValue(Gauge.INCREMENTAL_UPDATING);
                sleep(500);
            }
        } catch (InterruptedException e) { // nichts tun - Ende
        }
    }
}
```

Verbindungs-Thread

```
import java.io.IOException;
import java.io.InputStream;
import javax.microedition.io.Connector;
import javax.microedition.io.HttpConnection;

public class GetThread extends Thread {
    private HttpConnection hc = null;
    private InputStream is = null;
    private int httpCode = 0;
    private HTTPgetMIDlet midlet;
    private boolean anhalten = false;

    public GetThread(HTTPgetMIDlet midlet) {
        this.midlet = midlet;
    }

    public void interrupt() {   // ausgelöst durch MIDlet
        anhalten = true;
    }

    public void run() {
        StringBuffer sbuf = new StringBuffer();
        try {
           hc = (HttpConnection) Connector.open(midlet.getUri());
           httpCode = hc.getResponseCode();
           is = hc.openInputStream();
           byte[] haeppchen = new byte[4096];
           int dieAnzahl;
           while (!anhalten &&
                   (dieAnzahl = is.read(haeppchen)) > 0) {
               sbuf.append(new String(haeppchen, 0,
                                              dieAnzahl));
           }
           // ergebnisAnzeigen() bewirkt auch interrupt()
           midlet.ergebnisAnzeigen(sbuf.toString());
        } catch (Exception e) {
            midlet.ergebnisAnzeigen("HTTP Antwort-Code: " +
                        httpCode + " Fehler: " + e.toString());
        } finally {     // Ressourcen in jedem Fall freigeben
            try {
                if (is != null) {
```

```
                    is.close();
                }
            } catch (IOException e) {}     // nichts tun - Ende
            try {
                if (hc != null) {
                    hc.close();
                }
            } catch (IOException e) {}     // nichts tun - Ende
        }
    }
}
```

Der Verbindungs-Thread öffnet die Http-Verbindung. Um von einer Verbindung zu lesen (oder in eine Verbindung zu schreiben), wird ein Stream-Objekt benötigt. Die Methode `openInputStream()` liefert einen `InputStream`, von dem gelesen werden kann, sowohl byteweise als auch blockweise, wie oben gezeigt. Zwischen zwei Blöcken kann der Vorgang durch Setzen der Variablen `anhalten`, das durch den Aufruf von `interrupt()` durch das kontrollierende MIDlet geschieht, abgebrochen werden. Der Aufruf von `interrupt()` wird durch den Softkey »ENDE« ausgelöst, der den Aufruf von `notifyDestroyed()` und implizit damit auch `destroyApp()` bewirkt. Das Ergebnis oder die Fehlermeldung bei Auftreten einer Exception wird im MIDlet angezeigt (Abbildung 10.2).

Abbildung 10.2: GET-Beispiel: Google-Formular als HTML-Text

Wenn die Methode `ergebnisAnzeigen()` aufgerufen wird, besteht keine Notwendigkeit mehr, die Fortschrittsanzeige laufen zu lassen, weswegen sie beendet wird.

Der Verbindungs-Thread beendet sich selbst. Nur um das Programm kurz zu halten, ist die URI im Programm unten fest vorgegeben, ansonsten ist eine Eingabe über ein Textfeld denkbar. Die eingegebene Zeichenkette müsste allerdings codiert werden (`application/x-www-form-urlencoded`). Die Funktion dazu ist unter dem Namen `encode()` im Beispiel auf Seite 212 zu finden.

GET-Beispiel

```
import javax.microedition.lcdui.Command;
import javax.microedition.lcdui.CommandListener;
import javax.microedition.lcdui.Display;
import javax.microedition.lcdui.Displayable;
import javax.microedition.lcdui.Form;
import javax.microedition.lcdui.Gauge;
import javax.microedition.midlet.MIDlet;

public class HTTPgetMIDlet extends MIDlet {
    private Form form = new Form("GET-Beispiel");
    private Display display;
    private Gauge gauge = new Gauge(
          "Seite wird geladen - bitte warten",
          false, // nicht interaktiv
          Gauge.INDEFINITE,    // unbekannte Dauer
          Gauge.CONTINUOUS_RUNNING);
    private AnzeigeThread anzeige;
    private GetThread getThread;
    private static final String URI =
      "http://www.google.de/webhp?hl=de";

    public HTTPgetMIDlet() {
      form.addCommand(new Command("ENDE", Command.EXIT, 1));
      form.setCommandListener(new CommandListener() {
          public void commandAction(Command c, Displayable d) {
            notifyDestroyed();
          }
      });
      gauge.setPreferredSize(150, 50);
      form.append(gauge);
    }

    public String getUri() {
        return URI;
    }
```

```
    protected void pauseApp() {
        getThread.interrupt();
        anzeige.interrupt();
    }

    protected void destroyApp(boolean arg0) {
        getThread.interrupt();
        anzeige.interrupt();
    }

    public void ergebnisAnzeigen(String txt) {
      form.deleteAll();
      form.append(txt);
      anzeige.interrupt();
    }

    protected void startApp() {
      if(display == null) {
          display = Display.getDisplay(this);
      }
      display.setCurrent(form);
      anzeige = new AnzeigeThread(gauge);
      anzeige.start();            // Anzeige-Thread starten
      getThread = new GetThread(this);
      getThread.start();          // Ladevorgang-Thread starten
    }
}
```

10.1.2 Verbindung mit POST

Auch POST ist eine Methode des HTTP. Im Unterschied zu GET ist die vollständige Anforderung nicht im URI enthalten, sondern sie wird im Inhaltsteil der Anfrage übertragen. Es können letztlich beliebige Daten gesendet werden. Eine häufige Anwendung ist die Übertragung von Formulareinträgen, wie Vorname, Nachname usw. Der Inhaltsteil besteht dann üblicherweise aus Attribut-Wert-Paaren der Form

```
vorname=Donald
nachname=Duck
ort=Entenhausen
```

Mehrere Paare werden bei der Übertragung durch das &-Zeichen getrennt. Die Codierung der Werte ist `application/x-www-form-urlencoded` (nach [NeMa]).

Eine POST-Kommunikation besteht aus folgenden Schritten (siehe auch UML-Sequenzdiagramm Abbildung 10.3):

1. Öffnen der Http-Verbindung (zum Beispiel mit Namen `hc`) mit `Connector.open(httpUri)`.
2. POST-Methode mit `hc.setRequestMethod(HttpConnection.POST)` definieren.
3. Weitere Eigenschaften der Anfrage mit `hc.setRequestProperty(String)` definieren, insbesondere die Länge des Inhaltsteils, zum Beispiel `hc.setRequestProperty("Content-Length", 1000));` und die Codierung.
4. `OutputStream` erfragen, zum Beispiel `out = hc.openOutputStream();`. Dieser Aufruf kann bewirken, dass der Header zum Server gesendet wird.
5. Den Inhaltsteil in den `OutputStream` schreiben: `out.write(byteArray)`. Die Anfrage ist damit vollständig bearbeitet. `out.flush()` würde alles noch nicht Gesendete zum Server schicken, dies geschieht aber auch in jedem Fall durch die folgende Statusabfrage.
6. Status des Servers abfragen: `int httpCode = hc.getResponseCode();` Spätestens mit dieser Abfrage werden die Verbindung zum Server hergestellt und die Daten übertragen.
7. `InputStream` erfragen, zum Beispiel `is = hc.openInputStream();`.
8. Von diesem Stream wird mit `read()` die Antwort des Servers gelesen, vorzugsweise in ein Byte-Array. Die Anzahl der zu lesenden Bytes wird mit `hc.getLength();` ermittelt. Falls der zurückgegebene Wert 0 ist, empfiehlt sich Byte-weises Lesen, bis die Endekennung –1 gelesen wird.
9. Ressourcen freigeben. Antwort auswerten oder anzeigen.

Das nachfolgend gezeigte MIDlet nimmt einen Text in einem `TextField` an und sendet ihn mit dem Datum (als `long`) in der Form von Attribut-Wert-Paaren an den Server, der die POST-Nachrichten auswerten und die gefundenen Parameter an den Clienten zurücksenden soll. Die Adresse des Servers wird in einem zweiten Textfeld eingetragen. Das die Anfrage beantwortende Servlet wird weiter unten beschrieben. Der Server wandelt einen Zahlenwert, der zu einem Parameter `datum` gehört, in einen Datum-String um und sendet diesen String zusammen mit anderen gefundenen Parametern zurück. Das MIDlet zeigt die Antwort des Servers an.

→ Beispiel *HTTPpost*

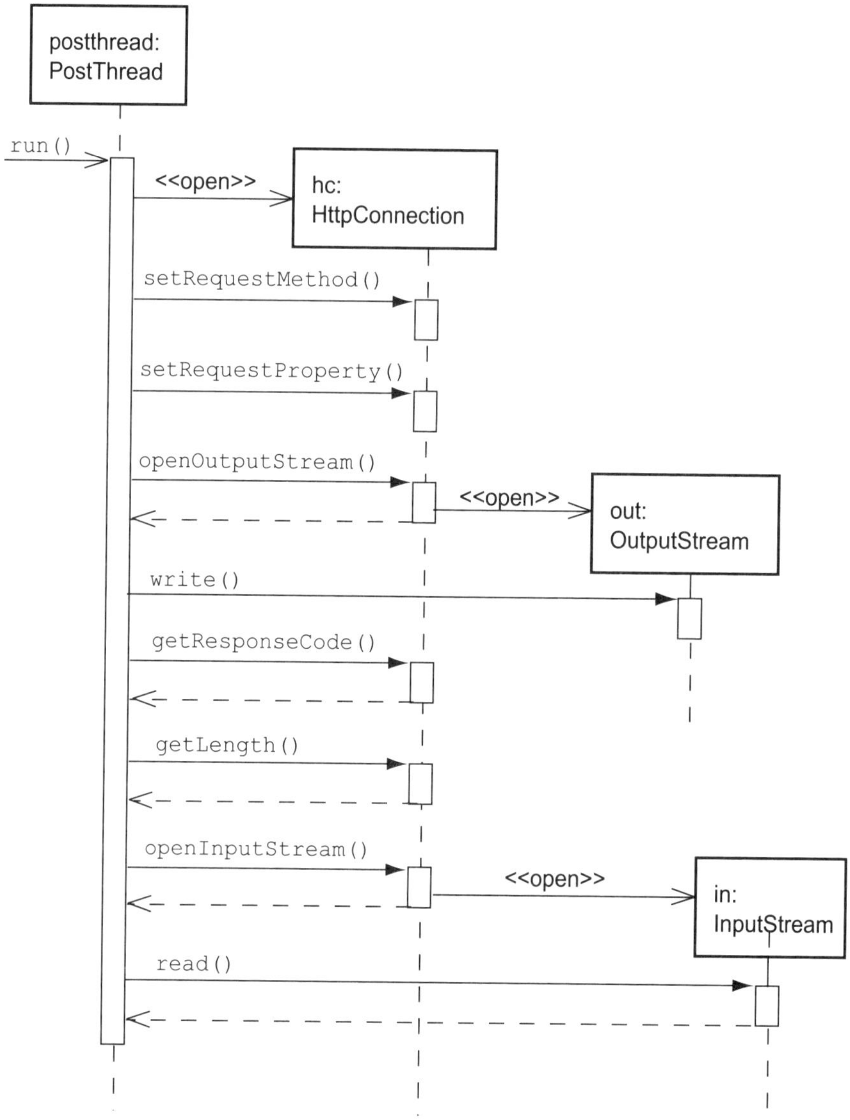

Abbildung 10.3: Ablauf einer Post-Http-Verbindung

POST-Beispiel

```
import javax.microedition.lcdui.*;
import javax.microedition.midlet.MIDlet;

public class HTTPpostMIDlet extends MIDlet {
    private final Form form = new Form("POST-Beispiel");
    private final Gauge gauge = new Gauge(
            "Auf Verbindung warten...",
            false, // nicht interaktiv
            Gauge.INDEFINITE, // unbekannte Dauer
            Gauge.CONTINUOUS_RUNNING);
    private final TextField tf = new TextField("Text",
                        "hier eingeben", 40, TextField.ANY);
    private final TextField uritf = new TextField("Server-URI",
          "http://localhost:8080/PostServletBeispiel/beispiel",
          80, TextField.URL);
    private final Command SEND = new Command("SENDEN",
                                            Command.OK, 1);
    private final Command ENDE = new Command("ENDE",
                                            Command.EXIT, 1);
    private String uri = null;
    private Display display;
    private AnzeigeThread anzeige;
    private PostThread postThread;

    public HTTPpostMIDlet() {
        form.addCommand(ENDE);
        form.addCommand(SEND);
        form.setCommandListener(new CommandListener() {
            public void commandAction(Command c,
                                     Displayable d) {
                if (c == ENDE) {
                    notifyDestroyed();
                }
                if (c == SEND) {
                    uri =uritf.getString();
                    verbindungStarten();
                }
            }
        });
    }
```

```
    public String getUri() {
        return URI;
    }

    protected void startApp() {
        if (display == null) {
            display = Display.getDisplay(this);
            display.setCurrent(form);
            form.append("Der Text wird mit SENDEN"
                    + " mit Datum an den Server gesendet:\n");
            form.append(tf);
            form.append(uritf);
        }
    }

    private void verbindungStarten() {
        anzeige = new AnzeigeThread(gauge);
        anzeige.start();
        postThread = new PostThread(this, tf.getString());
        postThread.start();
        gauge.setPreferredSize(150, 50);
        form.append(gauge);
    }

    protected void pauseApp() {
        anzeige.interrupt();
        postThread.interrupt();
    }

    public void ergebnisAnzeigen(StringItem si) {
        anzeige.interrupt();
        form.removeCommand(SEND);
        form.append(si);
    }

    protected void destroyApp(boolean arg0) {
        anzeige.interrupt();
        postThread.interrupt();
    }
}
```

Wie in dem GET-Beispiel sind Fortschrittsanzeige und Verbindungsaufbau und -bearbeitung in eigene Threads ausgelagert. Der Thread für die Fortschrittsanzeige entspricht dem Thread des GET-Beispiels auf Seite 202 und wird deswegen hier nicht wiedergegeben. Der Thread für die Verbindung mit dem POST-Protokoll sieht naturgemäß etwas anders aus:

POST-Verbindungs-Thread

```
import java.io.*;
import java.util.Date;
import javax.microedition.io.Connector;
import javax.microedition.io.HttpConnection;
import javax.microedition.lcdui.StringItem;

public class PostThread extends Thread {
    private HttpConnection hc = null;
    private InputStream is = null;
    private OutputStream out = null;
    private final static String ZEICHENSATZ = "ISO-8859-1";
    private String msg;
    private HTTPpostMIDlet midlet;

    public PostThread(HTTPpostMIDlet midlet, String msg) {
        this.midlet = midlet;
        // '&' trennt die Parameter
        this.msg = "text=" + encode(msg) // encode() s.u.
           + "&datum=" + Long.toString(new Date().getTime());
    }

    public void run() {
        int httpCode = 0;
        try {
           hc = (HttpConnection) Connector.open(midlet.getUri());
           hc.setRequestMethod(HttpConnection.POST);
           hc.setRequestProperty("Content-Length",
                   Integer.toString(msg.length()));
           hc.setRequestProperty("Content-Type",
               "application/x-www-form-urlencoded");
           hc.setRequestProperty("Content-Language", "de-DE");
           out = hc.openOutputStream();
           out.write(msg.getBytes(ZEICHENSATZ));
           httpCode = hc.getResponseCode();   // Status abfragen
            // Antwort lesen:
            is = hc.openInputStream();
            int laenge = (int) hc.getLength();
```

```
            String msg = hc.getResponseMessage() + ": ";
            if(laenge > 0) {
                byte[] bytes = new byte[laenge];
                is.read(bytes);
                msg += new String(bytes, ZEICHENSATZ);
            }
            midlet.ergebnisAnzeigen(new StringItem(
                            "Serverantwort:", msg));
        } catch (Exception e) {
            midlet.ergebnisAnzeigen(new StringItem(
                    "HTTP Antwort-Code: " + httpCode,
                    " Fehler: " + e.toString()));
        } finally {
            try {
                if (is != null) is.close();
                if (out != null) out.close();
                if (hc != null) hc.close();
            } catch (IOException e) {     // nichts tun - Ende
            }
        }
    }

    static public String encode(String txt) {
        StringBuffer sb = new StringBuffer(); // Ergebnis
        for(int i = 0; i < txt.length(); i++) {
            char c = txt.charAt(i);
            if (c >= '0' && c <= '9'
                || c >= 'a' && c <= 'z' || c >= 'A' && c <= 'Z'
                || "-_.!~*'()".indexOf(c) > -1) { //rfc2396,2.3
                sb.append(c);
            }
            else { // hex-codieren
             sb.append("%").append(Integer.toHexString((int)c));
            }
        }
        return sb.toString();
    }
}
```

Im Konstruktor der Klasse `PostThread` wird die Nachricht entsprechend dem MIME-Typ `application/x-www-form-urlencoded` codiert[1] (`encode()`). In der

[1] Codierung für POST nach [NeMa].

Java SE, Package `java.net`, gibt es die Klasse `URLEncoder` für solche Zwecke. In der Java ME gibt es nichts dergleichen, weswegen die Codierung als statische Methode `encode()` in die Klasse `PostThread` integriert ist. Die Zeichensatzcodierung ISO-8859-1 erlaubt die Verwendung von Umlauten.

Es gibt mehrere Möglichkeiten, das Beispiel auf dem lokalen Rechner oder einem anderen zu testen. Die beiden naheliegendsten und im Folgenden kurz skizzierten Möglichkeiten sind:

1. Auf dem Rechner wird ein Web-Server eingerichtet. Kapitel 19 beschreibt die Einrichtung und Inbetriebnahme der bekanntesten Open-Source-Web-Server Apache und Tomcat. Letzterer dient als Ausführungsumgebung von Servlets. Ein Servlet kann die Anfragen des MIDlets bedienen.
2. Wenn man sich die Einrichtung zunächst sparen möchte, kann man einen Mini-Web-Server in der Form eines kleinen, auf diese Aufgabe zugeschnittenen Java-Programms verwenden. Einzelheiten dazu folgen auf Seite 215.

Servlet

Ein Servlet ist ein Java-Programm, das in einem Web-Server Anfragen von Clienten bedient. Das Servlet zum Test des MIDlets ist kurz (siehe Folgeseite). Abbildung 10.4 zeigt die Anfrage und die Antwort des Servers, dargestellt vom MIDlet.

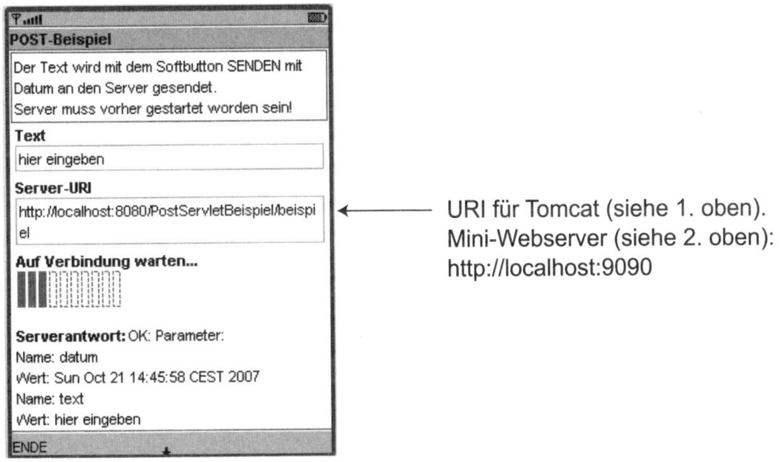

Abbildung 10.4: POST-MIDlet

Servlet-Beispiel

```
import java.io.*;
import java.util.*;
import javax.servlet.ServletException;
import javax.servlet.http.*;

public final class PostServlet extends HttpServlet {
    private final String EOL = "\r\n";

    public void doPost(HttpServletRequest request,
                       HttpServletResponse response)
          throws IOException, ServletException {
        StringBuffer sb = new StringBuffer();
        Enumeration pnames = request.getParameterNames();
        if (!pnames.hasMoreElements())
             sb.append("Leere Parameterliste");
        else sb.append("Parameter: \n");

        try {
           while (pnames.hasMoreElements()) {
              String pname = (String) pnames.nextElement();
              String pwert = request.getParameter(pname);
              if(pname == null) pname = "NULLN";
              if(pwert == null) pwert = "NULLW";
              sb.append("Name: ").append(pname)
                .append(EOL).append("Wert: ");
              if (pname.equals("datum")) {
                 long zeit = Long.parseLong(pwert);
                 sb.append(new Date(zeit).toString());
              } else {
                 sb.append(pwert);
              }
              sb.append(EOL);
           }
        } catch (Exception e) {
           sb.append("Fehlerhafte Parameterliste");
        }

        response.setContentType("text/plain");
        response.setContentLength(sb.length());
        response.getWriter().println(sb.toString());
    }
}
```

Das Übersetzen und Installieren des Servlets in den Tomcat-Container geschieht am besten über einen automatisierten, Skript-gesteuerten Ablauf. Das dazu benutzte Werkzeug Ant wird in Abschnitt 19.3 beschrieben. Letztlich wird das Servlet in das *webapps*-Verzeichnis von Tomcat kopiert, zusammen mit einer Beschreibungsdatei namens *web.xml*. Das Servlet nimmt die Anfrage entgegen, ermittelt die Parameter und sendet eine Antwort zurück. Mehr zu Tomcat ist im Abschnitt 19.2 auf Seite 384 zu finden. Auf die Servlet-Technologie kann an dieser Stelle nicht ausführlicher eingegangen werden, weil das Thema zu umfangreich ist, um es nebenbei abzuhandeln. Um trotzdem einen schnellen Einstieg zu ermöglichen, ist dieses Beispiel (wie auch die anderen) mit Quellcode und dem Ant-Skript von der Internetseite *http://www.java-me.de/* herunterladbar. Die zu dem Beispiel gehörige Datei *beispiele/anderes/PostServlet/ERST_LESEN.txt* enthält eine kurze Benutzungsanleitung.

→ Beispiel *PostServlet*

Mini-Web-Server

Ein Mini-Web-Server, der zum Testen dieses Beispiels verwendet werden kann, ist im Anhang, Abschnitt A.2, auf Seite 402 zu finden. Der Quellcode ist insgesamt nur wenig länger als der des Servlets. Ein Test der POST-Verbindung erfordert nur wenige Schritte:

→ Beispiel *PostServer*

1. Start des Mini-Web-Servers auf Port 9090 (Skript *serverstarten.bat* im Verzeichnis *beispiele/anderes/PostServer* aufrufen.
2. Start des MIDlets mit dem Sun WTK.
3. Eingabe eines beliebigen Textes im Emulator.
4. Eingabe der Internet-Adresse *http://localhost:9090* im zweiten Textfeld.
5. Abschicken mit dem Softkey SENDEN.

Das MIDlet zeigt wie vorher die eingegebenen Daten an. Der Mini-Web-Server protokolliert die empfangenen Http-Header und die eingegangenen, aber noch nicht decodierten Daten auf der Konsole, weswegen das Leerzeichen des übertragenen Textes als `%20` erscheint:

```
lausche am Port 9090 ...
verbunden mit /127.0.0.1
POST / HTTP/1.1
Content-Length: 40
Content-Type: application/x-www-form-urlencoded
Content-Language: de-DE
User-Agent: UNTRUSTED/1.0
Host: localhost:9090
text=hier%20eingeben&datum=1192980641093
Verbindung geschlossen
```

10.1.3 Cookies

HTTP ist ein zustandsloses Protokoll, jede Anfrage eines Clienten wird unabhängig von vorhergehenden beantwortet. Dies ist bei manchen Vorgängen wie etwa einer Bestellung, bei der es eine rege Kommunikation zwischen Client und Server gibt, nicht ausreichend. So einen Vorgang, der mehrere Anfragen und Antworten bis zum Abschluss enthält, nennt man *Session*. Ein eindeutiger, unverwechselbarer Bezeichner, der auch eine Nummer oder eine alphanumerische Zeichenkette sein kann und der einer Session zugeordnet wird, heißt *Session-ID*. Es gibt zwei etablierte Verfahren, einen Clienten ab der zweiten Anfrage anhand der Session-ID zu identifizieren:

1. In der Antwort des Servers wird die Session-ID mit übertragen und bei der nächsten GET-Anfrage vom Client-Browser zusammen mit anderen Parametern in den URI eingetragen. Dieses »URL Rewriting« ist möglich, bis die betreffende Internet-Seite verlassen oder der Browser geschlossen wird. Sie können das Prinzip beobachten, wenn Sie zum Beispiel *www.amazon.de* anwählen und den angezeigten URL beobachten. Was Sie auch auf der Seite anklicken – eine bestimmte Zeichenfolge ist stets im URI vorhanden: die Session-ID. Der Grund wird deutlich, wenn Sie den HTML-Code der Seite inspizieren (Mozilla / Firefox: Strg-U betätigen): In fast jedem Link ist die Session-ID vorhanden.

2. Cookies sind kleine Textdateien, die der Browser im Auftrag des Servers auf der lokalen Festplatte ablegt, sofern der Benutzer die Annahme von Cookies nicht ausgeschlossen hat. Ein Cookie enthält die Session-ID und andere Daten, wie etwa ein Datum, bis zu dem das Cookie gültig sein soll. Beim nächsten Besuch derselben Internet-Seite liest der Browser das zugehörige Cookie und sendet die Daten an den Server, der Sie in seiner nächsten Antwort dann vielleicht mit Ihrem Namen begrüßen kann. Serverseitig können Cookies mit Hilfe der Klasse `javax.servlet.http.Cookie` verarbeitet werden. Cookies sind in [KrMo] spezifiziert.

Vorteil des URL-Rewriting: einfach zu realisieren und deswegen vorzugsweise zu verwenden. Wenn jedoch Persistenz gefragt ist, müssen Cookies verwendet werden. Cookies müssen dann entweder im Dateisystem oder im Record Management System des mobilen Endgeräts gespeichert werden. Im folgenden Programmfragment werden bei einer Abfrage alle Header-Attribute geprüft, ob sie ein Cookie als Wert haben:

```
HttpConnection hc = (HttpConnection) Connector.open(uri);
// ...
String key = null;
int i = 0;
do {
   key = hc.getHeaderFieldKey(i);
```

```
      if(key != null) {
         if(key.startsWith("Set-Cookie")) {
            String cookie = hc.getHeaderField(i);
            cookieVerarbeiten(cookie);    // z.B. speichern
         }
      }
      ++i;
   } while(key != null);
```

Die Abfrage verwendet `startsWith()` statt `equals()`, weil der abzufragende Schlüssel in [KrMo] »Set-Cookie2« heißt, im Vorgängerdokument RFC2109 jedoch »Set-Cookie«.

10.2 HTTPS

HTTP ist ein unsicheres Protokoll, weil alle Informationen im Klartext übertragen werden. HTTPS dagegen prüft die Identität des Servers, verschlüsselt die Informationen und entschlüsselt sie beim Empfänger, ohne dass ein Anwendungsprogramm sich darum kümmern muss. Das URI-Protokoll ist *https://* statt *http://*. Eine sichere Verbindung muss mindestens einer der folgenden Spezifikationen genügen (ab MIDP 2.1 mindestens SSL V3):

- »HTTP over TLS«, wie in [Resc, DiAl] beschrieben (TLS = Transport Layer Security).
- SSL (Secure Socket Layer) [FrKK]. SSL ist der Vorgänger von TLS.
- WTLS (Wireless Transport Layer Security) Spezifikation WAP 199 [WOMA].
- WAP TLS Profile and Tunneling Specification WAP-219-TLS-20010411-a, ebenfalls über [WOMA] erhältlich.

Bei einer sicheren Kommunikation über das Internet geht es im Wesentlichen um fünf Aspekte:

- Identifizierung (Namen der Kommunikationspartner)
- Authentifizierung (Beweis, dass die Namen nicht zu anderen gehören)
- Autorisierung (Rechte der Kommunikationspartner)
- Vertraulichkeit (Geheimhaltung der übertragenen Information z.B. durch Verschlüsselung)
- Datenintegrität (keine Verfälschung)

In einer HTTPS-Übertragung sendet der Server ein so genanntes Zertifikat an den Clienten. Der Client kann seinerseits ein von einer offiziellen Zertifizierungsstelle (CA = Certificate Authority)) herausgegebenes Zertifikat haben. Eine Liste der Zertifikate des Sun WTK erhält man über die Anwahl »File« → »Utilities« → »Manage certificates«. Mit Hilfe des öffentlichen Schlüssels der CA wird das Zertifikat des Servers überprüft. Wenn das Zertifikat als gültig erkannt wird, wird eine auf dem Public-Key-Verfahren basierende verschlüsselte Verbindung begründet.

Um mit einem MIDlet eine HTTPS-Verbindung zu einem Server aufbauen zu können, muss im Programmcode nur überall `HttpConnection` durch `HttpsConnection` ersetzt werden – das ist alles! `HttpsConnection` erbt von `HttpConnection` und hat zwei neue Funktionen:

- `int getPort()` redefiniert `HttpConnection.getPort()` und liefert den Port des Servers zurück. Meistens wird Port 443 für HTTPS genommen.
- `SecurityInfo getSecurityInfo()` gibt ein Objekt mit Sicherheitsinformationen zurück, falls das Zertifikat des Servers als gültig erkannt wurde.

Das `SecurityInfo`-Objekt erlaubt die Ermittlung weitergehender Informationen:

- `String getCipherSuite()`: Information gemäß [DiAl] (dort Anhang C, Seite 61) zum Verschlüsselungsverfahren, dem benutzen Hash-Algorithmus und der Länge des Schlüssels in Bits.
- `String getProtocolName()`: zum Beispiel SSL
- `String getProtocolVersion()`: zum Beispiel 3.0
- `Certificate getServerCertificate()`: gibt das Zertifikat des Servers zurück.

→ Beispiel *HTTPSget*

Abbildung 10.5 zeigt die Ausgabe eines MIDlets, dass diese Informationen nach Verbindung mit *https://www.cert.org* erhalten hat. Die anderen dargestellten Informationen beziehen sich auf das Zertifikat (siehe unten).

Das Interface `Certificate` gehört zum Package `javax.microedition.pki` und hat die folgende Schnittstelle:

- `String getIssuer()`: Herausgeber des Zertifikats mit Angabe von Land und Organisation.
- `long getNotAfter()`: Zeitpunkt in Millisekunden ab 1.1.1970, 0 Uhr, bis zu dem das Zertifikat gültig ist.
- `long getNotBefore()`: Zeitpunkt, ab wann das Zertifikat gültig ist.
- `String getSerialNumber()`: Seriennummer
- `String getSigAlgName()`: Name des Algorithmus, der zur digitalen Signatur des Zertifikats verwendet wurde.

Abbildung 10.5: Zertifikat-Informationen von https://www.cert.org

- `String getType()`: Verwendeter Standard für die Public Key Infrastruktur, typischerweise X.509. X.509 ist eigentlich kein Standard, sondern eine Empfehlung der International Telecommunication Union, einer UN-Unterorganisation.
- `String getSubject()`: u.a. Name, Ort und betreibende Organisation des Web-Servers.
- `String getVersion()`: Versionsnummer

10.3 Socket

Die MIDP-Spezifikation schließt seit Version 2 [JSR118] die optionale Unterstützung für Sockets ein. Dabei kann ein MIDlet als Client oder als Server agieren. Angesichts der Leistungsfähigkeit der Geräte ist ein Einsatz als Web-Server nicht sinnvoll, aber ein MIDlet kann auf einzelne eingehende Verbindungen reagieren (dazu mehr in Abschnitt 12.4). Die jeweilige Rolle wird durch den URI bestimmt: Wird der Hostname weggelassen, wird eine Server-Socket-Verbindung aufgebaut.

```
// Server
ServerSocketConnection scn = (ServerSocketConnection)
                  Connector.open("socket://:5000");
// Client
SocketConnection sc = (SocketConnection)
                  Connector.open("socket://localhost:5000");
```

Der Server wird zuerst gestartet und lauscht (in diesem Beispiel) am Port 5000. Der Server stellt mit `acceptAndOpen()` fest, ob ein Client Kontakt aufnimmt. Um mehrere Clienten ohne Blockade bearbeiten zu können, sollte die Bearbeitung der *Tipp*

Anfrage in eigene Threads ausgelagert werden; etwa so:

```
ServerSocketConnection scn = (ServerSocketConnection)
                                    Connector.open(URIString);
while(nichtBeenden) {
   SocketConnection client =
                    (SocketConnection) scn.acceptAndOpen();
   Thread thread = new ThreadFuerClientAnfrage(client);
   thread.start();
}
```

Wie schon bekannt (siehe Abschnitt 10.1.1), werden mit `openInputStream()` und `openOutputStream()` vom `Connection`-Objekt Ströme erhalten, von denen gelesen bzw. in die geschrieben werden kann. Ein einfaches Code-Beispiel ist in der Anwendung »Networkdemo« des Sun WTK zu finden.

10.4 Datagram

Datagramme [JSR30, JSR139] haben im Gegensatz zu Sockets keine Ströme, die die Datenverbindung so lange aufrechterhalten, bis sie geschlossen werden. Datagramme sind paketorientiert, wobei das Datenpaket neben dem eigentlichen Inhalt auch die Zieladresse enthält. Die Zuverlässigkeit des Transports ist geringer, verloren gegangene Pakete werden nicht erneut gesendet, und eine bestimmte Reihenfolge beim Empfänger wird nicht garantiert. Datagramme realisieren das Protokoll UDP (User Datagram Protocol, auch scherzhaft: Unreliable Datagram Protocol). UDP ist einfacher und schneller als TCP. Öffnung der Verbindung serverseitig:

```
DatagramConnection dc = (DatagramConnection)
                       Connector.open("datagram://:5001");
```

Die Öffnung der Verbindung seitens des Clienten sieht genauso aus, nur dass der Hostname im URI hinzugefügt wird. Das Senden eines Client-Pakets an den Server besteht aus drei Schritten:

```
// Verbindung herstellen
DatagramConnection dc = (DatagramConnection)
                       Connector.open("datagram://hostname:5001");
// Datagram erzeugen
byte[] bytes = ...   // Array hier mit Daten füllen
Datagram dg = dc.newDatagram(bytes, bytes.length);

// senden
dc.send(dg);
```

Wenn mehrere Datagramme gesendet werden sollen, kann das vorhandene Datagramm-Objekt wieder verwendet werden. Dazu wird es mit `reset()` wieder in den Urzustand versetzt und mit `setData()` neu befüllt. Auf der Server-Seite wird das Paket gelesen:

```
// Verbindung herstellen
DatagramConnection dc = (DatagramConnection)
                        Connector.open("datagram://:5001");
// Datagram erzeugen
Datagram dg = dc.newDatagram(250); // 250 = Puffergröße in Bytes

// Datagramm empfangen.
dc.receive(dg);
```

`receive()` wartet, bis tatsächlich etwas empfangen wurde. Daher sollte der Aufruf unbedingt in einen eigenen Thread verlegt werden! Die Nutz- und andere Daten werden durch die folgenden Methoden ermittelt:

Tipp

- `String getAddress()` gibt die Adresse zurück, bzw. `null`, wenn keine gesetzt wurde.
- `byte[] getData()` gibt die Daten zurück.
- `int getLength()` gibt die Länge des Datagramms zurück.

Auch für ein Datagramm ist ein Beispiel in der Anwendung »Networkdemo« des Sun WTK zu finden. Das Interface `UDPDatagramConnection` erbt von `DatagramConnection` und hat die zusätzlichen Methoden `String getLocalAdress()` und `getPort()` zum Ermitteln der Geräteadresse (IP-Nummer) und des Ports. Die Port-Nummer wird beim Öffnen der Verbindung zugeteilt, sie ist nicht beeinflussbar. Man benötigt aber diese Informationen nicht, um eine Client-Anfrage zu beantworten, weil man die Adresse aus dem Datagramm des Clients übernehmen kann, wie der Ablauf einer Server-Antwort zeigt:

```
// Verbindung herstellen
DatagramConnection dc = (DatagramConnection)
                        Connector.open("datagram://:5001");
// Datagram erzeugen und lesen
Datagram dg = dc.newDatagram(250); // 250 = Puffergröße in Bytes
dc.receive(dg);          // Client-Anfrage lesen. Blockierend! s.u.
String antwort =  .. // Antwort-String hier bilden
byte[] bytes = antwort.getBytes();
// Antwort-Datagram erzeugen
Datagram antwort = dc.newDatagram(bytes, bytes.length);
// Adresse des Clienten übernehmen
antwort.setAddress(dg);
// abschicken
dc.send(antwort);
```

Auch hier gilt, dass in einer praktisch nutzbaren Anwendung der Aufruf von `receive()` in einen eigenen Thread verlegt werden soll. Dies haben wir im vorliegenden Fall unterlassen, weil es in den vollständigen Beispielen bereits gezeigt wird (Abschnitt 10.1.1 und andere).

11 3D-Grafik

Das Mobile 3D Graphics API (M3G) definiert insgesamt 30 Klassen für die 3D-Grafikprogrammierung für Java ME [JSR184]. Eine eigene Spezifikation einer Klassenbibliothek für die Grafikprogrammierung für Handys und PDAs ist sinnvoll, da die vorhandenen Grafik-APIs von Java SE nicht die geringe Rechenleistung und die limitierten Ressourcen von Handys und PDAs berücksichtigen. Ziel des [JSR184] ist es, eine schnelle 3D-Grafik auf Handys und PDAs zu ermöglichen, die die Implementierung von Spielen, Simulationsprogrammen und interaktiven Animationen erlaubt. Die Verwendung von Java 3D [Java3D], welches für High-end-Grafik auf Desktops und Workstations gedacht und in der Java SE zu finden ist, ist ohne große Anpassungen für Handys und PDAs nicht geeignet. Im August 2007 wurde der erste Entwurf des Nachfolgers des [JSR184] verabschiedet. Es handelt sich um das [JSR297], welches im Vergleich zum [JSR184] in Qualität, Geschwindigkeit und Resourcenverbrauch auch auf gleicher Hardware verbessert ist. Es kommen auch neue Techniken wie Shaders, Sencel Buffering und Cube Mapping dazu. Da es sich um einen frühen Entwurf handelt, gehen wir in diesem Kapitel nicht näher darauf ein, jedoch bildet das in diesem Kapitel besprochene [JSR184] die wesentlichen Grundlagen für das abwärtskompatible [JSR297].

Ein weiteres sehr bekanntes Grafik-API ist OpenGL [OpGL], das schon 1992 veröffentlicht wurde. Basierend auf OpenGL, wurde OpenGL ES (OpenGL for Embedded Systems) [OpGLE] speziell für eingebettete Systeme entwickelt. Im September 2006 wurde das optionale API [JSR239] verabschiedet, welches OpenGL ES 1.0 (optional auch 1.1) für Java ME anbietet. Im Verlauf dieses Kapitels gehen wir auf das [JSR239] ein.

Im M3G läuft alles synchron ab, eine Methode kommt erst zurück, wenn sie beendet ist. Es gibt also keinen separaten Thread für den Renderer[1]. Es gibt auch keine Callback-Methoden oder Listener. Das M3G bietet dem Anwender folgende Möglichkeiten:

- Die Anzeige von komplexen 3D-Objekten.
- Das Einlesen von 3D-Objekten aus Dateien.
- Die Definition von Oberflächeneigenschaften wie Texturen, Schatten und Transparenz.

[1] Der Vorgang, von einem dreidimensionalen Modell ein Bild zu erzeugen, heißt Rendering (engl. to render = wiedergeben). Er erfordert das Ausfüllen von Flächen mit Farben oder Farbverläufen und gegebenenfalls die Berücksichtigung von Licht und Schatten.

- Die Manipulation von 3D-Objekten wie Rotieren, Verschieben und Skalieren.
- Die Möglichkeit, Animationen zu erstellen.
- Effekte wie Nebel und Morphing einzusetzen.
- Verschiedene Kameras und farbiges Licht einzusetzen.

M3G erfordert CLDC 1.1 und MIDP 2.0 und besitzt zwei Modi fürs Rendering. Der *Retained Mode* basiert auf einem Szenengraph, der die Hierarchie der darzustellenden Szene beschreibt. Der Graph besteht aus einem Weltknoten, der die Wurzel des Graphen ist, und aus weiteren Knoten, die die Geometrie, Beleuchtung, die Position und Orientierung, die Beschaffenheit der Objekte und die Kameraeigenschaften beschreiben. Dabei finden Operationen, die auf einen Knoten angewendet werden (z.B. eine Rotation), auch auf die Kindknoten Anwendung. Beschreibt ein Szenengraph z.B. einen Raum (Elternknoten) und Tische und Stühle (Kindknoten) und rotiert man den Raum, werden auch die Tische und Stühle rotiert. Dies wird als Eltern-Kind-Beziehung bezeichnet. Die Abbildung 11.1 zeigt exemplarisch einen Szenengraph.

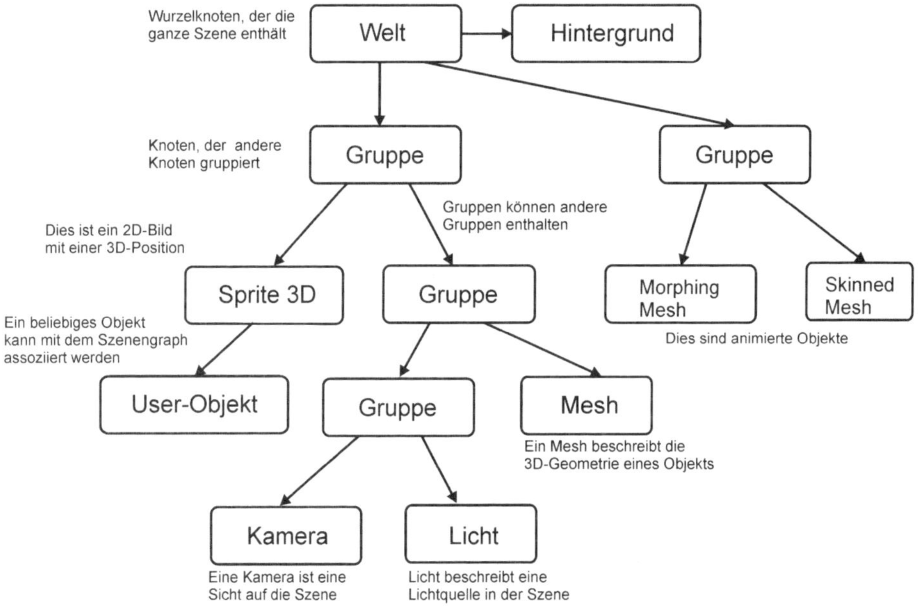

Abbildung 11.1: Beispiel eines Szenengraphens

Ein Szenengraph wird mit einer 3D-Grafikapplikation wie z.B. dem Open-Source-Projekt *Blender* [Blend] erstellt und anschließend in das M3G-Dateiformat expor-

tiert. Dies sind Binärdateien, deren Format in [JSR184] spezifiziert ist. Für das Programm *Blender* kann ein Export-Plugin heruntergeladen werden [BLM3]. Somit können Sie mit freier Software und einiger Übung eigene Szenengraphen, die auch animierte Objekte enthalten können, erstellen und ins M3G-Dateiformat exportieren. Der zweite Modus ist der *Immediate Mode*. Dieser ist verwandt mit OpenGL for Embedded Systems [OpGLE] und erlaubt die Erzeugung von Objekten im Programmcode. Beide Modi können nebeneinander verwendet werden.
Im WTK werden Beispiele (Programmcode und 3D-Modelle) für das M3G mitgeliefert. Diese finden Sie im WTK-Verzeichnis unter *apps\Demo3D\bin*. Um an weitere 3D-Modelle für Ihre MIDlets zu kommen, besuchen Sie z.B. die Internetseite [3DCafe] und laden Modelle im Dateiformat (*.3ds) herunter. Diese können Sie dann mit *Blender* ins M3G-Dateiformat umwandeln. Unter [M3GTk] finden Sie ein Programm, mit dem man M3G-Dateien auf dem PC betrachten kann.

11.1 Klassen im M3G

In diesem Abschnitt stellen wir die Klassen des M3G vor. Im Rahmen dieses Buchs ist es nicht möglich, auf alle Details einzugehen, insbesondere nicht auf die mathematischen Einzelheiten. Einige Klassen werden schon in diesem Abschnitt kurz erläutert, damit Sie einen übersichtlichen Einstieg in das M3G bekommen. Andere Klassen zeigen wir Ihnen anhand von konkreten, zugänglichen Beispielen. Die Abbildung 11.2 zeigt die Klassen des M3G in einem Klassendiagramm.

11.1.1 Loader und Object3D

Im M3G finden Sie die Klasse `Loader` mit der Methode `load()`. Mit dieser Methode laden Sie einen Szenengraph im M3G-Dateiformat. Die Klasse `Loader` deserialisiert einen Szenengraphen, und die einzelnen 3D-Objekte der Szene werden in ein Array von `Object3D`-Objekten (Rückgabewert der Methode `load()`) eingetragen. Dies ist im M3G der übliche Weg, 3D-Objekte im MIDlet aus einer Datei einzulesen. Fast alle Klassen des M3G außer `Loader`, `Transform`, `RayIntersection` und `Graphics3D` erben von der Klasse `Object3D`. Hier lohnt es sich also besonders, die Methoden anzuschauen (siehe Tabelle 11.1). Einige der Methoden sind dafür gedacht, Objekte der Klasse `AnimationTrack` mit der Klasse `Object3D` zu verbinden bzw. zu verwalten. Die Klasse `AnimationTrack` definiert animierbare Eigenschaften wie Farbe, Sichtbarkeit, Skalierung, Rotation oder Translation.

11.1.2 Graphics3D

Die Klasse `Graphics3D` wird für das Rendering benutzt. Es gibt nur eine Instanz der Klasse `Graphics3D`. Dies muss bei Threads beachten werden, die parallel auf das `Graphics3D`-Singleton zugreifen. Im [JSR184] steht kurz und bündig, wie man die Klasse `Graphics3D` einsetzen muss:

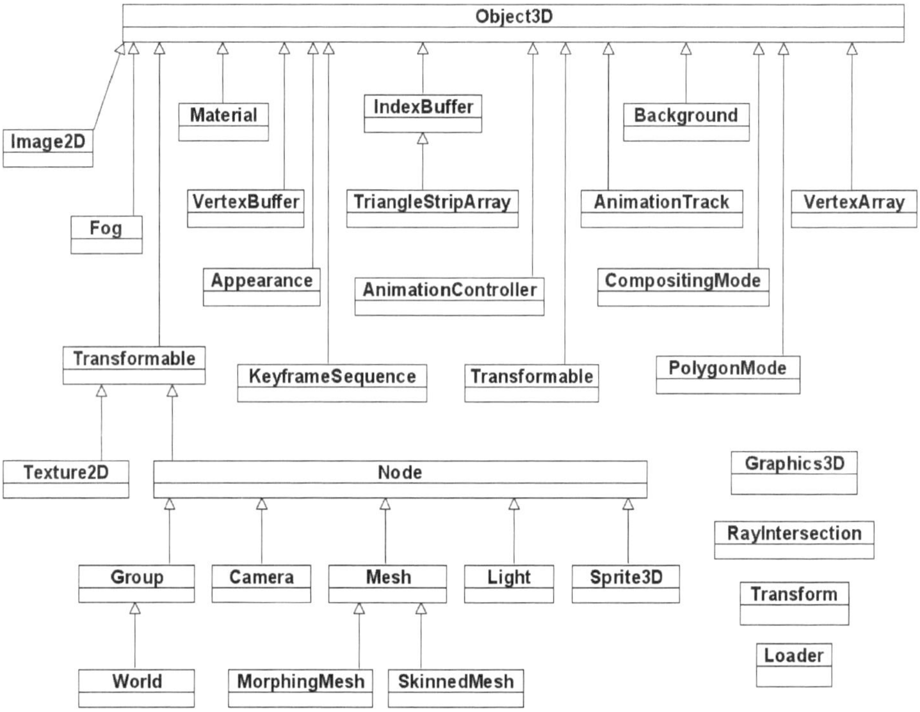

Abbildung 11.2: Klassendiagramm des M3G

```
public class MyCanvas extends Canvas {
    Graphics3D myG3D = Graphics3D.getInstance();
    public void paint(Graphics g) {
        try {
            myG3D.bindTarget(g);
            myG3D.render(meineWelt);
        } finally {
            myG3D.releaseTarget();
        }
        //...
    }
    //...
}
```

`Object3D`-Methoden	Bedeutung
`public void addAnimationTrack( AnimationTrack animationTrack)`	Fügt dem 3D-Objekt einen `AnimationTrack` hinzu.
`public final int animate(int time)`	Erneuert alle animierten Eigenschaften des Objektes zu der in `time` in Millisekunden angegebenen Zeit.
`public final Object3D duplicate()`	Erzeugt ein Duplikat des 3D-Objektes.
`public Object3D find(int userID)`	Sucht das 3D-Objekt mit der unter `userID` angegebenen ID innerhalb des 3D-Objektes.
`public AnimationTrack getAnimationTrack(int index)`	Gibt den `AnimationTrack` mit dem im Parameter `index` angegebenen Index des 3D-Objektes zurück. Sollte der Index nicht gültig sein, wird eine Exception geworfen.
`public int getAnimationTrackCount()`	Liefert die Anzahl der `AnimationTrack`s zurück, die mit dem 3D-Objekt assoziiert sind.
`public int getReferences(Object3D[] references)`	Gibt die Anzahl der Referenzen auf ein `Object3D` im 3D-Objekt zurück. Die Referenzen werden im Array `references` eingetragen. Ist `references null`, wird nur die Anzahl der Referenzen zurückgegeben. Diese Methode wird hauptsächlich für die Traversierung eines Szenengraphen benutzt.
`public int getUserID()`	Gibt die ID des 3D-Objektes zurück.
`public Object getUserObject()`	Gibt das für das 3D-Objekt definierte User-Objekt zurück.
`public void removeAnimationTrack( AnimationTrack animationTrack)`	Entfernt den `animationTrack` aus dem 3D-Objekt.
`public void setUserID(int userID)`	Setzt die ID des 3D-Objektes.
`public void setUserObject(Object userObject)`	Setzt das User-Objekt für das 3D-Objekt.

Tabelle 11.1: Methoden der Klasse `Object3D`

Dies sind vier Schritte:

1. Das `Graphics3D`-Singleton holen.
2. Die Rendering-Ausgabe an das `Graphics3D`-Singleton binden.
3. Die Szene aktualisieren und rendern.
4. Die Rendering-Ausgabe wieder freigeben.

Die Rendering-Ausgabe ist in den meisten Fällen ein `Graphics`-Objekt (siehe Abschnitt 5.4.2 auf Seite 101), welches von der `paint()`-Methode der Klassen `Canvas` oder `GameCanvas` übergeben wird. Aber `Graphics3D` kann auch in ein `Image2D`-Objekt rendern. So wird eine 3D-Szene in ein 2D-Bild abgebildet, welches man z.B. für eine Textur verwenden kann. Gibt man die Rendering-Ausgabe nicht wieder frei, kann das `Graphics3D`-Singleton nicht an andere Ausgaben gebunden werden, und die 3D-Szene wird auch nicht gezeichnet. Wird das `Graphics3D`-Singleton an eine Rendering-Ausgabe gebunden, können Eigenschaften für das Rendering übergeben werden. Das Beispielprogramm auf Seite 230 zeigt diese Eigenschaften an. Die Methode `getProperties()` liefert ein `java.util.Hashtable` zurück, in dem die unterstützten Eigenschaften stehen. Die Tabelle 11.2 fasst sie zusammen.

Hierzu zählen z.B. `ANTIALIAS`, `TRUE_COLOR` und `DITHER`. Antialiasing ist die algorithmische Vermeidung von Treppeneffekten, die durch die Rasterung des Bildpunktbereiches entsteht (Abbildung von kontinuierlichen Linien auf diskrete Bildschirmpunkte). Dithering wird bei Bildern mit geringer Farbtiefe verwendet, um dem Betrachter eine größere Farbtiefe vorzugaukeln. Hier werden fehlende Farben durch geschickte Anordnung von Pixeln in den vorhandenen Farben nachgebildet. Dadurch wird das menschliche Auge getäuscht, indem es die Mischung der Pixel als einzelne Farbe wahrnimmt. Man erkennt Dithering oft daran, wenn man ein digitales Bild stark vergrößert und die Granularität in den Farbübergängen erkennt. Die Eigenschaften werden in einer Bitmaske an die Methode `bindTarget()` übergeben. Jedoch ist zu beachten, dass dies nur Wünsche an die Ausgabe sind. Werden diese Eigenschaften von der Hardware oder Software auf dem PDA oder Handy nicht unterstützt, werden diese Wünsche einfach ignoriert. Will man sicher gehen, welche Grafikeigenschaften das eigene PDA oder Handy hat, benutzt man die Methode `getProperties()`, wie im Beispiel auf Seite 230 gezeigt.

11.1.3 World und Group

Der Methode `render()` der Klasse `Graphics3D` übergeben wir ein Objekt der Klasse `World`. Die Welt ist die Wurzel des Szenengraphens (siehe Abbildung 11.1 auf Seite 224). Die Klasse `World` hat die Methoden `setBackground(Background background)`, `getBackground()`, `setActiveCamera(Camera camera)` und `getActiveCamera()`.

Eigenschaft	Min.	Bedeutung
`supportAntialiasing`	false	Beantwortet, ob Antialiasing unterstützt wird.
`supportTrueColor`	false	Teilt mit, ob True-Color vom Gerät unterstützt wird.
`supportDithering`	false	Beantwortet, ob Dithering unterstützt wird.
`supportMipmapping`	false	Wird Mipmapping unterstützt? Dies ist ein Verfahren zur Verbesserung der Darstellung von Texturen.
`supportPerspective Correction`	false	Wird die perspektivische Korrektur unterstützt? Diese Korrektur ist z.B. bei großen Texturen auf Polygonen notwendig, wenn der Betrachtungswinkel geändert wird.
`supportLocal CameraLighting`	false	Ist dieser Wert `true`, wird die Richtung der Beleuchtung in Abhängigkeit der Kameraposition berechnet.
`maxLights`	8	Dies ist die maximale Anzahl von Lichtern.
`maxViewportWidth`	256	Die maximale Breite des Viewports.
`maxViewportHeight`	256	Gibt die maximale Höhe des Viewports an.
`maxViewportDimension`	256	Ist das Minimum von `maxViewportWidth` und `maxViewportHeight`
`maxTextureDimension`	256	Maximum der Texturausdehnung in Pixel.
`maxSpriteCrop Dimension`	256	Maximale Größe des sichtbaren Bereiches eines Sprites.
`maxTransforms PerVertex`	2	Maximale Anzahl der Transformationen eines Eckpunktes (Vertex) in einem `SkinnedMesh`
`numTextureUnits`	1	Maximale Anzahl von Texturen für das `Appearance`-Objekt.

Tabelle 11.2: Eigenschaften von `Graphics3D` mit minimalen Werten

3D-Grafik: Eigenschaften

```
import java.util.*;
import javax.microedition.lcdui.*;
import javax.microedition.midlet.*;
import javax.microedition.m3g.Graphics3D;

public class G3DProps extends MIDlet
    implements CommandListener {
    Form infoForm = new Form("Graphics3D");
    protected void pauseApp() {}
    protected void destroyApp(boolean arg0) {}

    protected void startApp() {
        Display.getDisplay(this).setCurrent(infoForm);
        infoForm.addCommand(new Command("Exit",Command.EXIT,1));
        infoForm.setCommandListener(this);
        showProperties(infoForm);
    }

    public void commandAction(Command c, Displayable d) {
        if(c.getCommandType() == Command.EXIT)
            notifyDestroyed();
    }

    private void showProperties(Form f) {
        Hashtable myHT = Graphics3D.getProperties();
        Enumeration meinEnumerator = myHT.keys();
        while (meinEnumerator.hasMoreElements()) {
            String alias = (String)meinEnumerator.nextElement();
            f.append(alias + " -> " + myHT.get(alias) + "\n");
        }
    }
}
```

Die Klasse `Background` entscheidet darüber, wie die Rendering-Buffer gelöscht werden. Die Abbildung 11.2 zeigt die Vererbungshierarchie im M3G, bei der man sieht, dass `World` von der Klasse `Group` erbt. Diese Klasse dient zum Gruppieren von Knoten des Szenengraphens. So kann man z.B. alle Objekte, die zu einem Auto gehören – wie Lenkrad, Räder, Chassis, Fenster usw. – zu einer Gruppe zusammenfassen. Bewegt sich jetzt das Auto in der 3D-Szene, muss man nur den Gruppenknoten transformieren, und alle in der Gruppe befindlichen Knoten werden ebenfalls transformiert. Auch kann man Knoten im Szenengraphen gruppieren, wenn man z.B. Objekte ein- und ausblenden möchte oder ganze Gruppen verdeckt werden. Der `World`-Knoten hat keinen Elternknoten, und seine Transformationen bleiben beim Rendern unberücksichtigt. Daher ist es bei der Modellierung eines Szenengraphens von Vorteil, wenn man direkt unter dem `World`-Knoten einen Hauptgruppenknoten einfügt. Wenn dieser Hauptgruppenknoten transformiert wird, kann man die ganze Szene bewegen oder skalieren, da alle anderen Knoten Kinder dieses Knotens sind.

11.1.4 Transformable und Node

Von der abstrakten Klasse `Node` erben die fünf Klassen, die Knoten im Szenengraphen repräsentieren können:

1. `Camera` definiert die Projektion in die 2D-Sichtebene und die Position des Betrachters auf die Szene.
2. `Mesh` definiert ein aus Dreiecken bestehendes 3D-Objekt mit möglichen Materialeigenschaften.
3. `Sprite3D` beschreibt ein 2D-Bild mit einer 3D-Position.
4. `Light` ist eine Lichtquelle mit Attributen wie Position, Richtung, Farbe usw.
5. `Group` dient als Elternknoten für Teilbäume des Szenengraphens.

Ein `Node`-Objekt repräsentiert u.a. ein lokales Koordinatensystem, welches relativ zum Eltern-Koordinatensystem transformiert werden kann. Diese Transformation (also vom Kindknoten zum Elternknoten) wird *node transformation* genannt. Die Transformation eines Punktes $\vec{p}$ im lokalen Koordinatensystems ins Eltern-Koordinatensystem $\vec{\acute{p}}$ besteht im M3G aus vier Teilen:

1. Matrix M, die eine homogene Transformationsmatrix repräsentiert.
2. Skalierung S.
3. Rotation (Orientierung) R.
4. Translation T.

Damit ergibt sich die Gleichung:

$$\vec{\acute{p}} = TRSM\vec{p} \tag{11.1}$$

Die Vektoren und Matrizen werden in homogenen Koordinaten angegeben. Die Matrizen $TRSM$ werden linksseitig an $\vec{p}$ multipliziert, da sie sich auf das Koordinatensystem des Vaters beziehen. Die Matrizenmultiplikation ist nicht kommutativ und somit die Reihenfolge entscheidend. Für die Transformationen ist die abstrakte Klasse `Transformable` zuständig, von der `Node` erbt. *Hinweis*

`Transformable`-Methoden	Bedeutung
`void getCompositeTransform( Transform transform)`	Gibt die Schritte der Gleichung 11.1 in einer 4x4 Matrix (`Transform`) wieder.
`void getOrientation(float[] angleAxis)`	Gibt die Orientierung zurück. `angleAxis` enthält den Rotationsvektor.
`void getScale(float[] xyz)`	Gibt die Skalierung zurück. `xyz` enthält die Skalierungsfaktoren entlang der drei Achsen.
`void getTransform(Transform transform)`	Gibt das M aus Gleichung 11.1 zurück.
`void getTranslation(float[] xyz)`	Gibt die Translationswerte entlang der drei Basisachsen zurück.
`void postRotate(float angle, float ax, float ay, float az)`	Unter Angabe des Winkels `angle` und des Rotationsvektors durch die Parameter `ax, ay, az` wird die aktuelle Orientierung geändert.
`void preRotate(float angle, float ax, float ay, float az)`	Wie `postRotate()`, jedoch linksseitig multipliziert.
`void scale(float sx, float sy, float sz)`	Skaliert um die angegebenen Parameter.
`void setOrientation(float angle, float ax, float ay, float az)`	Setzt die Orientierung. `angle` ist der Winkel, um den um den Vektor $(\vec{p})$ mit den Komponenten `ax`, `ay`, `az` gedreht werden soll.
`void setScale(float sx, float sy, float sz)`	Setzt den Skalierungsfaktor.
`void setTransform(Transform transform)`	Setzt das M aus Gleichung 11.1.
`void setTranslation(float tx, float ty, float tz)`	Setzt die Translation T aus Gleichung 11.1.
`void translate(float tx, float ty, float tz)`	Verschiebt das `Transformable`-Objekt entlang der drei Achsen um die Parameter `tx`, `ty`, `tz`.

Tabelle 11.3: Methoden der Klasse `Transformable`

Die Tabelle 11.3 gibt die Methoden dieser Klasse an. Man erkennt deutlich, dass die Klasse `Transformable` die Methoden für die Transformationen der 3D-Objekte im M3G übernimmt. Die Klasse `Transform` repräsentiert eine 4x4-Matrix, die für Transformationen gebraucht wird. In der Klasse findet man u.a. Methoden wie `invert()` zum Invertieren der Matrix, `transpose()` zur Berechnung der Transponierten oder `setIdentity()`, um die Matrix der Einheitsmatrix gleich zu setzen. Andere Methoden der Klasse `Transform` werden z.B. zum Multiplizieren von zwei Matrizen benutzt. Bei homogenen Transformationsmatrizen repräsentiert die Multiplikation eine Transformation [Foley].

11.1.5 Camera und Light

Die Klasse `CameraCamera` wird für die Transformation der 3D-Szene auf Bildschirmkoordinaten eingesetzt, wobei sich das M3G bei der Projektion und beim Clipping an *OpenGL* hält. Unter Clipping versteht man das Abschneiden von nicht sichtbaren Flächen, die z.B. außerhalb des Sichtbereichs liegen oder von anderen verdeckt werden. Stellen Sie sich einfach die Kamera als eine Sicht auf die 3D-Szene vor. Man kann mit der Kamera näher an ein Objekt herangehen oder den Blickwinkel ändern. Der Anwender kann in seiner Applikation mehrere Kameras definieren, theoretisch ist die Anzahl nicht begrenzt. Durch die Kombination mehrerer Kameras sind viele beeindruckende Effekte möglich, wenn man von einer zur anderen Kamera umschaltet.

Ohne die Klasse `Light` wäre das M3G stark eingeschränkt, denn man könnte keine Lichteffekte benutzen. Im M3G gibt es vier Lichtarten, die in der folgenden Reihenfolge in ihrer Berechnungskomplexität steigen:

1. *ambient light*: Diese Lichtart beleuchtet alle Objekte in der 3D-Szene aus allen Richtungen. Die Intensität des Lichts ist überall gleich. Somit sind Position und Richtung des Lichts unbedeutend. Dies ist die einfachste Lichtart.

2. *directional light*: Dieses Licht korrespondiert zum realen Sonnenlicht. Es beleuchtet die Objekte aus einer Richtung mit der gleichen Intensität. Also hat die Position des *directional light* keine Bedeutung. Die Beleuchtungsrichtung ist die negative z-Achse des Koordinatensystems von `Light`.

3. *omnidirectional light*: Hier werden die Objekte aus allen Richtungen des Koordinatensystems des Lichts beleuchtet. Jedoch nimmt die Intensität mit der Entfernung ab.

4. *spot light*: Beim Spotlight spielen die Richtung und die Entfernung ein Rolle. Man kann sich ein Spotlight sehr gut als Taschenlampe vorstellen.

Über die Methoden der Klasse `Light` werden die Lichtarten und deren Eigenschaften eingestellt. So setzt man mit der Methode `setMode()` die Art und mit der Methode `setIntensity()` die Intensität. Bitte beachten Sie, dass es auch vom Material der beleuchteten Oberfläche abhängt, wie der Betrachter das Objekt sieht. Mit den verschiedenen Arten des Lichts und der Oberflächenmaterialien lassen sich schöne Effekte programmieren. So kann man z.B. mit einer negativen Intensität Bereiche auf einem Objekt abdunkeln.

11.2 Ein erstes Beispiel

Für unser erstes Beispiel nehmen wir die M3G-Datei (Installationsordner)\apps\Demo3D\res\com\superscape\m3g\wtksamples\pogoroo\content\pogoroo.m3g aus dem WTK. In dieser M3G-Datei ist ein Känguru auf einem Pogostab modelliert. Als Landschaft dient ein Golfplatz (so sieht es für uns aus), der Himmel ist schön blau, und einige weiße Wolken sind zu sehen. Die erste Klasse, die wir Ihnen hier vorstellen, ist das MIDlet. Im MIDlet selbst wird eine Instanz der Klasse `MyCanvas` erzeugt. In dieser Klasse haben wir unsere Funktionalität gekapselt. Die Klasse `MyCanvas` demonstriert den Umgang mit der Klasse `Loader` in der Methode `loadMeineWelt()` zum Einlesen von M3G-Dateien, das Laden der aktiven Kamera und das Anlegen einer eigenen Lichtquelle in der Methode `loadMeineKamera()`, das Transformieren der Kamera auf Tastendruck in der Methode `moveCamera()` und das Rendern der Szene in der Methode `draw()`. Das Beispiel benutzt den *Retained Mode*. Wir empfehlen das Programm *M3GViewer* [M3GTk] zur Betrachtung der M3G-Datei pogoroo.m3g. Benutzen Sie die *TreeViewer*-Funktion, um sich die Struktur des Szenengraphen anzuschauen. Bitte beachten Sie, dass es von Ihrem Handy bzw. PDA abhängt, wo sich die Spieltasten `GAME_A` bis `GAME_D` auf der Tastatur befinden. Mit diesem Beispiel können Sie eigene M3G-Dateien einladen und betrachten. Passen Sie an den entsprechenden Stellen die Eigenschaften des Lichts oder die Position der Kamera nach Ihren Wünschen an. Die Abbildung 11.3 zeigt die Ausgabe des Programms. Im Prinzip haben Sie mit der Klasse `MyCanvas` die Basis für ein Spiel. Was jetzt noch fehlt, ist Bewegung.

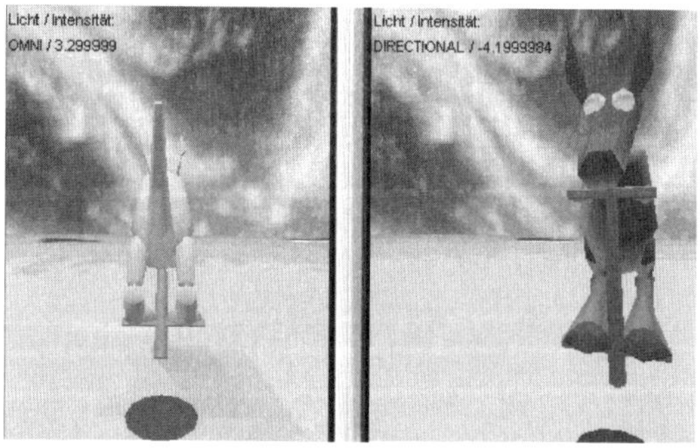

Abbildung 11.3: Das Känguru aus verschiedenen Perspektiven und unter unterschiedlichen Lichtern

3D-Grafik: erstes Beispiel

```
import javax.microedition.lcdui.Display;
import javax.microedition.midlet.MIDlet;

public class MyFirst3D extends MIDlet {
    private Display display = null;
    private MyCanvas canvas = null;

    protected void startApp() {
        display = Display.getDisplay(this);
        canvas = new MyCanvas(this);
        canvas.start();
        display.setCurrent(canvas);
    }

    protected void pauseApp() {}

    protected void destroyApp (boolean arg0) {}

    public void beenden() {
        notifyDestroyed();
    }
}
```

3D-Grafik: erstes Beispiel, Klasse MyCanvas

```
import java.io.*;
import javax.microedition.lcdui.Graphics;
import javax.microedition.lcdui.game.GameCanvas;
import javax.microedition.m3g.*;

public class MyCanvas extends GameCanvas implements Runnable {
    private int RENDERING_PROPS = Graphics3D.ANTIALIAS |
        Graphics3D.TRUE_COLOR | Graphics3D.DITHER;
    private boolean running = false;
    private int letzteTaste = 0;
    private Graphics3D g3d = null;
    private World meineWelt = null;
    private Camera meineKamera = null;
    private Light licht = null;
    private float kameraRot = 0.0f;
```

```
private double kameraSinus = 0.0f;
private double kameraCosinus = 0.0f;
private MyFirst3D myMIDlet = null;

public MyCanvas(MyFirst3D midlet) {
    super(true);
    myMIDlet = midlet;
    setFullScreenMode(true);
    loadMeineWelt();
    loadMeineKamera();
}

private void loadMeineKamera() {
    meineKamera = meineWelt.getActiveCamera();
    licht = new Light();
    licht.setMode(Light.AMBIENT);
    licht.setIntensity(1.0f);
    meineWelt.addChild(licht);
}

private void loadMeineWelt() {
    try {
        Object3D[] buffer = Loader.load("/pogoroo.m3g");
        for(int i = 0; i < buffer.length; i++) {
            if(buffer[i] instanceof World) {
                meineWelt = (World)buffer[i];
                break;
            }
        }
        buffer = null;
    } catch(IOException e) {
        // Exception behandeln
    }
}

private void draw(Graphics g) {
    try {
        moveCamera();
        g3d = Graphics3D.getInstance();
        g3d.bindTarget(g,true,RENDERING_PROPS);
        g3d.render(meineWelt);
```

```
        } catch(Exception e) {
            // Exception behandeln
        }
        finally {
            g3d.releaseTarget();
        }

        String lichtArt = "undefiniert";
        switch (licht.getMode()) {
            case Light.AMBIENT : lichtArt = "AMBIENT";
            break;
            case Light.SPOT :    lichtArt = "SPOT";
            break;
            case Light.OMNI :    lichtArt = "OMNI";
            break;
            case Light.DIRECTIONAL : lichtArt = "DIRECTIONAL";
            break;
            // default kann nicht vorkommen
        }

        g.drawString("Licht / Intensität: ",
            2, 2, Graphics.TOP|Graphics.LEFT);
        g.drawString(lichtArt + " / " + licht.getIntensity(),
            2, 20, Graphics.TOP|Graphics.LEFT);
    }

    private void moveCamera() {
        if ( (letzteTaste & GameCanvas.LEFT_PRESSED) != 0)
            kameraRot += 2.0f;
        else if ((letzteTaste & GameCanvas.RIGHT_PRESSED) != 0)
            kameraRot -= 2.0f;
        meineKamera.setOrientation(kameraRot,0.0f,1.0f,0.0f);
        double rads = Math.toRadians(kameraRot);
        kameraSinus = Math.sin(rads);
        kameraCosinus = Math.cos(rads);
        if ( (letzteTaste & GameCanvas.UP_PRESSED) != 0)
            meineKamera.translate(-0.2f * (float)kameraSinus,
                0.0f,-0.2f * (float)kameraCosinus);
        else if ( (letzteTaste & GameCanvas.DOWN_PRESSED) != 0)
            meineKamera.translate(0.2f * (float)kameraSinus,
                0.0f,0.2f * (float)kameraCosinus);
```

```
        if ( (letzteTaste & GameCanvas.FIRE_PRESSED) != 0) {
            running = false;
            myMIDlet.beenden();
        }
        if ((letzteTaste & GameCanvas.GAME_A_PRESSED ) != 0)
            licht.setIntensity(licht.getIntensity()+0.1f);
        if ((letzteTaste & GameCanvas.GAME_B_PRESSED ) != 0)
            licht.setIntensity(licht.getIntensity()-0.1f);
        if ((letzteTaste & GameCanvas.GAME_C_PRESSED ) != 0)  {
            switch (licht.getMode()) {
                case Light.AMBIENT : licht.setMode(Light.SPOT);
                                        break;
                case Light.SPOT :    licht.setMode(Light.OMNI);
                                        break;
                case Light.OMNI :    licht.setMode(
                    Light.DIRECTIONAL);  break;
                case Light.DIRECTIONAL : licht.setMode(
                    Light.AMBIENT);      break;
            }
        }
        if ((letzteTaste & GameCanvas.GAME_D_PRESSED ) != 0)
            licht.setColor(0x00FF0000);
    }

    public void start() {
        running = true;
        new Thread(this).start();
    }

    public void run() {
        while(running) {
            letzteTaste = getKeyStates();
            draw(getGraphics());
            flushGraphics();
            try {
                Thread.sleep(30);
            } catch (InterruptedException e) {
              // nichts tun
            }
        }
    }
}
```

11.3 Animation

Aus dem Abschnitt 11.2 wissen Sie, wie man eine Szenendatei einliest, betrachtet und die Kameraposen ändert. In diesem Abschnitt stellen wir Ihnen die für Animationen notwendigen Klassen vor.

11.3.1 KeyframeSequence

Objekte und deren animierbare Eigenschaften wie Farbe, Intensität, Position usw. können einer vordefinierten `KeyframeSequence` folgen. Stellen Sie sich einen Pfad vor, auf dem ein Objekt sich bewegen soll. Eine `KeyframeSequence` gibt dann die einzelnen Positionen auf diesem Pfad an, interpoliert zwischen den Stützpunkten und kontrolliert die Zeit, in der dieser Pfad zurückgelegt werden soll. Die in der Sequenz angegebene Zeit nennen wir *lokale* Zeit. Sie bezieht sich nur auf die Sequenz. Die *globale* Zeit ist die Zeit, die seit Start des MIDlets läuft. Wenn wir in einer Sequenz sagen, dass eine Farbe von 1–500 ms gesetzt sein soll, dann bezieht sich dieser Wert auf die Sequenz und nicht auf den globalen Zeitpunkt 500 ms. Mit den entsprechenden Methoden der Klasse `AnimationController` (siehe Tabelle 11.5 auf Seite 241) werden die lokalen Zeitpunkte der Sequenzen auf die globale Zeit umgerechnet bzw. wird der globale Zeitpunkt gesetzt, an dem eine Sequenz gestartet oder beendet werden soll.

Die Klasse `KeyframeSequence` definiert eine Menge von Fließkommazahlen mit korrespondierenden Zeiten und Interpolationsarten. Jede `KeyframeSequence` kann zu einer bestimmten Zeit auf der Zeitachse animiert werden. Es ist möglich, zur gleichen Zeit mehrere `KeyframeSequence`s aktiv zu haben. Der Konstruktor `KeyframeSequence(int numKeyframes, int numComponents, int interpolation)` erfordert im ersten Parameter die Anzahl der Schritte (*Keyframes*), im zweiten Parameter die Anzahl der Komponenten und im dritten Parameter die Interpolationsart. Wollen wir ein Objekt verschieben, übergeben wir z.B. 10 Schritte, für jeden Schritt 3 Komponenten (x,y,z) und für die Interpolationsart z.B. `SPLINE`. Die Interpolationsarten finden Sie im M3G beschrieben und müssen zum *Keyframe* passen. Soll ein Objekt abwechselnd in zwei verschiedenen Farben dargestellt werden, dann übergeben wir z.B. 2 Schritte, für jeden Schritt 3 Komponenten (die RGB-Werte der Farben) und als Interpolationsart `LINEAR`. Mit der Methode `setKeyframe(int index, int time, float[] value)` fügt man einen Schritt in die Sequenz ein. Der Parameter `index` gibt die Position des Schrittes in der Sequenz an. Dieser Wert muss im Intervall [0, `numKeyframes`-1] liegen, ansonsten wird eine Exception geworfen. Der zweite Parameter `time` gibt den Zeitpunkt des Schrittes an. Im letzten Parameter werden die Komponenten gesetzt. Man übergibt z.B. für die Eigenschaft `COLOR` drei Komponenten und für die Eigenschaft `INTENSITY` nur eine. Die Methode `setDuration(int duration)` setzt die Dauer der Sequenz in Millisekunden. Über die Methode `setRepeatMode(int mode)` wird der Wiederholungsmodus gesetzt. Dieser kann `LOOP` oder `CONSTANT` sein.

Bei LOOP wird die Sequenz am Ende von Beginn an wiederholt und besitzt einen Interpolationsschritt vom Ende zum Beginn.

11.3.2 AnimationTrack und AnimationController

Der Konstruktor AnimationTrack(KeyframeSequence seq, int property) erfordert eine KeyframeSequence und eine animierbare Eigenschaft. Die Tabelle 11.4 zeigt einige dieser Eigenschaften. Eine vollständige Liste finden Sie in der Dokumentation zur M3G [JSR184].

Eigenschaft	**Bedeutung**
ALPHA	Spezifiziert den Alpha-Faktor des Objektes und muss im Intervall [0,1] liegen.
AMBIENT_COLOR	Definiert die ambiente Farbeigenschaft des Objektmaterials.
COLOR	Legt die Farbe des Objektes fest.
DENSITY	Legt die Dichte des Nebels fest.
DIFFUSE_COLOR	Definiert die diffuse Farbeigenschaft des Materials.
INTENSITY	Legt die Intensität eines Lichtobjekts fest.
ORIENTATION	Spezifiziert die Orientierung des Objektes.
SCALE	Definiert den Skalierungsfaktor des Objektes.
TRANSLATION	Legt den Transformationsanteil der Transformable-Klasse des Objektes fest.
VISIBILITY	Setzt das Sichtbarkeitsflag eines Objektes.

Tabelle 11.4: Animierbare Eigenschaften von Objekten

Ein AnimationTrack braucht einen AnimationController, der einen oder mehrere AnimationTracks steuert. Die Klasse AnimationTrack kommt mit vier Methoden aus:

- getKeyframeSequence() liefert die KeyframeSequence, die dem Konstruktor übergeben wurde.
- getTargetProperty() gibt die animierbare Eigenschaft, die bei der Erzeugung übergeben wurde, zurück.
- setController(AnimationController ctrl) setzt den AnimationController, und getController() gibt ihn zurück.

In der Tabelle 11.5 finden Sie die Methoden der Klasse AnimationController.

`AnimationController`-Methoden	Bedeutung
`int getActiveIntervalEnd()`	Liefert den Zeitpunkt in der globalen Zeit, an dem der Controller nicht mehr aktiv ist.
`int getActiveIntervalStart()`	Liefert den Zeitpunkt in der globalen Zeit, an dem der `AnimationController` aktiv wird.
`float getPosition(int worldTime)`	Diese Methode gibt die lokale Zeit des zum Controller gehörenden `AnimationTracks` zum globalen Zeitpunkt `worldTime` zurück.
`int getRefWorldTime()`	Gibt die aktuelle globale Zeit zurück (also die Zeit, die seit dem Start der Applikation vergangen ist).
`float getSpeed()`	Gibt die aktuelle Abspielgeschwindigkeit zurück.
`float getWeight()`	Liefert die Gewichtung des Controllers bzgl. Überblendung.
`void setActiveInterval(int start, int end)`	Mit dieser Methode wird die globale Zeitspanne gesetzt, in der der Controller aktiv ist. Sind `start`und `end` gleich, ist der Controller die ganze Zeit aktiv.
`void setPosition(float sequenceTime, int worldTime)`	Setzt einen neuen lokalen Abspielzeitpunkt, der zum globalen Zeitpunkt `worldTime` korrespondiert.
`void setSpeed(float speed, int worldTime)`	Mit dieser Methode wird die Abspielgeschwindigkeit gesetzt. Der Wert 1.0 ist die normale Abspielgeschwindigkeit, 2.0 ist doppelte Geschwindigkeit, bei –1.0 läuft die Animation rückwärts, und 0.0 hält die Animation an.
`void setWeight(float weight)`	Setzt das Überblendgewicht des Controllers. Wenn mehrere Animationen die gleiche Eigenschaft zur gleichen Zeit beeinflussen, entscheidet dieses Gewicht, wie intensiv dieser Controller eingeblendet wird.

Tabelle 11.5: Methoden der Klasse `AnimationController`

11.3.3 Ein Animationsbeispiel

Um die Anwendung der oben genannten Klassen zu zeigen, modifizieren wir das Beispiel auf Seite 235. Dazu fügen wir zuerst zwei neue Attribute in die Klasse `MyCanvas` ein:

```
private Group meinKanguru = null;
static final int POGOROO_MOVE_GROUP_TRANSFORM_ID = 554921620;
```

Das Attribut `meinKanguru` repräsentiert die Gruppe, die wir animieren wollen. Um diese Gruppe aus den Szenengraphen auszulesen, brauchen wir ihre Identifikationsnummer, die beim Modellieren festgelegt worden ist. Diese haben wir dem Szenengraphen entnommen. Hier müssen wir in `loadMeineWelt()` die folgende Zeile am Ende des `try`-Blocks ergänzen:

```
meinKanguru = (Group) meineWelt.find(
                            POGOROO_MOVE_GROUP_TRANSFORM_ID);
```

Dann fügen wir in `MyCanvas()` eine Methode `loadMeineAnimation()` ans Ende ein. Die Methode `run()` muss wie folgt angepasst werden:

```
public void run() {
    int myTime = 0;
    while(running) {
        letzteTaste = getKeyStates();
        draw(getGraphics());
        if (myTime < Integer.MAX_VALUE-30)
            myTime += 30;
        else
            myTime = 0;
        meinKanguru.animate(myTime);
        licht.animate(myTime);
        flushGraphics();
        try {
            Thread.sleep(30);
        } catch (InterruptedException e) { }   // nichts tun
    }
}
```

Die `animate(int time)`-Methode besitzt jedes `Object3D`. Der Parameter ist der globale Zeitpunkt, zu dem die animierten Eigenschaften des Objektes aktualisiert werden sollen. In unserem Beispiel also alle 30 ms. Jetzt fügen wir die Methode `loadMeineAnimation()` hinzu:

```
private void loadMeineAnimation()  {
    float[] kangaTrans = new float[3];
    meinKanguru.getTranslation(kangaTrans);
```

```
    AnimationController controller = new AnimationController();
    controller.setActiveInterval(0,5000);
    controller.setSpeed(2.0f,0);
    KeyframeSequence ks = erzeugeKeyframeSequence(kangaTrans);
    AnimationTrack at =
        new AnimationTrack(ks,AnimationTrack.TRANSLATION);
    at.setController(controller);
    meinKanguru.addAnimationTrack(at);
    blinkendesKanguru();
}
```

In dieser Methode holen wir uns zuerst die Position des Kängurus in Weltkoordinaten. Dann wird ein `AnimationController` erzeugt, der in der globalen Zeitspanne 0 bis 5 Sekunden aktiv ist und mit doppelter Geschwindigkeit abläuft. Danach erzeugen wir eine `KeyframeSequence` mit unserer Methode `erzeugeKeyframeSequence()`, der wir die Position des Kängurus übergeben. Zuletzt erzeugen wir ein `AnimationTrack`, welches die `KeyframeSequence` bekommt und die Translations-Eigenschaft verändert (das Känguru wird sich translatorisch bewegen, das ist die Animationseigenschaft). Das `AnimationTrack` wird mit dem Controller und dem Känguru verbunden. Die Methode `blinkendesKanguru()` setzt eine weitere Eigenschaft. Die Methode `erzeugeKeyframeSequence()` sieht im Detail so aus:

```
KeyframeSequence erzeugeKeyframeSequence(float[] trans) {
    KeyframeSequence ks;
    ks = new KeyframeSequence(10,3,KeyframeSequence.SPLINE);
    float[] werte = new float[3];
    werte[1] = trans[1];
    werte[2] = trans[2];
    for (int i = 0; i < 10; i++) {
        werte[0] = trans[0] + (float)i;
        ks.setKeyframe(i,i*10,werte);
    }
    ks.setDuration(1000);
    ks.setRepeatMode(KeyframeSequence.LOOP);
    return ks;
}
```

Wir lassen das Känguru in x-Richtung nach vorne hüpfen. Im Konstruktor der Sequenz geben wir an, dass wir 10 Keyframes à drei `float`-Komponenten übergeben wollen. Der korrespondierende `AnimationTrack` verändert ja die `TRANSLATION`-Eigenschaft, die die zu verändernden x,y,z-Werte haben möchte, also müssen wir pro Keyframe 3 Werte übergeben. Die Interpolationsart zwischen den Keyframes ist `SPLINE`. Hier werden Splines für die Interpolation verwendet, im Detail sind dies Catmull-Rom-Splines [Shirley]. Die ganze Sequenz soll in einer Sekunde im

LOOP-Modus ablaufen. So lassen wir also das Känguru nach vorne hüpfen. Die Bewegung nach vorne wird durch unsere Sequenz eingestellt. Die x-Komponente der Translation wird erhöht, also bewegt sich das Känguru in die Bildschirmebene. Aber warum hüpft es? Dies wurde schon bei der Modellierung des Kängurus eingetragen und wird durch den Aufruf von animate() ausgeführt. Nehmen Sie die Methode loadMeineAnimation() einfach aus den Konstruktor von MyCanvas heraus. Dann werden Sie sehen, dass das Känguru hüpft, ohne dass wir es explizit programmiert haben. Jetzt bleibt noch blinkendesKanguru() zu erklären:

```
private void blinkendesKanguru() {
    KeyframeSequence blinking =
        new KeyframeSequence(2,3,KeyframeSequence.LINEAR);
    //rot
    blinking.setKeyframe(0,0,new float[]{1.0f,0.0f,0.0f});
    //grün
    blinking.setKeyframe(1,500,new float[]{0.0f,1.0f,0.0f});
    blinking.setDuration(1000);
    blinking.setRepeatMode(KeyframeSequence.LOOP);

    AnimationTrack blink = new AnimationTrack(blinking,
        AnimationTrack.COLOR);
    licht.addAnimationTrack(blink);
    AnimationController lightAnim =
        new AnimationController();
    blink.setController(lightAnim);
    lightAnim.setActiveInterval(5000,10000);
}
```

Wenn das Känguru 5 Sekunden lang nach vorne gehüpft ist, lassen wir es in den Farben Rot und Grün 5 Sekunden lang blinken. Dies erreichen wir dadurch, dass wir zuerst eine KeyframeSequence anlegen, die nur zwei Keyframes bekommt. Dies sind die RGB-Werte für die beiden Farben Rot und Grün. Beim Erzeugen der Sequenz wird angegeben, dass wir pro Keyframe drei Komponenten übergeben (die drei RGB-Werte für die Farben). Die Interpolation ist linear. Die Sequenz soll sich wiederholen und dauert 1 Sekunde, wobei jede Farbe 500ms lang ist. Dann erzeugen wir wieder einen AnimationTrack, der die blinkende Sequenz übergeben bekommt. Wir wählen die Eigenschaft COLOR aus, die animiert werden soll. Dies fügen wir unserem Licht hinzu. Dann muss noch ein Controller angelegt werden. Dieser arbeitet in der globalen Zeitspanne 5–10 Sekunden. Also wird unser Känguru nach dem rasanten Ritt auf dem Pogostab vor Anstrengung rot und grün glühen. Im Prinzip ist der Umgang mit Animationen nicht zu kompliziert, wie unser Beispiel hoffentlich zeigt. Die Schritte sind immer dieselben:

1. KeyframeSequence erzeugen.
2. Werte mit lokaler Zeit in die Sequenz eintragen.

3. Die Dauer der Sequenz setzen, wenn gewünscht die Wiederholung aktivieren.

4. Einen `AnimationTrack` erzeugen, der die Sequenz aufnimmt und die animierbare Eigenschaft auswählt.

5. Den Track mit dem zu animierenden Objekt verbinden.

6. Einen Controller erzeugen, der dem Track zugeordnet wird.

7. Die Eigenschaften des Controllers setzen.

8. Mit der `animate()`-Methode wird das Objekt animiert.

11.4 Immediate Mode

In den Abschnitten oben wurde der *Retained Mode* beschrieben. Dieser ist sehr nützlich, wenn man eine Szenendatei, die mit einem Modellierungswerkzeug wie z.B. Blender [Blend] erzeugt wurde, anzeigen und animieren möchte. Dies setzt jedoch voraus, dass schon alle Objekte modelliert sind. Aber wie kann man ein Objekt explizit im Programmcode erzeugen? Dies können wir mit folgender Vorgehensweise im *Immediate Mode* tun:

1. Erzeugen von Objekten mit `VertexBuffer`

2. Transformationen von Objekten mit der Klasse `Transform`

3. Zuweisen von Eigenschaften zu Eckpunkten mit `VertexArrays`

Objekte im *Immediate Mode* werden durch Dreiecke dargestellt. Das kennt man von Grafikkarten, deren Leistung u.a. anhand der Anzahl der dargestellten Dreiecke pro Zeiteinheit angegeben wird. Die XBox 360 von Microsoft schafft ca. 500 Millionen Dreiecke pro Sekunde. Aber warum nimmt man Dreiecke? Die Computergrafik ist ein mathematisches Thema, und Dreiecke haben einige angenehme mathematische Eigenschaften. Denken Sie nur an die wunderbare Trigonometrie. Es gibt mehrere Möglichkeiten, Objekte im 3D-Raum darzustellen, z.B. *Octrees*, *Constructive Solid Geometry* und Polyeder [Foley]. Ein Polyeder ist ein Objekt, das von Ecken, Kanten und Flächen begrenzt ist. Die Flächen eines Polyeders bezeichnen wir als Polygone. Eine Kante wird im Englischen als Edge und ein Eckpunkt als Vertex (im Plural Vertices) bezeichnet. Es ist möglich, jedes Polygon in Dreiecke zu zerlegen, diesen Vorgang nennt man Triangulation [Zepp]. Also kann man beliebige 3D-Objekte aus Dreiecken modellieren, doch benötigt man für ein realistisches Objekt mehrere Millionen Dreiecke, was PDAs und Handys mit ihren begrenzten Ressourcen nicht zugemutet werden kann. Das ist auch ein Grund, warum das Känguru aus dem Beispiel auf Seite 235 nicht sehr realistisch aussieht.

Jedes Polygon besitzt Oberflächeneigenschaften wie zum Beispiel Farbe oder Glanz. Wie diese Oberflächeneigenschaften das Licht reflektieren, hängt von der

Richtung und Intensität des Lichts ab und von der Orientierung der Fläche selbst. Die Orientierung der Fläche wird durch eine Normale angegeben. Dies ist ein Vektor, der senkrecht auf der Polygonebene steht. Es ist besonders einfach, den Normalenvektor für ein Dreieck zu berechnen. Diesen Normalenvektor bzw. seine Richtung brauchen wir, um die Orientierung des Polygons zu berechnen und somit außen von innen zu unterscheiden. Die Richtung des Normalenvektors wird durch den Umlaufsinn der Vertices bestimmt (also die Reihenfolge, in der die Vertices angegeben werden). Dieser Umlaufsinn ist in der Computergrafik im Allgemeinen mathematisch positiv (entgegen Uhrzeigersinn). Natürlich können Sie im 3D in einen Würfel hineinsehen. Man muss also für ein Polygon wissen, wo innen und außen ist (eigentlich Vorderseite und Rückseite), um zum Beispiel eine andere Farbe für innen zu vergeben.

Viel wichtiger ist es aber festzustellen, welche Polygone sichtbar sind und welche nicht. Unter dem Begriff *Culling* (Aussuchen) versteht man das Ausblenden nicht sichtbarer Polygone [Zepp]. Es kann eine ganze Menge Rechenzeit gespart werden, wenn die nicht sichtbaren Polygone nicht gerendert werden müssen. Mit Hilfe der Normalen kann man feststellen, ob ein Polygon sichtbar ist oder nicht, was von der Position und Orientierung der Kamera abhängig ist. Im M3G kann jedem Vertex eines Polygons eine Normale zugeordnet werden. Dadurch wird es möglich, die Reflexion des Lichts, die von den Oberflächeneigenschaften und der Richtung der Normalen abhängt, für jeden Vertex des Polygons einzustellen, da jeder Vertex des Polygons eine Normale besitzen kann.

11.4.1 VertexBuffer und VertexArray

Wie gehen wir jetzt vor, um einen Würfel zu erzeugen? Wir brauchen zuerst die Klasse `VertexBuffer`, die die Referenzen auf `VertexArray`s verwaltet. Diese `VertexArray`s geben die Position, Farbe, Normalen und Texturkoordinaten der Vertices an. Abbildung 11.4 verdeutlicht dies. Die Tabelle 11.6 fasst die Methoden der Klasse `VertexBuffer` zusammen. Die Klasse `VertexArray` besitzt insgesamt 7 Methoden, die im Wesentlichen für das Setzen und Auslesen der Werte zuständig sind. Beim Konstruktor `VertexArray(int numVertices, int numComponents, int componentSize)` übergibt man die Anzahl der Vertices, die Anzahl der Komponenten des Positionsvektors und die Weite der Komponenten (8 Bit oder 16 Bit). Zur Demonstration geben wir ein Codefragment, mit dem ein Buffer mit Positionen gefüllt wird:

```
VertexBuffer wuerfelVertexBuffer = new VertexBuffer();
static final byte[] VERTEX_POSITIONEN = {
    -1, -1,  1,    1, -1,  1,   -1,  1,  1,    1,  1,  1,
    -1, -1, -1,    1, -1, -1,   -1,  1, -1,    1,  1, -1
    };

VertexArray vertexPositionen =
```

```
    new VertexArray(VERTEX_POSITIONEN.length/3,3,1);
vertexPositionen.set(0,VERTEX_POSITIONEN.length/3,
                     VERTEX_POSITIONEN);
wuerfelVertexBuffer.setPositions(vertexPositionen,1.0f,null);
```

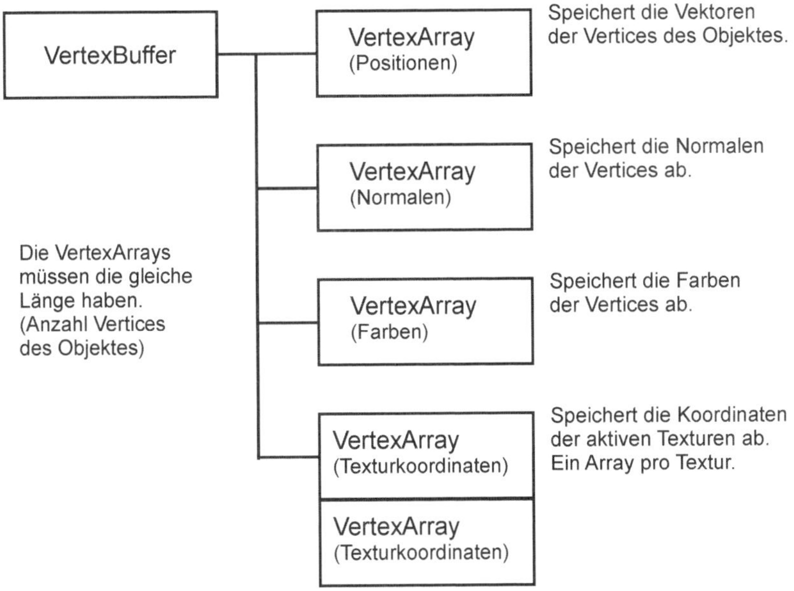

Abbildung 11.4: Zusammenhang zwischen `VertexBuffer` und `VertexArray`

11.4.2 Rendern im Immediate Mode

Im *Retained Mode* ruft man die Methode `render()` auf und übergibt einen Szenengraphen, der dann gerendert wird. Es werden die Kameras, Lichter, Hintergründe und Transformationen der Welt/des Szenengraphens benutzt. Im *Immediate Mode* werden Kameras, Lichter, Hintergründe und Transformationen aus der Klasse `Graphics3D` benutzt, die auch explizit gesetzt werden müssen. Auch die Farb- und Tiefenbuffer müssen explizit gelöscht werden, was im *Retained Mode* implizit geschieht. Die Methode zum Rendern im *Immediate Mode* lautet:

```
void render(VertexBuffer vertices, IndexBuffer triangles,
    Appearance appearance, Transform transform)
```

Der Parameter `transform` gibt die Transformation der Vertices ins Weltkoordinatensystem an. Der Parameter `appearance` legt die Oberflächeneigenschaften des Objektes fest. Wie Sie schon wissen, werden im `Immediate Mode` Objekte durch Polyeder dargestellt, die durch Edges und Vertices begrenzt sind.

`VertexBuffer`-Methoden	**Bedeutung**
`VertexArray getColors()`	Liefert das `VertexArray`, welches die Farben der Vertices repräsentiert, oder `null`, falls dieses Array nicht gesetzt ist.
`int getDefaultColor()`	Liefert die voreingestellte Farbe des `VertexBuffer`s im Format 0xAARRGGBB.
`VertexArray getNormals()`	Liefert das `VertexArray`, welches die Normalen der Vertices repräsentiert, oder `null`, falls dieses Array nicht gesetzt ist.
`VertexArray getPositions(float[] scaleBias)`	Gibt das Array der Vektoren der Vertices zurück oder `null`, wenn dieses nicht gesetzt ist. Der Parameter `scaleBias` gibt die Skalierung (ein Wert) und das Bias (drei Werte) an, welche in die ersten vier Elemente des zurückgegebenen Arrays eingetragen werden.
`VertexArray getTexCoords(int index, float[] scaleBias)`	Wie bei `getPositions()`, jedoch wird mit `index` der Index der Textur ausgewählt.
`int getVertexCount()`	Gibt die Anzahl der Vertices im Buffer zurück.
`void setColors(VertexArray colors)`	Setzt die Farben im 0xAARRGGBB- oder 0xRRGGBB-Format mit jeweils 8 Bit.
`void setDefaultColor(int ARGB)`	Setzt die Farbe, die für die Vertices genommen werden soll, wenn kein `VertexArray` für die Farben angegeben wurde. Existiert ein solches Array, wird diese Farbe ignoriert.
`void setNormals(VertexArray normals)`	Setzt die Normalen der Vertices.
`void setPositions(VertexArray positions, float scale, float[] bias)`	Setzt die Vektoren der Vertices. Mit den Parametern `scale` und `bias` werden die Koordinaten der Vertices wie folgt berechnet: $\vec{v} = s\vec{v} + \vec{b}$
`void setTexCoords(int index, VertexArray texCoords, float scale, float[] bias)`	Setzt die Koordinaten der Texturen. Hier verweisen wir auf Abschnitt 11.5.

Tabelle 11.6: Methoden der Klasse `VertexBuffer`

Alle diese Vertices werden von der Grafikhardware in einer Pipeline mit all ihren Eigenschaften (Farbe, Normalen usw.) hintereinander verarbeitet. Die Klasse `VertexBuffer` verwaltet die Referenzen der `VertexArrays`, also all diese Vertices mit ihren Eigenschaften, die dargestellt werden sollen. Diese werden im Parameter `vertices` übergeben. Der Parameter `triangles` definiert das `TriangleStripArray`. Die Klasse `TriangleStripArray`, die von der abstrakten Klasse `IndexBuffer` erbt, gibt der Grafikhardware die Reihenfolge für die Vertices vor. Die Objektpolygone müssen in Dreiecke zerlegt werden. Diese Zerlegung machen wir in unserem einfachen Beispiel per Hand, speichern dies in der Klasse `TriangleStripArray` und übergeben das Array der Methode `render()`. Die Abbildung 11.5 zeigt Ihnen die einzelnen Vertices eines Würfels und das passende `TriangleStripArray`. Ein Würfel hat sechs Seiten. Wenn wir diese in Dreiecke zerlegen, bekommen wir 12 Dreiecke. Die ersten drei Zahlen des in der Abbildung 11.5 angegebenen `TriangleStripArray`s bilden das erste Dreieck, die vierte Zahl und ihre beiden Vorgänger bilden das nächste Dreieck, die fünfte Zahl mit den beiden Vorgängern das dritte Dreieck usw.

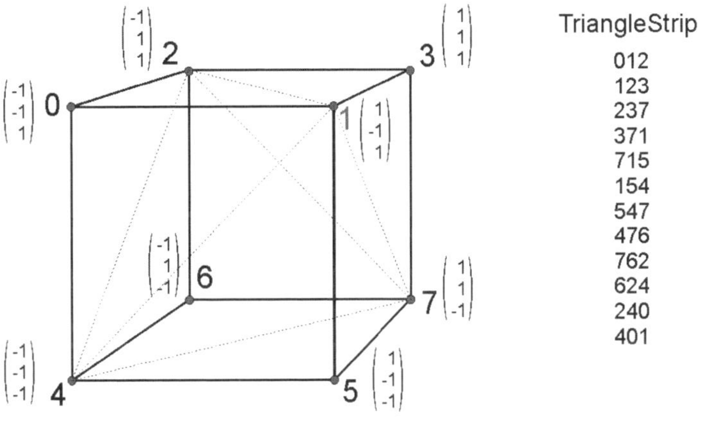

Abbildung 11.5: Vertices eines Würfels und ein passender *TriangleStrip*

Das folgende Beispiel demonstriert die im Abschnitt 11.4 besprochenen Klassen. Hier müssen explizit eine Kamera erzeugt und die entsprechenden Parameter (die Perspektive) gesetzt werden, damit die Szene (der Würfel) richtig gerendert werden kann. Dazu verwenden wir die Methode `setPerspective(float fovy, float aspectRatio, float near, float far)`.

Der Parameter `fovy` steht für *field of view* und ist das Sichtfeld bzgl der y-Achse. Der Mensch hat ein Sichtfeld von 150–180 Grad und ein Vogel von bis zu 360 Grad. Wir müssen für 3D-Szenen, die auf 2D-Bildschirmen betrachtet werden, geeignete Werte für den Parameter `fovy` einstellen, ein guter Wert kann 60.0 sein. In unserem

Beispiel nehmen wir 30.0, damit ist der Betrachter dichter am Würfel dran. Ändern Sie den Wert zu 60.0, sehen Sie einfach mehr Hintergrund, und der Würfel wirkt kleiner. Natürlich behält er die gleiche Größe, nur sehen Sie mehr von der Szene.

Der Parameter `aspectRatio` ist das Verhältnis von Breite und Höhe des Bildschirmes, auf dem die Szene dargestellt wird. Dazu holt man sich einfach die Breite und Höhe in Pixeln und dividiert diese beiden Werte. Bei PC-Bildschirmen ist dies Verhältnis häufig 4:3 (z.B. 1024/768). Bei Handys und PDAs kann dieses Verhältnis jedoch anders sein, da diese Geräte sehr unterschiedliche Bildschirmauflösungen haben. Setzen Sie im Beispiel anstatt des berechneten Verhältnisses (`aspect`) einfach das Literal 2.0f ein, wirkt der Würfel in die Höhe gestreckt.

Die beiden letzten Parameter `near` und `far` beziehen sich auf die so genannte Clipping-Plane. Alle Flächen, die weiter als `far`-Einheiten von der Kamera weg sind, werden einfach nicht mehr gerendert. Das Gleiche gilt für Flächen, die näher als `near` an der Kamera dran sind. Diesen Effekt haben Sie eventuell schon mal bei einem dieser schönen Computerspiele, bei dem Sie durch 3D-Landschaften wandern können, gesehen. Sie zoomen in eine Landschaft hinein, bewegen sich mit der Kamera auf einen Baum zu, und plötzlich werden Polygone nicht mehr gerendert, und Sie haben das Gefühl, durch den Baum zu »gehen«. Denken Sie auch daran, dass die Position der Kamera (wie auch für alle anderen Objekte im `Immediate Mode`) explizit mit der Klasse `Transform` gesetzt werden muss.

Mit den Tasten (*UP, DOWN, RIGHT, LEFT, GAME_A, GAMES_B*) kann man den Würfel im folgenden Beispiel entlang der drei Koordinatenachsen X,Y,Z drehen oder verschieben (mit der Taste *GAME_C* schalten Sie zwischen Rotation und Translation um). Die Taste *FIRE* beendet das Programm.

3D-Grafik: Immediate Mode

```
// import weggelassen
public class MyCanvas extends GameCanvas implements Runnable {
    private boolean running = false;
    private int letzteTaste = 0;
    private Graphics3D g3d = null;
    private Camera meineKamera = null;
    private Transform wTrans = new Transform();
    private VertexBuffer wuerfelVertexBuffer;
    private TriangleStripArray wuerfelDreiecke;
    private boolean rotationEin = true;
    private Appearance wuerfelAppearance;
    private PolygonMode wuerfelPolygonMode;
    private MyFirst3D myMIDlet = null;
```

```
private static final byte[] VERTEX_POSITIONEN = {
    -1,-1,1,1,-1,1,-1,1,1,1,1,1,
    -1,-1,-1,1,-1,-1,-1,1,-1,1,1,-1};

private static int[] DREIECK_INDICES = {
    0,1,2,3,7,1,5,4,7,6,2,4,0,1};

private static final byte[] VERTEX_FARBEN = {
    0,(byte)200,0,0,(byte)200,(byte)200,(byte)200,0,0,
      (byte)200,0,(byte)200,(byte)200,(byte)200,0,(byte)200,
      (byte)200,(byte)200,0,0,(byte)100,0,0,(byte)200,};

public MyCanvas(MyFirst3D midlet) {
    super(true);
    myMIDlet = midlet;
    setFullScreenMode(true);
    erzeugeWuerfel();
    loadMeineKamera();
}

private void loadMeineKamera() {
    meineKamera = new Camera();
    float aspect = (float)getWidth() / (float)getHeight();
    meineKamera.setPerspective(30.0f,aspect,1.0f,1000.0f);
    Transform kameraTransformation = new Transform();
    kameraTransformation.postTranslate(0.0f,0.0f,10.0f);
    g3d = Graphics3D.getInstance();
    g3d.setCamera(meineKamera, kameraTransformation);
}

private void erzeugeWuerfel() {
    wuerfelVertexBuffer = new VertexBuffer();
    VertexArray vertexPositionen =
        new VertexArray(VERTEX_POSITIONEN.length/3,3,1);
    vertexPositionen.set(0,VERTEX_POSITIONEN.length/3,
        VERTEX_POSITIONEN);
    wuerfelVertexBuffer.setPositions(vertexPositionen,
        1.0f, null);
    VertexArray vertexColors =
        new VertexArray(VERTEX_FARBEN.length/3,3,1);
    vertexColors.set(0,VERTEX_FARBEN.length/3,
        VERTEX_FARBEN);
    wuerfelVertexBuffer.setColors(vertexColors);
```

```
        wuerfelDreiecke = new TriangleStripArray(
            DREIECK_INDICES,new int[]{DREIECK_INDICES.length});
        wuerfelAppearance = new Appearance();
        wuerfelPolygonMode = new PolygonMode();
        wuerfelPolygonMode.setShading(PolygonMode.SHADE_FLAT);
        wuerfelAppearance.setPolygonMode(wuerfelPolygonMode);
    }

    private void draw(Graphics g) {
        try {
            moveWuerfel();
            g3d = Graphics3D.getInstance();
            g3d.bindTarget(g);
            g3d.clear(null);
            g3d.render(wuerfelVertexBuffer,wuerfelDreiecke,
                wuerfelAppearance,wTrans);
        } catch(Exception e) {
            // Exception behandeln
        }
        finally {
            g3d.releaseTarget();
        }
        g.setColor(255,1,1);
        if (rotationEin)
             g.drawString("Rotation   ", 2, 2,
                          Graphics.TOP|Graphics.LEFT);
        else
             g.drawString("Translation", 2, 2,
                          Graphics.TOP|Graphics.LEFT);
    }

    private void moveWuerfel() {
        if ( (letzteTaste & GameCanvas.LEFT_PRESSED) != 0) {
            if (rotationEin)
                 wTrans.postRotate(-10.0f,0.0f,1.0f,0.0f);
            else
                 wTrans.postTranslate(-0.1f,0.0f,0.0f);
            return;
        }
        if ( (letzteTaste & GameCanvas.RIGHT_PRESSED) != 0) {
            if (rotationEin)
                 wTrans.postRotate(10.0f,0.0f,1.0f,0.0f);
            else
```

```
            wTrans.postTranslate(0.1f,0.0f,0.0f);
        return;
    }
    if ( (letzteTaste & GameCanvas.UP_PRESSED) != 0) {
        if (rotationEin)
            wTrans.postRotate(-10.0f,1.0f,0.0f,0.0f);
        else
            wTrans.postTranslate(0.0f,0.1f,0.0f);
        return;
    }
    if ( (letzteTaste & GameCanvas.DOWN_PRESSED) != 0) {
        if (rotationEin)
            wTrans.postRotate(10.0f,1.0f,0.0f,0.0f);
        else
            wTrans.postTranslate(0.0f,-0.1f,0.0f);
        return;
    }
    if ((letzteTaste & GameCanvas.GAME_A_PRESSED ) != 0) {
        if (rotationEin)
            wTrans.postRotate(-10.0f,0.0f,0.0f,1.0f);
        else
            wTrans.postTranslate(0.0f,0.0f,-0.1f);
        return;
    }
    if ((letzteTaste & GameCanvas.GAME_B_PRESSED ) != 0) {
        if (rotationEin)
            wTrans.postRotate(10.0f,0.0f,0.0f,1.0f);
        else
            wTrans.postTranslate(0.0f,0.0f,0.1f);
        return;
    }
    if (((letzteTaste & GameCanvas.GAME_C_PRESSED )!= 0) ||
        ((letzteTaste & GameCanvas.GAME_D_PRESSED )!= 0)) {
        rotationEin = !rotationEin;
        return;
    }
    if ( (letzteTaste & GameCanvas.FIRE_PRESSED) != 0) {
        running = false;
        myMIDlet.beenden();
    }
}
```

```
    public void start() {
        running = true;
        new Thread(this).start();
    }

    public void run() {
        while(running) {
            letzteTaste = getKeyStates();
            draw(getGraphics());
            flushGraphics();
            try {
                Thread.sleep(50);
            } catch (InterruptedException e) { // nichts tun
            }
        }
    }
}
```

11.5 Mesh

Bevor wir dieses Kapitel schließen, stellen wir Ihnen noch einige weitere wichtige Klassen vor. Aus Platzgründen kann dies nur einführend geschehen, Einzelheiten bitten wir in [JSR184] nachzulesen. Darüber hinaus empfehlen wir [Foley], einen Klassiker der Computergrafik.

Zuerst stellen wir Ihnen die Klasse `Mesh` vor. Die Klasse `VertexBuffer` haben wir in Abschnitt 11.4.1 auf Seite 246 kennen gelernt. Diese haben wir verwendet, um einen Würfel, also ein einfaches 3D-Objekt, explizit im Programmcode zu erzeugen. Wollen wir explizit ein komplexes 3D-Objekt erzeugen, verwenden wir die Klasse `Mesh`. Ein `Mesh` setzt sich aus *Submeshes* mit deren korrespondierenden Oberflächeneigenschaften zusammen, wobei das *Submesh* durch die Klasse `TriangleStripArray`, die von der abstrakten Klasse `IndexBuffer` erbt, repräsentiert wird. Beachten Sie, dass die *Submeshes*, die zu einem `Mesh` gehören, ein und denselben `VertexBuffer` teilen. Der Konstruktor `Mesh(VertexBuffer vertices,IndexBuffer[] submeshes,Appearance[] appearances)` der Klasse `Mesh` erfordert die Übergabe der Komponenten, die in der Abbildung 11.6 abgebildet sind. Die Anzahl der *Submeshes* entspricht der Länge des Arrays `submeshes`, und die Länge des Arrays `appearences` muss gleich der Anzahl der *Submeshes* sein. Wenn man für den Parameter `appearances null` übergibt, wird das `Mesh` nicht gerendert. Ein `Mesh` erbt von der Klasse `Node` und kann somit einen Knoten eines Szenengraphens repräsentieren.

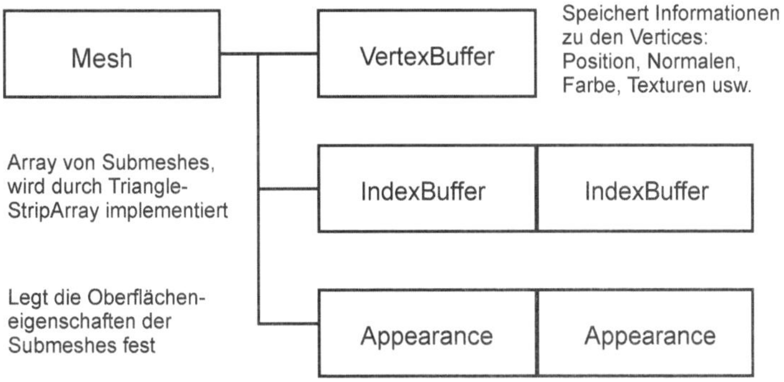

Abbildung 11.6: Struktur eines `Mesh`

Die Komponenten `VertexBuffer` und `IndexBuffer` (durch `TriangleStripArray` implementiert) eines `Mesh`es wurden vorgestellt. Es fehlen jedoch noch Informationen über die Klasse `Appearance`. Mit dieser Klasse legen wir die Oberflächeneigenschaften des 3D-Objektes fest. Jedes *Submesh* kann eine eigene `Appearance`-Instanz haben. Somit können Sie jeder Fläche eine andere Eigenschaft geben. Eine dieser Eigenschaften ist das Material der Fläche, das z.B. die Reflexionseigenschaft bestimmt. Wenn Sie die Klasse `Material` benutzen, müssen Sie auch die Normalen der Vertices im `VertexBuffer` definieren, ansonsten wird eine Exception geworfen, da das Verhalten des Materials zum Licht von der Richtung der Normalen abhängt. Wir haben in unserem Beispiel auf Seite 250 nur acht Vertices für den Würfel benutzt. Dies reicht im Prinzip für dieses Beispiel aus. Jedoch kann man so im M3G nicht für jedes *Submesh* die gewünschten Normalen pro Vertex definieren, da in diesem Beispiel jeweils drei Flächen (*Submeshes*) einen Vertex teilen. Im `VertexBuffer` wird jedem Vertex nur eine Normale zugeordnet, daher kann die Lichtberechnung für das Material zwischen den Flächen, die diesen Vertex teilen, nicht unterschieden werden. Wenn man aber die Lichtberechnung unterscheiden möchte, muss man für den Würfel 24 Vertices benutzen. Dann haben die Flächen keine Vertices gemeinsam, und man kann die Normalen für die Vertices der einzelnen Flächen nach Wunsch angeben. Im M3G wird das Licht nach der OpenGL 1.3 Spezifikation [OpGL] berechnet (mit wenigen Ausnahmen). Und da spielt das Material zur Berechnung des Lichts eine Rolle. Wir haben in Abschnitt 11.1.5 auf Seite 233 gesehen, dass es verschiedene Arten von Licht gibt. Beim Material gibt es auch verschiedene Möglichkeiten, wie die verschiedenen Arten von Licht reflektiert werden. Die `DIFFUSE` Eigenschaft des Materials definiert die Basisfarbe der Oberfläche, ist aber bei *directional light* und *spot light* nicht relevant. Die Eigenschaft `AMBIENT` definiert eine Farbe, die beim *ambient light* zu der Farbe des Lichts multipliziert wird. `EMISSIVE` definiert die emittierende Farbe des Materials, so kann ein Objekt leuchten, auch wenn das Licht eine Intensität von `null` hat. Die Eigenschaft `SPECULAR` setzt den Glanz des Materials, diese Eigenschaft wird bei *ambient light* und *directional light* ignoriert. Der Alpha-Anteil der Farbe spielt nur bei der `DIFFUSE` Eigenschaft eine Rolle. Die Tabelle 11.7 zeigt die Methoden der Klasse `Material`, mit der diese Eigenschaften gesetzt werden.

`Material`-Methoden	**Bedeutung**
`int getColor(int target)`	Liefert die Farbe (0xAARRGGBB) für die in `target` spezifizierte Eigenschaft (`DIFFUSE`, `AMBIENT`, `EMISSIVE` oder `SPECULAR`).
`float getShininess()`	Liefert den Wert für den Glanz des Materials.
`boolean isVertexColor TrackingEnabled()`	Liefert `true`, wenn das Tracking eingeschaltet ist.
`void setColor(int target, int ARGB)`	Setzt die Farbe (0xAARRGGBB) für die in `target` spezifizierte Eigenschaft (`DIFFUSE`, `AMBIENT`, `EMISSIVE` oder `SPECULAR`).
`void setShininess(float shininess)`	Setzt den Glanz des Materials, Werte im Intervall [0..128] sind möglich.
`void setVertexColorTracking Enable(boolean enable)`	Schaltet das Tracking ein bzw. aus. Ist das Tracking ausgeschaltet, werden zur Berechnung des Lichts die `DIFFUSE`- und `AMBIENT`-Eigenschaften (Farben) des Materials verwendet. Ist es eingeschaltet, werden diese Eigenschaften nicht verwendet, sondern die Farbe des `VertexBuffer`s.

Tabelle 11.7: Methoden der Klasse `Material`

Die Klasse `PolygonMode` setzt Eigenschaften der einzelnen Polygone (in der jetzigen M3G nur Dreiecke). Die Methode `setShading(int mode)` entscheidet, ob das Polygon mit *Gouraud shading* [Zepp] gezeichnet wird (`mode` ist dann `SHADE_SMOOTH`) oder ob die Farbe des Polygons nur vom dritten Vertex abhängt (`mode` hat dann den Wert `SHADE_FLAT`). Mit `setCulling(int mode)` wird entschieden, welche Seite des Polygons gezeichnet wird. Als Werte für `mode` kommen `CULL_BACK`, `CULL_FRONT` und `CULL_NONE` (kein Culling, alle Polygone werden gezeichnet) in Frage. Mit dem Umlaufsinn der Vertices wird über Vorder- und Rückseite entschieden. Mit der Methode `setWinding(int mode)` setzt man die *Winding*-Eigenschaft des Polygons. Ist diese `WINDING_CCW` (counter clock wise), ist die Seite des Polygons eine Vorderseite, wenn die Eckpunkte entgegen dem Uhrzeigersinn angegeben sind. Hat `mode` den Wert `WINDING_CW` (clock wise) müssen die Eckpunkte im Uhrzeigersinn angegeben sein, damit die Seite eine Vorderseite

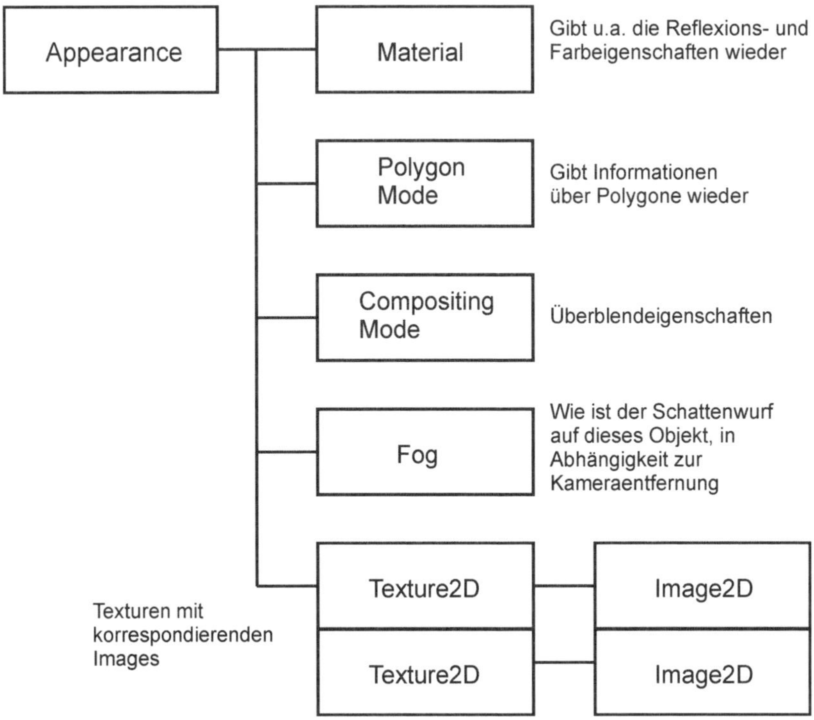

Abbildung 11.7: Struktur eines `Appearance`

ist. Durch einfaches Umsetzen des *Windings* kann man Vorder- und Rückseite eines Polygons tauschen.

Mit der Klasse `CompositingMode` können übereinander liegende Pixel auf verschiedene Weisen kombiniert werden. Stellen Sie sich vor, dass ein dünnes weißes Blatt Papier auf einen schwarzen Tisch gelegt wird. Der Betrachter dieser Szene sollte auf dem Bildschirm die schwarze Farbe des Tisches durchscheinen sehen. Dazu kann man die Klasse `CompositingMode` mit folgenden Modi verwenden:

- `REPLACE`: Dies ist der Defaultmodus, wobei das darunter liegende Pixel (d = Destination) einfach durch das obere (s = Source) ersetzt wird. $C_d = C_s$
- `ALPHA_ADD`: Hier wird folgende Gleichung verwendet: $C_d = C_s A_s + C_d$, wobei A_s der Alpha-Wert des oberen Pixels ist.
- `ALPHA`: $C_d = C_s A_s + C_d(1 - A_s)$: Hier wird noch der Alpha-Wert des oberen Pixels mit der Farbe des unteren Pixels gewichtet.

- `MODULATE`: Bei diesem Modus werden die Farbintensitäten des unteren und oberen Pixels miteinander multipliziert, $C_d = C_s C_d$
- `MODULATE_X2`: Wie bei `MODULATE`, jedoch mit einem Faktor 2, $C_d = 2C_s C_d$

Ein Polygon wirkt transparent, sobald der `CompositingMode` nicht `REPLACE` ist. Die Klasse `CompositingMode` besitzt Methoden, um die entsprechenden Parameter der oberen Gleichungen zu setzen bzw. auszulesen und Einstellungen des Tiefenbuffers vorzunehmen [JSR184].

Die Klasse `Fog` implementiert einen Nebeleffekt. Dann kann man in der Klasse `Appearance` noch Texturen angeben. Diese behandeln wir kurz im nächsten Abschnitt. Im Beispiel auf Seite 250 haben wir schon die Klasse `Appearance` instanziiert. Sie können damit die in diesem Abschnitt besprochenen Dinge selbst ausprobieren.

Texturen

Sie haben jetzt zwei Möglichkeiten kennen gelernt, die Erscheinung von Objekten zu ändern: Farbe des `VertexBuffer`s und `Material`. Die nächste Möglichkeit sind Texturen. Jedes vernünftige Grafikprogramm verwendet Texturen, welche im Prinzip 2D-Bilder sind, die um 3D-Objekte »gewickelt« werden. Damit kann man sehr realistische Objekte erzeugen, indem man z.B. ein Bild von einer Holzoberfläche digital aufnimmt und diese als Textur auf ein Polygon wickelt. Im Beispiel auf Seite 230 haben wir Ihnen ein MIDlet vorgestellt, welches die Eigenschaft von `Graphics3D` ausliest. Beachten Sie hier den Wert für die minimale Größe der Textur, die von Ihrem Handy oder PDA unterstützt wird (der minimale Wert sind 256 Pixel). Die Höhe und die Breite der Textur müssen eine Potenz von 2 sein, wobei aber Höhe und Breite verschieden sein können. Im `VertexBuffer` wird für jeden Vertex mit einer Textur-Koordinate definiert, welche Textur-Position für den Vertex benutzt wird. So wird die Textur auf die Fläche abgebildet. Da die Texturkoordinaten relativ zur linken oberen Ecke (0,0) der Textur definiert werden, haben Bilder unterschiedlicher Größe die gleichen Texturkoordinaten (die rechte untere Ecke hat immer die Koordinaten (1,1)). Das untere Codefragment zeigt, wie die Vertices des Würfels auf die Texturkoordinaten abgebildet werden. Man verwendet die Klasse `Texture2D`, um Texturen auf Oberflächen zu wickeln. Es fehlt hier der Platz, um alle Features von Texturen zu zeigen. Wir bitten Sie hier, in die Dokumente zum M3G zu schauen und die Theorie in [Zepp] nachzulesen. Aber wir geben Ihnen ein Codefragment für eine erste Textur, welches Sie einfach in das Beispiel auf Seite 250 einbauen können. Zuerst kopieren Sie folgende Attribute/Konstanten in die Klasse `MyCanvas`. Dabei werden `VERTEX_POSITIONEN` und `DREIECK_INDICES` ersetzt und `VERTEX_FARBEN` gelöscht.

```
private Texture2D wuerfelTextur;
```

```
private static final byte[] VERTEX_POSITIONEN = {
      -1, -1,  1,    1, -1,  1,   -1,  1,  1,    1,  1,  1,
       1, -1, -1,   -1, -1, -1,    1,  1, -1,   -1,  1, -1,
       1, -1,  1,    1, -1, -1,    1,  1,  1,    1,  1, -1,
      -1, -1, -1,   -1, -1,  1,   -1,  1, -1,   -1,  1,  1,
      -1,  1,  1,    1,  1,  1,   -1,  1, -1,    1,  1, -1,
      -1, -1, -1,    1, -1, -1,   -1, -1,  1,    1, -1,  1
    };

private static final int[] DREIECK_INDICES = {
       0,  1,  2,  3,
       4,  5,  6,  7,
       8,  9, 10, 11,
      12, 13, 14, 15,
      16, 17, 18, 19,
      20, 21, 22, 23,
    };

private static int[] DREIECK_LAENGEN = {
      4, 4, 4, 4, 4, 4
    };

private static final byte[] TEXTUR_KOORD = {
      0, 1,   1, 1,   0, 0,   1, 0,
      0, 1,   1, 1,   0, 0,   1, 0,
      0, 1,   1, 1,   0, 0,   1, 0,
      0, 1,   1, 1,   0, 0,   1, 0,
      0, 1,   1, 1,   0, 0,   1, 0,
      0, 1,   1, 1,   0, 0,   1, 0,
    };
```

Die Methode `erzeugeWuerfel()` muss so ergänzt werden:

```
private void erzeugeWuerfel() {
    wuerfelVertexBuffer = new VertexBuffer();
    VertexArray vertexPositions =
        new VertexArray(VERTEX_POSITIONEN.length/3,3,1);
    vertexPositions.set(0,VERTEX_POSITIONEN.length/3,
        VERTEX_POSITIONEN);
    wuerfelVertexBuffer.setPositions(vertexPositions,
        1.0f,null);
    VertexArray texturKoor =
        new VertexArray(TEXTUR_KOORD.length/2,2,1);
    texturKoor.set(0,TEXTUR_KOORD.length/2,TEXTUR_KOORD);
    wuerfelVertexBuffer.setTexCoords(0,texturKoor,2.0f,null);
```

```
    wuerfelVertexBuffer.setDefaultColor(0x000000FF);
    wuerfelDreiecke = new TriangleStripArray(DREIECK_INDICES,
        DREIECK_LAENGEN);
    wuerfelAppearance = new Appearance();
    wuerfelPolygonMode = new PolygonMode();
    wuerfelAppearance.setPolygonMode(wuerfelPolygonMode);
    try {
        Image2D image2D =(Image2D)Loader.load("/Textur.png")[0];
        wuerfelTextur = new Texture2D(image2D);
        wuerfelTextur.setBlending(Texture2D.FUNC_REPLACE);
        wuerfelAppearance.setTexture(0,wuerfelTextur);
    } catch (Exception e) {
        // Exception behandeln
    }
}
```

Die Abbildung 11.8 zeigt die Ausgabe der Beispiele im *Immediate Mode*.

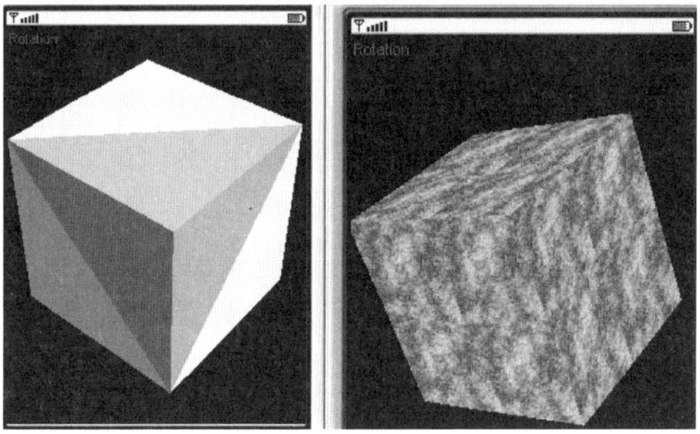

Abbildung 11.8: Ausgabe der Beispiele im *Immediate Mode*

11.5.1 Spezialeffekte

Das M3G besitzt noch weitere Klassen für Spezialeffekte: `Sprite3D`, `MorphingMesh`, `SkinnedMesh` und `RayIntersection`. Mit Sprites können Sie z.B. eine Explosion darstellen. Die `MorphingMesh` wird für das Morphing von Objekten verwendet. Eine `SkinnedMesh` wird benutzt, um das Verhalten der Haut oder Kleidung bei einer Bewegung einer 3D-Figur zu simulieren. Und die Klasse `RayIntersection` kann für Kollisionsbestimmungen, Distanzberechnungen und für die Auswahl von Objekten benutzt werden.

11.6 Das OpenGL ES API

Das von der Firma Silicon Graphics spezifizierte Open Graphics Library [OpGL] ist ein plattformunabhängiges API zur Darstellung komplexer 3D-Grafik. OpenGL ist eine weit verbreitete und allgemein akzeptierte Programmierschnittstelle zur Grafikhardware. Im Gegensatz zu high-level APIs wie das [JSR184] ist mit OpenGL eine sehr direkte und schnelle Steuerung der Grafikausgabe möglich, was insbesondere für interaktive und echtzeitfähige Anwendungen wie Spiele entscheidend ist. Dies ist wohl auch der Grund für die Spezifikation des [JSR239]. Spiele sind sehr lukrativ für die Hersteller und der Markt für Spiele auf mobilen Geräten boomt. OpenGL beschreibt etwa 250 Befehle und wird in der Regel als Teil des Treibers für die Grafikhardware geliefert, wobei der Hersteller proprietäre Erweiterungen definieren kann. Unter [OpGL] finden Sie einen hervorragenden Einstiegspunkt für OpenGL. Das OpenGL ES API [OpGLE] wurde speziell für Embedded Systems (PDAs, Handys usw.) entwickelt. Es ist eine Untermenge von Open GL und liegt im Standard 1.x und 2.x vor. OpenGL ES 1.1 unterstützt im Gegensatz zur Version 1.0 Multitexturing, Mipmaps und die Programmierung von Partikelsystemen. OpenGL ES 2.0 verwendet ein auf Fließkommazahlen basierendes programmierbares Rendering-Modell welches u.a. auf Shadern basiert. Das in diesem Abschnitt vorgestellte [JSR239] basiert auf OpenGL ES 1.x.

Im API befinden sich 12 Klassen, davon drei für die Ausnahmebehandlung, und 10 Interfaces. Für komplexe 3D-Grafik sind viele Daten (Koordinaten, Farben, Normalen usw.) notwendig. Im Package `nio` (new I/O), welches mit der Java SE 1.4 eingeführt wurde, befinden sich Klassen für die intensive low-level Daten Ein- und Ausgabe. Im [JSR239] ist eine Teilmenge dieser Klasse spezifiziert, wobei die einzelnen Klassen auch nur einen Teil der Funktionalität der Java SE besitzen. Dazu gehören die Klassen `Buffer`, `BufferOverflowException`, `BufferUnderflowException`, `ByteBuffer`, `FloatBuffer`, `IntBuffer` und `ShortBuffer`. Diese Klassen werden z.B. verwendet, um effizient mit einer großen Anzahl von Koordinaten umzugehen, die schnell kopiert, verschoben oder sortiert werden müssen. Bei der Implementierung des `nio` Packages wurde auch sehr darauf geachtet, dass die Klassen effizient mit dem Speicher umgehen.

Im [JSR239] werden OpenGL-Anwender (und besonders OpenGL Einsteiger) vergeblich die Befehle `glBegin` und `glEnd`, mit denen man einfache geometrische Figuren direkt zeichnen kann, vermissen. Leider können auch keine Polygone und Quads (vierseitige Polygone) verwendet werden. Anstatt dieser Möglichkeiten werden die im `nio`-Package implementierten Buffer für die Eckpunkte, Farben und Normalen der geometrischen Figuren verwendet. Dies erschwert den Einstieg in die OpenGL-Programmierung mit dem [JSR239], da zahlreiche Tutorials so nicht direkt übernommen werden können. Dazu kommt noch, dass bei der Verwendung von Java mit [OpGL] besonders auf die einfachen Datentypen geachtet werden muss. Für alle 8-Bit Datentypen in OpenGL wird `byte` verwendet, alle 16-Bit Datentypen werden zu `short` und alle 32-Bit integralen Typen (dazu zählt auch GLfixed) werden zu int. Die 32-Bit Fließkommazahlen werden als float verwendet. Achten Sie bitte auch auf den Einsatz des boolean Datentyps, der in Java nur den Wertebereich true, false kennt. Die Open GL Konstanten GL_TRUE und GL_FALSE werden auf diesen Wertebereich abgebildet. Es ist sehr wahrscheinlich, dass Sie beim Studium der Open GL Literatur, auf Zeiger-Datentypen stoßen. Die Dokumentation bezieht sich häufig auf die C-Bibliotheken von Open GL. Zeiger-Datentypen gibt es in Java nicht. So wird ein Zeiger auf den Typen char in Java durch String ersetzt. Bei fast allen anderen Zeiger-Argumenten der Open GL Funktionen kommen dann die Klassen aus dem Package nio zum Einsatz. So wird z.B. ein Zeiger auf den Open GL Typen GLfloat durch einen FloatBuffer ersetzt. Man kann sich leicht vorstellen, dass es doch ein größerer Aufwand ist, vorhandene Open GL Programme, die in C oder C++ geschrieben sind, auf das [JSR239] abzubilden. Daher werden wir in diesem Abschnitt schrittweise erklären, wie Sie zu Ihrem ersten Programm kommen. Wir werden uns aus Platzgründen an einem einfachen Beispiel orientieren. Nach Studium der folgenden Abschnitte empfehlen wir Ihnen die Tutorials auf der Website [NeHe].

11.6.1 Initialisierung

Wir verwenden wieder das MIDlet MyFirst3D aus dem Beispiel 11.2 auf Seite 235 und implementieren eine neue Klasse, die von der Klasse GameCanvas erbt und das Interface Runnable implementiert, so wie wir es auch in Abschnitt 11.4 getan haben. Wir ergänzen die Canvas-Klasse um folgende Attribute (importieren Sie die entsprechenden Klassen aus dem [JSR239]):

```
private EGL10 egl;
private GL10 gl;
private EGLConfig eglConfig;
private EGLDisplay eglDisplay;
private EGLSurface eglWindowSurface;
private EGLContext eglContext;
```

In der run() Methode rufen wir als erstes folgende Methode auf:

```
public void init() {
   egl = (EGL10)EGLContext.getEGL();
   eglDisplay = egl.eglGetDisplay(egl.EGL_DEFAULT_DISPLAY);
   egl.eglInitialize(eglDisplay,null);

   int[] num_config = new int[1];
   egl.eglGetConfigs(eglDisplay,null,0,num_config);

   int redSize = getProperty("jsr239.redSize",8);
   int greenSize = getProperty("jsr239.greenSize",8);
   int blueSize = getProperty("jsr239.blueSize",8);
```

```
    int alphaSize = getProperty("jsr239.alphaSize",0);
    int depthSize = getProperty("jsr239.depthSize",32);
    int stencilSize = getProperty("jsr239.stencilSize",
                      EGL10.EGL_DONT_CARE);

    int[] configAttribs = {EGL10.EGL_RED_SIZE,redSize,
    EGL10.EGL_GREEN_SIZE,greenSize,EGL10.EGL_BLUE_SIZE,blueSize,
    EGL10.EGL_ALPHA_SIZE,alphaSize,EGL10.EGL_DEPTH_SIZE,depthSize,
    EGL10.EGL_STENCIL_SIZE, stencilSize,EGL10.EGL_NONE};
    EGLConfig[] eglConfigs = new EGLConfig[num_config[0]];

    egl.eglChooseConfig(eglDisplay,configAttribs,eglConfigs,
                        eglConfigs.length,num_config);
    eglConfig = eglConfigs[0];
    eglContext = egl.eglCreateContext(eglDisplay,eglConfig,
                      EGL10.EGL_NO_CONTEXT,null);

    gl = (GL10)eglContext.getGL();
    eglWindowSurface = egl.eglCreateWindowSurface(eglDisplay,
                        eglConfig,getGraphics(),null);
}
```

Die `init()` Methode benötigt noch diese Methode:

```
private int getProperty(String propName, int def) {
        String s = myMIDlet.getAppProperty(propName);
        int val = (s == null) ? def : Integer.parseInt(s);
        return val;
}
```

In der Methode `init()` initialisieren wir die für OpenGL ES notwendigen Dinge. Zuerst wird mit der Klasse `EGLContext` über die Methode `getEGL()` eine Instanz auf das EGL in der Version 1.0 (`EGL10`) oder Version 1.1 (`EGL11`) geholt. Das EGL ist eine Schnittstelle zwischen Open GL und der auf dem Gerät implementierten grafischen Benutzungsoberfläche. Es verwaltet u.a. den Grafik-Kontext und das Binden und Synchronisieren der Render-Ausgabe. Über diese Instanz muss man eine Verbindung zur Render-Ausgabe herstellen. Dazu wird die Methode `eglGetDisplay()` aufgerufen, die ein `EGLDisplay` Objekt zurück gibt. Als Parameter wird das gewünschte Display angegeben (hier `EGL_DEFAULT_DISPLAY`). Bitte beachten Sie, dass wir aus Platzgründen in unserem Beispiel auf eine Fehlerbehandlung verzichtet haben. Entnehmen Sie bitte der Dokumentation zum [JSR239] die Möglichkeiten zur Fehlerbehandlung.

Über die Methode `eglInitialize()` wird der EGL-Kontext initialisiert. Als Parameter übergibt man das zuvor geholte Display, um es mit dem EGL zu verbinden, und ein Integer-Array. Das Integer-Array nimmt die niedrigste und höchste

Versionsnummer der EGL-Implementierung auf dem Gerät auf, übergibt man `null` ruft man diese Information nicht ab. Im Beispiel rufen wir diese Information nicht ab, da wir nur die niedrigste Version (1.0) verwenden. Der Aufruf `eglGetConfigs(eglDisplay,null,0,num_config)` übergibt im Integer-Array `num_config` an der Stelle 0 die Anzahl der EGL-Konfigurationen (Frame-Buffer-Konfigurationen) zum übergebenen Display. Man kann dieser Methode auch ein Array übergeben, welches Referenzen auf diese Konfigurationen aufnimmt, um deren Eigenschaften zu ermitteln. Im Beispiel brauchen wir das nicht, übergeben `null` und setzen als Größe dieses Arrays als dritten Parameter natürlich die 0.

Jetzt bereiten wir die Eigenschaften vor, die wir von der gewünschten Konfiguration erwarten. Im Beispiel verwenden wir eine Minimalkonfiguration und erfragen die Werte dieser Eigenschaften vom MIDlet mit der Methode `getAppProperty()`. In der Dokumentation zum [JSR239] sind weitere Eigenschaften angegeben, jedoch reichen die im Beispiel gezeigten Eigenschaften für den Anfang aus. Mit der Methode `eglChooseConfig()` bekommt man die Konfigurationen, die diesen Eigenschaften entsprichen. Als ersten Parameter übergibt man das `EGLDisplay` Objekt, welches wir über die Methode `eglGetDisplay()` bekommen haben. Der zweite Parameter ist ein Interger-Array, welches die Eigenschaften spezifiziert, die wir an die Konfiguration stellen. Im dritten Parameter übergibt man ein Array von `EGLConfig` Objekten, welches die Konfigurationen aufnimmt, die die angefragten Eigenschaften erfüllen. Der vierte Parameter ist die Größe des `EGLConfig`-Arrays. Der letzte Parameter ist ein Integer-Array, welches im Feld 0 die Anzahl der gefundenen Konfigurationen aufnimmt.

Mit einer gefundenen Konfiguration ruft man die Methode `eglCreateContext()` auf, um endlich einen EGL-Kontext zu erzeugen. Diese Methode gibt uns eine Referenz auf den Kontext zurück, oder im Falle eines Fehlers `null`. Über diese Referenz holt man sich die GL-Instanz mit der Methode `getGL()`, über die die meisten Open GL Funktionen ausgelöst werden. Zuletzt holt man noch das `EGLSurface` Objekt, in das gerendert wird, über die Methode `eglCreateWindowSurface()` des EGL-Objekts.

11.6.2 3D-Daten

Um 3D-Objekte im [JSR239] zu zeichnen, muss man die Eckpunkte (Vertices) der Objekte in einem `nio`-Buffer angeben. Dabei gibt man für jeden Vetex die xyz-Koordinaten in einem Array an. In unserem Beispiel wollen wir wieder einen Würfel zeichnen:

```
private static final byte[] vertices = {
        -1, 1, 1, 1, -1, 1, 1, 1, 1, -1, -1, 1,
        -1, 1, -1, 1, -1, -1, 1, 1, -1, -1, -1, -1,
        -1, -1, 1, 1, -1, -1, 1, -1, 1, -1, -1, -1,
```

```
        -1, 1, 1, 1, 1, -1, 1, 1, 1, -1, 1, -1,
        1, -1, 1, 1, 1, -1, 1, 1, 1, 1, -1, -1,
        -1, -1, 1, -1, 1, -1, -1, 1, 1, -1, -1, -1};
```

Der Würfel hat sechs Seiten mit je vier Vertices. Daher haben wir 24 * 3 Koordinaten für die Vertices. Zu jedem Vertex wird noch eine Farbe im RGBA Format angegeben. Der Alpha-Wert spielt bei Beleuchtung eine Rolle (siehe Abschnitt 11.5 auf Seite 254):

```
private static final byte[] colors = {
        127,0,0,127,127,0,0,127,
        127,0,0,127,127,0,0,127,
        0,127,0,127,0,127,0,127,
        0,127,0,127,0,127,0,127,
        0,0,127,127,0,0,127,127,
        0,0,127,127,0,0,127,127,
        127,0,127,127,127,0,127,127,
        127,0,127,127,127,0,127,127,
        127,127,0,127,127,127,0,127,
        127,127,0,127,127,127,0,127,
        0,127,127,127,0,127,127,127,
        0,127,127,127,0,127,127,127};
```

Zusätzlich muss zu jedem Vertex auch eine Normale angegeben werden (siehe Abschnitt 11.4 auf Seite 245) :

```
private static final byte[] normals = {
    0,0,127,0,0,127,0,0,127,0,0,127,
    0,0,-128,0,0,-128,0,0,-128,0,0,-128,
    0,-128,0,0,-128,0,0,-128,0,0,-128,0,
    0,127,0,0,127,0,0,127,0,0,127,0,
    127,0,0,127,0,0,127,0,0,127,0,0,
    128,0,0,-128,0,0,-128,0,0,-128,0,0};
```

Zuletzt muss für jedes 3D-Objekt die Reihenfolge der Vertices angegeben werden. Dies erfolgt wieder in Dreiecken:

```
private static final byte[] indices = {
    0,3,1,2,0,1,
    6,5,4,5,7,4,
    8,11,9,10,8,9,
    15,12,13,12,14,13,
    16,19,17,18,16,17,
    23,20,21,20,22,21};
```

Diese Arrays werden in Buffer übertragen. Dazu ergänzen wir unsere Canvas-Klasse um folgende Attribute:

```
private ByteBuffer cubeVertices;
private ByteBuffer cubeColors;
private ByteBuffer cubeNormals;
private ByteBuffer cubeIndices;
```

Für die OpenGL Funktionen verwenden wir direkte Buffer. Die virtuelle Maschine führt die Operationen auf direkte Buffer ohne Umwege über Zwischenspeicher aus. Direkte Buffer sind im Vergleich zu indirekten Buffer speicherintensiver, werden aber bei den OpenGL Funktionen gefordert. Folgenden Code fügen wir in die `init()`-Methode ein:

```
cubeVertices = ByteBuffer.allocateDirect(vertices.length);
cubeVertices.put(vertices);
cubeVertices.rewind();

cubeColors = ByteBuffer.allocateDirect(colors.length);
cubeColors.put(colors);
cubeColors.rewind();

cubeNormals = ByteBuffer.allocateDirect(normals.length);
cubeNormals.put(normals);
cubeNormals.rewind();

cubeIndices = ByteBuffer.allocateDirect(indices.length);
cubeIndices.put(indices);
cubeIndices.rewind();
```

Über die Methode `allocateDirect()` wird ein direkter `ByteBuffer` erzeugt. Als Parameter wird dieser Methode die Größe des Buffers übergeben. Danach wird das entsprechende Array in den Buffer 'gelegt'. Das zurücksetzen der Position im Buffer auf den Anfang muss nach dem Einlesen der Daten über die Methode `rewind()` erfolgen. Die Vorgehensweise ist bei jedem 3D-Objekt die selbe. Es werden vier Buffer für die Koordinaten, Farben, Normalen und Indices der Vertices benötigt. Dies lässt sich in Java natürlich sehr gut in einer Klasse kapseln.

11.6.3 Szene rendern

Nach der Initialisierung der Open GL Engine und der Erzeugung eines 3D-Objektes kann dieses gerendert werden:

```
private void drawScene() {
    egl.eglMakeCurrent(eglDisplay,eglWindowSurface,
                       eglWindowSurface,eglContext);
    egl.eglWaitNative(EGL10.EGL_CORE_NATIVE_ENGINE,getGraphics());
    gl.glViewport(0,0,getWidth(),getHeight());
```

```
    gl.glEnable(GL10.GL_CULL_FACE);
    gl.glEnableClientState(GL10.GL_VERTEX_ARRAY);
    gl.glEnableClientState(GL10.GL_NORMAL_ARRAY);
    gl.glEnableClientState(GL10.GL_COLOR_ARRAY);

    gl.glMatrixMode(GL10.GL_PROJECTION);
    gl.glLoadIdentity();
    float aspect = (getWidth() != 0) ?
             ((float)getHeight() / (float)getWidth()) : 1.0f;
    perspective(8.f, aspect, 0.1f, 100.f);

    gl.glClearColor(1.0f,1.0f,1.0f,1.0f);
    gl.glClear(GL10.GL_COLOR_BUFFER_BIT|GL10.GL_DEPTH_BUFFER_BIT);
    gl.glFinish();
    egl.eglWaitGL();

    gl.glMatrixMode(GL10.GL_MODELVIEW);
    gl.glLoadIdentity();
    gl.glTranslatef(0.f,0.f,-30.f);
    gl.glRotatef((float)(time * 29.77f),1.0f,2.0f,0.0f);
    gl.glRotatef((float)(time * 22.311f),-0.1f, 0.0f,-5.0f);

    gl.glVertexPointer(3,GL10.GL_BYTE,0,cubeVertices);
    gl.glColorPointer(4,GL10.GL_UNSIGNED_BYTE,0,cubeColors);
    gl.glNormalPointer(GL10.GL_BYTE,0,cubeNormals);

    gl.glDrawElements(GL10.GL_TRIANGLES,36,
                      GL10.GL_UNSIGNED_BYTE,cubeIndices);
    gl.glFinish();
    egl.eglWaitGL();

    // Release the context
    egl.eglMakeCurrent(eglDisplay,EGL10.EGL_NO_SURFACE,
                    EGL10.EGL_NO_SURFACE,EGL10.EGL_NO_CONTEXT);
}
```

Mit der Methode `eglMakeCurrent()` wird das EGL für unseren Thread aktiv gesetzt. Durch Aufruf der Methode `eglWaitNative()` wird auf die Aktivierung des EGL-Kontextes gewartet, bevor Open GL Funktionen aufgerufen werden. Anschließend setzt man den Bildausschnitt (Viewport) mit `glViewport()`. Die Funktion `glEnable()` schaltet Eigenschaften ein und die Funktion `glDisable()` entsprechend aus. Bitte entnehmen Sie der OpenGL Dokumentation welche Möglichkeiten existieren. In unserem Beispiel aktivieren wir das Culling, damit die verdeckten Polygone nicht angezeigt werden. Um auf Seite der Applikation Eigenschaften zu aktivieren verwendet man die Funktion `glEnableClientState()`. Im Beispiel werden die Eigenschaften aktiviert, Vertices-, Normalen- und Farb-Arrays fürs Rendering zu schreiben; für das [JSR239] ist dies absolut notwendig. Die Methode `glMatrixMode()` selektiert die interne Matrix, auf die sich die folgenden Operationen beziehen. Wie aus Abschnitt 11.1.4 auf Seite 231 hervorgeht, spielen Matrizen in der 3D-Grafik eine wesentliche Rolle für Transformationen von Objekten und Projektionen. Im [JSR239] kann über folgende Parameter für die Methode `glMatrixMode()` zwischen vier Matrizen gewählt werden:

1. GL_MODELVIEW: Operationen beziehen sich auf die Matrix für die Modellsicht.
2. GL_PROJECTION: Operationen beziehen sich auf die Matrix für die Projektion.
3. GL_TEXTURE: Operationen beziehen sich auf die Matrix für die Transformation von Texturen.
4. GL_MATRIX_PALETTE_OES: Bezieht sich auf die Matrix der Open GL Extensions.

In unserem Beispiel setzen wir die Matrix für die Projektion mit der Funktion `glLoadIdentity()` auf die Einheitsmatrix bevor wir die Perspektive mit der Hilfsmethode `perspective()` setzen:

```
private void perspective (float fovy, float aspect,
                           float zNear, float zFar) {
     float xmin, xmax, ymin, ymax;
     ymax = zNear * (float)Math.tan((fovy * Math.PI) / 360.0);
     ymin = -ymax;
     xmin = ymin * aspect;
     xmax = ymax * aspect;
     gl.glFrustumf(xmin,xmax,ymin,ymax,zNear,zFar);
}
```

Bitte lesen Sie die Bemerkungen über das setzen einer Perspektive zum Beispiel 11.4.2 auf Seite 250 durch. Diese Bemerkungen gelten hier in diesem Beispiel auch. In der Hilfsmethode `perspective()` rufen wir die Open GL Funktion `glFrustumf()` auf, die die auf Seite 249 erklärten Parameter für Open GL umsetzt.

Die Funktion `glClearColor()` setzt die Farbe im RGBA-Format, die beim Löschen des Frame Buffers verwendet werden soll. Danach wird `glClear()` aufgerufen, um den Frame Buffer zu löschen, und gewartet bis das EGL und die Open GL Funktionen fertig sind. Anschließend können wir den Würfel verschieben und drehen. Dazu wählt man die entsprechende Matrix für die Sicht auf unser 3D-Modell mit `glMatrixMode(GL10.GL_MODELVIEW)` aus und setzt diese auf die Einheitsmatrix, um vorhergehende Operationen auf dieser Matrix zurück zu setzen. Die Funktionen `glTranslatef()` und `glRotatef()` verschieben bzw. rotieren die Matrix entlang bzw. um die Hauptachsen.

Die Funktion `glVertexPointer(3,GL10.GL_BYTE,0,cubeVertices)` setzt den Buffer mit den Vertex-Koordinaten für das nächste Rendering. Der erste Parameter gibt die Anzahl der Koordinaten der Vertices an. In unserem Beispiel sind das die x, y und z Koordinaten, also geben wir 3 an. Es sind noch die Wert 2 und 4 (homogene Koordinaten) erlaubt. Der zweite Parameter gibt die Größe der einzelnen Koordinaten in Bytes an. Es sind die Werte `GL_BYTE`, `GL_SHORT`, `GL_FIXED` und `GL_FLOAT` erlaubt. Der dritte Parameter gibt den Versatz der Koordinaten im Buffer an. Falls noch andere Daten zwischen den Koordinaten im Buffer liegen, gibt man dies in diesem Parameter an. Der letzte Parameter ist der Buffer, der die Koordinaten der Vertices enthält. Die Funktion `glColorPointer()` macht das gleiche für den Buffer, der die Farbwerte enthält. Beachten Sie bitte, dass der erste Parameter im [JSR239] immer eine 4 sein muss. Und schließlich setzen wir den Buffer für die Normalen mit `glNormalPointer()`, wobei die Größe nicht angegeben wird, weil von x, y und z ausgegangen wird.

Jetzt kann unser Objekt mit der Funktion `glDrawElements(GL10.GL_TRIANGLES, 36, GL10.GL_UNSIGNED_BYTE, cubeIndices)` gerendert werden. Dazu gibt man im ersten Parameter an, was gerendert werden soll. Hier sind die Werte `GL_POINTS`, `GL_LINE_STRIP`, `GL_LINE_LOOP`, `GL_LINES`, `GL_TRIANGLE_STRIP`, `GL_TRIANGLES` und `GL_TRIANGLE_FAN` möglich. Wir wollen Dreiecke rendern und geben somit `GL_TRIANGLES` an. Als zweiten Parameter muss man die Anzahl der Indices der zu zeichnenden Vertices übergeben. In unserem Beispiel haben wir jede Seite des Würfels in zwei Dreiecke zerlegt. Jedes Dreieck wird durch drei Vertices begrenzt. Daraus folgt, dass wir 6 Seiten * 2 Dreiecke * 3 Vertices an Indices übergeben müssen. Dann übergibt man die Größe in Bytes der Indices (hier `GL_UNSIGNED_BYTE`) gefolgt vom Buffer, der die Indices repräsentiert. Abschließend wird auf das Rendern gewartet und das Surface wieder frei gegeben.

Open GL beenden

Bevor das MIDlet beendet wird, muss noch aufgeräumt werden. Es werden die Resourcen freigegeben, die in der Methode `init()` angefordert worden sind:

```
public void shutdown() {
    egl.eglMakeCurrent(eglDisplay,EGL10.EGL_NO_SURFACE,
        EGL10.EGL_NO_SURFACE,EGL10.EGL_NO_CONTEXT);
    egl.eglDestroyContext(eglDisplay,eglContext);
    egl.eglDestroySurface(eglDisplay,eglWindowSurface);
    egl.eglTerminate(eglDisplay);
}
```

Das komplette Beispiel finden Sie auf unserer Internetseite. Die in diesem Abschnitt beschriebene Vorgehensweise kann für die meisten Applikationen im [JSR239] übernommen werden. Open GL ist sehr komplex und leistungsstark. Im Internet finden Sie viele Tutorials. Wir empfehlen Ihnen die Website [NeHe], wo sie schrittweise an Open GL herangeführt werden. Denken Sie aber daran, dass Sie nicht direkt mit `glBegin()`, Quads oder `glLookAt()` arbeiten können. Sie müssen wie oben beschrieben Vertices, Farben, Normalen und Indices der Objekte komplett angeben bzw. die Perspektive, wie in unserem Beispiel beschrieben, setzen. Das OpenGL Beispiel im WTK 2.5 zeigt auch weitere Effekte wie Licht oder die Vermischung von [JSR239] und [JSR184]. Unser Beispiel orientiert sich am WTK-Beispiel, um Ihnen den Einstieg zu erleichtern.

12 SMS senden und empfangen

SMS (Short Message Service) ist die Bezeichnung für einen beliebten Dienst zum Versenden kurzer Textnachrichten. Mittlerweile hat sich das Wort SMS auch als Name für die Nachricht selbst eingebürgert. Auf der Basis des in [JSR30] spezifizierten Generic Connection Frameworks (vgl. Seite 199) definiert [JSR120] das Wireless Messaging API (WMA 1.1). Es ist eine Schnittstelle, die es erlaubt, drahtlose Nachrichten unabhängig von den zugrunde liegenden Protokollen der verschiedenen Netzwerke zu versenden und zu empfangen. Außer SMS ermöglicht eine Implementierung des WMAs CBS (Cell Broadcast SMS). WMA 2.0, beschrieben in [JSR205], ist die Erweiterung um multimediale Nachrichten und die WMA Push Registry, ein Mechanismus zum Starten eines MIDlets nach Eintreffen einer bestimmten Nachricht. Wegen der Häufigkeit des SMS-Einsatzes und weil die Übertragung von CBS und MMS (Multimedia Message Service) stark der von SMS-Nachrichten ähnelt, wird im Folgenden nur SMS behandelt. Die Interfaces des WMAs sind im Package `javax.wireless.messaging` zu finden.

Wozu SMS per Programm senden und empfangen?

mögen manche sich fragen. Deshalb seien hier kurz verschiedene Möglichkeiten aufgezeigt.

- Es können Textnachrichten versendet werden, die der Empfänger als normale SMS empfängt – der im Kontext dieses Kapitels eher uninteressante Fall.
- Mit der Angabe einer Port-Nummer (siehe unten) können Textnachrichten an ein *Programm* des Empfänger-Handys versendet werden, das dann je nach Inhalt der Nachricht verschiedene Aktionen durchführen kann. Eine Anwendung könnte darin bestehen, die Datenbank des Handys eines Außendienstmitarbeiters einer Firma zu aktualisieren.
- Das Empfangsgerät ist mit einer Heizungsanlage in einem Wohnblock verbunden und bekommt per SMS die Aufforderung, den Zählerstand an die Zentrale zu übermitteln. Oder: Das (GPS-)Handy eines Kindes bekommt den Auftrag, die aktuellen Koordinaten zu senden. Mit anderen Worten: Ein mobiles Endgerät kann auch als *Server* arbeiten.
- Das Programm des Empfänger-Handys muss nicht einmal aktiv sein, es wird von der AMS (Anwendungs-Management-Software, siehe Seite 41) geweckt,

wenn es dort registriert ist. Damit lassen sich Push-Dienste realisieren, also asynchron eintreffende Nachrichten mit zugehörigen Reaktionen.

Im Kapitel 10 haben Sie gesehen, wie die Angabe des Protokolls in einem URI die Art der Verbindung bestimmt. Dasselbe gilt auch für eine Nachrichtenverbindung:

```
MessageConnection verbindung =
            (MessageConnection)Connector.open("sms://...");
```

`Connector` gehört wie auf Seite 199 zum Package `javax.microedition.io`. Für das SMS-Protokoll gibt es drei verschiedene Möglichkeiten:

- Der URI *sms://04211234567* definiert eine SMS-Verbindung zur Telefonnummer 0421 1234567. Die gesendete SMS wird wie eine normale, von einem Menschen gesendete SMS empfangen, d.h. sie wird im »Postkasten« landen und direkt vom mobilen Endgerät verarbeitet, ohne Beteiligung eines WMA-Programms.
- Eine SMS, die von einem Programm empfangen werden soll, wird an einen vorab vereinbarten Port gesendet. Dazu werden ein Doppelpunkt und die Port-Nummer, hier 50123, an den URI angehängt: *sms://04211234567:50123*.
- Der URI *sms://:50123* definiert eine Server-Verbindung auf Port 50123, über die Nachrichten sowohl gesendet wie auch empfangen werden können. Die Syntax erinnert an diejenige für Datagramme (vgl. Seite 220).

Tipp

Diese drei Möglichkeiten werden im Folgenden näher beschrieben, wobei auch der asynchrone Empfang beleuchtet wird. Zum Testen mit dem WTK bietet sich die WMA-Konsole an, die über »File« ⟶ »Utilities« ⟶ »WMA Console« erreichbar ist.

12.1 Einfache SMS senden

→ Beispiel *SMSsenden*

Beim Senden einer SMS ist wie bei einer Internetverbindung darauf zu achten, die Benutzungsoberfläche nicht zu blockieren. Das Senden muss daher als eigener Thread realisiert werden. Beim Test mit dem Sun WTK muss als Telefonnummer diejenige der WMA-Console eingetragen werden.

MIDlet zum Senden einer SMS

```
import javax.microedition.lcdui.*;
import javax.microedition.io.Connector;
import java.io.IOException;
import javax.microedition.midlet.*;
import javax.wireless.messaging.MessageConnection;
import javax.wireless.messaging.TextMessage;
```

```
public class SendSMSMIDlet extends MIDlet implements Runnable {
   private final Form form = new Form("SMS senden + exit");
   private final TextField textfeld = new TextField("SMS-Text",
                    "Programmerzeugte SMS", 40, TextField.ANY);
   private final TextField textfeldnr = new TextField("Tel.",
                    "01601234567", 40, TextField.PHONENUMBER);
   private final Command SEND = new Command("SENDEN",
                                          Command.OK, 1);
   private final Command ENDE = new Command("ENDE",
                                          Command.EXIT, 1);
   private Display display;
   public SendSMSMIDlet() {
      form.addCommand(ENDE);
      form.addCommand(SEND);
      form.setCommandListener(new CommandListener() {
         public void commandAction(Command c, Displayable d) {
            if (c == SEND) {
              sendeSMS();                          // siehe unten
            }
            if (c == ENDE) {
              notifyDestroyed();
            }
         }
        });
   }

   protected void startApp() {
      if (display == null) {
         display = Display.getDisplay(this);
         display.setCurrent(form);
         form.append("SMS wird mit Softbutton "
                     + "SENDEN abgeschickt.\n");
         form.append(textfeld);
         form.append(textfeldnr);
      }
   }

   protected void pauseApp() { }

   protected void destroyApp(boolean arg0) { }

   private void sendeSMS() {
      new Thread(this).start(); // ruft run() (nächste Seite)
   }
```

```
    public void run() {
        MessageConnection verbindung = null;
        // Telefonnummer eintragen:
        String adresse = "sms://" + textfeldnr.getString();
        try {
             verbindung =
                (MessageConnection)Connector.open(adresse);
           TextMessage msg = (TextMessage)verbindung.newMessage(
                                   MessageConnection.TEXT_MESSAGE);
           // Text eintragen:
           msg.setPayloadText(textfeld.getString());
           // Absenden:
           verbindung.send(msg);
           form.append("SMS versendet");
        } catch(SecurityException e) {
           form.append("SecurityException: Zugriff nicht"
                     + " erlaubt!");
        } catch(IOException e) {
           form.append("Verbindung fehlgeschlagen! "
                        + e.toString());
        } finally {
           try {
              if(verbindung != null)
                 verbindung.close();
           } catch(IOException e) {   // nichts tun
           }
        }
    }
}
```

12.2 SMS über eine Server-Verbindung senden

→ Beispiel SMSsendenPort

Der Vorteil einer Server-Verbindung ist, dass sie zum Senden und zum Empfang verwendet und wiederbenutzt werden kann und dass die gesendeten Nachrichten die Adressinformation des Senders enthalten, weswegen ein Empfänger direkt antworten kann. Im Vergleich zu obigem MIDlet empfiehlt sich daher, die Verbindung als Attribut zu speichern und sie in `startApp()` zu initialisieren. Natürlich muss die Port-Nummer frei sein, andernfalls gibt es eine Exception. Deswegen empfiehlt es sich, eine nicht belegte Portnummer zu ermitteln:

```
private MessageConnection verbindung = null;
```

```
private int serverport = 9300;
 // ... wie vorher

// freie Port-Nummer ermitteln
while(verbindung == null) {
   try {
      verbindung =           // Syntax ergibt Server-Verbindung
         (MessageConnection)Connector.open("sms://:"+serverport);
   } catch(IOException e) {
      form.append("Severport " + serverport
          + "nicht erlaubt - neuer Versuch! " + e.toString());
      ++serverport;
   } catch(SecurityException e) {
      form.append("Zugriff nicht erlaubt!");
      break;
   }
}
// ... usw.
```

Weil die Adresse nicht schon bei Erzeugung der Verbindung angelegt wird, sieht die Methode `run()` etwas anders als oben aus. Auch kann eine Port-Nummer des Empfängers definiert werden, wenn gewünscht, um beim Empfänger ein MIDlet anzusprechen. Im Beispiel unten ist das Textfeld `textfeldport` dafür vorgesehen.

```
public void run() {
   TextMessage msg = (TextMessage)verbindung.newMessage(
                            MessageConnection.TEXT_MESSAGE);
   // Text und Adresse eintragen
   msg.setPayloadText(textfeld.getString());
   msg.setAddress("sms://" + textfeldnr.getString()
                  + ":" + textfeldport.getString()); // Port
   try {
      verbindung.send(msg);
      form.append("SMS versendet");
   } catch(Exception e) {
      form.append("Senden fehlgeschlagen! " + e.toString());
   }
}
```

Das Schließen der Verbindung am Programmende muss in die beiden Methoden `pauseApp()` und `destroyApp()` verlegt werden.

```
try {
   if(verbindung != null)  verbindung.close();
} catch(IOException e) {    // nichts tun
}
```

12.3 SMS asynchron empfangen

Die Methode `MessageConnection.receive()` empfängt eine Nachricht. Diese Methode ist blockierend, das heißt, sie wartet so lange, bis eine Nachricht kommt. Aus diesem Grund ist die Methode in einen eigenen Thread zu verlegen. Nun könnte man für jeden Nachrichteneingang einen eigenen Thread starten mit dem Problem, dass bei mehr als einer Nachricht die Verarbeitung zu synchronisieren ist, sofern gemeinsame Daten betroffen sind. Eine bessere Lösung bietet `javax.wireless.messaging.MessageListener`. Eine Klasse, die dieses Interface implementiert, muss die Methode `notifyIncomingMessage(MessageConnection mc)` definieren. Diese Methode wird bei jedem Eintreffen einer Nachricht aufgerufen. Damit ist es möglich, dann erst `receive()` aufzurufen, und auch, alle eingegangenen Nachrichten seriell mit einem einzigen Thread (im Beispiel `SMSReader`) zu verarbeiten. Wenn das MIDlet (wie hier) das Interface `MessageListener` implementiert, kann es sich bei der Verbindung registrieren und den `SMSReader` starten, siehe `startApp()`. Die Klasse `SMSReader` ist der Thread, der den eigentlichen Empfang leistet. Die Struktur von MIDlet und Thread orientiert sich an einem Beispiel in [JSR205]. Beim Test des Beispielprogramms mit dem WTK sind die Telefonnummer des Emulators und der Port bei der WMA-Console (»Send SMS«) einzutragen.

→ Beispiel *SMSempfangen*

MIDlet für asynchronen SMS-Empfang

```
import javax.microedition.lcdui.*;
import javax.microedition.io.Connector;
import java.io.IOException;
import javax.microedition.midlet.MIDlet;
import javax.wireless.messaging.*;

public class EmpfangeSMSMIDlet extends MIDlet
                        implements MessageListener {
   private final static String port = ":50123";
   private final Form form = new Form("SMS empfangen, Port "
                                       + port);
   private final Command ENDE = new Command("ENDE",
                                           Command.EXIT, 1);
   private Display display;
   private MessageConnection verbindung = null;
   private SMSReader smsreader = null;

   public EmpfangeSMSMIDlet() {
      form.addCommand(ENDE);
```

```
    form.setCommandListener(new CommandListener() {
        public void commandAction(Command c, Displayable d) {
            beenden();  // Es kommt nur c == ENDE in Frage.
            notifyDestroyed();
        }
    });
}
public void notifyIncomingMessage(MessageConnection m) {
    // Es muss m == verbindung sein, siehe Konstruktor.
    if(m == verbindung) {   // Andere Aufrufe ignorieren.
        smsreader.verarbeiteSMS();
    }
}

protected void startApp() {
    if (display == null) {
        display = Display.getDisplay(this);
        display.setCurrent(form);
        try {
            verbindung =        // Syntax ergibt Server-Verbindung
                (MessageConnection)Connector.open("sms://"+port);
            // Reader-Thread starten. Er soll empfangene
            // Nachrichten auf form anzeigen.
            smsreader = new SMSReader(form, verbindung);
            smsreader.start();
            // Listener registrieren
            verbindung.setMessageListener(this);
        } catch(SecurityException e) {
            form.append("SecurityException: Zugriff nicht"
                    + " erlaubt!");
        } catch(IOException e) {
            form.append("Verbindung/open fehlgeschlagen! "
                    + e.toString());
        }
    }
}

private void beenden() {
    if(smsreader != null) {
            smsreader.beenden();
    }
    try {
        if(verbindung != null) {
```

```
            verbindung.setMessageListener(null);
            verbindung.close();
         }
      } catch(IOException e) {
            // nichts tun
      }
   }

   protected void pauseApp() { beenden(); }

   protected void destroyApp(boolean arg) { beenden();  }
}
```

Ablauf

Die Variable `wartendeSMS` der Klasse `SMSReader` gibt die Anzahl der anstehenden Nachrichten an. Nur wenn keine Nachricht ansteht, wartet der Thread in `run()` an der Stelle `wait()`. Sobald eine Nachricht eintrifft, wird die Methode `notifyIncomingMessage()` des MIDlets aufgerufen, die wiederum die Methode `verarbeiteSMS()` des `SMSReader`s aufruft. Dort wird `wartendeSMS` hochgezählt und der wartende Thread mit `notify()` freigegeben. Die Nachricht wird dann mit `receive()` empfangen und verarbeitet. Wenn während der Verarbeitung eine weitere Nachricht eintreffen sollte, wird dies in der Variablen `wartendeSMS` vermerkt, sodass `run()` nach Ende der Verarbeitung gar nicht erst in den Wartezustand läuft und das Lesen der nächsten Nachricht sofort beginnen kann.

Der Thread kann durch Ändern der Bedingung in der `while(!beenden)`-Schleife in `run()` beendet werden, indem das MIDlet `beenden()` aufruft. Sollte sich der Thread gerade im Wartezustand `wait()` befinden, wird er wegen `interrupt()` und der `return`-Anweisung in der `catch`-Klausel dennoch sofort beendet.

SMSReader

```
import java.io.IOException;
import javax.wireless.messaging.*;
import javax.microedition.lcdui.*;

public class SMSReader extends Thread {
   private final Form form;
   private MessageConnection mc;
   private boolean beenden = false;
   private int wartendeSMS = 0;
```

```
    public SMSReader(Form form, MessageConnection mc) {
        this.form = form;
        this.mc = mc;
    }

    public synchronized void verarbeiteSMS() {
        ++wartendeSMS;
        notify();
    }
    public void beenden() {
        beenden = true;
        interrupt();    // ggf. schnelles Beenden von wait()
    }

    public void run() {
        while(!beenden) {
            Message msg = null;
            synchronized(this) {
                if(wartendeSMS == 0) {
                    try {
                        wait();
                    } catch (InterruptedException e) {
                        return;
                    }
                }
                --wartendeSMS;
            }
            try {
                msg = mc.receive();
            } catch(IOException e) {
                form.append("receive fehlgeschlagen! "
                            + e.toString());
                beenden = true;
            }
            if(!beenden && msg instanceof TextMessage) {
                TextMessage tm = (TextMessage)msg;
                String info = "Adresse=" + tm.getAddress()
                    + "  Inhalt=" + tm.getPayloadText() + "\n";
                form.append(info);
            }
        }
    }
}
```

12.4 Push-Dienst – MIDlet mit einer SMS wecken

→ Beispiel *PushSMS*

Wie eingangs erwähnt, muss ein MIDlet nicht einmal aktiv sein, es wird von der AMS (Anwendungs-Management-Software, siehe Seite 41) »geweckt« und gestartet, wenn es dort registriert ist und wenn eine entsprechende SMS eintrifft. Ein anderes MIDlet, das vielleicht gerade läuft, wird dann unterbrochen. Der Benutzer wird gefragt, ob er das neu gestartete MIDlet ausführen lassen will. Im Gegensatz zu [JSR118] werden entsprechend dem neueren Dokument [JSR205] Nachrichten zwischengespeichert, bis ein Programm sie gelesen hat. So kann das MIDlet von Seite 276 von einem anderen mobilen Endgerät mit einer SMS gestartet werden, die an den Port 50123 adressiert ist. Dazu müssen vor der Erzeugung der gepackten jar-Datei folgende Einstellungen in den Projekt-»Settings« des Sun WTK vorgenommen werden:

- Den Reiter »API Selection« anklicken und dort CLDC 1.1 und unter »Additional APIs« ein Häkchen bei »Wireless Messaging API 2.0 (JSR 205)« machen.
- Den Reiter »Permissions« anklicken. Den ersten »Add«-Button anklicken und `javax.microedition.io.Connector.serversocket` hinzufügen. Auf dieselbe Art `javax.microedition.io.PushRegistry` hinzufügen.
- Den Reiter »Push Registry« anklicken, dort mit »Add« einen Eintrag hinzufügen. Ein Eintrag besteht aus drei Elementen:
  - URI der Verbindung, zum Beispiel *sms://:50123*
  - Klassenname des MIDlets, zum Beispiel `de.java_me.beispiele.pushsms.PushSMSMIDlet`
  - Erlaubter Sender, zum Beispiel die Telefonnummer 123456789 oder einfach ein »*« als Wildcard. * meint, dass jeder eine SMS an den Port 50123 senden darf. Es kann hier mehrere Einträge geben.

Wenn das MIDlet andere Operationen als nur den Empfang der SMS erledigen soll, sind unter »Permissions« weitere Einträge hinzuzufügen. Das downloadbare Beispiel `PushSMS` kann mit der WMA-Konsole getestet werden (»File« ⟶ »Utilities« ⟶ »WMA Console«).

12.5 Andere Arten, ein MIDlet zu wecken

Ein MIDlet kann durch verschiedene Ereignisse aufgeweckt werden. Bei einer Multimedia-Nachricht müsste dann der URL mit *mms://:* beginnen, bei einer Kommunikation über Sockets mit *socket://:* Wenn ein Port bereits von einem anderen MIDlet belegt ist, wird die Installation verweigert, damit nicht zwei oder mehr MIDlets am selben Port kommunizieren können. Das Starten eines MIDlets über

TCP und Sockets bietet sich für Inhalteanbieter (neudeutsch Content-Provider) an, die über den Mobilfunkbetreiber das mobile Endgerät erreichen können. Bei Aufbau der Funkverbindung kann eine IP-Nummer dynamisch zugeteilt werden.

Um das Problem eines belegten Ports zu umgehen, besteht mit der Methode `PushRegistry.registerConnection()` die Möglichkeit einer dynamischen Registrierung, wenn es sich um eine Socket-Verbindung handelt, und der Abfrage `getLocalPort()`. Diese Methode hat aber einen Nachteil: Wer oder was diesen Port anspielen möchte, muss erst seine Nummer kennen, d.h. das MIDlet muss durch einen entsprechenden Vorgang selbst dafür sorgen, dass die Portnummer bekannt wird. Das kann zum Beispiel über einen von mehreren Geräten gemeinsam genutzten Server geschehen, dem die Nummer mitgeteilt wird. Über diesen Server lassen sich dann Verbindungen zu verschiedenen Teilnehmern aufbauen.

12.5.1 MIDlet zu einer bestimmten Zeit wecken

Diese Möglichkeit hat mit WMA nichts zu tun, ist aber eine im MIDP 2 [JSR118] vorgesehene Möglichkeit der Klasse `PushRegistry`. Die Methode

```
static long PushRegistry.registerAlarm(String klassenname,
                                       long zeitInMsSeit1970);
```

→ Beispiel *PushAlarm*

plant die Ausführung eines MIDlets ein. Der Zeitpunkt entspricht dem Format von `Date.getTime()` oder `System.currentTimeMillis()`. Wenn ein MIDlet periodisch, zum Beispiel etwa alle 24 Stunden, neu gestartet werden soll, kann in `startApp()` die Einplanung mit Bezug auf die aktuelle Zeit vorgenommen werden:

```
PushRegistry.registerAlarm(getClass().getName(),
            System.currentTimeMillis() + 24*60*60*1000);
```

Der Rückgabewert ist der vorher eingeplante Wert bzw. 0, wenn die Planung erstmalig vorgenommen wird. Damit kann der Zeittakt genau, d.h. unabhängig von der Dialogdauer (bis der Benutzer der Ausführung zugestimmt hat) eingestellt werden:

```
String kname = getClass().getName();
long takt =  24*60*60*1000;   // 1 Tag in ms
long zeit = PushRegistry.registerAlarm(kname,
                  System.currentTimeMillis() + takt);
if(zeit > 0) { // nicht die erste Einplanung
  // Alten Eintrag löschen und korrekte Zeit eintragen:
  PushRegistry.registerAlarm(kname, 0);
  PushRegistry.registerAlarm(kname, zeit + takt);
}
```

Die hier gezeigte periodische Einplanung kann nur durch Angabe von 0 als Zeitpunkt oder durch Ablehnen der Ausführung im Benutzungsdialog (und damit

Verhindern der erneuten Einplanung in `startApp()`) beseitigt werden. Man kann natürlich auch das MIDlet entfernen. Die Registrierung von Alarmen mit der `PushRegistry` ist nicht für zeitliche Steuerungen von laufenden MIDlets gedacht, dafür gibt es die Klasse `TimerTask`.

13 Bluetooth

Bluetooth ist eine drahtlose Kommunikationstechnologie. Der Ursprung dieser Technologie liegt im Jahre 1994, als die Firma Ericsson eine Alternative zu Kabeln für die Verbindung ihrer Handys zum Zubehör wie Headsets suchte. Schon 4 Jahre später formte sich die Bluetooth Special Interest Group (SIG) mit den Mitgliedern Ericsson, Intel, IBM, Nokia und Toshiba. Die Bluetooth SIG publizierte 1999 die erste Version der Bluetooth Spezifikation, und in diesem Jahr traten auch die Firmen 3Com, Agere, Microsoft und Motorola der Bluetooth SIG bei. 2005 hatte die Bluetooth SIG über 3500 Mitglieder und die Version 2.0 der Spezifikation verabschiedet. Diese Spezifikation [BTSpec] ist 1230 Seiten stark und in drei Teile (Architecture & Terminology Overview, Core System Package Controller Volume, Core System Package Host Volume) geteilt. Die Bluetooth-Spezifikation ist öffentlich und auf der Internetseite *www.bluetooth.com* für jeden zugänglich, dies fördert die Akzeptanz deutlich. Der Name Bluetooth basiert auf einem dänischen Wikinger-König, der in seiner Regierungszeit von 940–981 Dänemark und Norwegen einte, die in viele kleine Königreiche zerfallen waren. Die Bluetooth SIG hat sich als Ziel gesetzt, weltweit die Firmen der Telekommunikationsbranche zu einen und für einen Standard zu begeistern. Dies ist ihr mit großem Erfolg gelungen.

Welche Eigenschaften hat Bluetooth, und warum ist Bluetooth so erfolgreich im Bereich der Handys und PDAs? Die Tabelle 13.1 zeigt einen Vergleich zwischen den drei bekanntesten drahtlosen Kommunikationstechnologien: Bluetooth, WirelessLAN und IrDA (eine auf Infrarotlicht basierende Kommunikation). Im Vergleich zu Infrarot hat Bluetooth die entscheidenden Vorteile, dass es nicht durch Hindernisse blockiert wird, über eine größere Distanz senden und mit mehr als 2 Teilnehmern kommunizieren kann. Da Bluetooth mit Radiowellen arbeitet, dringt es durch Hindernisse. Infrarot braucht einen direkten Sichtkontakt zwischen den beiden Teilnehmern. Durch den geringen Energiebedarf beim Senden ist Bluetooth ideal für kleine mobile Geräte, die mit Akkus betrieben werden. WLAN verbindet größere Geräte wie Notebooks und PCs über eine deutlich größere Distanz (bis 100 m) miteinander. WLAN sendet mit bis zu 11Mbps (die neuere Spezifikation 802.11a mit 54 Mbps) und damit viel schneller als Bluetooth. Jedoch verbraucht WLAN bis zu 100 mal so viel Energie wie Bluetooth. Dies können sich Handys und PDAs nicht leisten. Zusammengenommen ist Bluetooth die ideale drahtlose Kommunikationstechnologie für Handys und PDAs:

- Bluetooth ist drahtlos. Die Signale sind omni-direktional und dringen durch Wände.

- Bluetooth sendet im Industrial Scientific and Medical (ISM) Frequenzband, welches lizenzfrei und weltweit verfügbar ist.
- Bluetooth-Geräte können sich automatisch verbinden (sehr geeignet zum Beispiel für Freisprecheinrichtungen).
- Bluetooth ist kostengünstig. Die Integration von Bluetooth in ein Handy kostet ca. 12 Euro.
- Daten und Sprache können über Bluetooth gesendet werden.
- Sicherheit (Verschlüsselung, Authentifizierung) bei der Datenübertragung wird von Bluetooth unterstützt.

Merkmal	**Bluetooth**	**WLAN**	**IrDA**
Verbindungstyp	Radio, kugelförmig, Spread-Spectrum[1]	Radio, kugelförmig, Spread-Spectrum	Infrarot, kegelförmiger Strahl, Sichtverbindung
Spektrum	RF 2.4 GHz	RF 2.4 GHz oder 5 GHz (802.11a)	optisch 850–900 nm
Verbrauch[2]	1–10 mW	100 mW	40–500 mW/Sr
Datenrate	1–3 Mbps (EDR[3])	11–54 Mbps	9600 bps bis 16 Mbps
Reichweite	10 m (100 m sind möglich, dann aber ca. 100 mW Verbrauch)	100 m	1m
Teilnehmer	8 aktive (bis 200 passive)	Verbindung zu einem LAN über Access Point	2
Sprachkanäle	3	Voice over IP	keine
Adressierung	48-bit MAC	48-bit MAC	32-bit ID

Tabelle 13.1: Vergleich zwischen Bluetooth, WLAN und IrDA

[1] Spread-Spectrum ist eine digitale Kodiertechnik, welche das Schmalbandsignal über einen breiten Bereich des verfügbaren Frequenzbandes spreizt. Somit ergibt sich ein robustes Signal gegen Störungen und erhöhte Abhörsicherheit.

[2] Sr ist der Steradiant und wird für die Angabe von Raumwinkeln benutzt.

[3] Enhanced Data Rate neu in der Spezifikation 2.0.

Wir werden in diesem Kapitel die Programmierung der Bluetooth-Schnittstelle in Java näher erläutern. Um die Java APIs für die Bluetooth Wireless Technology, kurz JABWT [JSR82], zu verstehen, müssen wir uns zuerst kurz mit den Bluetooth-Grundlagen beschäftigen.

13.1 Überblick Bluetooth-Technologie

13.1.1 Netzwerktopologie

Wenn mindestens zwei Bluetooth-Geräte eine Verbindung miteinander aufbauen, bilden sie ein Personal Area Network (PAN). Bluetooth-Geräte organisieren sich in Gruppen, die Piconets genannt werden. Ein Piconet besteht aus einem Master, der die Kommunikation initiiert und steuert, und bis zu sieben aktiven Slaves. Ein Master und ein einzelner Slave benutzen eine Point-to-point-Kommunikation. Bei mehreren Slaves wird eine Point-to-multipoint-Kommunikation verwendet. Ein Bluetooth-Gerät in einem Piconet kann auch mit einem Gerät in einem anderen Piconet kommunizieren, so wird ein so genanntes Scatternet aufgebaut. Hier ist zu beachten, dass ein Master in einem `Piconet` ein Slave in einem anderen Piconet, aber nicht Master in zwei Piconets sein kann. Die Abbildung 13.1 verdeutlicht dies. Bluetooth ist allerdings nicht für das Routing geeignet.

13.1.2 Der Bluetooth-Stack

Die Abbildung 13.2 zeigt den Bluetooth-Stack, der sich in zwei Teile gliedert. Der untere Bereich ist der Host Controller und enthält die Hard- und Firmware. Natürlich ist es vom Hersteller des Bluetooth-Geräts abhängig, wie dieser Bereich des Stacks realisiert ist. Die Firmware kann z.B. in Java, der Programmiersprache C oder in Assembler geschrieben sein, und die Hardware kann sehr verschieden realisiert werden. Jedoch müssen sich alle Hersteller streng an die Bluetooth-Spezifikation halten. Jedes Gerät muss durch einen kostenpflichtigen Zertifizierungsprozess. Somit ist gewährleistet, dass alle Geräte die Spezifikation einhalten. Schaut man sich den unteren Bereich des Stacks genauer an, wird dieser in vier Ebenen geteilt:

1. Ganz unten ist das Bluetooth-Radio. Diese Ebene setzt die Anforderungen (zum Beispiel das Timing und das Handling der Kanäle) an den Sender und Empfänger (Transceiver) im Frequenzbereich 2.4 GHz im ISM um.

2. Der Baseband Link Controller (LC) steuert die Verbindung zwischen den Bluetooth-Geräten auf der Bluetooth-Radio-Ebene, wobei er die Steuerung des Zugriffs auf die Kanäle des Bluetooth-Radios übernimmt. Es gibt zwei Arten von physischen Verbindungen: eine synchrone, verbindungsorientierte (SCO = Synchronous Connection Orientated link) und eine asynchrone, verbindungslose

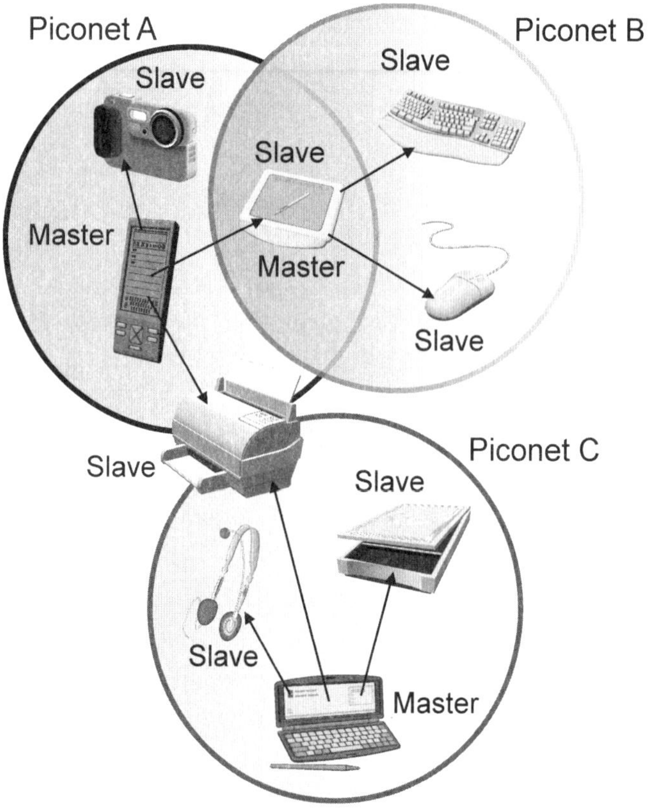

Abbildung 13.1: Beispiel eines Scatternets

Verbindung (ACL = Asynchronous ConnectionLess link). Wobei SCO zeitgebundene Verbindungen (zum Beispiel Audio) unterstützt und ACL Datenpakete behandelt.

3. Das Link Manager Protocol (LMP) ist für die Konfiguration (z.B: Größe der Datenpakete) der Verbindungen zuständig. Außerdem kümmert sich das LMP um die Sicherheit (Authentifizierung, Verschlüsselung) der Verbindung.
4. Das Host Controller Interface (HCI) ist die Schnittstelle zwischen dem oberen (Software) und dem unteren (Firmware/Hardware) Stack.

Audio ist keine wirkliche Ebene des Bluetooth-Stacks, sondern wird direkt vom Bluetooth-Radio über den LC mit einem SCO gesendet. Wird VoiceOverIP für die Audioübertragung verwendet, ist dies nicht mit der Fähigkeit eines Bluetooth-

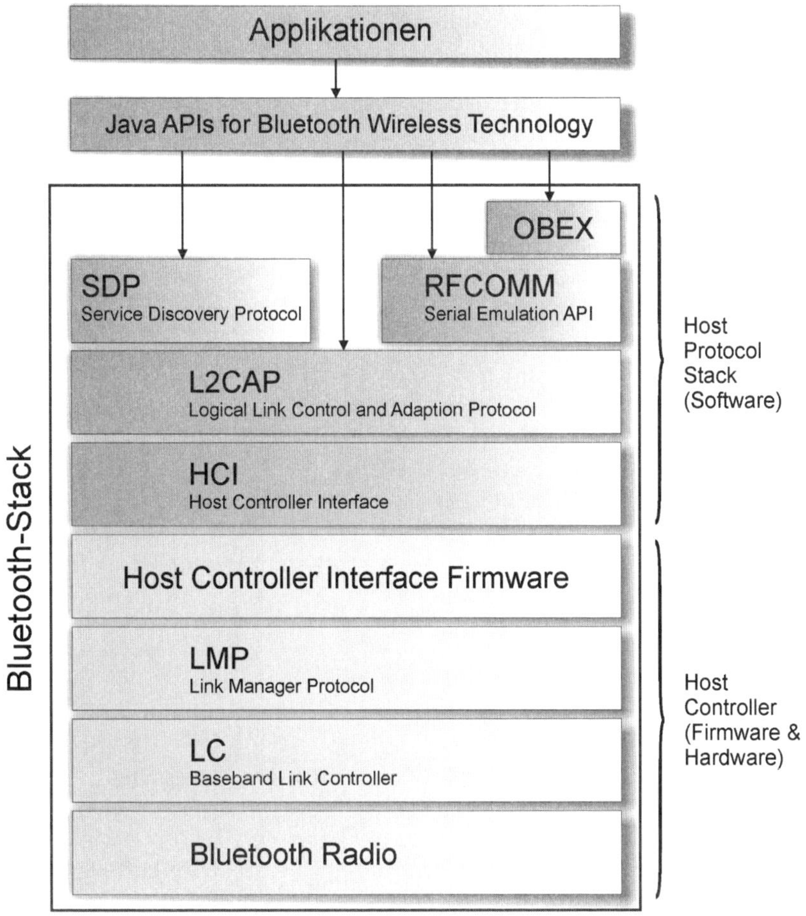

Abbildung 13.2: Der Bluetooth-Stack

Gerätes, Audio direkt zu übertragen, zu verwechseln. Bei VoiceOverIP wird ein ACL verwendet, der Datenpakete über TCP/IP sendet.

Der obere Stack gliedert sich wie folgt:

- Das Logical Link Control and Adaption Protocol (L2CAP) kapselt die Funktionalität der unteren Ebenen des Stacks für die oberen Ebenen. Über die JABWT kann man direkt auf diese Ebene zugreifen.

- Das Service Discovery Protocol (SDP) basiert auf dem L2CAP und erfragt bei den im Piconet gefundenen Geräten die angebotenen Dienste (Serial Port Service, Printing Port Service usw.).

- Das Serial Emulation API (RFCOMM) emuliert serielle Schnittstellen und basiert auf dem L2CAP.
- OBEX ist das Object Exchange Protokoll [OBEX] und wurde als Alternative für HTTP für PDAs und Handys entwickelt.

Die Abbildung 13.2 zeigt nicht alle Protokolle, die die Bluetooth SIG spezifiziert hat. Es gibt z.B. noch das Bluetooth Network Encapsulation Protocol und das Audio/Video Control Transport Protocol und einige mehr (siehe [BTSpec]). Jedoch würde es den Rahmen dieses Kapitels sprengen, auf alle Protokolle einzugehen, zumal sie für das Verständnis der JABWT nicht grundlegend sind.

13.1.3 Bluetooth-Profile

Die Bluetooth SIG hat in Ergänzung zu den Protokollen auch Bluetooth-Profile spezifiziert. Diese Profile standardisieren den Zugriff auf die Protokolle aus der Sicht einer bestimmten Problemstellung. Man kann ein Profil als vertikalen Schnitt durch den Stack sehen. Es werden nur die für die Problemstellung relevanten Funktionen der verschiedenen Protokollebenen des Stacks verwendet. Die Abbildung 13.3 zeigt verschiedene Profile aus der Bluetooth-Spezifikation und deren Zusammenhang. Die vier Basis-Profile sind:

1. Das Generic Access Profile (GAP) ist das Ur-Profil, auf dem alle anderen basieren. Es enthält die Funktionen zum Verbindungsaufbau, die Suche nach Bluetooth-Geräten, die Konfiguration und Sicherheit von Verbindungen.
2. Das Service Discovery Application Profile (SDAP) enthält die Funktionen, die Dienste eines Bluetooth-Gerätes herauszufinden.
3. Das Serial Port Profile (SPP) definiert die Funktionen zum Aufbau einer kabellosen seriellen Verbindung über RFCOMM zwischen Bluetooth-Geräten.
4. Das Generic Object Exchange Profile (GOEP) ist ein abstraktes Profil. Andere konkrete Profile, die OBEX verwenden (siehe Abbildung 13.3 im weißen Kasten), basieren auf GOEP.

Eine nähere Erläuterung zu den verschiedenen Profilen ist in [BTSpec] zu finden. Im weiteren Verlauf dieses Kapitels werden wir auf einige Profile anhand konkreter Aufgabenstellungen näher eingehen. Es ist wichtig zu verstehen, dass einige der Profile von anderen abhängig sind. Soll ein Gerät das Synchronization Profile unterstützen, muss es auch das Generic Object Exchange Profile, das Serial Port Profile und das Generic Access Profile implementieren. Falls Sie einen PDA und ein Handy haben und Ihre Telefonlisten via Bluetooth auf beiden Geräten synchronisieren wollen, müssen beide Geräte das Synchronization Profile unterstützen, um Daten untereinander austauschen zu können. Damit zwei Bluetooth-Geräte miteinander interagieren können, reicht es nicht aus, nur den Bluetooth-Stack zu implementieren, sondern beide Geräte müssen auch das gleiche Profil anbieten.

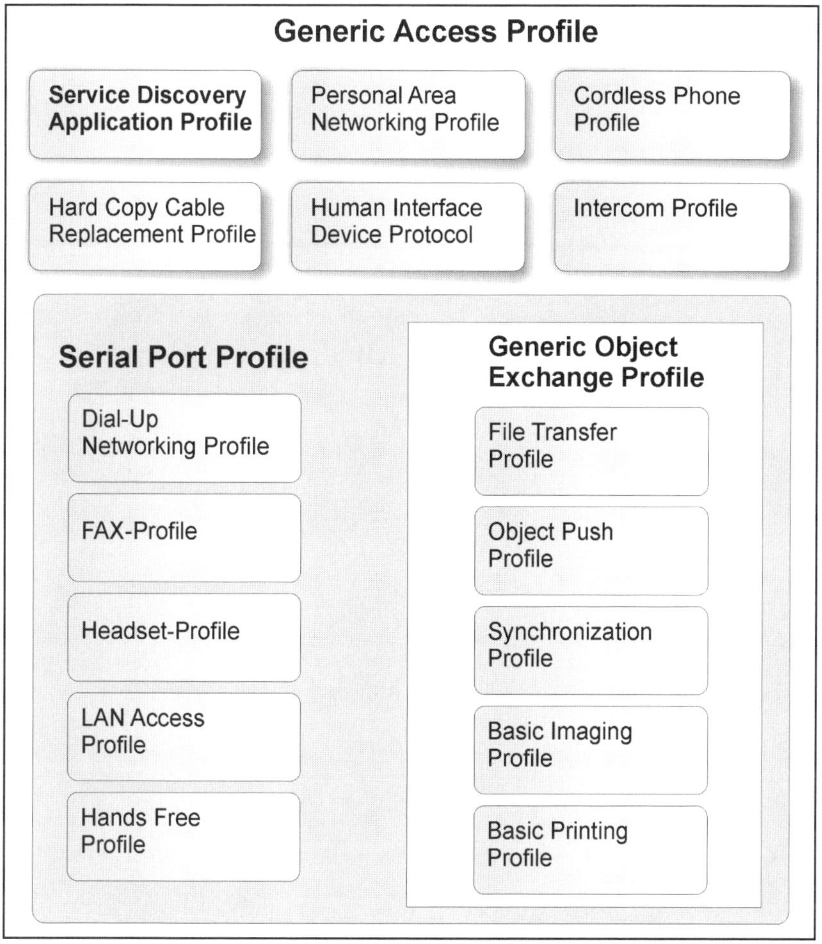

Abbildung 13.3: Bluetooth Profile und deren Abhängigkeiten

13.2 Java APIs für Bluetooth

Die Java APIs für die Bluetooth Wireless Technology (JABWT) werden in [JSR82] spezifiziert. Die APIs basieren auf dem Bluetooth-Stack. Es gibt 21 Klassen und Interfaces in den JABWT, die im Wesentlichen die vier Basis-Profile umsetzen. Aus Unterkapitel 13.1.3 wird klar, dass alle anderen Profile auf diesen vier Basis-Profilen aufbauen. Die Klassen in der JABWT ermöglichen die Entwicklung neuer Profile auf der Basis der APIs selbst. Die größte Hürde bei der Spezifikation der JABWT war die Vielfalt der Hardware. Die JABWT sollte auf allen Geräten laufen, auf denen auch Java ME läuft. Daher wurden die Klassen der JABWT auf Java

ME-Klassen und des Generic Connection Frameworks der CLDC (siehe Abschnitt 3) aufgebaut. Die Abbildung 13.4 zeigt, wie die JABWT auf CLDC und MIDP basieren. Das [JSR197] fügt als zusätzliches Package das Generic Connection Framework der J2SE hinzu, um die JAWBT auch auf anderen Java-Plattformen als Java ME einzusetzen.

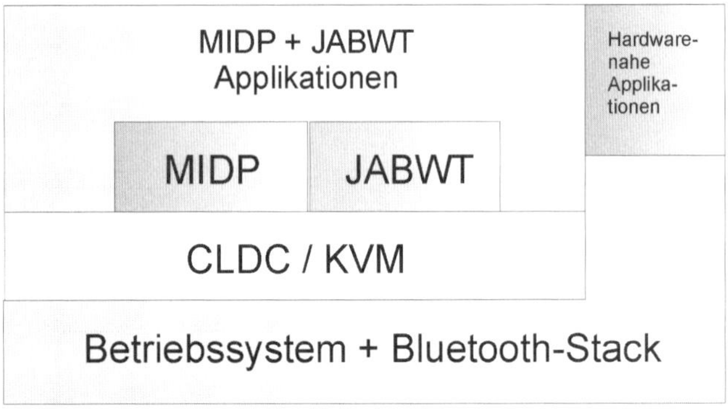

Abbildung 13.4: CLDC + MIDP + JABWT-Architektur

Die Funktionalität der JABWT gliedert sich in drei Kategorien:

1. Auffinden von Bluetooth-Geräten und deren Diensten
2. Kommunikation zwischen den Bluetooth-Geräten
3. Geräteverwaltung und Konfiguration

Die Abbildung 13.5 zeigt den typischen Use-Case einer Bluetooth-Applikation. Zuerst müssen alle Bluetooth-Applikationen den Stack initialisieren. Ein Client benutzt die von einem Server angebotenen Dienste (z.B einen Drucker-Dienst). Ein Client wird zuerst die benachbarten Geräte erkunden und nach angebotenen Diensten suchen. Details zum Auffinden von Geräten und Diensten folgen in Abschnitt 13.2.1 und 13.2.2. Ein Server bietet Dienste an und wartet auf Clients, die einen oder mehrere dieser Dienste nutzen wollen, und bedient dann diese Clients. Sollte ein Dienst nicht mehr gebraucht werden, kann der Server diesen stoppen. Bevor sich zwei Geräte über Bluetooth verbinden können, muss man im Bluetooth Control Center (BCC) des einen Gerätes das andere Gerät als bekannt anmelden und die Sicherheitseinstellungen vornehmen. Das BCC ist geräteabhängig und wird vom Geräterhersteller mitgeliefert. Im BCC gibt man z.B. den Namen des Gerätes an, nimmt Sicherheitseinstellungen vor oder schaltet das Bluetooth-Radio an bzw. aus. Man kann nach benachbarten Geräten suchen und die Verbindungsrechte eingeben. BCC ist allerdings nicht Bestandteil von [JSR82]. Die Abbildung 13.6

zeigt das BCC eines Nokia 9500. Bitte beachten Sie hier die Hinweise im mitgelieferten Gerätehandbuch. Die Abbildung 13.7 zeigt ein Klassendiagramm eines möglichen Bluetooth-MIDlets. Hier werden alle Klassen und Interfaces des Bluetooth-Packages des [JSR82] gezeigt (Package `javax.bluetooth`). Natürlich muss man nicht alle diese Klassen in einem MIDlet verwenden. Jedoch werden im weiterem Verlauf des Kapitels alle diese Klassen und Interfaces näher erläutert.

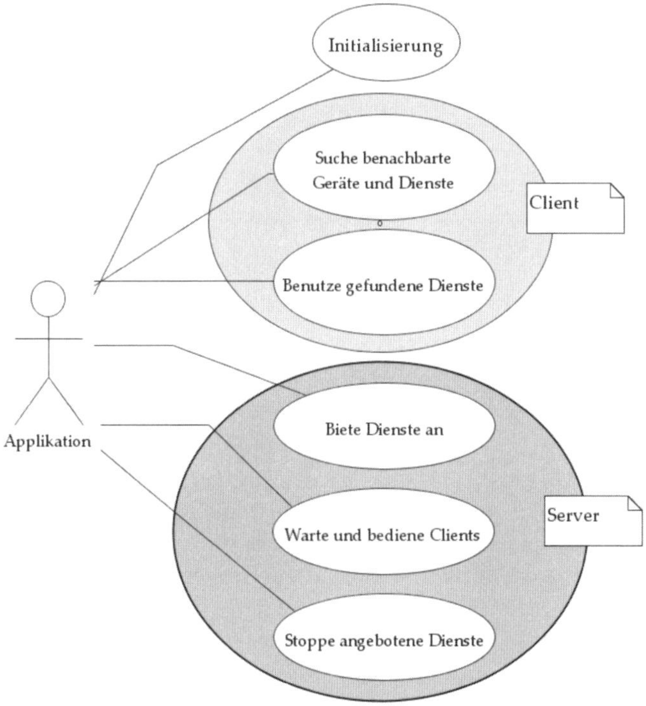

Abbildung 13.5: Typischer Use-Case einer Bluetooth-Applikation

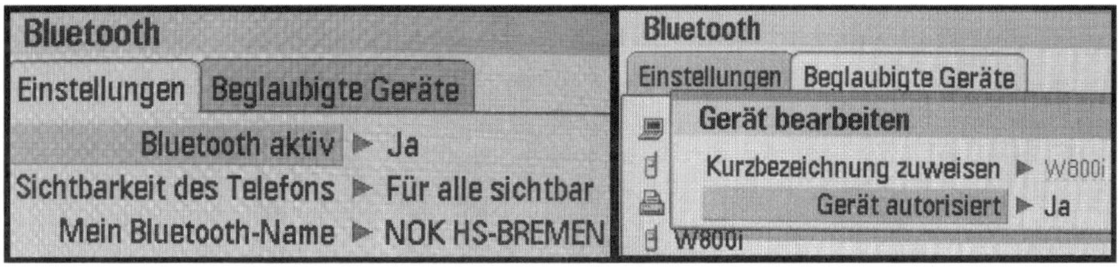

Abbildung 13.6: Bluetooth Control Center eines Nokia 9500

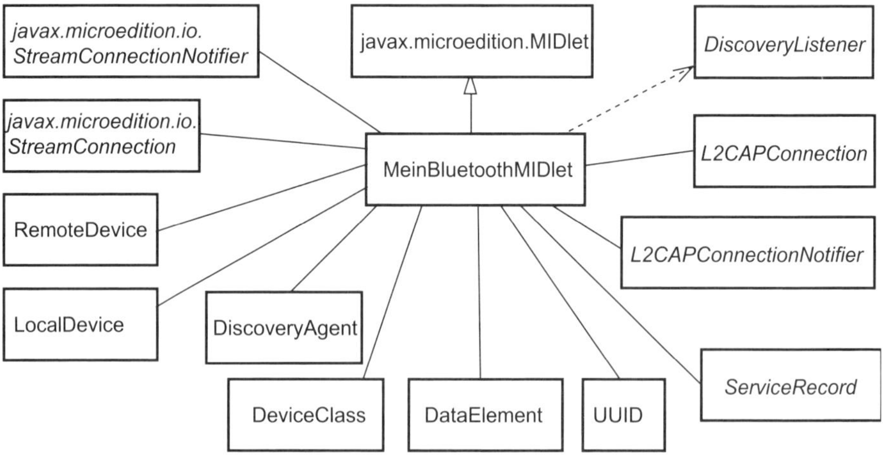

Abbildung 13.7: Klassendiagramm eines möglichen Bluetooth-MIDlets als demonstrative Auflistung der Klassen und Interfaces des [JSR82]

13.2.1 Aufsuchen von Geräten

Bevor ein Gerät mit einem anderen Gerät via Bluetooth kommunizieren kann, muss der Client den Server finden. Bluetooth ist für mobile Geräte gedacht, die beweglich sind und ihren Ort ändern können. Ein Bluetooth-Gerät muss in der Lage sein, andere Geräte und deren Dienste zu suchen. Im [JSR82] und der Bluetooth-Spezifikation trennt man die Suche nach Geräten von der Suche nach Diensten. In diesem Abschnitt betrachten wir die Suche nach Geräten. Die Suche eines Geräts nach anderen Bluetooth-Geräten nennt man Inquiry. Sucht ein Gerät andere und empfangen diese die Suchanfrage, dann antworten sie mit ihrer eindeutigen 48 Bits langen Adresse, die vom Hersteller vergeben wurde. Es gibt zwei Arten der Gerätesuche. Die vollständige Suchanfrage (general inquiry) fordert alle anderen Geräte im Empfangsbereich auf, zu antworten. Die eingeschränkte Suche (limited inquiry) fordert nur Geräte auf, die einen Dienst für eine begrenzte Zeit anbieten. Wie bzw. ob ein Gerät antwortet, hängt vom eingestellten Modus (general, limited, not discoverable) ab. Eine Suchanfrage kann bis zu 10 Sekunden dauern und verbraucht viel Energie. Daher bieten die JABWT an, bekannte Geräte (predefined devices) als wahrscheinlich anwesend zu sehen, auch wenn diese nicht da sein sollten. Synchronisiert sich ein PDA regelmäßig mit einem Desktop, dann wird das PDA den Desktop als bekannt ansehen und davon ausgehen, dass er im Empfangsbereich liegt. Bekannte Geräte werden im BCC mit ihrer Adresse eingetragen und können somit direkt angesprochen werden und müssen nicht jedes Mal gesucht werden. Dann gibt es noch die Möglichkeit, Geräte, die bei einer vorhergehenden Suche gefunden wurden, in einem Cache zu finden und anzusprechen. Die Abbildung 13.8 zeigt das Aktivitätsdiagramm einer Suchanfrage an Geräte und deren Dienste.

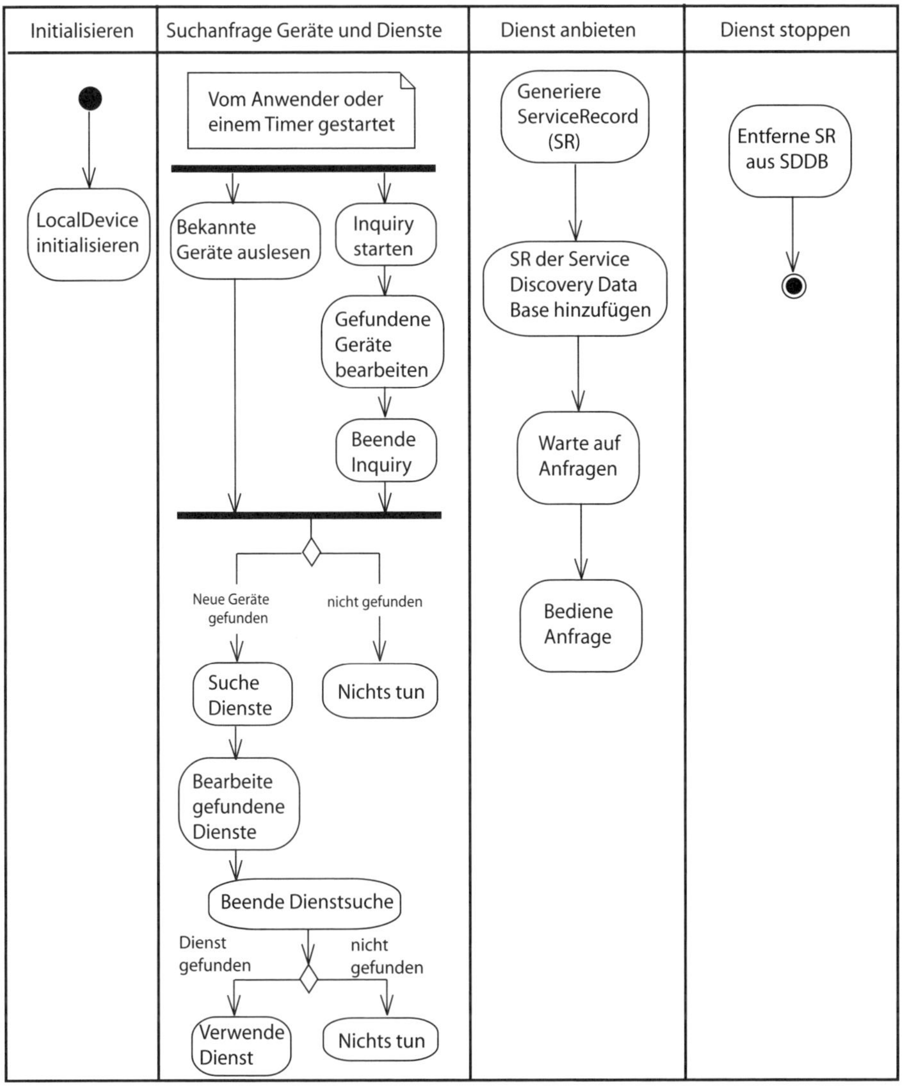

Abbildung 13.8: Aktivitätsdiagramm einer Suchanfrage an benachbarte Geräte und deren Dienste

Um andere Geräte zu finden, muss das API Zugriff auf das eigene Gerät haben. Die Klasse `LocalDevice` ermöglicht den Zugriff auf das eigene Gerät, bietet Methoden zum Zugriff auf die Eigenschaften und ist der Ausgangspunkt für die Suche nach anderen Geräten. Um eine Referenz auf das lokale Gerät zu bekommen, ruft der Client die Methode `LocalDevice.getLocalDevice()` auf, da die Klasse `LocalDevice` einen privaten Konstruktor hat. Dies verhindert, dass eine Applikation unerlaubt ein neues lokales Gerät erzeugt. Mit der Referenz auf das lokale Gerät können mit den Methoden aus Tabelle 13.2 Informationen über das lokale Gerät gewonnen werden. Im Beispielprogramm unten werden die Eigenschaften und Informationen eines lokalen Geräts ausgelesen.

`LocalDevice`-Methode	**Bedeutung**
`getBluetoothAddress()`	Gibt die 12 Zeichen lange Bluetooth-Adresse zurück.
`getDiscoverable()`	Gibt den Auffindungmodus zurück.
`getFriendlyName()`	Gibt den lesbaren Namen des Geräts zurück.
`getProperty(String property)`	Über diese Methode werden die Geräteeigenschaften ausgelesen.

Tabelle 13.2: Auswahl von `LocalDevice`-Methoden

Bluetooth: Geräteeigenschaften

```
import javax.microedition.midlet.MIDlet;
import javax.microedition.midlet.MIDletStateChangeException;
import javax.microedition.lcdui.*;
import javax.bluetooth.*;

public class BluetoothInformationen extends MIDlet
                        implements CommandListener  {
    protected void startApp() throws
        MIDletStateChangeException {
        Form infoForm = new Form("BT-Geräteinformationen");
        Display.getDisplay(this).setCurrent(infoForm);
        getBluetoothInfo(infoForm);
        infoForm.addCommand(new Command("Exit",Command.EXIT,1));
        infoForm.setCommandListener(this);
    }
```

```
protected void pauseApp() {}
protected void destroyApp(boolean arg0) {}

public void commandAction(Command c, Displayable d) {
    notifyDestroyed();
}

private void getBluetoothInfo(Form f) {
    LocalDevice local = null;
    try {
        local = LocalDevice.getLocalDevice();
    } catch (BluetoothStateException e) {
        f.append(e.toString());
        return;
    }
    f.append("Adresse: "
             + local.getBluetoothAddress() + "\n");
    String name = local.getFriendlyName();
    if (name == null)
        f.append("Kein Name vorhanden\n");
    else
        f.append("Name: " + name + "\n");
    int mode = local.getDiscoverable();
    StringBuffer text = new StringBuffer("Modus: ");
    switch (mode) {
        case DiscoveryAgent.NOT_DISCOVERABLE:
            text.append("Nicht aufsuchbar");        break;
        case DiscoveryAgent.GIAC:
            text.append("General");                 break;
        case DiscoveryAgent.LIAC:
            text.append("Limited");                 break;
        default:
            text.append("0x" + Integer.toString(mode,16));
    }
    f.append(text.toString() + "\n");
    f.append("API Version: " + LocalDevice.getProperty(
             "bluetooth.api.version") + "\n");
    f.append("Master/Slave Umschaltung möglich: " +
       LocalDevice.getProperty("bluetooth.master.switch")
                               + "\n");
    f.append("Max Attribute pro ServiceRecord: " +
       LocalDevice.getProperty(
              "bluetooth.sd.attr.retrievable.max") + "\n");
```

```
            f.append("Max Anzahl verbundene Devices: " +
               LocalDevice.getProperty(
               "bluetooth.connected.devices.max") + "\n");
            f.append(
               "Max Anzahl empfangbarer Bytes pro Datensatz: "
               + LocalDevice.getProperty(
                "bluetooth.l2cap.receiveMTU.max") + "\n");
            f.append(
               "Max Anzahl nebenläufiger Service-Suchanfragen: "
               + LocalDevice.getProperty(
                 "bluetooth.sd.trans.max") + "\n");
            f.append(
              "Inquiry Scan während aktiver Verbindung möglich: " +
               LocalDevice.getProperty(
               "bluetooth.connected.inquiry.scan") + "\n");
            f.append("Inquiry möglich obwohl Device verbunden: " +
               LocalDevice.getProperty(
               "bluetooth.connected.inquiry") + "\n");
            f.append(
               "Page Scanning bei aktiver Verbindung möglich: " +
               LocalDevice.getProperty(
               "bluetooth.connected.page.scan") + "\n");
            f.append("Paging möglich: " +
               LocalDevice.getProperty(
               "bluetooth.connected.page") + "\n");
        }
    }
```

Die Abbildung 13.9 zeigt die Ausgabe des Programms auf einem Nokia 9500.

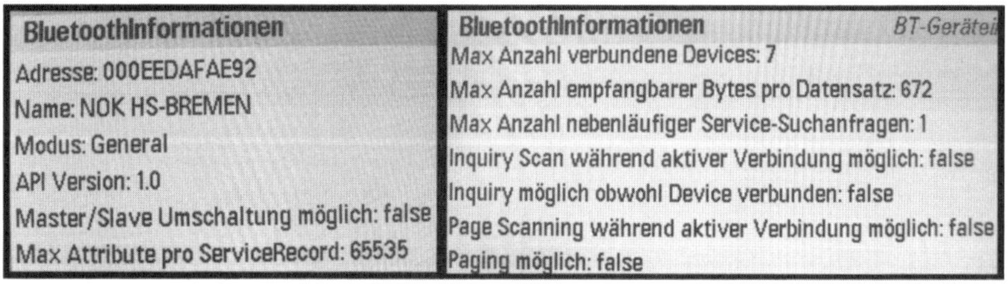

Abbildung 13.9: Ausgabe der Geräteinformationen auf einem Nokia 9500

Einfache Suche nach Geräten

Um ein anderes Gerät zu suchen, wird die Klasse `DiscoveryAgent` und das Interface `DiscoveryListener` verwendet. Jedes Gerät hat ein einziges `DiscoveryAgent`-Objekt, das Methoden zur Gerätesuche bereitstellt. Werden Geräte bei der Suche gefunden, werden diese über das `DiscoveryListener`-Interface an die suchende Applikation zurückgegeben. Der folgende Code zeigt, wie man über das lokale Gerät an den `DiscoveryAgent` kommt:

```
public static DiscoveryAgent getLocalDiscoveryAgent() {
    try {
        LocalDevice meinLDevice = LocalDevice.getLocalDevice();
        return meinLDevice.getDiscoveryAgent();
    } catch (BluetoothStateException e) {
        return null;
    }
}
```

Wiederholte Aufrufe von `getLocalDiscoveryAgent()` liefern dasselbe Objekt. Um nun an eine Liste der schon einmal während einer vollständigen Suche gefundenen Geräte zu kommen, ruft man die Methode `RetrieveDevices()` der Klasse `DiscoveryAgent` auf. Über die Konstanten `DiscoveryAgent.PREKNOWN` und `DiscoveryAgent.CACHED` (siehe Tabelle 13.3 auf Seite 302) wird entschieden, ob die im BCC eingetragenen Geräte gesucht werden sollen oder die Geräte, die bei einer früheren vollständigen Suche (`Inquiry`) gefunden worden sind. Es hängt vom BCC ab, ob ein Gerät als `PREKNOWN` bzw. `CACHED` gilt bzw. wie lange ein Gerät im Cache bleibt. Ein Beispielprogramm zur einfachen Suche finden Sie in folgendem Abschnitt.

Inquiry

Über die einfache Suche werden nur die im BCC eingetragenen Geräte und die im Cache befindlichen Geräte gefunden. Sind diese Geräte nicht mehr in Reichweite bzw. ausgeschaltet, können sie natürlich nicht angesprochen und ihre Dienste nicht genutzt werden. Die vollständige Suche `Inquiry` sendet eine Suchanfrage an alle benachbarten Geräte und erfragt Informationen. Somit werden alle in Reichweite befindlichen Geräte gefunden, die auffindbar sind. Diese Art der Suche ist sehr zeitintensiv, verbraucht viel Energie und verhindert u.U. die Nutzung des Bluetooth-Radios für andere Applikationen. Bei unseren zahlreichen Tests auf realen Geräten haben wir festgestellt, dass nicht alle Geräte eine vollständige Suche ausführen, man kann bei diesen Geräten nur die im BCC eingetragenen Geräte über eine einfache Suche finden. Das folgende MIDlet demonstriert eine vollständige und eine einfache Suche (Ergebnis siehe Abbildung 13.10):

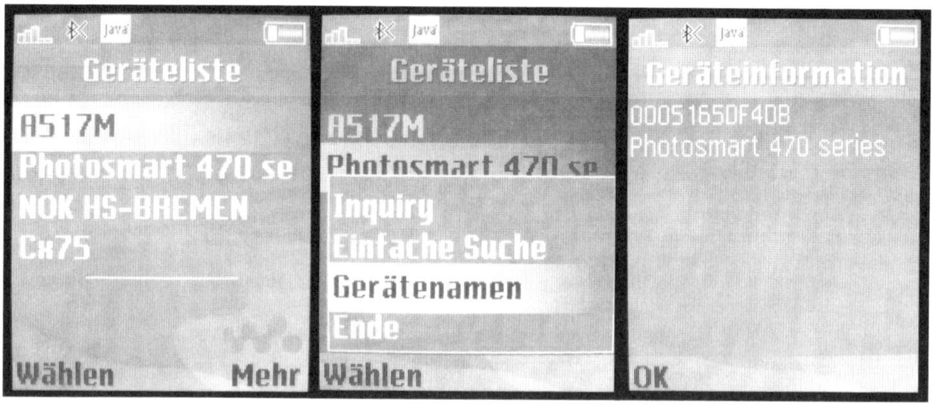

Abbildung 13.10: Gerätesuche auf einem SonyEricsson W800i

Bluetooth: Vollständige und einfache Suche nach Geräten

```
import javax.microedition.midlet.MIDlet;
import javax.microedition.lcdui.*;
import javax.bluetooth.*;
import java.util.Vector;
import java.io.*;
import javax.microedition.io.*;

public class MeineGeraeteSuche extends MIDlet implements
        Runnable, CommandListener, DiscoveryListener  {
    private List deviceList;
    private List SRListe;
    private DiscoveryAgent agent;
    private Vector gefundeneGeraete = new Vector();
    private boolean aktiveSuche = false;
    private static final Command  CMD_NAME =
        new Command("Gerätenamen",Command.ITEM,3);
    private static final Command  CMD_EXIT =
        new Command("Ende",Command.EXIT, 0);
    private static final Command  CMD_INQUIRY =
        new Command("Inquiry",Command.ITEM, 1);
    private static final Command  CMD_SIMPLE =
        new Command("Einfache Suche",Command.ITEM, 2);
    private static final Command  CMD_DIENST =
        new Command("Dienst Suche",Command.ITEM, 2);
    protected void pauseApp() {}
```

```
protected void destroyApp(boolean arg0) {}

protected void startApp() { new Thread(this).start(); }

public void commandAction(Command c, Displayable d) {
    if (c == CMD_NAME) {
        if (aktiveSuche) {
            agent.cancelInquiry(this);
            aktiveSuche = false;
        }
        if (deviceList.getSelectedIndex() >= 0)
            ZeigeInfo((RemoteDevice)gefundeneGeraete
            .elementAt(deviceList.getSelectedIndex()));
    }
    if (c == CMD_EXIT) {
        agent.cancelInquiry(this);
        aktiveSuche = false;
        notifyDestroyed();
    }
    if (c == CMD_INQUIRY) {
        Alert info = new Alert("Inquiry",
            "Suche gestartet.", null, AlertType.INFO);
        info.setTimeout(3000);
        Display.getDisplay(this).setCurrent(info);
        try {
            agent.startInquiry(DiscoveryAgent.GIAC, this);
        } catch (BluetoothStateException e) { // behandeln!
        }
        aktiveSuche = true;
    }
    if (c == CMD_SIMPLE)
        EinfacheGeraeteSuche();
    if (c == CMD_DIENST) {
        if (aktiveSuche) {
            agent.cancelInquiry(this);
            aktiveSuche = false;
        }
        if (deviceList.getSelectedIndex() >= 0)
            dienstSuche((RemoteDevice)gefundeneGeraete
              .elementAt(deviceList.getSelectedIndex()));
              // Implementierung siehe weiter unten
    }
}
```

```
public void run() {
    try {
        LocalDevice local = LocalDevice.getLocalDevice();
        agent = local.getDiscoveryAgent();
    } catch (BluetoothStateException e) {
        // Exception behandeln
    }
    deviceList = new List("Geräteliste",List.IMPLICIT);
    deviceList.addCommand(CMD_EXIT);
    deviceList.addCommand(CMD_INQUIRY);
    deviceList.addCommand(CMD_SIMPLE);
    deviceList.addCommand(CMD_NAME);
    deviceList.setCommandListener(this);
    Display.getDisplay(this).setCurrent(deviceList);
}

public void deviceDiscovered(RemoteDevice device,
                             DeviceClass cod) {
    try {
        String friendlyName = device.getFriendlyName(true);
        deviceList.append(friendlyName, null);
        gefundeneGeraete.addElement(device);
    } catch (java.io.IOException e) {
        // Exception behandeln
    }
}

public void inquiryCompleted(int type) {
    if (type == DiscoveryListener.INQUIRY_COMPLETED) {
        Alert info = new Alert("Inquiry",
            "Suche beendet.",
            null,AlertType.INFO);
        info.setTimeout(3000);
        Display.getDisplay(this).setCurrent(info);
    }
    else {
        Alert info  = new Alert("Inquiry",
            "Suche mit Fehler beendet.",null,AlertType.INFO);
        info.setTimeout(3000);
        Display.getDisplay(this).setCurrent(info);
    }
}
```

```
    public void servicesDiscovered(int transID,
        ServiceRecord[] record) {
    }

    public void serviceSearchCompleted(int transID, int type) {
    }

    private void EinfacheGeraeteSuche() {
        RemoteDevice[] list = agent.retrieveDevices(
            DiscoveryAgent.PREKNOWN);
        if (list != null) {
            for (int i = 0; i <list.length; i++) {
                try {
                    String friendlyName =
                        list[i].getFriendlyName(true);
                    deviceList.append(friendlyName, null);
                    gefundeneGeraete.addElement(list[i]);
                } catch (java.io.IOException e) {
                    // Exception behandeln
                }
            }
        }
        list = agent.retrieveDevices(DiscoveryAgent.CACHED);
        if (list != null) {
            //...wie oben
        }
    }

    private void ZeigeInfo(RemoteDevice device) {
        String daten = "leer";
        try {
            daten = device.getBluetoothAddress()
                + "\n"
                + device.getFriendlyName(false);
        } catch (java.io.IOException e) {
            // Exception behandeln
        }
        Alert info = new Alert("Geräteinformationen",
                        daten,null,AlertType.INFO);
        info.setTimeout(Alert.FOREVER);
        Display.getDisplay(this).setCurrent(info);
    }
}
```

DiscoverAgent-Konstante	Bedeutung
`CACHED`	Nur die sich im Cache befindlichen Geräte werden bei der einfachen Suche zurückgegeben.
`PREKNOWN`	Die im BCC angemeldeten Geräte werden bei der einfachen Suche zurückgegeben.
`GIAC`	Alle als GIAC (General/Unlimited Inquiry Access Code) konfigurierten Geräte werden bei einer vollständigen Suche gefunden.
`LIAC`	Alle als LIAC (Limited Dedicated Inquiry Access Code) konfigurierten Geräte werden bei einer vollständigen Suche gefunden. Dies sind Geräte, die nur für eine begrenzte Zeit oder aufgrund einer besonderen Situation Dienste anbieten.

Tabelle 13.3: Konstanten der Klasse `DiscoveryAgent` für die Zugriffsart bei der Suche

Über die Methode `startInquiry` des `DiscoveryAgent` wird die vollständige Suche gestartet. Als Parameter dieser Methode wird die Zugriffsart (siehe Tabelle 13.3) und ein `DiscoveryListener` übergeben. In der Klasse `DiscoveryAgent` gibt es die Konstante `NOT_DISCOVERABLE`, die den Zugriff auf ein Gerät bestimmt. Wird ein Gerät auf diese Konstante gesetzt, ist es nicht über eine vollständige Suche auffindbar. Die Bluetooth-Spezifikation [BTSpec] sieht für die Zukunft noch weitere Zugriffsarten vor.

Die Methode `deviceDiscovered` aus dem Interface `DiscoveryListener` muss vom MIDlet implementiert sein, da diese Methode bei Auffinden eines Geräts aufgerufen wird. Die vollständige Methodendefinition lautet:

```
public void deviceDiscovered(RemoteDevice btDevice,
                             DeviceClass cod)
```

Als Parameter wird das gefundene Gerät übergeben. Dies geschieht über die Klasse `RemoteDevice`. Als zweiter Parameter wird die Geräteklasse, die auch Informationen über die angebotenen Dienste bietet, übergeben. Tabelle 13.4 zeigt die wichtigsten Methoden der Klasse `RemoteDevice` und die Tabelle 13.5 die Methoden der Klasse `DeviceClass`.

Die Methode `inquiryCompleted(int discType)` aus dem Interface `DiscoveryListener` muss vom MIDlet ebenfalls implementiert werden. Denn diese Methode wird aufgerufen, wenn die Suche beendet wird.

`RemoteDevice`-Methoden	Bedeutung
`boolean authenticate()`	Diese Methode fordert das Gerät auf, sich zu authentifizieren. Sie liefert `true`, wenn sich das Gerät authentifizieren kann, ansonsten `false`.
`boolean authorize(Connection conn)`	Ist der Master berechtigt, Dienste auf dem `RemoteDevice` zu nutzen?
`boolean encrypt(Connection conn, boolean on)`	Schaltet die Verschlüsselung ein/aus. Liefert `true`, wenn die Verschlüsselung eingeschaltet worden ist, ansonsten `false`. Z.B. kann die Verschlüsselung nicht eingeschaltet werden, wenn dies nicht von einem der Geräte unterstützt wird.
`boolean equals(Object obj)`	Entscheidet, ob zwei `RemoteDevices` gleich sind. Dies ist der Fall, wenn die Bluetooth-Adressen gleich sind.
`String getBluetoothAddress()`	Gibt die Bluetooth-Adresse des Geräts zurück.
`String getFriendlyName(boolean alwaysAsk)`	Gibt den vom Anwender leicht zu lesenden Gerätenamen zurück. Der Parameter entscheidet, ob das Gerät via Radio kontaktiert wird oder, falls der Name schon bekannt ist, dieser zurückgegeben wird.
`int hashCode()`	Gibt einen Hashcode für dieses Gerät zurück. Bei wiederholtem Aufruf wird stets der gleiche Hashcode zurückgegeben.
`boolean isAuthenticated()`	Ist das Gerät authentifiziert?
`boolean isAuthorized(Connection conn)`	Wurde das Gerät autorisiert?
`boolean isEncrypted()`	Wird eine Verschlüsselung benutzt?
`boolean isTrustedDevice()`	Wenn das Gerät als vertrauenwürdig im BCC eingestuft wurde, liefert diese Methode `true`, ansonsten `false`.

Tabelle 13.4: Methoden der Klasse `RemoteDevice`

`DeviceClass`-Methoden	Bedeutung
`int getMajorDeviceClass()`	Gibt die Haupt-Geräte-Klasse zurück. Ein Gerät darf nur eine haben. Siehe Tabelle 13.6.
`int getMinorDeviceClass()`	Gibt die Unter-Geräte-Klasse in Abhängigkeit zur Haupt-Geräte-Klasse an. Z.B. liefert diese Methode den Unter-Geräte-Klassen-Typ PDA für den Haupt-Geräte-Klassen-Typ Computer, wenn es sich um ein PDA handelt.
`int getServiceClasses()`	Gibt die Haupt-Dienst-Klassen zurück. Ein Gerät kann mehrere haben, die bitweise mit ODER verknüpft werden. Siehe Tabelle 13.7.

Tabelle 13.5: Methoden der Klasse `DeviceClass`

Haupt-Geräte-Klassen	Beispiel	Hex-Wert
Computer	Desktop, Notebook, PDA usw.	0x100
Phone	Handy, schnurlos, Modem usw.	0x200
LAN/Netzwerk Access Point		0x300
Audio/Video	Headset, Lautsprecher, Videodisplay usw.	0x400
Peripheriegeräte	Maus, Tastatur, Joystick usw.	0x500
Imaging	Drucker, Scanner, Kamera usw.	0x600
Wearable	Brillen, Jacken, Helme usw.	0x700
Toy	Fahrzeuge, Roboter, Figuren usw.	0x800
Miscellaneous	Geräte, die nicht zu den oberen Kategorien gehören	0x000

Tabelle 13.6: Haupt-Geräte-Klassen

Der Parameter `discType` ist `INQUIRY_COMPLETED`, wenn die Suche normal beendet worden ist. Er ist `INQUIRY_TERMINATED`, wenn die Suche mit der Methode `public boolean cancelInquiry(DiscoveryListener listener)` der Klasse `DiscoveryAgent` beendet wurde. Der Parameter `discType` ist `INQUIRY_ERROR`, wenn ein Fehler aufgetreten ist, durch den die Suche abgebrochen werden musste.

Haupt-Dienst-Klassen	Typ	Bit
Limited Discoverable Mode	Dienst ist nur begrenzt erreichbar.	13
Positioning	Lokalisierungs-Dienst	16
Networking	LAN, ad-hoc usw.	17
Rendering	Drucken usw.	18
Capturing	Scannen usw.	19
Object Transfer	V-inbox usw.	20
Audio	Headset-Dienst usw.	21
Telephony	Modem usw.	22
Information	Web-Server, WAP-Server usw.	23

Tabelle 13.7: Haupt-Dienst-Klassen

13.2.2 Aufsuchen von Diensten

Nachdem wir uns mit dem Auffinden von Geräten beschäftigt haben, schauen wir uns jetzt an, wie wir die angebotenen Dienste auf den gefundenen Geräten herausfinden können. Prinzipiell geht es ja bei Bluetooth darum, ein Gerät zu finden, welches den benötigten Dienst anbietet. Das kann ein Handy sein, welches ein Headset sucht, das den Dienst Audio anbietet. Tabelle 13.7 zeigt die möglichen Dienste. Die Abbildung 13.8 zeigt ein Aktivitätsdiagramm, unter *Dienst anbieten* sehen wir, dass ein Server einen `ServiceRecord` generiert, in die Service Discovery Database (SDDB) einträgt, auf die Anfrage eines Clients wartet und diese bedient, wenn sie kommt. Wenn ein Client einen speziellen Dienst auf einem Server sucht, dann wird dieser in der SDDB gesucht. Welche Eigenschaften ein Dienst hat, bestimmt der `ServiceRecord`, der durch ein Interface in den JABWT implementiert wird. Mit dem Kommando `Connector.open(String)` wird mit einem Template in der JABWT ein `ServiceRecord` generiert. Das Verbindungs-URL, welches dieser Methode als String übergeben wird, kann wie in Beispiel 13.3 auf Seite 314 lauten. Die Abkürzung SPP in diesem String steht dabei für `Serial Port Profile` und wird im Abschnitt 13.1.3 erläutert. Die lange Nummer ist eine eindeutige Nummer UUID (universally unique identifier), die z.B. mit dem Programm `uuidgen` unter LINUX erzeugt werden kann und die Eigenschaften eines Attributes eines Dienstes beschreibt. Die Abbildung 13.11 illustriert einen `Service Record`. Jede Zeile eines `ServiceRecords` beschreibt ein Attribut. Die möglichen Attribute können der Tabelle 13.8 entnommen werden.

ID	Attribut-Typ	Erläuterung
0x0000	32-bit unsigned int	ServiceRecordHandle; eindeutiger Handle des SRs
0x0001	DATSEQ	ServiceClassIDList; Liste der im SR angebotenen Dienst-Klassen; Datenelementsequenz von UUIDs
0x0002	32-bit unsigned int	ServiceRecordState; wenn ein Attribut im SR verändert, gelöscht oder hinzugefügt wurde, wird dies hier vermerkt, und der Client kann dies direkt über dieses Attribut erfragen
0x0003	UUID	ServiceID; beschreibt eindeutig die Instanz der Dienst-Klasse, die mit diesem SR beschrieben wird
0x0004	DATSEQ, DATALT	ProtocolDescriptorList; beschreibt die Liste der für den Dienst notwendigen Protokolle des Stacks; (Datenelement-Alternative)
0x0005	DATSEQ	BrowseGroupList; beschreibt die Hierarchie (Gruppe) für die Suche (browse) nach dem SR
0x0006	DATSEQ	LanguageBaseAttributeIDList; Liste der für die Attribute verwendeten Sprachen im SR
0x0007	32-bit unsigned int	ServiceInfoTimeToLive; Zeit in Sekunden, die der SR gültig ist
0x0008	8-bit unsigned int	ServiceAvailability; entscheidet, wie viele Clients der Dienst noch bedienen kann
0x0009	DATSEQ	BluetoothProfileDescriptorList; Liste der Profile, die für diesen Dienst benutzt werden
0x000A	URL	DocumentationURL; Verweis auf die Dokumentation des vom SR definierten Dienst
0x000B	URL	ClientExecutableURL; Verweis auf ein Executable, das für den Dienst notwendig ist
0x000C	URL	IconURL; Verweis auf ein Icon, das den Dienst repräsentiert
0x0100	String	ServiceName; Name des Dienstes
0x0101	String	ServiceDescription; Beschreibung des Dienstes
0x0102	String	ProviderName; Name des Dienstanbieters

Tabelle 13.8: `ServiceRecord` SR mit möglichen Attributen

Abbildung 13.11: Schematische Darstellung eines `ServiceRecords`

Registrierung von Diensten

Normalerweise läuft ein Server schon, der Dienste anbietet, und ein Client verbindet sich mit ihm. Bei Bluetooth sagen wir *run before connect service*. Bevor ein Client Dienste auf dem Server suchen kann, muss der Server diese Dienste registrieren (also in die SDDB eintragen). Diesen Vorgang nennt man *Service Registration*. Folgende Schritte sind für einen Server notwendig, um einen Dienst zu registrieren:

1. Rufe die Methode `Connector.open()` auf und wandle die zurückgegebene Verbindung in ein `StreamConnectionNotifier`-Objekt. `Connector.open()` generiert einen neuen `ServiceRecord`.
2. Greife über `LocalDevice` und den `StreamConnectionNotifier` auf den `ServiceRecord` zu, um Attribute hinzuzufügen oder zu ändern.
3. Rufe die Methode `acceptAndOpen()` über den `StreamConnectionNotifier` auf und warte auf einen Client.
4. Durch den Aufruf von `acceptAndOpen()` wird der in Schritt 1 generierte `ServiceRecord` in die SDDB eingetragen.
5. Wenn der Server sich beenden möchte, ruft er `close()` auf.
6. Dann wird der in Schritt 1 generierte `ServiceRecord` aus der SDDB entfernt.

Um diese Schritte zu verdeutlichen, möchten wir jetzt ein Beispiel für die automatische Generierung eines `ServiceRecords` geben. Im Beispiel wird automatisch für uns ein `ServiceRecord` für SPP generiert, Sie können aber auch eigene Dienste mit `ServiceRecords` definieren. Hier verweisen wir auf die vertiefende Literatur [KuKT]. Zur Registrierung von Diensten dient unser Beispiel A.3.1 auf Seite 404, das auf OBEX basiert. Die JABWT bieten diese Möglichkeit aber auch für L2CAP und SPP an. Nach der Registrierung eines Dienstes kann der Server den entsprechenden `ServiceRecord` modifizieren. Zum Beispiel kann das Attribut `DocumentationURL` mit der Attribut-ID 0x000A (siehe Tabelle 13.8) noch ergänzt werden. Folgendes Codefragment ist notwendig, um einen `ServiceRecord` zu modifizieren:

```
//...
ServiceRecord  record = meinLokalesGeraet.getRecord(notifier);
record.setAttribute(0x000A, new DataElement.URL,
                        "http://www.java-me.de");
```

Es ist auch möglich, ein serverspezifisches Attribut in den `ServiceRecord` einzutragen. Die Attribut-ID darf dann nicht im reservierten Bereich 0x000D–0x01FF liegen [BTSpec]. Man könnte zum Beispiel den Namen und den Highscore des Spielers eintragen, der zuletzt einen Spieledienst verwendet hat.

Wir möchten noch ergänzen, dass `ServiceRecords` die Möglichkeit bieten, Attribute in mehreren Sprachen zu speichern [KuKT]. Dazu werden für das Attribut `LanguageBaseAttributeIDList` mit der ID 0x0006 die verwendeten Sprachen eingetragen.

Einfache Suche nach Diensten

Es gibt einen schnellen und einfachen Weg, über die Methode `String selectService(UUID uuid,int security,boolean master)` einen Dienst zu suchen. Diese Methode erwartet als ersten Parameter eine UUID, die im gesuchten Dienst im Attribut `ServiceClassIDList` stehen soll; hiermit wird der Dienst also identifiziert. Der zweite Parameter `security` spezifiziert die Sicherheitsanforderung. Dies können die Konstanten `NOAUTHENTICATE_NOEN- CRYPT` (keine Authentifizierung, keine Verschlüsselung), `AUTHENTICATE_NOENCRYPT` (Authentifizierung, keine Verschlüsselung) und `AUTHENTICATE_ENCRYPT` (Authentifizierung, Verschlüsselung) sein. Der letzte Parameter `master` entscheidet, ob der Client der Master der Verbindung sein soll. Die Methode `selectService()` liefert einen String zurück, der für den Verbindungsaufruf `connector.open(String)` gebraucht wird. Kann der Dienst nicht gefunden werden, ist dieser String `null`. Die JABWT sagt nicht genau aus, wie die Suche ausgeführt wird. Es kann also sein, dass eine vollständige Suche nach Geräten (siehe 13.2.1) über die Methode `selectService()` indirekt gestartet wird, um den Dienst zu finden. Daher sollte die Methode `selectService()` in einem eigenen Thread aufgerufen werden. Auf Nokia S60 3rd Edition Geräten haben wir festgestellt, dass der Aufruf von `selectService()` prinzipiell `null` liefert. In diesem Fall muss man also eine vollständige Dienstsuche ausführen.

Dienstsuche

Ähnlich wie die Suche nach Geräten ist die Suche nach Diensten. Sie ist ebenfalls nicht blockierend und ruft eine Callback-Funktion auf, wenn ein passender `ServiceRecord` gefunden worden ist. Ein Unterschied ist jedoch, dass die meisten Geräte gleichzeitig mehrere Dienstsuchen erlauben. Mit der Geräteeigenschaft `bluetooth.sd.trans.max` kann überprüft werden, wie viele parallel ablaufende Suchen unterstützt werden (siehe Beispiel auf Seite 294). Bei der Suche sendet das lokale Gerät eine Liste der UUIDs, die der gesuchte `ServiceRecord` haben soll, an die benachbarten Geräte. Diese vergleichen die empfangenen UUIDs mit den Einträgen in der SDDB. Für jeden gefundenen `ServiceRecord`, der die gesuchten UUIDs hat, sendet das entsprechende benachbarte Gerät einen `ServiceRecordHandle` zurück. Das soll das folgende Beispiel verdeutlichen. Es basiert auf dem Beispiel auf Seite 298, wo wir jetzt die Methode `dienstSuche(...)` implementieren:

```
private void dienstSuche(RemoteDevice device) {
    try {
        UUID[] uuidList = new UUID[1];
        uuidList[0] =new UUID("25A3F389A8574a76AFB346FE036F95CE",
            false);
        int[] attrList = new int[1];
        attrList[0] = 0x100;
        agent.searchServices(attrList, uuidList, device, this);
} //...
```

Das Herzstück von `dienstSuche()` ist der Aufruf der Methode:

```
public int searchServices(int[] attrSet,
        UUID[] uuidSet,
        RemoteDevice btDev,
        DiscoveryListener discListener)
```

der Klasse `DiscoveryAgent`. Der erste Parameter ist ein Array von Dienstattributen, die vom gefundenen Dienst erfragt werden sollen. Es werden auf jeden Fall, also auch wenn `attrSet null` ist, die Attribute `ServiceRecordHandle` (0x0000), `ServiceClassIDList` (0x0001), `ServiceRecordState` (0x0002), `ServiceID` (0x0003) und `ProtocolDescriptorList` (0x0004) erfragt (dies sind die Default-Attribute). Der zweite Parameter ist ein Array von UUIDs, die im `ServiceRecord` des gesuchten Dienstes stehen müssen, also ein Teil oder alle der UUIDs, die beim Registrieren des `ServiceRecords` in die SDDB eingetragen werden. Der dritte Parameter ist das benachbarte Gerät, auf dem der Dienst gesucht werden soll. Natürlich können auch mehrere Dienste die geforderten UUIDs haben. Der letzte Parameter ist der `DiscoveryListener`, den wir schon von der Gerätesuche her kennen. Wenn die Dienstsuche gestartet wurde, steht im Rückgabewert die Transaktions-ID. Mit ihr kann die Suche gestoppt werden. Mit der Transaktions-ID stellt man auch fest, welche Suche welchen Dienst gefunden hat bzw. welche Suche vollständig beendet worden ist. Eine Exception wird z.B. ausgelöst, wenn die maximale Anzahl von Suchen überschritten wird oder die Suche nicht gestartet werden kann. Um unseren Code zu vervollständigen, müssen wir noch die Rümpfe der folgenden Methoden implementieren:

```
public void servicesDiscovered(int transID,
     ServiceRecord[] record) {
     for (int i = 0; i < record.length; i++) {
        DataElement nameElement =
             (DataElement)record[i].getAttributeValue(0x100);
        if ((nameElement != null) &&
           (nameElement.getDataType()
                                 == DataElement.STRING)) {
             String name = (String)nameElement.getValue();
             SRListe.insert(0,name,null);
        }
     }
}

public void serviceSearchCompleted(int transID, int type) {
     if (type == DiscoveryListener.SERVICE_SEARCH_COMPLETED) {
         Alert info  = new Alert("Dienstsuche",
                    "Suche beendet.", null,AlertType.INFO);
         info.setTimeout(3000);
         Display.getDisplay(this).setCurrent(info);
     }
     else {
         Alert info  = new Alert("Dienstsuche",
              "Suche mit Fehler beendet.",null,AlertType.INFO);
         info.setTimeout(3000);
         Display.getDisplay(this).setCurrent(info);
     }
}
```

Die Tabelle 13.9 zeigt die möglichen Konditionen, die beim Ende der Dienstsuche eintreten können. Ist der gewünschte Dienst mehrfach gefunden worden, kann man den Dienst aussuchen, der weniger Clients zu bedienen hat. Dazu holt man sich das Attribut `ServiceAvailability` des `ServiceRecords` mit der Methode `getAttributeValue (int attrID)`. Als Parameter übergibt man die ID des gewünschten Attributes (hier 0x0008) und bekommt das entsprechende Datum in der Klasse `DataElement` zurück (Details in [KuKT]). In der Methode `servicesDiscovered()` kann man z.B. die Attribute aus der Tabelle 13.8 auslesen. Exemplarisch wurde dies für den Namen des Dienstes getan. Hier sieht man auch die Verwendung der Klasse `DataElement`. Gibt man eine Attribut-ID an, die nicht im ServiceRecord steht, liefert die Methode getAttributeValue() null. Möchte man einen Wert eines Attributes haben, das man nicht beim Aufruf der Methode searchServices() angegeben hat, benutzt man die Methode boolean populateRecord(int[] attrIDs) vom Interface ServiceRecord. Wie bei searchServices() gibt man ein Array mit den neu zu holenden Attributen an. Können alle Attribute geholt werden, liefert populateRecord() true, ansonsten false. Kann das den Dienst anbietende Gerät nicht mehr kontaktiert werden, wird eine IOException geworfen.

Kondition	Grund
SERVICE_SEARCH_COMPLETED	Die Suche beendete sich normal und hat mindestens einen ServiceRecord mit den gesuchten UUIDs gefunden.
SERVICE_SEARCH_TERMINATED	Die Suche wurde durch einen Aufruf der Methode DiscoveryAgent.cancelServiceSearch(int transID) abgebrochen.
SERVICE_SEARCH_ERROR	Ein Fehler ist aufgetreten.
SERVICE_SEARCH_NO_RECORDS	Kein ServiceRecord mit den gesuchten UUIDs wurde gefunden.
SERVICE_SEARCH_DEVICE_NOT_REACHABLE	Es konnte keine Verbindung zum benachbarten Gerät aufgebaut werden oder das benachbarte Gerät ist nicht erreichbar.

Tabelle 13.9: Konditionen beim Ende der Dienstsuche

Die Tabelle 13.10 auf der nächsten Seite fasst die Methoden der Klasse ServiceRecord zusammen. Wir sind jetzt schon so weit, mit Bluetooth Geräte und Dienste zu suchen. Das ist die Grundlage von Bluetooth. Wir können alle benachbarten Geräte über eine vollständige oder einfache Suche finden. Dann können wir die angebotenen Dienste suchen. Werden die passenden Dienste gefunden (der Dienst hat die bei der Suche angegebenen IDs der gewünschten Attribute), bekommen wir einen ServiceRecord, der die notwendigen Methoden und Attribute hat, um den Dienst zu nutzen, wie wir im folgenden Abschnitt erläutern.

13.3 Dienste nutzen

Wir haben die Geräte und Dienste gefunden und wollen einen Dienst nutzen. Was ist jetzt zu tun? Bei einer einfachen Dienstsuche über die Methode selectService() des DiscoveryAgents des lokalen Geräts bekommt man einen String, der für den

`ServiceRecord`-Methoden	Bedeutung
`int[] getAttributeIDs()`	Liefert ein Array der IDs der über die Methode `getAttributeValue()` angeforderten Attribute. Das Array ist nicht sortiert und enthält immer die Default-Attribute.
`DataElement getAttributeValue(int attrID)`	Gibt den Wert des Attributes, welches im Parameter `attrID` angefordert wird, zurück.
`String getConnectionURL(int requiredSecurity, boolean mustBeMaster)`	Gibt den Verbindungsstring zurück, der vom Client genutzt wird, um sich mit dem Dienst zu verbinden (`Connector.open(String)`. Über `requiredSecurity` stellt man die Sicherheit ein (siehe 13.2.2). Der zweite Parameter entscheidet, ob der Client Master oder Slave der Verbindung ist.
`RemoteDevice getHostDevice()`	Liefert die Klasse `RemoteDevice` des Geräts, welches den Dienst anbietet.
`boolean populateRecord(int[] attrIDs)`	Das benachbarte Gerät, welches den Dienst anbietet, den der `ServiceRecord` beschreibt, wird kontaktiert, um die im Parameter angegebenen Dienstattribute zu holen. Diese Methode ist blockierend! Können alle Attribute geholt werden, liefert die Methode `true`, ansonsten `false`
`boolean setAttributeValue(int attrID, DataElement attrValue)`	Mit dieser Methode ändert man den Wert (`attrValue`) des im ersten Parameter angegebenen Attributes. Existiert das entsprechende Attribut noch nicht, wird es mit dem angegebenen Wert angelegt. Ist `attrValue` `null`, wird das Attribut entfernt.
`void setDeviceServiceClasses (int classes)`	Wird nur vom Server benutzt, um die Haupt-Dienst-Klassen (siehe Tabelle 13.7) zu setzen.

Tabelle 13.10: Methoden der Klasse `ServiceRecord`

Verbindungsaufbau zum Dienst notwendig ist. Sucht man Dienste über die Methode `searchServices()` des `DiscoveryAgents` des lokalen Geräts, kann man diesen Verbindungsstring über die Methode `getConnectionURL()` des `ServiceRecords`, den die Suche liefert, bekommen.

Das Beispiel 13.3 ist ein Bluetooth-Server, der einen SPP-Dienst anbietet und nach Abschnitt 13.2.2 aufgebaut ist. Diesen Server starten wir auf einem Bluetooth-Gerät. Um den von diesem Server angebotenen Dienst zu nutzen, erweitern wir das Beispiel auf Seite 298. Mit den schon im Abschnitt 13.2.2 gemachten Änderungen, fügen wir der Klasse `MeineGeraeteSuche` eine weitere Methode hinzu:

```
private void sendeNachricht(String connectionString) {
    try {
        if (connectionString != null) {
           try {
              StreamConnection connection =
                (StreamConnection) Connector.open(
                                   connectionString);
              OutputStream out =
                       connection.openOutputStream();
              out.write("Hallo lieber Server".getBytes());
              out.flush();
           } catch (IOException e) {
                 ; // Exception behandeln
           }
        }
    } catch (Exception e) {;} // Exception behandeln
}
```

Die Methode `sendeNachricht()` bekommt als Paramter den Verbindungsstring der vom gefundenen Service-Record generiert wird. Die Methode `servicesDiscovered()` wird wie folgt geändert:

```
public void servicesDiscovered(int transID,
     ServiceRecord[] record) {
     for (int i = 0; i < record.length; i++)
        sendeNachricht(record[i].getConnectionURL
        (ServiceRecord.NOAUTHENTICATE_NOENCRYPT,false));
}
```

Wenn Sie jetzt das Beispiel von Seite 298 starten, lassen Sie erst nach Geräten suchen. Ist das Gerät gefunden, auf dem der Server läuft, starten Sie die Dienstsuche.

Ein weiteres Beispiel für die Nutzung eines Dienstes gibt es im Anhang A.3.2 auf Seite 413. Dort wird gezeigt, wie Sie den ObjectPush-Dienst eines Bluetooth-fähigen Druckers (HP Photosmart 475[4]) nutzen. Im Beispiel wird von einem MIDlet ein Bild an den Drucker gesendet, der dieses Bild direkt ausdruckt.

---

[4] Vielen Dank an die Firma HP, die uns unkompliziert ein Testmodell mit toller Ausstattung zur Verfügung gestellt hat, das rundum sehr gut funktionierte.

Bluetooth: SPP Server

```
import java.io.*;
import javax.microedition.midlet.MIDlet;
import javax.microedition.midlet.MIDletStateChangeException;
import javax.microedition.io.*;
import javax.microedition.lcdui.*;
import javax.bluetooth.*;

public class BTServer extends MIDlet
    implements Runnable, CommandListener {
    Form myForm = new Form("BT-Server");

    protected void startApp() throws
        MIDletStateChangeException {
        new Thread(this).start();
    }

    protected void pauseApp() {}
    protected void destroyApp(boolean arg0) {}
    public void commandAction(Command c, Displayable d) {
        notifyDestroyed();
    }

    public void run() {
        myForm.addCommand(new Command("Exit",Command.EXIT,1));
        myForm.setCommandListener(this);
        Display.getDisplay(this).setCurrent(myForm);
        try {
           LocalDevice local = LocalDevice.getLocalDevice();
           if (!local.setDiscoverable(DiscoveryAgent.GIAC)){
               myForm.append(
               "Ist Gerät im BCC auf 'sichtbar' gesetzt?\r\n");
           }
           myForm.append("Warte auf einen Client...\r\n");
           // Verbindung vom Client akzeptieren
           StreamConnectionNotifier notifier =
                 (StreamConnectionNotifier)
                 Connector.open("btspp://localhost:" +
                 "25A3F389A8574A76AFB346FE036F95CE");
           StreamConnection conn = notifier.acceptAndOpen();
           RemoteDevice device =
                          RemoteDevice.getRemoteDevice(conn);
```

```
            myForm.append("Verbunden mit: "
                          + device.getBluetoothAddress()
                          + " " + device.getFriendlyName(true));
            // lese Nachricht
            InputStream in = conn.openInputStream();
            ByteArrayOutputStream out =
                 new ByteArrayOutputStream();
            int data;
            while ((data = in.read()) != -1)
                out.write(data);
            myForm.append(out.toString());
            in.close();
            conn.close();
            notifier.close();
        } catch (Exception e) {
            myForm.append(e.toString());
        }
    }
}
```

13.4 Weitere Klassen der JABWT

13.4.1 L2CAP

Wenn wir uns noch einmal die Abbildung 13.2 auf Seite 287 anschauen, sehen wir, dass die Protokolle RFCOMM, SDP und OBEX (wird in 13.4.2 auf Seite 317 erläutert) auf L2CAP aufbauen. Die möglichen Protokolle sind in Abbildung 13.3 zu finden. Das `Logical Link Control and Adaption Protocol` L2CAP kapselt die Funktionalität der unteren Ebenen des Bluetooth Stacks für die oberen Ebenen. Will man also ein in der Bluetooth-Spezifikation angegebenes Protokoll für die Datenübertragung umsetzen, kommt man nicht um L2CAP herum (Audio geht direkt auf das Baseband). Da in den JABWT nicht alle Protokolle umgesetzt sind, wird das L2CAP angeboten. Somit kann man, wie es im [JSR82] Klassen für die Protokolle RFCOMM, SDP und OBEX gibt (die alle auf L2CAP aufbauen), eigene Klassen für das gewünschte Protokoll schreiben, indem man die im [JSR82] spezifizierten Interfaces `L2CAPConnection` und `L2CAPConnectionNotifier` benutzt. `L2CAPConnectionNotifier` erbt von `javax.microedition.io.Connection` und besitzt die Methode `L2CAPConnection acceptAndOpen()`. Diese wartet auf einen Client, der sich über L2CAP verbinden möchte. Bitte beachten Sie die Zusammenhänge für die Dienstregistrierung (Seite 307), hier geht man genau wie beim Aufbau einer RFCOMM-Verbindung vor (siehe Abschnitt 13.2.2 auf Seite 307). Tabelle 13.11 zeigt die Methoden von `L2CAPConnection`. Die Maximum Transmission Unit

MTU wird beim Verbindungsaufbau konfiguriert und repräsentiert die maximale Anzahl von Bytes, die gesendet bzw. empfangen werden können.

L2CAPConnection-Methoden	**Bedeutung**
`int getReceiveMTU()`	Gibt die MTU (Maximum Transmission Unit) zurück. Dies ist die maximale Anzahl von Bytes, die über die Methode `receive()` in einem Aufruf über die L2CAP-Verbindung gelesen werden kann.
`int getTransmitMTU()`	Gibt die MTU des benachbarten Geräts zurück. Dies ist die maximale Anzahl von Bytes, die über die Methode `send()` in einem Aufruf an das benachbarte Gerät gesendet werden kann, ohne Daten zu verlieren.
`boolean ready()`	Ergibt `true`, wenn ein Datenpaket für den Aufruf von `receive()` bereitsteht.
`int receive(byte[] inBuf)`	Liest Daten und speichert sie im Parameter `inBuf`. Gibt die Anzahl tatsächlich gelesener Bytes zurück. Ist `inBuf` zu klein, können Daten verloren gehen (MTU beachten).
`void send(byte[] data)`	Sendet Daten an das benachbarte Gerät. Auch hier muss die MTU beachtet werden. Übergibt man an `send()` zu viele Bytes, werden nur die über `getTransmitMTU()` ermittelten Bytes gesendet, der Rest geht verloren.

Tabelle 13.11: Methoden der Klasse `L2CAPConnection`

Folgendes Codefragment zeigt, wie ein L2CAP-Dienst von einem Server angeboten werden kann.

```
try {
    LocalDevice local = LocalDevice.getLocalDevice();
    local.setDiscoverable(DiscoveryAgent.GIAC);
    L2CAPConnectionNotifier notifier =
        (L2CAPConnectionNotifier)Connector.open(
        "btl2cap://localhost:" +
        "7C8C49FF12D7415eA52CA394DFA4FA65;" +
        "authenticate=false;encrypt=false;master=false;" +
        "receiveMTU=512;transmitMTU=512");
```

```
    if (notifier != null)
        L2CAPConnection connection = notifier.acceptAndOpen();
} catch (Exception e) {
    // Exception behandeln
}
```

Ein Client könnte sich wie folgt verbinden und Daten senden bzw. empfangen:

```
try {
    LocalDevice local = LocalDevice.getLocalDevice();
    DiscoveryAgent agent = local.getDiscoveryAgent();
    String connectionString = agent.selectService(...);
    if (connectionString != null) {
        L2CAPConnection serverVerbindung =
          (L2CAPConnection) Connector.open(connectionString);
        int mtu_rec = serverVerbindung.getReceiveMTU();
        int mtu_send = serverVerbindung.getTransmitMTU();
        String text = "Testing";
        serverVerbindung.send(text.getBytes());
        byte byteBuffer[] = new byte[mtu_rec];
        serverVerbindung.receive(byteBuffer);
        serverVerbindung.close();
    }
} catch (Exception e) {
    // Exception behandeln
}
```

13.4.2 OBEX

Das `Object Exchange Protocol` OBEX wurde von der IrDA-Organisation spezifiziert [OBEX]. Es ist als Alternative zu HTTP für PDAs, Handys und eingebettete Systeme zu sehen. Im Gegensatz zu HTTP, wo eine Anfrage und die Antwort atomar sind, kann OBEX Anfragen und Antworten in kleine Stücke zerlegen. Dies ermöglicht den kleineren Geräten, das Datenaufkommen so zu verarbeiten, wie es von den Ressourcen her möglich ist. OBEX ist nicht auf eine bestimmte Transportschicht begrenzt. Ursprünglich wurde OBEX für die Infrarotübertragung konzipiert, mittlerweile gibt es auch Implementierungen von OBEX, die auf TCP und RFCOMM basieren. In den JABWT ist OBEX optional. Es kann also sein, dass Sie ein Gerät haben, das die Klassen und Interfaces des Bluetooth-APIs implementiert hat, aber OBEX nicht unterstützt. Jedoch wird OBEX in der Bluetooth-Welt immer wichtiger, da die Bluetooth SIG erkannt hat, dass andere für Bluetooth wichtige Protokolle auf OBEX basieren können.OBEX wird zum Beispiel für die Übertragung von elektronischen Visitenkarten, zur Synchronisation von Desktop und PDA und das Bereitstellen von MIDlets eingesetzt. Ein weiteres Einsatzgebiet von OBEX ist das Drucken. Das `Basic Printing Protocol` (siehe Abbildung 13.3 auf Seite 289) basiert auf OBEX. Wir möchten das für den ersten Einsatz von OBEX notwendige Wissen vermitteln. Weitere Informationen über OBEX finden Sie in [OBEX]. Abbildung 13.12 zeigt das Klassendiagramm des OBEX-API im [JSR82].

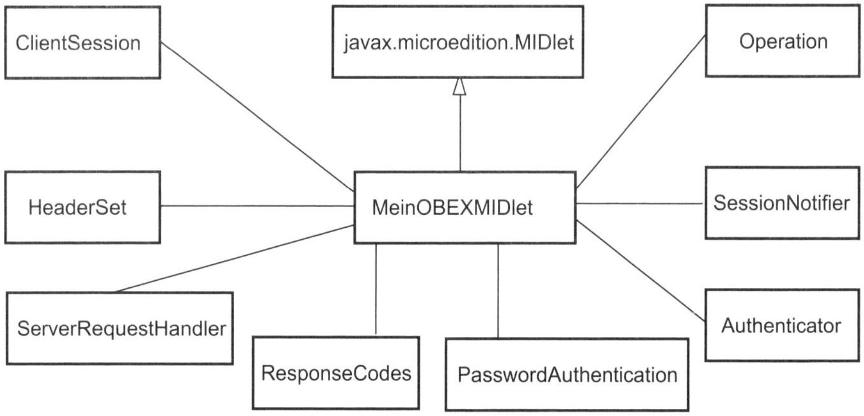

Abbildung 13.12: Klassendiagramm eines möglichen MIDlets als demonstrative Auflistung der Klassen und Interfaces des OBEX-APIs im [JSR82]

OBEX-Operationen	**Bedeutung**
CONNECT	Verbindungsanfrage an den Server.
PUT	Sendet Daten.
GET	Empfängt Daten.
SETPATH	Setzt den Pfad des Zielverzeichnisses auf dem Server.
ABORT	Beendet PUT- oder GET-Operation.
CREATE-EMPTY	Server soll ein leeres Objekt mit dem im Header angegebenen Namen anlegen.
PUT-DELETE	Server soll das im Header unter NAME angegebene Objekt löschen.
DISCONNECT	Verbindung beenden.

Tabelle 13.12: OBEX-Operationen

Im API finden wir folgende acht OBEX-Operationen: CONNECT, PUT, GET, SETPATH, ABORT, CREATE-EMPTY, PUT-DELETE und DISCONNECT. Jede OBEX-Verbindung beginnt mit einer CONNECT-Anfrage vom Client an den Server. Die Verbindung endet mit einem DISCONNECT. Während der Verbindung kann der Client die anderen Operationen senden. Tabelle 13.12 erläutert die Operationen. Die Operationen versenden OBEX-Header. Tabelle 13.13 zeigt die Header-Felder im OBEX-API. Eine OBEX-Session kann wie folgt aussehen:

OBEX-Header ID	**Typ**	**Bedeutung**
COUNT	`Long`	Gibt die Anzahl der zu sendenden bzw. empfangenen Objekte bei einem CONNECT an.
NAME	`String`	Name des Objektes
TYPE	`String`	MIME-Typ des Objektes
LENGTH	`Long`	Größe des Objektes
TIME	`Calendar`	Zeitstempel des Objekts
DESCRIPTION	`String`	Beschreibung des Objektes
TARGET	`byte[]`	OBEX Dienst zum Bearbeiten der Anfrage
HTTP	`byte[]`	Spezifiziert einen HTTP-Header.
BODY		Anfang Objekt
END OF BODY		Ende Objekt
WHO	`byte[]`	Applikation, die die Anfrage bearbeitet
CONNECTION ID	`Long`	ID der Verbindung
APPLICATION PARAMETERS	`byte[]`	Parameter der Applikation
AUTHENTICATION CHALLENGE	`byte[]`	Ruft zur Authentifizierung durch Benutzername und Passwort auf.
AUTHENTICATION RESPONSE	`byte[]`	Gibt zur Authentifizierung den Benutzernamen und das Passwort.
OBJECT CLASS	`byte[]`	Objektklasse des übergebenen Objekts
USER DEFINED		Der Anwender kann bis zu 64 eigene Header-Werte angeben.

Tabelle 13.13: OBEX-Header in der OBEX-API

1. Client sendet CONNECT an den Server.
2. Server antwortet mit OK, SUCCESS oder im Falle der Ablehnung mit einer Antwort in HTTP, die den Grund der Ablehnung enthält.
3. Client setzt mit SETPATH das gewünschte Zielverzeichnis auf dem Server (falls das Verzeichnis nicht existiert, antwortet der Server mit NOT FOUND, die Session bleibt aber aktiv).
4. Der Client sendet mit PUT eine Datei an den Server. Die Datei wird in Teile zerlegt, da sie groß ist. Im ersten Teil sendet der Client den Namen der Datei im Header und die ersten Bytes der Datei.
5. Der Server empfängt den Namen und den ersten Teil der Datei und antwortet mit CONTINUE.
6. Der Client sendet nach dem CONTINUE den nächsten Teil der Datei mit PUT.
7. Der Server nimmt die Bytes in Empfang und antwortet mit CONTINUE.
8. Der Client sendet den letzten Teil der Datei, dies wird mit »End of Body« im Header signalisiert.
9. Server nimmt den Rest in Empfang und Antwort mit OK, SUCCESS.
10. Client erkennt damit den Erfolg der Übertragung und beendet die Verbindung mit einem DISCONNECT.

Um diese Vorgänge in das OBEX-API umzusetzen, werden die gleichen Schritte wie im Programmbeispiel für den Server auf Seite 314 durchgeführt, um einen Dienst anzubieten. Im URL beim Aufruf `Connector.open()` ersetzt man »btspp« mit »btgoep« (GOEP ist das `Generic Object Exchange Protocol`) und wir benutzen den `SessionNotifier` aus dem OBEX-API anstatt `StreamConnectionNotifier`. Dieses Interface besitzt die Methode `acceptAndOpen()`, bei der man als Parameter einen `ServerRequestHandler` und ein `Authenticator` Interface übergibt. Der Client ruft die Methode `Connector.open()` mit den entsprechenden Parametern auf. Um jetzt eine OBEX-Session zu starten, ruft man vom Interface `ClientSession` die Methode `connect()` auf. Um die nächsten Schritte zu verstehen, sehen wir uns in der Tabelle 13.14 die Methoden des Interfaces `ClientSession` genauer an. Wir sehen, dass die in der Tabelle 13.12 angegebenen OBEX-Operationen vom Interface `ClientSession` fast vollständig umgesetzt werden. Für den Server gibt es die Klasse `ServerRequestHandler`, die die entsprechenden Methoden für den Server in Form von Callback-Methoden bietet. Bei fast allen Methoden müssen Header übergeben werden bzw. man bekommt Header zurück; so werden bei OBEX Daten ausgetauscht.

Tabelle 13.13 zeigt die möglichen Header-Felder. Bei den Methoden des Interfaces `ClientSession` wird mit dem Interface `HeaderSet` gearbeitet, um die Werte

ClientSession-Methoden	**Bedeutung**
`HeaderSet connect(HeaderSet headers)`	CONNECT-Anfrage an den Server. Als Parameter wird der Menge der Header für das CONNECT übergeben. Zurückgegeben werden die Header, die der Server sendet.
`HeaderSet createHeaderSet()`	Wird benutzt, um leeren Header zu erzeugen.
`HeaderSet delete(HeaderSet headers)`	Entspricht der PUT-DELETE-Operation.
`HeaderSet disconnect(HeaderSet headers)`	DISCONNECT-Anfrage an den Server
`Operation get(HeaderSet headers)`	Entspricht grundlegend der GET-Operation. Es werden die entsprechenden Header übergeben. Man bekommt eine Referenz auf ein `Operation`-Interface, mit der man die Operation beendet (siehe Beispiel auf Seite 404).
`long getConnectionID()`	Gibt die ID der Verbindung zurück (–1, wenn es keine gibt).
`Operation put(HeaderSet headers)`	Entspricht grundlegend der PUT Operation (wie bei get()).
`void setAuthenticator( Authenticator auth)`	Setzt den `Authenticator`, der für die Verbindung benutzt werden soll.
`void setConnectionID( long id)`	Setzt die Verbindungs-ID.
`HeaderSet setPath( HeaderSet headers, boolean backup, boolean create)`	Entspricht der SETPATH Operation. Der Parameter `backup` sagt dem Server, ob er sich vor dem Wechsel zum neuen Verzeichnis das alte merken soll. `create` sagt, ob das gewünschte Verzeichnis angelegt werden soll, falls es nicht existiert. Ist `create false`, gibt der Server eine Fehlermeldung im `HeaderSet` zurück.

Tabelle 13.14: Methoden des Interfaces `ClientSession`

der Header zu setzen bzw. zu lesen. Dazu dienen die Methoden `setHeader(int headerID, Object headerValue)` und `Object getHeader(int headerID)`. Der

Parameter `headerID` gibt den gewünschten Header an (z.B. NAME), und mit `headerValue` wird der Wert gesetzt. `getHeader()` liefert den Wert des im Parameter `headerID` angegebenen Headers. Zu beachten ist, dass die Header-IDs BODY und END OF BODY über `OutputStreams` angesprochen werden, die IDs AUTHENTICATION CHALLENGE und AUTHENTICATION RESPONSE über das Interface `Authenticator` gesetzt werden und CONNECTION ID über die Methoden `setConnectionID()` und `getConnectionID()` des Interfaces `ClientSession` gesetzt bzw. gelesen wird. Die Methode `int getResponseCode()` des Interfaces `HeaderSet` liefert die Antwort des Servers zur Anfrage des Clients. Diese Antworten sind Codes, die in der Klasse `ResponseCodes` zu finden sind (z.B. repräsentiert die Konstante OBEX_HTTP_OK mit dem Hex-Wert 0xA0 die OBEX-Antwort SUCCESS).Das Interface `Operation` bietet die Möglichkeit, die PUT- und GET-Operationen zu vollenden. Die Methoden `put()` und `get()` des Interfaces `ClientSession` initiieren die OBEX-Operationen PUT bzw. GET. Die Methoden liefern eine Referenz auf das Interface `Operation`. Mit dieser Referenz beendet man die PUT- bzw. GET-Operation. Dieser Schritt ist sinnvoll, da PUT und GET Daten senden bzw. empfangen und dafür Streams notwendig sind. Die Tabelle 13.15 fasst die Methoden des Interfaces `Operation` zusammen.

`Operation`-Methoden	**Bedeutung**
`void abort()`	Sendet den ABORT-Befehl an den Server. Die zur Operation gehörenden Input- und Output-Streams werden indirekt mit `close()` geschlossen und die Operation wird beendet. Es werden keine Header gesendet.
`HeaderSet getReceivedHeaders()`	Gibt die Header zurück, die mit der Operation gesendet wurden.
`int getResponseCode()`	Liefert die Antwort des Servers auf die Anfrage der Operation des Clients. Diese Antworten sind Codes der Klasse `ResponseCodes`.
`sendHeaders(HeaderSet headers)`	Spezifiziert das `HeaderSet`, welches in der nächsten Anfrage des Clients gesendet werden soll.

Tabelle 13.15: Methoden des Interfaces `Operation`

Ein ausführliches Programmbeispiel finden Sie im Anhang A.3.1 auf Seite 404. Es besteht aus einem OBEX-Server und einem -Client. Der Client verbindet sich mit dem Server via Bluetooth. Wir haben alle wichtigen Informationen für den Umgang mit OBEX (CONNECT, SETPATH, PUT, GET, DISCONNECT und Authentifizierung) in das Beispiel aufgenommen. So wird OBEX sehr praktisch demonstriert. Ein weiteres Beispiel für OBEX finden Sie im Anhang A.3.2 auf Seite 413.

14 Location API

Das optionale Location API wird im [JSR179] spezifiziert. Es besitzt 11 Klassen und 2 Interfaces, die die Entwicklung von *Location Based Services* (LBS) unter Java unterstützen. LBS bieten dem Anwender Dienste an, die vom Aufenthaltsort abhängen. Dies können Informationen zur aktuellen Verkehrslage (Staus, Parkhäuser usw.) in Abhängigkeit zur eigenen Position sein. Oder ein Touristenführer, der je nach Standort die passenden Informationen zu Sehenswürdigkeiten liefert. Es ist mit LBS auch möglich, Restaurants oder Shops in der Nähe zu finden. Ein sehr nützlicher Dienst ist die Übermittlung der eigenen Position bei einem Notruf. So kann z.B. die Position einer in den Bergen verunglückten Person durch das Handy übermittelt werden, ohne dass die Person die eigene Position kennen muss. Die Übermittlung der Position bei Handy-Notrufen wird in den USA von der FCC (Federal Communications Commission) gefordert [E911]. Man kann Personen auch zu anderen Zwecken über LBS lokalisieren. Eltern können den Aufenthaltsort ihrer Kinder bestimmen, oder man kann feststellen, ob Freunde in der Nähe sind, mit denen man sich verabreden möchte. Die Lokalisierung von Personen sollte nur mit dem Einverständnis der zu lokalisierenden Person erfolgen, um einen Missbrauch der Daten zu vermeiden. Jemand könnte z.B. ein Profil Ihrer Fahrwege erstellen, um Ihre Gewohnheiten kennen zu lernen. Mit sinnvollen LBS kann die Mobilität von Handys und PDAs zu einem noch größeren Vorteil für die Provider und Anwender werden. Die Tabelle 14.1 zeigt einige uns bekannte kommerzielle LBS in Deutschland ohne reine Navigationssysteme.

14.1 Lokalisierung

Die Lokalisierung ist die Bestimmung der eigenen Position und der Orientierung in einem Bezugskoordinatensystem. Solch ein Bezugssystem können Längengrad, Breitengrad und die Höhe über dem Meeresspiegel sein. Dadurch kann man eine weltweit eindeutige geografische Koordinate angeben. Bremens Bezugspunkt ist zum Beispiel durch die Koordinaten 8,78139° östlicher Länge und 53,1094° nördlicher Breite definiert. Die Orientierung kann dann über eine relative Bestimmung zu bekannten Positionen (z.B. Gebäude) erfolgen, oder das mobile Gerät ist mit zusätzlichen Sensoren (Kompass, Gyroskop) ausgerüstet, die die Orientierung bestimmen können. Die Lokalisierung von Handys und PDAs wird im Wesentlichen über zwei Mittel ausgeführt: Satelliten und Funknetze. Die Positionsbestimmung mit Satelliten kennt man als GPS (Global Positioning System), ein von den USA schon zu Beginn der 80er Jahre entwickeltes System. In Zukunft wird das moder-

LBS	Merkmale	Weitere Informationen
ADAC Mobile Service	Pannenhilfe, Parkleitsystem, Staumeldungen, Reiseinfo (GPS)	Service wird nur für Mitglieder angeboten. *http://www.adac.de*
Notfon D	Handy-Ortung bei Autopannen (GSM)	Schnittstellen zu Mobilfunkanbietern, die eine Standortbestimmung ermöglichen. *www.gdv-dl.de/notruf/ortung.html*
Vitaphone	Telemedizin-System, Notruf (GPS)	Spezielles Mobiltelefon, direkte Anbindung an ein medizinisches Service-Center. *http://www.vitaphone.de*
Track your kid	Aufenthaltsort der eigenen Kinder ermitteln (GSM)	Mit jedem gültigen Handy-Vertrag nutzbar, Bedienung über Internet oder GPRS. *http://www.trackyourkid.de*
Track your truck	Aufenthaltsort von Fahrzeugen ermitteln (GPS oder GSM)	Mit jedem gültigen Handy-Vertrag nutzbar, Bedienung über Internet oder GPRS. *http://www.trackyourtruck.de*
Mobiloco	Freunde lokalisieren, Einkaufsmöglichkeiten in der Nähe finden (GSM)	Mit jedem Handy möglich. *http://www.mobiloco.de*
Virtic	Arbeitszeiterfassung z.B. auf Großbaustellen, Ortung der Mitarbeiter (GSM)	Funktioniert mit Handys, die GPRS oder UMTS und Java unterstützen. *www.virtic.de*

Tabelle 14.1: Einige kommerzielle LBS in Deutschland ohne reine Navigationssysteme

nere Europäische Satellitennavigationssystem Galileo noch bessere Dienste als GPS verrichten. Um die eigene Position über Satelliten zu bestimmen, müssen dem Anwender die Positionen von drei Satelliten bekannt sein und eine Referenzzeit von einem vierten Satelliten übermittelt werden [Roth]. Mit diesen Daten wird über ein Gleichungssystem die eigene Position auf der Erde berechnet. Die Übermittlung der Referenzzeit ist notwendig, da man eine sehr exakte von einer Atomuhr bestimmte Zeit braucht. Schon geringe Abweichungen in der Zeit führen zu großen Fehlern bei der Positionsberechnung. Mittels GPS ist man in der Lage, seine Position auf ca. 15 m genau zu bestimmen. Durch das Aussenden eines Korrektursignals einer Basisstation, deren Position sehr genau bekannt ist und die die aus den Satellitensignalen berechnete Position mit der bekannten vergleicht und somit korrigieren kann, wird die Genauigkeit deutlich verbessert. Dieses Verfahren ist als DGPS (Differential GPS) bekannt und liefert im Idealfall Genauigkeiten unter einem Meter und in der Praxis durchschnittlich unter 5 m. Ein Handy oder PDA kann mit einem GPS-Empfänger ausgestattet werden und ist dann in der Lage, die Position zu bestimmen. Dieser Empfänger ist entweder ein Zusatzgerät oder schon ein vom Hersteller ins Handy oder PDA eingebauter Chip. Bei beiden Varianten entstehen erhebliche Kosten, ein Zusatzgerät kostet um 70 Euro. Befindet sich der GPS-Empfänger in einem Gebäude, können die Signale von den Satelliten nicht mehr empfangen und damit die eigene Position nicht mehr berechnet werden. Ebenfalls stören hohe Gebäude und Berge den Empfang. Zusammengefasst ist mit (D)GPS eine sehr genaue Positionsbestimmung im Freien möglich, die aber mit hohen Kosten verbunden ist, die sich nicht nur im Anschaffungspreis, sondern auch in monatlichen Gebühren und hohem Energiebedarf zeigen.

Funknetze sind z.B. WLAN, Bluetooth, GSM oder UMTS. Für LBS spielen als Funknetze für die Lokalisierung GSM und UMTS, welche für die Telefonie genutzt werden, die Hauptrolle. Hier wird eine schon vorhandene Infrastruktur für die Positionsbestimmung genutzt, was erheblich Kosten einspart. Ein weiterer Vorteil im Vergleich zu GPS ist der geringere Strombedarf der GSM-Ortung. Der Nachteil ist die mangelnde Genauigkeit der Positionsbestimmung. Ein auch schon in Deutschland eingesetztes Verfahren ist COO (Cell of Origin oder auch Cell-ID). Das Handy kann feststellen, mit welchem Funkmast, dessen Position bekannt ist, es verbunden ist. Mit COO ermitteln z.B. einige Provider die so genannte Homezone ihrer Kunden. Der Sendebereich (Zelle) des Funkmastes kann jedoch sehr groß sein. In Ballungszentren sind es in der Regel 300 m, in ländlichen Gebieten über 20 km. Der Anwender weiß also nur, dass er sich in einem Kreis (Sendebereich) befindet, aber nicht, wo genau in diesem Kreis. Je größer der Durchmesser des Sendebereichs, um so ungenauer ist die Positionsbestimmung.

Die Antennen der Provider arbeiten in der Regel in Sektoren (man kann die Richtung der Abstrahlung in Winkelsegmente unterscheiden). Somit kann man zusammen mit der Bestimmung der Signallaufzeitmessung (Time of Arrival) den Kreisringsektor bestimmen, in dem man sich befindet. In der Regel erreicht man hier Genauigkeiten von ca. 100 m bis 150 m. Befindet sich das Handy im Empfangsbereich von vier Funkmasten, kann über den Vergleich der vier Signallaufzeiten eine noch genauere Positionsbestimmung (ca. 50 m) ausgeführt werden. Im Prinzip schneiden sich hier die vier Kreisringe der vier Funkmasten in einem Punkt (Zone), in diesem Punkt befindet sich das Handy. Man muss aber daran denken, dass Häuserschluchten, Berge oder Reflexionen die Signallaufzeiten verfälschen können und man sich auf das Ergebnis nicht in jedem Fall verlassen kann. Für die Provider ist nur das COO ohne großen Aufwand zu realisieren. Die kombinierten Verfahren kosten zusätzliche Sendeleistung und werden von den Providern, die momentan noch mehr an der Sendeleistung für die Telefonie interessiert sind, aus wirtschaftlichen Gründen eingeschränkt angeboten.

In der Zukunft werden immer mehr Handys und PDAs mit GPS-Empfängern ausgestattet sein, da GPS eine exaktere Lokalisierung erlaubt. Aber in Gebäuden oder wenn die Akkukapazität zu gering ist, wird auf Funknetze wie GSM und UMTS gesetzt. Wir werden zukünftig eine hybride Technik haben, die auf Satelliten und Funknetzen basiert. Es gibt schon jetzt einige Geräte auf dem Markt (z.B. Nokia N95, Nokia 6110 Navigator, Blackberry Curve 8310), die GPS integriert haben und die [JSR179] unterstützen.

14.2 Lokalisierung mit dem Location API

Das Location API abstrahiert von der zugrunde liegenden Lokalisierungstechnik. Der Anwender des Location API muss nicht wissen, wie die Lokalisierung technisch (GSM, UMTS, GPS usw.) realisiert ist. Die minimale Plattform für das API ist CLDC v1.1 bzw. CDC [JSR139, JSR36]. Die Tabelle 14.1 zeigt uns Anwendungen, bei der die Lokalisierung mit dem Location API realisiert werden könnte. Das API bietet dazu die passenden Klassen und Interfaces an. Das folgende Codefragment ermittelt die aktuelle Position des Geräts mit dem Location API:

```
// ...
Criteria meineKriterien = new Criteria();
//Position mindestens 500 Meter genau bestimmen
meineKriterien.setHorizontalAccuracy(500);

LocationProvider meinLProvider =
    LocationProvider.getInstance(meineKriterien);
// Die Position mit einem Timeout von einer Minute anfragen
Location meinePosition = meinLProvider.getLocation(60);

// Die Koordinaten bestimmen
Coordinates meineKoor = meinePosition.getQualifiedCoordinates();
if (meineKoor != null ) {
    double breitengrad = meineKoor.getLatitude();
    double laengengrad = meineKoor.getLongitude();
}
//...
```

Mit der Klasse `Criteria` legen Sie Ihre Wünsche an den Dienstanbieter fest. Die Applikation selektiert dann den Provider, der diese Kriterien am besten erfüllt. Eins dieser Kriterien ist der Energieverbrauch bei der Lokalisierung. Sollte ein Handy über GPS verfügen und genügend Akkukapazität haben, kann man über die Methode `setPreferredPowerConsumption(int level)` mit dem Parameterwert `POWER_USAGE_HIGH` einen höheren Energieverbrauch erlauben. Die Parameter `POWER_USAGE_LOW` bzw. `POWER_USAGE_MEDIUM` erlauben einen geringen bzw. mittlereren Energiebedarf bei der Lokalisierung. Der Standardparameter NO_REQUIREMENT sagt aus, dass der Energieverbrauch bei der Auswahl des Providers keine Rolle spielt. Dieser Standardparameter wird auch bei allen anderen Kriterien benutzt und ist bei allen die Grundeinstellung. Mit der Methode setCostAllowed(boolean costAllowed) legt man fest, ob die Lokalisierung kostenpflichtig sein darf. Der Anwender kann über die Methode setPreferredResponseTime(int time) die Zeit in Millisekunden angeben, die in der Regel für die Lokalisierung verbraucht werden darf. Wenn Sie bei der Lokalisierung eine Adresseninformation wünschen, dann stellen Sie dies mit der Methode setAddressInfoRequired(boolean addressInfoRequired) ein. Es ist aber nicht garantiert, dass zu jeder Position eine Adresse vom Provider ermittelt werden kann. Ein Provider erfüllt dieses Kriterium, wenn er prinzipiell in der Lage ist, Adresseninformationen zu einer Position ermitteln zu können. Wenn der Provider auch Informationen zur Geschwindigkeit und Orientierung des zu lokalisierenden Geräts übermitteln soll, wird dies mit der Methode setSpeedAndCourseRequired(boolean speedAndCourseRequired) eingestellt. Mit der Methode setAltitudeRequired(boolean altitudeRequired) gibt man an, ob auch die Höhe über Normal Null übermittelt werden soll. Die Einstellungen über die Methoden setVerticalAccuracy(int accuracy) und setHorizontalAccuracy(int accuracy) geben die gewünschte Genauigkeit in Metern in Längen- und Breitengrad an. Die Klasse Criteria besitzt entsprechende Getter-Methoden, um die aktuellen Werte der einzelnen Kriterien auszulesen.

Die Spezifikation [JSR179] bezeichnet einen LocationProvider als ein Modul, das eine Lokalisierung ausführen kann. Dieser Vorgang wird in LocationProvider gekapselt. Über die Factory-Methode LocationProvider getInstance(Criteria criteria) wird eine entsprechende Instanz übergeben. Im Parameter criteria übergibt man die Wünsche an den Provider. Kann kein erreichbarer Provider diese Wünsche erfüllen, wird null zurückgegeben. Ist kein Provider erreichbar, dann wird eine LocationException von dieser Methode geworfen. Die Tabelle 14.2 fasst die Methoden der Klasse LocationProvider zusammen. Die Methode setLocationListener (LocationListener listener, int interval, int timeout, int maxAge) registriert einen Listener (listener) vom Typ LocationListener, der alle im Parameter (interval) angegebenen Sekunden neue Positionen mit der Methode locationUpdated() liefert. Ist interval –1, wird das vom Provider angebotene Standardintervall benutzt, ist interval 0, liefert der Listener keine neuen Positionsdaten, sondern reagiert nur auf eine Zustandsänderung des Providers mit der Methode providerStateChanged(). Der Parameter timeout verhält sich wie bei getLocation() (siehe Tabelle 14.2). Mit maxAge gibt man in Sekunden an, wie alt ein Positionsdatensatz sein kann, der vom Provider geliefert werden darf, ohne eine neue Anfrage zu stellen. Möchte man z.B. alle 60 Sekunden einen neuen Datensatz über das Listener bekommen und der Vorgang, den Datensatz zu holen, dauert 10 Sekunden, werden alle 50 Sekunden Anfragen an den Provider gestellt. Wenn jetzt schon ein Positionsdatensatz vorliegt, der nicht älter als interval - maxAge ist, wird dieser geliefert, ohne neue Daten zu holen.

Nur ein LocationListener kann zur gleichen Zeit registriert sein. Durch Aufruf der Methode setLocationListener() wird ein zuvor registrierter Listener überschrieben.

LocationProvider-Methoden	**Bedeutung**
addProximityListener (ProximityListener listener, Coordinates coordinates, float proximityRadius)	Der listener reagiert einmalig über die Methode proximityEvent() des Interfaces ProximityListener, wenn sich das Gerät in der Nähe (proximityRadius in Metern) der übergebenen Koordinaten (coordinates) befindet.
LocationProvider getInstance (Criteria criteria)	Factory-Methode, die eine Instanz des LocationProviders liefert, die den Wünschen in criteria am nächsten kommt. Kann kein Provider diese Wünsche erfüllen, wird null zurückgegeben. Ist kein Provider erreichbar, wird eine LocationException geworfen.
Location getLastKnownLocation()	Diese Methode liefert die zuletzt gemeldete Position.
Location getLocation (int timeout)	Mit dieser Methode erfragt man die eigene Position. timeout stellt das gewünschte Timeout in Sekunden ein, bei –1 übernimmt man das Standard-Timeout des Providers. Ist der Provider nicht erreichbar oder die Zeit abgelaufen, wird eine LocationException geworfen.
int getState()	Mit dieser Methode erfragt man den Zustand des LocationProviders: AVAILABLE (verfügbar), TEMPORARILY_UNAVAILABLE (momentan nicht verfügbar) und OUT_OF_SERVICE (nicht erreichbar).
void removeProximityListener (ProximityListener listener)	Ein zuvor registrierter ProximityListener wird entfernt.
void reset()	Diese Methode beendet alle aktiven Anfragen.
void setLocationListener ()	Siehe Seite 327.

Tabelle 14.2: Methoden der Klasse LocationProvider

Wird die Methode `addProximityListener()` wiederholt für den gleichen Listener aufgerufen, wird die übergebene Koordinate dem Listener hinzugefügt. Ein einzelner `ProximityListener` kann also mehrere Koordinaten verwalten. Beim Aufruf von `addProximityListener()` wird eine `IllegalArgumentException` geworfen, wenn der übergebene Radius kleiner oder gleich 0 oder keine reelle Zahl ist. Es wird eine `NullPointerException` ausgelöst, falls die Parameter `listener` oder `coordinates` `null` sind. Wenn die Applikation nicht die Rechte hat, einen `ProximityListener` zu registrieren, wird eine `SecurityException` geworfen. Stehen keine Resourcen mehr bereit, um neue Koordinaten zu einem bereits registrierten Listener hinzuzufügen oder für die Registrierung eines neuen Listeners, dann wird eine `LocationException` ausgelöst. Diese Ausnahme wird auch geworfen, falls die Implementierung der [JSR179] auf dem realen Gerät die Bereichsabfrage nicht unterstützt, wie es wohl auf dem Nokia 6110 Navigator der Fall ist.

14.2.1 Koordinaten

Die Klasse `Location` kapselt die Informationen über Positionen mit Zeitstempel, Adresse, Genauigkeit, Geschwindigkeit, Orientierung und die Lokalisierungsmethode. Die Tabelle 14.3 fasst die Lokalisierungsmethoden und Tabelle 14.4 die Methoden der Klasse `Location` zusammen.

Lokalisierungsmethode	**Erläuterung**
`MTE_SATELLITE`	Die Lokalisierung wurde mit der Satellitennavigation (GPS, Galileo usw.) ausgeführt.
`MTE_TIMEDIFFERENCE`	Vergleich der Signallaufzeiten (GSM, UMTS usw.) liefert die Position.
`MTE_TIMEOFARRIVAL`	Über Signallaufzeitmessung (GSM, UMTS usw.) wurde die Position ermittelt.
`MTE_CELLID`	Die Position wurde aus dem Standort des Funkmastes (GSM, UMTS usw.) berechnet.
`MTE_SHORTRANGE`	Es wurde ein Funknetz für kurze Distanzen wie Bluetooth oder WLAN zur Positionsermittlung verwendet.
`MTE_ANGLEOFARRIVAL`	Die Position wurde über eine Sektorantenne und die Signallaufzeit (GSM, UMTS usw.) ermittelt.

Tabelle 14.3: Lokalisierungsmethoden im Location API

`Location`-Methoden	Bedeutung
`AddressInfo getAddressInfo()`	Liefert die Adresseninformationen zur ermittelten Position. Es wird `null` zurückgegeben, wenn keine Adresse ermittelt werden kann.
`float getCourse()`	Kann die Orientierung ermittelt werden, liefert diese Methode den entsprechenden Wert im Intervall [0..360[in Bezug auf Norden, ansonsten `Float.NaN`.
`String getExtraInfo(String mimetype)`	Zu jeder Position kann eine weitere Information, codiert entsprechend dem MIME-Typ, ermittelt werden.
`int getLocationMethod()`	Bitweise Oder-Verknüpfung der für die Lokalisierung benutzen Methoden. Siehe Tabelle 14.3 für eine Übersicht der möglichen Methoden.
`QualifiedCoordinates getQualifiedCoordinates()`	Mit dieser Methode bekommt man die Koordinaten der ermittelten Position in Längengrad, Breitengrad, Höhe über Normal Null und eine Angabe über deren Genauigkeit.
`float getSpeed()`	Gibt die Geschwindigkeit des Geräts in m/s wieder. Kann diese nicht ermittelt werden, wird `Float.NaN` zurückgegeben.
`long getTimestamp()`	Liefert den Zeitstempel der Positionsbestimmung, also den Zeitpunkt in ms, zu dem die Position ermittelt wurde. Es wird die gleiche Zeitdarstellung wie bei `System.currentTimeMillis()` verwendet.
`boolean isValid()`	Entscheidet, ob die Koordinaten gültige Informationen enthalten. Die Klasse `Location` kann keine gültigen Koordinaten enthalten, aber z.B. über die Methode `getExtraInfo()` Informationen für den Anwender bereit halten.

Tabelle 14.4: Methoden der Klasse `Location`

Mit der Methode `getQualifiedCoordinates()` der Klasse `Location` erhält man die Koordinaten der angefragten Position. Diese nimmt die Klasse `Coordinates` auf, die Methoden zum Setzen und Auslesen von Längengrad, Breitengrad und Höhe besitzt (siehe Tabelle 14.5).

`Coordinates`-Methoden	Bedeutung
`Coordinates(double latitude, double longitude, float altitude)`	Konstruktor; `latitude` ist der Breitengrad im Intervall [-90.0, 90.0], wobei ein positiver Wert für die nördliche Richtung steht und ein negativer Wert für Süden, `longitude` ist der Längengrad im Intervall [-180.0, 180.0], wobei ein positiver Wert für die östliche Richtung steht und ein negativer Wert für Westen. Die Höhe wird in `altitude` übergeben, wobei `Float.NaN` angegeben wird, wenn die Höhe nicht bekannt ist.
`String convert(double coordinate, int outputType)`	Konvertiert die Dezimaldarstellung der Position in eine Stringdarstellung. `outputType` ist `DD_MM`, wenn die Dezimaldarstellung Grad und Minuten (zum Beispiel wird 61.51d zu „61:30.6") enthält oder `DD_MM_SS`, wenn auch die Sekunden angegeben sein sollen (zum Beispiel wird 61.51d zu „61:30:36").
`double convert(String coordinate)`	Konvertiert eine Stringdarstellung in den entsprechenden Dezimalwert.
`float distance(Coordinates to)`	Diese Methode berechnet die Distanz in Metern zwischen der `Coordinates`-Instanz und `to`. Der Unterschied in den Höhen der Positionen wird dabei nicht berücksichtigt.
`float getAltitude()`	Liefert die Höhe in Metern im WGS84-Format.
`double getLatitude()`	Liefert den Breitengrad in Grad, Minute, Sekunde im WGS84-Format.
`double getLongitude()`	Gibt den Längengrad in Grad, Minute, Sekunde im WGS84-Format zurück.
`void setAltitude(float altitude)`	Setzt die Höhe.
`void setLatitude(double latitude)`	Setzt den Breitengrad.
`void setLongitude(double longitude)`	Setzt den Längengrad.

Tabelle 14.5: Methoden der Klasse `Coordinates`

Adressenfeld	Erläuterung
BUILDING_FLOOR	Stockwerk eines Gebäudes
BUILDING_NAME	Name des Gebäudes
BUILDING_ROOM	Raum in einem Gebäude
BUILDING_ZONE	Ein Gebäudeabschnitt in komplexen Gebäudeanlagen (z.B. Haus C in einem Gründerzentrum)
CITY	Stadt in der Adresse
COUNTRY	Land
COUNTRY_CODE	Ländercode (zwei Buchstaben) nach ISO 3166-1 (Deutschland hat DE)
COUNTY	Landkreis
CROSSING1	Gibt die erste Straße einer Kreuzung an.
CROSSING2	Gibt die zweite Straße einer Kreuzung an.
DISTRICT	Bezirk
EXTENSION	Adresszusatz
PHONE_NUMBER	Telefonnummer
POSTAL_CODE	Postfach, Postleitzahl
STATE	Bundesstaat, Bundesland
STREET	Straßenname und Nummer
URL	Sollte die Adresse auch eine Information in Form eines URL haben, kann diese hier eingetragen bzw. ausgelesen werden.

Tabelle 14.6: Adressenfelder

Die Längengrade, Breitengrade und Höhe werden in Dezimalschreibweise im WGS84-Format[1] angegeben. Die Klasse `QualifiedCoordinates` spezialisiert die Klasse `Coordinates` mit den Methoden `getHorizontalAccuracy()`, `getVerticalAccuracy()` und den entsprechenden Setter-Methoden. Man verwendet `QualifiedCoordinates`, um die Genauigkeit in Metern der Längengrade und Breitengrade zu bestimmen/zu setzen. Bietet der Provider die Möglichkeit, Adresseninformationen abzurufen, können diese mit der Methode `getAddressInfo()` der Klasse `Location` abgerufen werden. Die Informationen werden in die Klasse `AddressInfo` eingetragen. Diese Klasse hat die Methode `getField(int field)`,

[1] World Geodetic System 1984; geodätische Grundlage des GPS-Systems, repräsentiert ein Referenzellipsoid, das die Erdoberfläche annähert.

die einen String mit der in `field` angeforderten Information übergibt, und die Methode `setField(int field, String value)`, mit der man eine Information ins entsprechende Feld einträgt. Diese Felder orientieren sich an US-amerikanischen Adressen und werden in Tabelle 14.6 aufgelistet. Ist das Handy bzw. PDA mit zusätzlichen Sensoren (Kompass, Gyroskop) für die Bestimmung der Orientierung ausgerüstet, kann man die Klasse `Orientation` zum Auslesen der Orientierung verwenden. Wir verweisen an dieser Stelle auf die Dokumentation zum [JSR179].

14.2.2 Landmarken

Landmarken sind namentlich bekannte unveränderliche Positionen. Im [JSR179] werden Landmarken durch die Klasse `Landmark` repräsentiert. Diese Klasse besitzt Methoden zum Setzen und Auslesen von Adressinformationen, Beschreibung, Name und Koordinaten der Landmarke, siehe Tabelle 14.7.

`Landmark`-Methoden	**Bedeutung**
`AddressInfo getAddressInfo()`	Liefert die Adresseninformation zur Landmarke.
`String getDescription()`	Gibt die Beschreibung zur Landmarke zurück. Es wird `null` zurückgegeben, falls keine Beschreibung vorliegt.
`String getName()`	Es wird der Name der Landmarke zurück gegeben.
`QualifiedCoordinates getQualifiedCoordinates ()`	Mit dieser Methode bekommt man die Koordinaten der Landmarke in Längengrad, Breitengrad, Höhe über Normal Null und eine Angabe über deren Genauigkeit.
`setAddressInfo (AddressInfo addressInfo)`	Setzt die Adresseninformation zur Landmarke.
`setDescription(String description)`	Die Beschreibung zur Landmarke wird mit dieser Methode gesetzt.
`setName(String name)`	Mit dieser Methode wird der Name der Landmarke gesetzt.
`setQualifiedCoordinates (QualifiedCoordinates coordinates)`	Setzt die Koordinaten der Landmarke.

Tabelle 14.7: Methoden der Klasse `Landmark`

Wie in Abschnitt 14.1 auf Seite 323 beschrieben, kann man seine Position über Satelliten oder Funknetze bestimmen. Es ist aber auch möglich, seine Position über Landmarken zu ermitteln. Der Mensch orientiert sich z.B. an einem bekannten Gebäude, einem Denkmal oder einer Bushaltestelle. Landmarken können in einem `LandmarkStore` auf dem Gerät verwaltet werden. Dazu besitzt die Klasse `LandmarkStore` Methoden zum Anlegen, Kategorisieren und Löschen von Stores und die entsprechenden Methoden zum Einfügen, Auslesen und Löschen von Landmarken [JSR179]. Nach unseren Erfahrungen bieten nicht alle Geräte `LandmarkStore` an.

14.3 Location API-Beispiele mit dem WTK

Das Sun WTK bietet die Möglichkeit, Applikationen auf Basis der [JSR179] zu simulieren. Um den simulierten `LocationProvider` des WTKs zu konfigurieren, startet man die *Preferences*-Applikation des WTKs. Abbildung 14.1 zeigt mögliche Einstellungen.

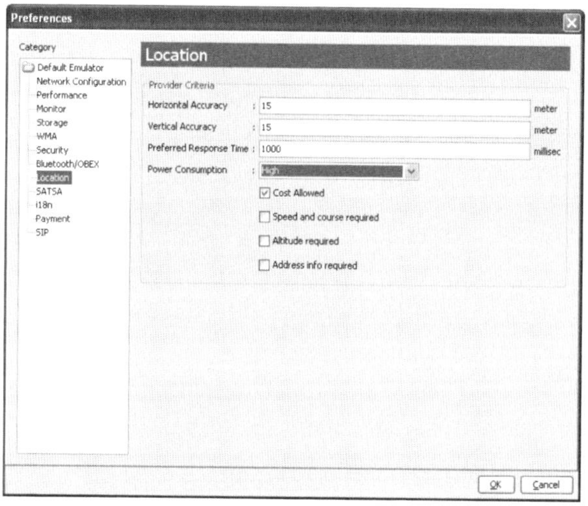

Abbildung 14.1: Konfiguration des `LocationProvider`im WTK

Aus der *Utilities*-Applikation des WTKs startet man den Landmarken-Manager (siehe Abbildung 14.2). Hier werden die Stores und die Landmarken eingegeben. Die Anwendung des Managers ist sehr intuitiv. Details finden Sie im Handbuch des WTKs. Wir haben einen eigenen Store namens Bremen mit einigen Kategorien wie Sehenswürdigkeiten oder Shops angelegt. Abbildung 14.3 zeigt unsere Landmarken in Google-Earth mit den Entfernungen.

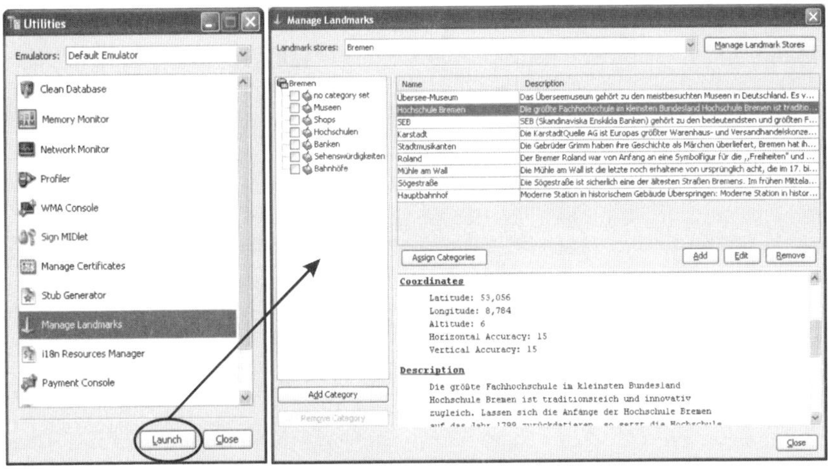

Abbildung 14.2: Landmarken-Manager des WTKs

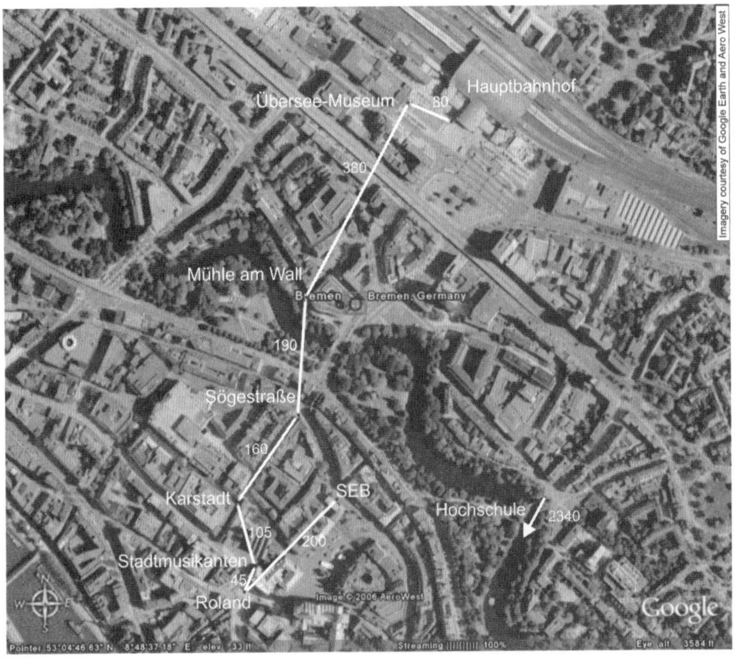

Abbildung 14.3: Die Landmarken für Bremen und die Entfernungen in Metern

Die Koordinaten (Längengrad, Breitengrad und Höhe) zu den Landmarken haben wir mit einem Bluetooth-GPS-Empfänger (BT-308 von Navilock) selbst aufgenommen. Mit den Beispielprogrammen aus dem Kapitel 13 haben wir eine Verbindung zu diesem GPS-Empfänger aufgebaut. Der GPS-Empfänger sendet die berechneten Positionen im NMEA 0183-Format[2]. Besitzen Sie keinen GPS-Empfänger, können Sie einen eigenen Landmarken-Store mit Informationen aus Google-Earth (*http://www.googleearth.com*) anlegen. Die Positionen aus Google-Earth sind natürlich ideale Daten. Unter realen Bedingungen hatte unser GPS-Empfänger oftmals Abweichungen von deutlich über 15 m gehabt. Die Koordinaten aus Google-Earth, die in Grad, Minuten und Sekunden angegeben sind, kann man mit der Methode `Coordinates.convert(String)` in die Dezimaldarstellung des Location API konvertieren. Für die Simulation braucht man noch eine XML-Datei, die Wegpunkte mit den korrespondierenden Zeiten enthält. Das WTK simuliert einen `LocationProvider`, der dann diese Wegpunkte zu den entsprechenden Zeiten an das API auf Anfrage übergibt und zwischen den Wegpunkten in Abhängigkeit zur angegebenen Zeit linear interpoliert. Die Abbildung 14.4 zeigt die Einstellungen im Emulator für das Location API.

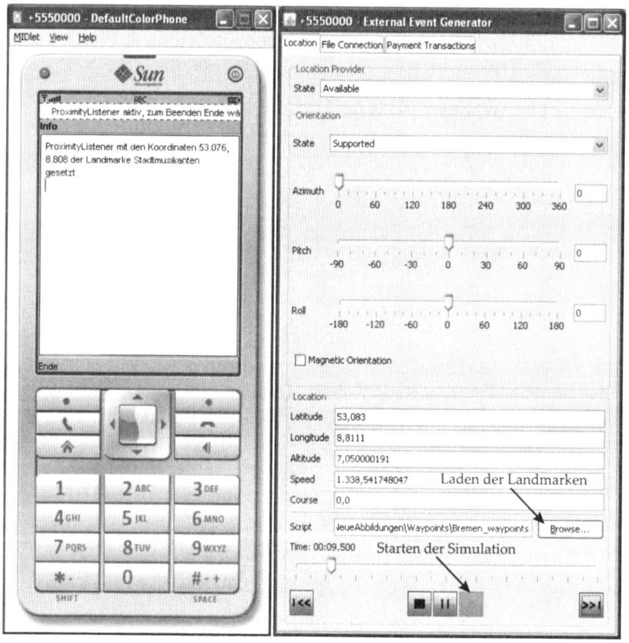

Abbildung 14.4: Laden der Wegmarken im Emulator

---

[2] Standardisiertes Protokoll für die Übertragung von GPS-Daten der National Marine Electronics Association, siehe auch *http://www.nmea.org*

Über den Menüpunkt »MIDlet« ⟶ »External events« im Emulator kommen Sie zu den Einstellungen des `LocationProvider`s. Das Format dieser Datei, die für jeden Wegpunkt Längengrad, Breitengrad, Höhe und die Zeit zum nächsten Wegpunkt enthält, wird im Handbuch des WTKs beschrieben. Unsere Wegmarkendatei simuliert einen Spaziergang durch Bremens Innenstadt. Die Zeiten haben wir verkürzt, da sonst die Simulation zu lang ist. Wenn Sie die folgenden MIDlets im Emulator starten, können Sie diese Wegmarkendatei über den Emulator einlesen. Es folgen drei Beispiele, die die Funktionalität des Location API demonstrieren:

1. Das erste Beispiel erfragt auf Tastendruck die aktuelle Position und zeigt sie an.
2. Im zweiten Beispiel zeigen wir die Verwendung eines `LocationListener`s.
3. Das dritte Beispiel demonstriert die Funktion eines `ProximityListener`s und listet die Landmarken aus dem Store auf.

14.4 Location API-Beispiele mit realen Geräten

Wir haben die Beispiele auf einem Nokia 6110 Navigator und einem Blackberry Curve 8130 getestet. Die ersten beiden Beispiele laufen auf beiden Geräten ohne Probleme. Das Blackberry-Gerät hat nach unserer Ansicht keine Möglichkeiten, Landmarken direkt zu speichern. In der vom Hersteller mitgelieferten Applikation wird immer eine Ausnahme ausgelöst, wenn man Landmarken speichern möchte. Somit konnten wir das dritte Beispiel auf diesem Gerät nicht ausführen. Das Nokia-Gerät ermöglicht die Verwaltung von Landmarken. Bitte beachten Sie, dass diese im Nokia-eigenen Datenformat gespeichert werden. Auf der Internetseite [LMX] finden Sie eine sehr brauchbare Beschreibung, wie Sie Landmarken in diesem Format anlegen können. Über die Klasse `LandmarkStore` kann nach Spezifikation auf die Landmarken zugegriffen werden. Aber es wird bei unserem Gerät immer eine `LocationException` ausgelöst, wenn wir einen `ProximityListener` setzen wollen. In der Spezifikation wird darauf hingewiesen, dass die Implementierung auf dem Gerät nicht zwingend `ProximityListener` unterstützen muss, jedoch kann man mit eigenem Code das Verhalten des `ProximityListener`s implementieren. Dazu setzt man in einem Thread einen `LocationListener`. Dieser bekommt im gesetzten Intervall über die Methode `locationUpdated()` die aktuellen Koordinaten. Möchte man wie bei einer Bereichsabfrage feststellen, ob man sich an einer vorher festgelegten Landmarke befindet, vergleicht man die aktuellen Koordinaten, die man über `locationUpdated()` bekommen hat, mit den Koordinaten der gewünschten Landmarke. Dazu benutzt man die Methode `distance()` der Klasse `Coordinates`, um die Entfernung zwischen diesen beiden Koordinaten zu bestimmen. Ist die Entfernung kleiner als gewünscht, befindet man sich im Umkreis der gewählten Landmarke. Sicherlich ist diese Lösung nicht so schnell wie ein auf dem Gerät implementierter `ProximityListener`.

Location API, Beispiel 1: Position erfragen

```
import javax.microedition.midlet.*;
import javax.microedition.lcdui.*;
import javax.microedition.location.*;

public class MeineEinfacheAnfrage extends MIDlet
    implements Runnable, CommandListener {
    private TextBox infoBox = new
        TextBox("Info",null,5000,TextField.ANY);
    private final Command CMD_EXIT =
        new Command("Ende",Command.EXIT,0);
    private final Command CMD_LOCATION =
        new Command("Position",Command.ITEM, 1);

    protected void startApp() {
        infoBox.addCommand(CMD_EXIT);
        infoBox.addCommand(CMD_LOCATION);
        infoBox.setCommandListener(this);
        Display.getDisplay(this).setCurrent(infoBox);
    }

    protected void pauseApp() { }
    protected void destroyApp(boolean arg0) { }

    public void commandAction(Command c, Displayable d)  {
        if (c == CMD_EXIT)
            notifyDestroyed();
        if (c == CMD_LOCATION)
            new Thread(this).start();
    }

    private void displayText(String str) {
        infoBox.insert(str,infoBox.size());
        Display.getDisplay(this).setCurrent(infoBox);
    }

    public void run() {
        try {
            Criteria cr = new Criteria();
            cr.setHorizontalAccuracy(500);
            LocationProvider lp
                        = LocationProvider.getInstance(cr);
```

```
            if (lp != null) {
                Location l = lp.getLocation(60);
                Coordinates c = l.getQualifiedCoordinates();
                if (c != null)
                    displayText("Bg. " + c.getLatitude()
                       + "  Lg. " + c.getLongitude() + "  H "
                       + c.getAltitude() + "\n\r");
            }
        } catch (Exception e) {
            displayText(e.getMessage()); // behandle Exception
        }
    }
}
```

Location API, Beispiel 2: LocationListener

```
// Importe wie wie in Beispiel 1!
public class MeineFortlaufendeAbfrage extends MIDlet
    implements Runnable, CommandListener, LocationListener {
    // Attribute wie in Beispiel 1!
    protected void pauseApp() { }
    protected void destroyApp(boolean arg0) { }

    public void locationUpdated (LocationProvider provider,
        Location location) {
        Coordinates c = location.getQualifiedCoordinates();
        if (c != null)
            displayText("Lg. " + c.getLatitude() + "  Bg. " +
            c.getLongitude() +"  H " + c.getAltitude()+"\n\r");
    }
    public void providerStateChanged(LocationProvider provider,
        int newState) {
    }
    // Diese drei Methoden sind wie in Beispiel 1!
    protected void startApp() { ... }
    private void displayText(String str) { ... }
    public void commandAction(Command c, Displayable d) { ... }

    public void run() {
        try {
            Criteria cr = new Criteria();
            cr.setHorizontalAccuracy(500);
```

```
            LocationProvider lp
                            = LocationProvider.getInstance(cr);
            if (lp != null) {
                infoBox.removeCommand(CMD_LOCATION);
                lp.setLocationListener(this,-1,-1,-1);
            }
        } catch (Exception e) {
            displayText(e.getMessage()); // behandle Exception
        }
    }
}
```

Location API, Beispiel 3: ProximityListener

```
import java.util.Enumeration;
import java.util.Vector;
import javax.microedition.midlet.*;
import javax.microedition.lcdui.*;
import javax.microedition.location.*;

public class MeineBereichAbfrage extends MIDlet implements
    Runnable, CommandListener, ProximityListener {

    TextBox infoBox = new TextBox("Info",null,
                                  256,TextField.ANY);
    private List lmList = new List("Landmarke wählen:",
                                   List.IMPLICIT);
    private Vector lmV = new Vector();
    private final Command CMD_EXIT =
                new Command("Ende",Command.EXIT,0);
    public void proximityEvent (Coordinates coordinates,
                                Location location) {
        infoBox.setString("Landmarke erreicht!");
        // Proximitylistener melden nur ein Ereignis.
        infoBox.setTicker(null);
    }
    public void monitoringStateChanged(
            boolean isMonitoringActive) {
    }
    protected void startApp() {
        readLMStores();
```

```
        if (lmList.size() > 0) {
            lmList.addCommand(CMD_EXIT);
            lmList.setCommandListener(this);
            Display.getDisplay(this).setCurrent(lmList);
        }
        else
            notifyDestroyed();
    }

    public void commandAction(Command c, Displayable d) {
        if (c == CMD_EXIT)
            notifyDestroyed();
        if (c == List.SELECT_COMMAND)
            new Thread(this).start();
    }

    protected void pauseApp() { }
    protected void destroyApp(boolean arg0) { }

    private void readLMStores()  {
        try {
            LandmarkStore lStore
                        = LandmarkStore.getInstance(null);
            listLandmarks(lStore);
            String[] lmsList =
            LandmarkStore.listLandmarkStores();
            for (int i = 0; i < lmsList.length; i++) {
                lStore = LandmarkStore.getInstance(lmsList[i]);
                listLandmarks(lStore);
            }
        } catch (Exception e) {
            ;      // behandle Exception
        }
    }

    private void listLandmarks(LandmarkStore lStore) {
        try {
            if (lStore != null) {
                Enumeration lmEnum = lStore.getLandmarks();
                if (lmEnum != null)
                    for(;lmEnum.hasMoreElements();) {
                        lmV.addElement(((Landmark)
                            (lmEnum.nextElement())));
```

```
                    lmList.append(((Landmark)
                       (lmV.lastElement())).getName(),null);
                  }
               }
         }
         catch (Exception e) { // ggf. behandeln
         }
    }

    public void run() {
        try {
            infoBox.addCommand(CMD_EXIT);
            infoBox.setCommandListener(this);
            Display.getDisplay(this).setCurrent(infoBox);
            Criteria cr = new Criteria();
            cr.setHorizontalAccuracy(500);
            LocationProvider lp
                        = LocationProvider.getInstance(cr);
            if (lp != null) {
                Coordinates cLM = ((Landmark)
                  (lmV.elementAt(lmList.getSelectedIndex()))).
                              getQualifiedCoordinates();
                String nameLM =((Landmark)
                  (lmV.elementAt(lmList.getSelectedIndex()))).
                                            getName();
                LocationProvider.
                         addProximityListener(this,cLM,20.0f);
                Ticker info = new Ticker
                ("ProximityListener aktiv, "
                + "zum Beenden Ende wählen.");
                infoBox.setTicker(info);
                infoBox.setString("ProximityListener mit den "
                   + "Koordinaten " + cLM.getLatitude() + ", "
                   + cLM.getLongitude() + " der Landmarke "
                   + nameLM + " gesetzt.\n\r");
            } else
                infoBox.setString
                ("Kein Provider mit diesen Kriterien.");
        } catch (Exception e) {
            infoBox.setString(e.toString());
        }
    }
}
```

15 Web-Services

Bekanntermaßen gibt es im Internet zahllose Anwendungen, die man sich nutzbar machen kann. Viele werden dabei an einen Browser denken, mit dem Anwendungen aufgerufen werden. Es gibt aber ebenso einen Austausch von Daten zwischen Unternehmen, zu WAP-Handys und bald auch zu Geräten im Haushalt, so die Vision mancher Konstrukteure. Leider gibt es das Problem mangelnder Interoperabilität, der Fähigkeit von Systemen zur reibungslosen Zusammenarbeit. Dass für eine Firma die Nutzung existierender Komponenten vorteilhafter ist als alles selbst zu schreiben, ist unbestritten – nur ist die Nutzung von Komponenten, die auf einem anderen Rechner mit einem anderen Betriebssystem laufen, nicht immer einfach.

Die bekannten, von den großen Softwareherstellern bisher gepflegten Unverträglichkeiten der Schnittstellen und Konzepte können umgangen werden, indem eine weitere Zwischenschicht eingebaut wird, um die verschiedenen Ansätze ineinander zu transformieren. Dies ist jedoch aufwändig und letztlich ein Herumdoktern an Symptomen. Bei den Web-Services geht es vielmehr darum, innerhalb einer Applikation Teile einer anderen, entfernten Anwendung aufzurufen, und zwar auf eine gänzlich herstellerunabhängige Art. Eine Reisebüro-Software könnte sich also der Dienste eines Autovermieters, einer Fluglinie oder einer Hotelkette bedienen, sie müsste dazu nur die Internetadresse kennen und natürlich wissen, wie die entfernten Dienste aufzurufen sind.

Die großen Hersteller von E-Business-Software (Ariba, IBM, Microsoft, Sun, ...) haben erkannt, dass bisherige Konzepte entfernter Aufrufe (RPC = Remote Procedure Call) nicht zufriedenstellend sind. Die Kommunikation verteilter Objekte, die sich in verschiedenen Architekturen bewegen, ist meist nur über spezielle Mittler-Software möglich. Das Konzept der Web-Services löst das Problem, indem jede Kommunikation verteilter Objekte über Daten, die auf bestimmte Weise mit XML beschrieben werden, abgewickelt wird. An dem Willen aller beteiligten Firmen, die Art der Datenbeschreibung zu standardisieren, scheint kein Zweifel mehr zu bestehen. Trotz mancher noch ungelösten Probleme stehen die Chancen gut, dass sich Web-Services im Laufe der nächsten Jahre eine starke Marktposition im Bereich der B2B-Kommunikation (Business to Business, B2C = Business to Consumer) erobern.

Die schnelle Entwicklung mobiler Systeme lässt sie als hervorragend geeignet für Unternehmensapplikationen auf der Basis von Web-Services erscheinen. Aus diesem Grund wird hier auf das Konzept und die technischen Grundlagen eingegangen. Es schließt sich ein einfaches Beispiel an.

15.1 Konzept

Der Datenaustausch bei der Nutzung von Web-Services basiert auf einem standardisierten Format. Formate solcher Art sind schon jahrelang in Gebrauch. In den frühen Tagen der Datenverarbeitung wurden Dateien mit festem Format ausgetauscht. Die Notwendigkeit einer zuverlässigen Nachrichtenverbindung und eines sicheren Datenaustausches führte zu privaten Netzwerken und der Standardisierung des Datenformats, von denen das bekannteste und heute vielfach verwendete das EDI-Format (Electronic Data Interchange) mit seinen Spezialisierungen wie EDIFACT und anderen ist. Die schnelle Entwicklung des Internets und seine riesigen Möglichkeiten für die Wirtschaft erfordern neue Lösungen. Der Vorteil, ohne neue teure private Netze fast jeden Punkt auf der Erde in den entwickelten Ländern erreichen zu können, ist verführerisch. Allerdings stört die dem Internet eigene Unzuverlässigkeit. Heutige große Geschäftssysteme bestehen zum Teil aus alten und neuen Rechnern, mit verschiedenen Betriebssystemen, und mit alter und neuer Software, wobei die Lebensdauer der Software die der Hardware um ein Vielfaches übersteigt. Noch länger ist die Lebensdauer von Unternehmensdaten. Solche Geschäftssysteme sind nur schwer an die sich schnell verändernden Bedingungen anzupassen, und jede Anpassung trägt das Risiko von Fehlern und Ausfällen mit sich. Die Lösung besteht darin, die starre Kopplung zwischen bestehenden kommunizierenden Applikationen zu lockern, um gegenseitige Abhängigkeiten zu minimieren. Aus Gründen des Investitionsschutzes kann dabei alte Software nicht einfach ersetzt werden, und die Modifikation ist zu riskant. Daher bietet es sich an, sie mit einer »Hüll-Software« zu umgeben, die den neuen Anforderungen Rechnung trägt. Die Idee der Web-Services umfasst folgende Schwerpunkte (siehe auch Abbildung 15.1):

- Alle Anwendungen, sowohl Client als auch Server, »unterhalten« sich in *einer* Sprache, nämlich XML (genauer: SOAP, ein XML-basiertes Protokoll zum Zugriff auf entfernte Objekte). Damit entfallen alle Transformationen zwischen bisher inkompatiblen Formaten.

- Es gibt elektronische Registraturen, im Folgenden UDDI-Dienste genannt, entsprechend den »gelben Seiten«, die jeder Telefonbenutzer kennt. UDDI steht für »Universal Description, Discovery, and Integration«. Jede Firma hat die Möglichkeit, in eine dieser Registraturen ihre Angebote einzutragen, das heißt, dort zu inserieren. Alle Einträge sind in WSDL, einer XML-basierten Beschreibungssprache für Web-Services, geschrieben. Eine Firma kann so eine Registratur auch für interne Zwecke im Intranet halten, um Arbeitsabläufe zu optimieren.

- Ein Client (= Prozess auf einem Computer eines Kunden) kann UDDI-Dienste nach Angeboten durchforsten, und wenn er ein passendes gefunden hat (oder es schon kennt), kann er die WSDL-konforme Beschreibung auswerten. Die (automatische) Auswertung gibt Auskunft über die Art des Angebots oder der Dienstleistung, den Endpunkt, wo die Dienstleistung zu finden ist (= Rechner des Diensteanbieters), das Format des Datentransfers und Weiteres.

- Der Client kann die Verbindung zum Dienstleister herstellen und den angebotenen Dienst in Anspruch nehmen.

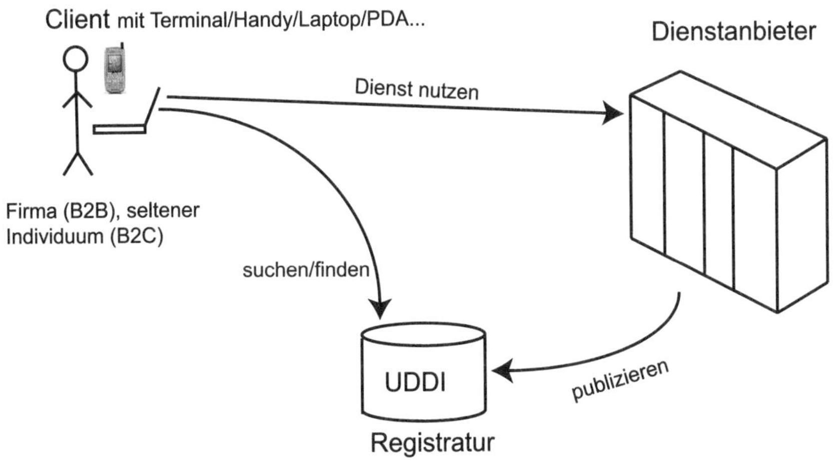

Abbildung 15.1: Web-Services Nutzung

Die technischen Grundlagen dafür stehen bereit. XML spielt für Daten die Rolle, die Java für die Programmierung spielt. Die Plattformunabhängigkeit von Java lässt es als überaus geeignet erscheinen, Geschäftslogik in Softwarekomponenten abzubilden, wenn diese Komponenten auf verschiedenen Systemen eingesetzt werden sollen. Für Web-Services ist Java allerdings nicht zwingend notwendig, weil Web-Services programmiersprachenunabhängig sind. Es gibt eine Menge Werkzeuge in Perl, Python, C++ und Java, die die automatische Verarbeitung von XML-Dokumenten erleichtern. Im Open Source-Bereich gibt es jedoch sehr viel mehr Werkzeuge in Java als in jeder anderen Programmiersprache. Andere Grundlagen sind die Internet-Protokolle TCP/IP und HTTP, sowie Spezifikationen des World Wide Web Consortiums. Im Abschnitt 10.1 wird auf die wichtigsten Grundlagen zu HTTP eingegangen.

15.2 Technische Grundlagen

Mittlerweile gibt es eine Menge von Empfehlungen des W3C für Web-Services, die De-facto-Standards sind. Viele Dinge sind noch in Vorbereitung und haben noch nicht den Status offizieller Empfehlungen erreicht. Das Buch [EbFi] gibt eine Einführung in diese Technologien. Die für Web-Services wichtigsten Technologien sind:

- XML, eine Metasprache zur Definition von Grammatiken für maschinenlesbare Dokumente (siehe auch Glossar),
- XML-Schema, eine spezielle datenorientierte Form der Grammatikbeschreibung,
- HTTP, das Nachrichtenprotokoll für die Übertragung von Hypertext,
- SOAP, ein XML-basiertes Protokoll zum Zugriff auf entfernte Objekte (siehe unten),
- WSDL, eine XML-basierte Beschreibungssprache für Web-Services und
- UDDI, ein Dienst zum globalen Registrieren und Publizieren von Web-Services.

Der Begriff Technologie wird als Menge zusammengehörender Techniken und Methoden für ein Anwendungsgebiet verstanden. Hier kann nur beispielhaft auf die Anwendung von Web-Services im Bereich mobiler Anwendungen eingegangen werden. In [EbFi] sind weiterführende Quellen zu finden, deren aktuelle Kenntnis für eine professionelle Entwicklung von Web-Services unerlässlich ist.

15.2.1 Simple Object Access Protocol – SOAP

SOAP steht für »Simple Object Access Protocol«. SOAP wurde von Microsoft, IBM und anderen entwickelt und wurde zur Standardisierung beim W3C eingereicht. Es ist die Spezifikation eines Protokolls, um Prozeduren, auch Methoden genannt, von entfernten Servern, Komponenten oder Objekten aufzurufen. Dies ist im Prinzip nichts Neues, und vor SOAP gab und gibt es DCOM, IIOP/CORBA und andere Mechanismen, die alle ihre speziellen Eigenschaften haben. Zum Beispiel müssen nach Kontaktaufnahme zweier entfernter Anwendungen erst die Kommunikationsprotokolle, die Ports und anderes ausgehandelt werden. SOAP ist in Teilen (noch) nicht so leistungsfähig wie CORBA oder DCOM, aber erheblich einfacher. SOAP benutzt im Allgemeinen HTTP als Nachrichtenprotokoll, weil es weit verbreitet ist und weil Firewalls meistens durchlässig für HTTP-Aufrufe sind. Die Sprache ist XML. Struktur und Teile des Vokabulars sind in der Spezifikation festgelegt. Wenn im HTTP-Kopf SOAP-Aktionen definiert sind oder sich SOAP aus dem MIME-Typ ergibt, übernimmt ein SOAP-Interpreter die Auswertung. Einigung auf so ein Protokoll und die vielen fertigen Implementierungen helfen, sich auf die Anwendung und ihre Daten zu konzentrieren statt auf Protokolleinzelheiten und Ports. Die Tatsache, dass SOAP programmiersprachenunabhängig ist und auf den verbreiteten Standards XML und HTTP basiert, lässt es als das zukünftige

Protokoll für B2B-Anwendungen erscheinen. Es wird auch schon heute von vielen bekannten Firmen eingesetzt. Mittlerweile werden die SOAP-Aktivitäten vom W3C unter dem Namen »XML Protocol« weitergeführt [XMLP].

Es gibt im Wesentlichen drei Möglichkeiten, eine SOAP-Antwort von einem Server zu erhalten. Man kann sie mit einer Http-GET, Http-POST oder einer SOAP-Anfrage anfordern, je nachdem, was der Server anbietet. Die letzte Variante wird im folgenden Beispiel gezeigt.

15.3 Beispiel: SOAP-Anfrage an Google

Google bietet eine Schnittstelle, um die Nutzung per Programm zu ermöglichen [Google]. Dazu wird eine SOAP-Anfrage an einen bestimmten Google-Server gestellt, der dann eine SOAP-Antwort sendet. Google stellt ein API bereit, das die SOAP-Abfrage und -Antwort kapselt. Dieses API ist jedoch für das eingeschränkte Java ME nicht nutzbar. Deshalb, und um den SOAP-Mechanismus im Detail sehen zu können, wird im Beispiel direkt ein SOAP-Text an Google gesendet. Um sich nicht direkt mit XML herumschlagen zu müssen, gibt es Mittel, um SOAP-Anfragen zu erzeugen oder SOAP-Antworten automatisch auszuwerten, doch davon später.

→ Beispiel *GoogleWebService*

MIDlet zur Google-Abfrage

```
import javax.microedition.lcdui.*;
import javax.microedition.midlet.*;

public class GoogleWebServiceMIDlet extends MIDlet {
    private final Form form = new Form("WebService-Beispiel");
    private final Gauge gauge = new Gauge(
                "Verbindung herstellen - bitte warten",
                false, // nicht interaktiv
                10, Gauge.CONTINUOUS_RUNNING);
    private final TextField textfeld = new TextField(
            "Suchbegriff(e) eingeben:",
            "Boßeln Ärger", 40, TextField.ANY);
    private final Command SEND = new Command(
                                "SENDEN", Command.OK, 1);
    private final Command ENDE = new Command(
                                "ENDE", Command.EXIT, 1);
    private String uri = "http://api.google.com/search/beta2";
    private Display display;
    private AnzeigeThread anzeige;
    private SuchanfrageThread postThread;
```

```
    public GoogleWebServiceMIDlet() {
        form.addCommand(ENDE);
        form.addCommand(SEND);
        form.setCommandListener(new CommandListener() {
          public void commandAction(Command c, Displayable d) {
              if (c == ENDE) {
                  destroyApp(true);
                  notifyDestroyed();
              }
              if (c == SEND) {
                  verbindungStarten();                // siehe unten!
                  form.removeCommand(SEND);
              }
          }
        });
    }

    public String getUri() {
        return uri;
    }

    protected void startApp() {
        if (display == null) {
            display = Display.getDisplay(this);
            display.setCurrent(form);
            form.append(textfeld);
            form.append("SENDEN siehe evtl. Option\n");
        }
    }

    private void verbindungStarten() {
        gauge.setPreferredSize(150, 50);
        form.append(gauge);
        anzeige = new AnzeigeThread(gauge);
        anzeige.start();
        postThread = new SuchanfrageThread(this,
                                        textfeld.getString());
        postThread.start();
    }

    protected void pauseApp() {
        if(anzeige != null)
           anzeige.interrupt();
```

```
        if(postThread != null)
            postThread.interrupt();
    }

    // ergebnisAnzeigen() wird vom Suchanfrage-Thread gerufen.
    public void ergebnisAnzeigen(StringItem si) {
        if(anzeige != null) {       // ersten Aufruf merken
            anzeige.interrupt();
            anzeige = null;
            form.deleteAll();
        }
        form.append(si);
    }

    protected void destroyApp(boolean arg0) {
        if(anzeige != null)
            anzeige.interrupt();
        if(postThread != null)
            postThread.interrupt();
    }
}
```

Das Programm hat die bekannte Struktur:

- Ein MIDlet (siehe oben), das den Suchbegriff in einem Textfeld erwartet und den Thread für die Netzverbindung startet,
- eben diesen Thread (`SuchanfrageThread`, siehe unten) und
- einen Thread, der während der Wartezeit für ein `Gauge`-Objekt auf dem Bildschirm sorgt. Dieser Thread entspricht dem von Seite 202, auf ihn wird hier nicht weiter eingegangen.

Abbildung 15.2 zeigt den Anfragebildschirm des MIDlets. Es gibt mehrere Möglichkeiten, eine SOAP-Anfrage zu übermitteln, die am häufigsten genutzte, der Versand per Http-POST, wird auch hier gewählt. Der `SuchanfrageThread` übernimmt es, die Anfrage abzusenden, das Ergebnis zu empfangen und an das MIDlet zwecks Darstellung zu übergeben.

Der folgende Suchanfrage-Thread erledigt die eigentliche Arbeit. Es ist für die Funktion notwendig, sich bei [Google] zu registrieren und sich einen Schlüssel senden zu lassen. Die Zeichenkette `xxxxxxxxxxxxxx` unten ist durch den erhaltenen Schlüssel zu ersetzen. *Hinweis*

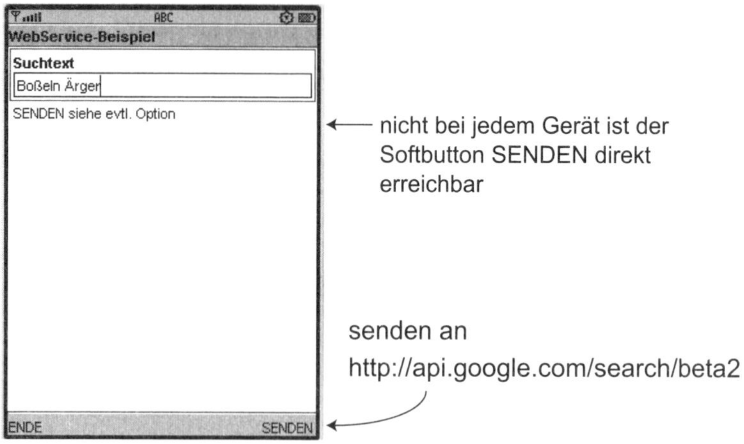

Abbildung 15.2: Google-Anfrage

Suchanfrage-Thread

```
import java.io.IOException;
import java.io.InputStream;
import java.io.InputStreamReader;
import java.io.OutputStream;

import javax.microedition.io.Connector;
import javax.microedition.io.HttpConnection;
import javax.microedition.lcdui.StringItem;

public class SuchanfrageThread extends Thread {
    private HttpConnection hc = null;
    private InputStream is = null;
    private OutputStream out = null;
    private String msg;
    private GoogleWebServiceMIDlet midlet;
    // Google verlangt UTF-8 als Zeichensatz
    private final static String UTF8 = "UTF-8";
    public SuchanfrageThread(GoogleWebServiceMIDlet midlet,
                             String suchbegriffe) {
      this.midlet = midlet;
      this.msg =
      "<?xml version='1.0' encoding='UTF-8'?>"
      + "<SOAP-ENV:Envelope xmlns:SOAP-ENV=\"http://schemas."
      + "xmlsoap.org/soap/envelope/\" xmlns:xsi=\"http://www."
```

```
    + "w3.org/1999/XMLSchema-instance\" xmlns:xsd=\""
    + "http://www.w3.org/1999/XMLSchema\">"
    + "<SOAP-ENV:Body>"
    + "<ns1:doGoogleSearch xmlns:ns1=\"urn:GoogleSearch\" "
    + "SOAP-ENV:encodingStyle=\"http://schemas.xmlsoap.org/"
    + "soap/encoding/\">"
    // Der Platzhalter XXXX... muss durch einen eigenen
    // Schlüssel ersetzt werden.
    + "<key xsi:type=\"xsd:string\">XXXXXXXXXXXXXX</key>"
    // Der String mit den Suchbegriffen wird an die richtige
    // Stelle der für diese Aufgabe von Google vorgegebenen
    // SOAP-Struktur eingebaut. 'q' steht für 'query'.
    + "<q xsi:type=\"xsd:string\">"
    + suchbegriffe + "</q>"
    + "<start xsi:type=\"xsd:int\">0</start>"
    // Die Anfrage liefert maximal fünf Ergebnisse zurück.
    // Zur Bedeutung der anderen XML-Inhalte siehe
    // Dokumentation des herunterladbaren APIs.
    + "<maxResults xsi:type=\"xsd:int\">5</maxResults>"
    + "<filter xsi:type=\"xsd:boolean\">true</filter>"
    + "<restrict xsi:type=\"xsd:string\"></restrict>"
    + "<safeSearch xsi:type=\"xsd:boolean\">false</safeSearch>"
    + "<lr xsi:type=\"xsd:string\"></lr>"
    + "<ie xsi:type=\"xsd:string\">UTF-8</ie>"
    + "<oe xsi:type=\"xsd:string\">UTF-8</oe>"
    + "</ns1:doGoogleSearch>"
    + "</SOAP-ENV:Body>"
    + "</SOAP-ENV:Envelope>";
}

public void run() {
    int httpCode = 0;
    String httpAntwort = "";
    try {
        hc = (HttpConnection) Connector.open(
                                        midlet.getUri());
        hc.setRequestMethod(HttpConnection.POST);
        hc.setRequestProperty("Content-Length",
                Integer.toString(msg.length()));
        // Manche SOAP-Server verlangen den Content-Type
        // application/soap+xml, Google braucht text/xml
        hc.setRequestProperty("Content-Type", "text/xml");
        hc.setRequestProperty("charset", UTF8);
```

```
            hc.setRequestProperty("SOAPAction",
                                  "urn:GoogleSearchAction");
            // Anfrage abschicken:
            out = hc.openOutputStream();
            out.write(msg.getBytes(UTF8));
            // nach Request Status abfragen
            httpCode = hc.getResponseCode();
            httpAntwort = hc.getResponseMessage();

            // Antwort lesen
            is = hc.openInputStream();
            StringBuffer sbuf = new StringBuffer();
            int dieAnzahl;
            byte[] haeppchen = new byte[4096];
            while((dieAnzahl = is.read(haeppchen)) > 0) {
               sbuf.append(new String(haeppchen, 0,
                                      dieAnzahl, UTF8));
               /* Der Parameter für den Zeichensatz darf bei
                * append() nicht weggelassen werden, damit der
                * UTF-8 kodierte Datenstrom nicht mit dem
                * aktuellen Zeichensatz des Systems (z.B.
                * ISO8859-1) interpretiert wird. */
            }
            // Ergebnis zur Anzeige bringen:
            midlet.ergebnisAnzeigen(new StringItem(
                "Serverantwort:", sbuf.toString()));
        } catch (Exception e) {
            midlet.ergebnisAnzeigen(new StringItem(
                     "HTTP Antwort-Code: ",
                      httpAntwort + "    " + httpCode
                     + "\n Fehler: " + e.toString()));
        } finally {
           try {
              if(is != null) is.close();
           } catch(IOException e) {}  // nichts tun
           try {
              if(out != null) out.close();
           } catch(IOException e) {}  // nichts tun
           try {
              if(hc != null) hc.close();
           } catch(IOException e) {}  // nichts tun
        }
    }
}
```

Die Abbildung 15.3 zeigt den ersten Teil des ungeschminkten Ergebnisses, also die pure XML-Form. Im nächsten Abschnitt wird auf die Transformation zu einer eleganteren und benutzungsfreundlicheren Darstellung eingegangen.

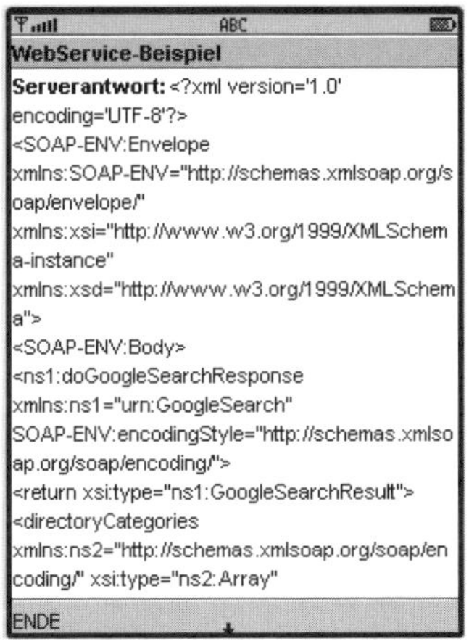

Abbildung 15.3: SOAP-Antwort

15.4 Automatische Auswertung von SOAP-Nachrichten

Die SOAP-Antwort liegt im XML-Format vor. Zur besseren Darstellung muss der XML-Text entsprechend interpretiert werden. Dazu stellt Java ME im Package `javax.xml.parsers` die Klasse `SAXParser` zur Verfügung (in den WTK-Settings für das Projekt »JSR 172« einschalten!). Die Klasse interpretiert einen Byte-Strom, indem verschiedene Callback-Funktionen für jedes Ereignis aufgerufen werden. Ein Ereignis in diesem Sinn ist zum Beispiel, wenn bei der Analyse des Byte-Stroms der Beginn eines XML-Tags oder sein Ende erreicht wird. Die Callback-Funktionen gibt es in der Klasse `org.xml.sax.helpers.DefaultHandler`, sie tun aber per Definition nichts. Es ist deshalb ein eigener Handler zu schreiben, der von `DefaultHandler` erbt und die benötigten Funktionen überschreibt. Wenn wir nur am Titel, am URL und am Text bei jedem Eintrag der Google-Antwort interessiert sind sowie an der Anzahl der gefundenen Einträge, brauchen wir nur diese XML-Tags auszuwerten. Das Ergebnis sieht sehr viel leserlicher als die reine SOAP-Antwort aus, siehe Abbildung 15.4.

JSR 172!

→ Beispiel *GoogleWebServiceSAX*

Natürlich wird die Analyse am besten in einem Objekt gekapselt. Um das Ziel zu erreichen, muss der Suchanfrage-Thread auf der Seite 352 die SOAP-Antwort

Abbildung 15.4: Interpretierte SOAP-Antwort

diesem Objekt übergeben und von ihm das Ergebnis erfragen, das dann im MIDlet angezeigt wird, oder ihm, wie hier gewählt, die Ergebnisanzeige übertragen. Abbildung 15.5 auf der nächsten Seite zeigt den Ablauf. Die Klasse `SuchanfrageThread` ist von Seite 349 ff. bekannt und muss nur geringfügig wie beschrieben modifiziert werden, `SAXParser` ist in der Java ME vorhanden, sodass anschließend nur noch auf die beiden restlichen Klassen `GoogleErgebnisAuswertung` und `GoogleSOAPHandler` eingegangen zu werden braucht.

Da der Parser Anfang und Ende eines XML-Tags durch Aufruf der entsprechenden Callback-Funktion mitteilt, bietet sich ein Zustandsautomat zur Analyse an. Die den Zustand kennzeichnenden Konstanten sind wie folgt definiert:

```
public interface Zustandskonstante {
    int UNDEFINIERT = -1;
    int TITEL       =  0;
    int URL         =  1;
    int SNIPPET     =  2;
    int RESULTCOUNT =  3;
}
```

Diese Konstanten werden von den folgenden Klassen gemeinsam benutzt. Der Konstruktor der Klasse `GoogleErgebnisAuswertung` erzeugt den Handler mit den Callback- und anderen Funktionen, den Parser, und er startet den Parser:

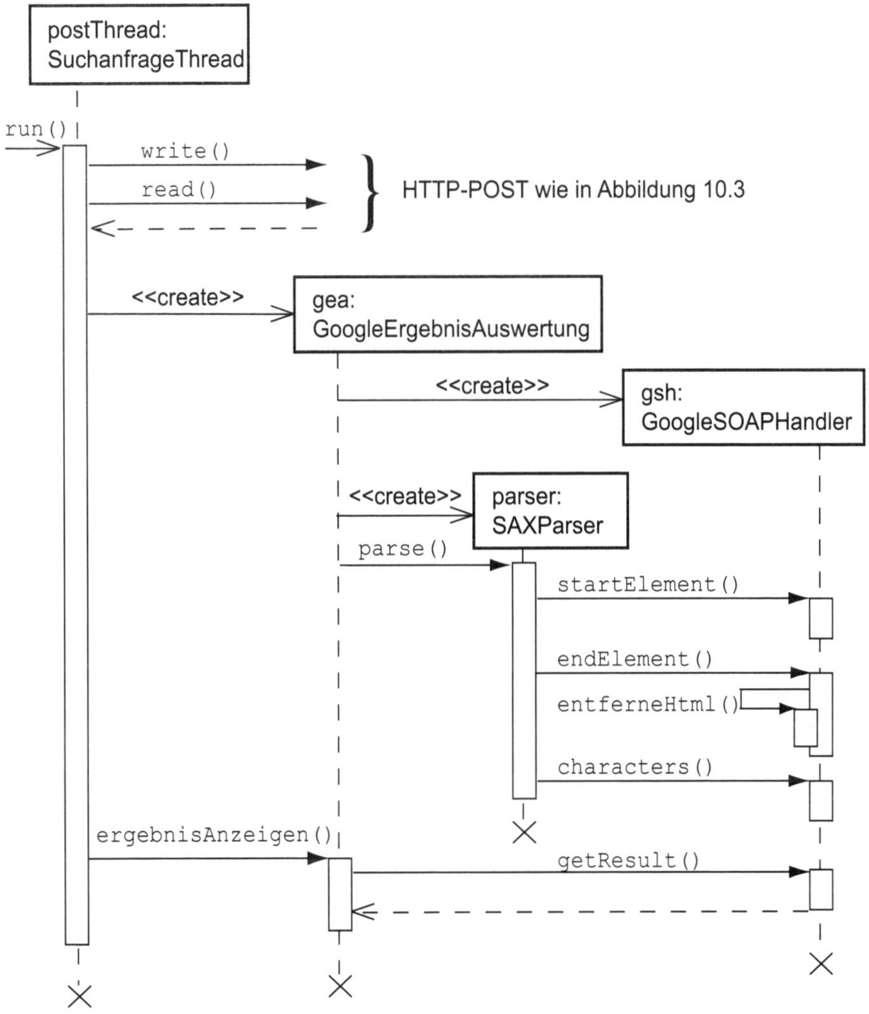

Abbildung 15.5: Automatische Auswertung von SOAP-Nachrichten

Klasse GoogleErgebnisAuswertung

```
import java.io.*;
import java.util.Vector;
import javax.microedition.lcdui.StringItem;
import javax.xml.parsers.*;
import org.xml.sax.*;

public class GoogleErgebnisAuswertung
                                  implements Zustandskonstante {
   private GoogleSOAPHandler gsh;
   private GoogleWebServiceSAXMIDlet midlet;
   public GoogleErgebnisAuswertung(String xmlstr,
                            GoogleWebServiceSAXMIDlet midlet) {
      this.midlet = midlet;
      gsh = new GoogleSOAPHandler();                    // siehe unten
      try {
         ByteArrayInputStream bais = new ByteArrayInputStream(
                                 xmlstr.getBytes("UTF-8"));
         SAXParser parser = SAXParserFactory.newInstance()
                                            .newSAXParser();
         parser.parse(bais, gsh);
      }
      catch(Exception e) {
         midlet.ergebnisAnzeigen(new StringItem(
                        " Fehler: ", e.toString()));
      }
   }

   public void ergebnisAnzeigen() {
      midlet.ergebnisAnzeigen(new StringItem(
              "gefundene Anzahl: ", gsh.getGesamtzahl()));
      Vector[] eintraege = gsh.getEintraege();
      midlet.ergebnisAnzeigen(new StringItem(
              "Anzeige der ersten " + eintraege[0].size()
              + " Einträge", ""));
      for(int i=0; i < eintraege[0].size(); ++i) {
         for(int j=TITEL; j <= SNIPPET; ++j) {
            String titel = "undefiniert";
            switch(j) {
            case TITEL: titel = "Titel:"; break;
            case URL: titel = "URL:"; break;
            case SNIPPET: titel = "Text: "; break;
            }
```

```
                midlet.ergebnisAnzeigen(new StringItem(
                        titel, (String)eintraege[j].elementAt(i)));
            }
        }
    }
}
```

Die Methode `ergebnisAnzeigen()` trägt die ausgewerteten Daten mit einer Überschrift in das `Form`-Objekt des MIDlets ein. Jetzt fehlt nur noch der Handler, der dem Parser übergeben wird. Er besteht im Wesentlichen aus drei Methoden, die von der Klasse `DefaultHandler` geerbt und im Handler überschrieben werden:

1. `startElement()` wird vom Parser gerufen, sobald der Beginn eines XML-Tags entdeckt wird. Wenn es sich um ein uns interessierendes Tag handelt, wird der Zustand unseres kleinen Zustandsautomaten entsprechend gesetzt.
2. `characters()` sammelt den Text zwischen Start- und End-Tag ein, also den Inhalt, der diesem Tag zugeordnet ist.
3. `endElement()` wird vom Parser gerufen, sobald das Ende eines XML-Tags entdeckt wird. Entsprechend dem aktuellen, in `startElement()` gesetztem Zustand, wird der in `characters()` ermittelte Inhalt in einem Vektor zur späteren Verwendung abgespeichert.

Die anderen Funktionen dienen zur Ergebnisrückgabe oder sind Hilfsfunktionen. Die Funktion `entferneHtml()` entfernt die HTML-Tags.

Klasse GoogleSOAPHandler

```
import java.util.Vector;
import org.xml.sax.*;
import org.xml.sax.helpers.*;

public class GoogleSOAPHandler extends DefaultHandler
    implements Zustandskonstante {
    private StringBuffer sb = new StringBuffer();
    private String gesamtZahl;
    private Vector[] eintraege = {new Vector(),   // Titel
                                  new Vector(),   // URL
                                  new Vector()};  // Text
    private int zustand = UNDEFINIERT;      // Anfangszustand

    // Die zwei nächsten Methoden werden nicht vom Parser,
    // sondern von der Klasse GoogleErgebnisAuswertung gerufen.
    public Vector[] getEintraege() { return eintraege; }
```

```
public String getGesamtzahl() { return gesamtZahl; }

// Die drei folgenden Methoden werden vom Parser gerufen.
public void startElement(String uri, String localName,
                         String qName, Attributes attr)
                         throws SAXException {
   if(qName.equals("title")) {
      zustand = TITEL;
   } else if(qName.equals("URL")) {
      zustand = URL;
   } else if(qName.equals("snippet")) {
      zustand = SNIPPET;
   } else if(qName.equals("estimatedTotalResultsCount")) {
      zustand = RESULTCOUNT;
   } else {
      zustand = UNDEFINIERT;
   }
   sb.delete(0, sb.length());
}

public void characters(char[] ch, int start, int length) {
   sb.append(ch, start, length);
}

public void endElement(String uri,
                       String localName,
                       String qName)
   throws SAXException {
   switch(zustand) {
   case RESULTCOUNT:
      gesamtZahl = sb.toString().trim();
      break;
   case TITEL:
   case URL:
   case SNIPPET:
      entferneHtml(sb);                                  // siehe unten
      eintraege[zustand].addElement(sb.toString());
      break;
   case UNDEFINIERT: ; // nichts tun
      break;
   default : throw new SAXException(
            "endElement(): illegaler Zustand");
   }
```

```
      zustand = UNDEFINIERT;
   }

   // Entfernt Html-Tags.
   public static void entferneHtml(StringBuffer sbuf) {
      int i = 0;
      while(i < sbuf.length()) {
         if(sbuf.charAt(i)== '<') {           // Start Html-Tag
            sbuf.deleteCharAt(i);
            while(i < sbuf.length() && sbuf.charAt(i) != '>') {
               sbuf.deleteCharAt(i); // alles bis '>' löschen
            }
            sbuf.deleteCharAt(i);             // '>' löschen
         }
         ++i;
      }
      ersetzeAlle(sbuf, "&lt;", "<");                   // siehe unten
      ersetzeAlle(sbuf, "&gt;", ">");
      ersetzeAlle(sbuf, "&amp;", "&");
      ersetzeAlle(sbuf, "&quot;", "\"");
      ersetzeAlle(sbuf, "&#39;", "'");
   }
   // Gibt die Stelle zurück, an der str in sbuf
   // gefunden wird. Suche ab Position beginn.
   public static int finde(StringBuffer sbuf, String str,
                           int beginn) {
      int endPos = sbuf.length() - str.length()+1;
      for(int i = beginn; i < endPos; ++i) {
         if(sbuf.charAt(i) == str.charAt(0)) { // mögl. Beginn
            int start = i;
            boolean gefunden = true;
            for(int j=0; gefunden && j < str.length(); ++j) {
               if(str.charAt(j) != sbuf.charAt(start+j)) {
                  gefunden = false;
               }
            }
            if(gefunden)
               return start;
         }
      }
      return -1;
   }
```

```
    // Ersetzt alle Vorkommen von alt durch neu.
    public static void ersetzeAlle(StringBuffer sbuf,
                                   String alt, String neu) {
      if(alt == null || neu == null || alt.length() == 0)
        return;
      int start = 0;
      int wo = finde(sbuf, alt, start);
      while(wo != -1) {
        sbuf.delete(wo, wo + alt.length());
        sbuf.insert(wo, neu);
        start = wo + neu.length();
        wo = finde(sbuf, alt, start);
      };
    }
}
```

Die Funktionen `finde()` und `ersetzeAlle()` gibt es in ähnlicher Form zwar in der Java SE für Strings, nicht aber in der Java ME für `StringBuffer`, die, um die häufige Generierung von `String`-Objekten zu vermeiden, bevorzugt verwendet werden sollten.

Tipp Ein Hinweis: Wenn das Programm läuft und auf ein Handy übertragen werden soll, müssen die Bibliotheken mit den Parser-Funktionen dazugepackt werden:

1. Die Dateien *j2me-ws.jar* und *j2me-xmlrpc.jar* aus dem Verzeichnis *lib* des Sun WTK in das *lib*-Verzeichnis der Anwendung kopieren.
2. Package erzeugen: »Project« → »Package« → »Create Obfuscated Package«. Die Dateien im *lib*-Verzeichnis werden automatisch eingebunden.
3. Die jar-Datei aufs Handy übertragen.

Außer der im Beispiel gewählten Anzeige der ersten gefundenen Einträge lassen sich weitere Funktionen realisieren, wie die Auswahl der nächsten anzuzeigenden Einträge oder die Prüfung der Schreibweise eines Worts. Einzelheiten sind unter der Adresse [Google] zu finden.

15.5 Automatische Erzeugung von SOAP-Nachrichten

Der vorige Abschnitt zeigt, wie eingehende SOAP-Nachrichten decodiert werden. Was noch fehlt, ist die automatische Erzeugung von SOAP-Anfragen, damit sie nicht umständlich selbst geschrieben werden müssen, wie etwa auf Seite 351. Für die automatische Erzeugung wird die in der WSDL (Web Services Description Language) vorliegende Beschreibung eines Web-Services mit Hilfe von Werkzeugen ausgewertet. Die Werkzeuge generieren dabei Java-Interfaces und Klassen, mit deren Hilfe ohne XML-Verwendung alles Notwendige erledigt werden kann. Das von [Google] herunterladbare API enthält so eine in XML geschriebene WSDL-Datei für die Google-Web-Services.

Das Sun WTK hat einen so genannten Stub-Generator zum Erzeugen von Java-Interfaces und Klassen aus WSDL-Dateien. Leider funktioniert er nicht für die Google-WSDL-Datei, weil es verschiedene Stile für SOAP-Nachrichten gibt und der in der Google-WSDL-Datei verlangte Stil *rpc/encoded* nicht unterstützt wird. Das Sun WTK unterstützt nur den in [JSR172], Abschnitt 3.2.2, unterstützten Stil *document/literal*. Einzelheiten zu den SOAP-Stilen sind in [WK] nachzulesen.

Es gibt aber das zum Sun WTK gehörende Beispiel »JSR172Demo«, das einen Web-Service darstellt, der Pseudo-Nachrichten von der Quelle *http://sunwireless.quimbik .com:80/serverscript2/serverscript* liefert. Ein Server ist im Beispiel enthalten, sodass die »Nachrichten« auch lokal erzeugt werden können. Um das Beispiel compilieren zu können, müssen die Stubs erst erzeugt werden: »Project« → »Stub Generator«. Dort mit »Browse« die Datei *src/serverscript.wsdl* auswählen und den Package-Namen *examples.serverscript.connector* angeben (siehe Abbildung 15.6).

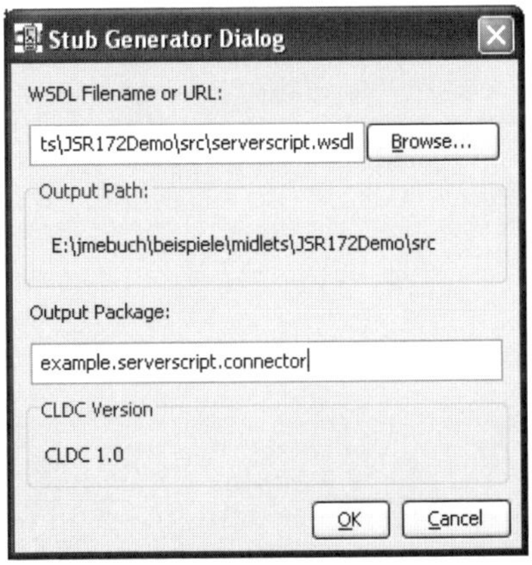

Abbildung 15.6: Stub-Generator Dialog

Der Name kann ein anderer sein, wenn der Import in *Demo.java* entsprechend geändert wird. Die erzeugten Java-Dateien werden in das ggf. neue erzeugte Verzeichnis *src/examples/serverscript/connector* geschrieben. Nach der Übersetzung kann das MIDlet wie üblich gestartet werden.

15.6 Andere Werkzeuge zur SOAP-Unterstützung

Die XML-Parsing-Funktionalität (JAXP) ist optional in der Java ME[1] und eine Untermenge der in JSR 063 (JAXP 1.2) definierten Funktionen. Implementationen müssen SAX 2.0 unterstützen (Package `org.xml.sax`). SAX steht für »Simple API for XML« und ist ein Quasi-Standard für die XML-Verarbeitung, zu dem viele Werkzeuge erhältlich sind. Am bekanntesten ist wohl der Xerces-Parser der Apache-Organisation (*http://xerces.apache.org*), der aber aufgrund seiner Größe nicht für die Java ME in Frage kommt. Ein für die Java ME geeigneter Parser ist kXML (*http://kxml.sourceforge.net/*), und kSOAP ist eine auf kXML basierende SOAP-Schnittstelle für die Java ME (*http://kobjects.sourceforge.net/ksoap2/*). Diese Werkzeuge sind mächtiger als die Unterstützung seitens des Sun WTK und erlauben auch die Verarbeitung der Google WSDL-Datei.

[1] Siehe Liste der optionalen Packages auf Seite 417.

16 Sicherheit und Signierung

Der Begriff Sicherheit umfasst mehrere Aspekte. Ein Aspekt ist die Vertraulichkeit gesendeter und empfangener Informationen. Auch laufen MIDlets innerhalb eines geschützten Bereichs der Java Virtual Machine, damit sie auf dem Gerät keinen Schaden anrichten können. Es gibt aber Situationen, in denen eine MIDlet-Suite auf Ressourcen zugreifen muss, die Geld kosten können, wie ein Internetzugriff, oder die den Zustand des Geräts ändern, wie ein schreibender Zugriff auf das Dateisystem. Dabei spielen der Begriff »vertrauenswürdig« (englisch *trusted*) bzw. sein Gegenteil eine besondere Rolle bei der Nutzung von APIs für den Zugriff auf Ressourcen. Wenn ein Gerät ein MIDlet als vertrauenswürdig einstuft, hat es Zugriff auf alle ihm erlaubten APIs, wenn der Anwender im Programm-Manager des Geräts die Sicherheitseinstellungen für das MIDlet so eingestellt hat und die Erlaubnisse entsprechend gesetzt sind (siehe unten). Die Art der Einstellungen ist geräteabhängig. Es gibt auch APIs, die allen MIDlets ohne Einschränkung zur Verfügung stehen, wie etwa die APIs für die Benutzungsschnittstellen. Andere, wie etwa `javax.microedition.io.HttpConnection`, stehen zur Verfügung, wenn der Benutzer des Geräts explizit seine Zustimmung gibt – wie am Beispiel zu Abschnitt 10.1.1 zu sehen.

16.1 Erlaubnisse und Sicherheitsbereiche

Die Sicherheit von vertrauenswürdigen Midlet-Suiten basiert auf Sicherheitsbereichen (englisch *security domains*), gelegentlich auch Schutzbereiche (englisch *protection domains*) genannt. Jeder Sicherheitsbereich definiert die Erlaubnisse (englisch *permissions*), die einer diesem Bereich zugeordneten MIDlet-Suite gewährt werden. Der Inhaber eines Sicherheitsbereichs legt fest, wie ein Gerät die Integrität einer jar-Datei und die Vertrauenswürdigkeit der MIDlet-Suite feststellt. Das Sun WTK enthält Sicherheitsbereiche der MSA (Mobile Service Architecture, [JS248]), die kurz in Abschnitt A.5 (Seite 418) beschrieben wird, und der Vorgängerspezifikation JTWI (Java Technology for the Wireless Industry, [JSR185]):

WTK-Sicherheitsbereiche für MSA

- `minimum`: Alle sensitiven APIs sind verboten.
- `maximum`: Alle sensitiven APIs sind erlaubt.

- `unidentified_third_party`: Der Benutzer wird bei jeder sensitiven Operation gefragt, ob er zustimmt.
- `identified_third_party`: Der Hersteller einer MIDlet-Suite kann anhand eines kryptographischen Zertifikats bestimmt werden. Der Benutzer wird gelegentlich bei sensitiven Operationen gefragt, ob er zustimmt.
- `manufacturer`: Für MIDlet-Suiten mit Zertifikaten, die sich auf das root-Zertifikat des Herstellers beziehen.

Es gilt `unidentified_third_party`, wenn im Emulator kein Sicherheitsbereich spezifiziert wird. In der MSA-Spezifikation [JS248] selbst sind keine Sicherheitsbereiche definiert, es wird dort empfohlen, die Sicherheitsbereiche des MIDP 2.1 [JSR118] zu realisieren. `minimum` und `maximum` sind Besonderheiten des WTK und nicht Teil einer Spezifikation. Das WTK bietet nicht den MIDP 2.1-Sicherheitsbereich `operator` an.

WTK-Sicherheitsbereiche für JTWI

- `minimum`: Alle sensitiven APIs sind verboten.
- `maximum`: Alle sensitiven APIs sind erlaubt.
- `trusted`: wie `maximum`
- `untrusted`: Der Benutzer wird bei jeder sensitiven Operation gefragt, ob er zustimmt.

Wenn im Emulator kein Sicherheitsbereich spezifiziert wird, gilt `untrusted`. Nur dieser Bereich wird in [JSR185] erwähnt, der Rest ist WTK-spezifisch.

Der Effekt ist leicht am Beispiel *HTTPget* aus Abschnitt 10.1.1 zu sehen: Wenn es mit den vorgegebenen Einstellungen (JTWI/untrusted) im Emulator gestartet wird, gibt es eine Abfrage, ob die Verbindung erlaubt ist. Wenn jedoch im WTK über »Edit« ⟶ »Preferences« ⟶ »Security« JTWI/minimum eingestellt wird, scheitert der Start des MIDlets mit einer `SecurityException`. Bei der Einstellung JTWI/maximum oder JTWI/trusted gelingt die Verbindung ohne vorgeschaltete Frage. Auf einer realen Hardware sieht es ganz anders aus, weil der Hersteller des Geräts festlegt, wie die Vertrauenswürdigkeit einer MIDlet-Suite festgestellt wird. Auch ist es dem Hersteller überlassen, welche Sicherheitsbereiche er definiert. Eine Einstellung im WTK reicht daher nicht – dazu später mehr.

Bei der Zuordnung von Erlaubnissen zu Sicherheitsbereichen werden zwei Arten unterschieden:

- *Allowed*: Zugriff auf API ist ohne Rückfrage erlaubt.

- *User*: Der Benutzer wird um Erlaubnis gefragt, wobei es drei Arten der Gewährung gibt:
  - `blanket`: Die Erlaubnis gilt, bis die MIDlet-Suite deinstalliert wird.
  - `session`: Bei jedem Start einer MIDlet-Suite wird erneut gefragt.
  - `oneshot`: Bei jedem Zugriff auf das betreffende API wird erneut gefragt.

Als vertrauenswürdig (trusted) eingestufte MIDlet-Suiten setzen voraus, dass kritische Erlaubnisse als MIDlet-Attribute unter `MIDlet-Permissions` und unkritische unter `MIDlet-Permissions-Opt` eingetragen werden; im WTK unter »Settings« ⟶ »Permissions« erreichbar. Die Syntax entspricht der von Packages und Klassen. Für eine Http-Verbindung muss `javax.microedition.io.Connector.http` mit »Add« hinzugefügt werden. Erlaubnisse werden in die jad-Datei eingetragen. Damit kann schon zur Installationszeit festgestellt werden, ob sie zum Sicherheitsbereich passen – wenn nicht, scheitert schon die Installation.

16.2 Signaturen und Zertifikate

Die MIDP-Spezifikation empfiehlt die Absicherung von sicherheitskritischen Bereichen mit kryptographischen Methoden. Dazu gehören digitale Signaturen und qualifizierte Zertifikate. Eine Signatur in diesem Sinn besteht aus »Daten in elektronischer Form, die anderen elektronischen Daten beigefügt oder logisch mit ihnen verknüpft sind und die zur Authentifizierung dienen« [SigG]. Signaturen sollen ausschließlich dem Signaturschlüssel-Inhaber zugeordnet sein und seine Identifizierung ermöglichen. Sie sollen eine nachträgliche Veränderung der Daten erkennen lassen und auf einem gültigen Zertifikat beruhen. Zertifikate sind elektronische Ausweise, mit denen sich Signaturprüfschlüssel einer Person zuordnen lassen und die Identität dieser Person bestätigt werden kann. Zertifikate dürfen nur von besonders berechtigten Zertifizierungsdienstanbietern (englisch *certificate authority*), kurz CA, ausgegeben werden.

Ein Zertifikat enthält Namen und Public-Key-Informationen des zu zertifizierenden Dokuments; ein Beispiel ist in Abbildung 10.5 (Seite 219) zu sehen. Für die Signierung und Zertifizierung von MIDlet-Suiten ist nach [JSR118] der Standard X.509 PKI (public key infrastructure) zuständig.

Es gibt zwei Typen von Zertifikaten: CA-Zertifikate, die nur an Zertifizierungsstellen ausgegeben werden. Dabei kann es eine oberste CA (Root-CA) mit entsprechendem Zertifikat geben, auf das sich andere beziehen können. Der andere Typ sind Teilnehmerzertifikate, die zum Beispiel von Firmen, die MIDlet-Suiten produzieren und vertreiben, verwendet werden. In der Regel wird sich ein Teilnehmerzertifikat auf ein Zertifikat einer CA beziehen, das sich wiederum auf ein Zertifikat einer höheren CA bezieht usw. bis zu einem Zertifikat einer Root-CA. Es gibt dann eine zusammenhängende Kette von Zertifikaten, die die Vertrauenswürdigkeit sicherstellen soll.

16.2.1 Signieren mit dem WTK

Man kann dazu ein vorhandenes Schlüsselpaar nehmen oder ein neues erzeugen, was hier gezeigt werden soll. Dazu wird im Menübalken mit »Project« ⟶ »Sign« ein weiteres Fenster geöffnet und dort im Menü »Keystore« der Eintrag »New Key Pair« gwählt (Abbildung 16.1).

Abbildung 16.1: Erzeugen eines Schlüsselpaars

Nach Ausfüllen der Felder »Create« klicken. Anschließend wird der Sicherheitsbereich gewählt. Mit dem nun erzeugten Schlüssel, dessen Einzelheiten angezeigt werden, kann die MIDlet-Suite über das »Action«-Menü signiert werden. Das erzeugte Zertifikat wird mitsamt der Signatur in die jad-Datei eingetragen, wie man sich mit Hilfe eines Editors überzeugen kann. Weil man sich hier nicht auf eine CA bezogen hat, ist das erzeugte Zertifikat selbst ein Root-Zertifikat. Das `MIDlet-Certificate-x-y`-Attribut des jar-Deskriptors ist das Base64-codierte Zertifikat. `x` und `y` sind für die Nummerierung und im einfachsten Fall beide 1. Das `MIDlet-Jar-RSA-SHA1`-Attribut zeigt die Base64-Codierung der Jar-Signatur. Das Akronym RSA steht für die Erfinder des Public-Key-Kryptosystems für Verschlüsselung und Authentifizierung, R.L. Rivest, A. Shamir und L.M. Adleman. SHA1 ist die Abkürzung für Secure Hash Algorithm 1. Base64 ist ein Verfahren zur Codierung von 8-Bit-Binärdaten in einen 7-Bit ASCII-Code. Es wird benutzt, weil manche Protokolle, zum Beispiel SMTP für E-Mails, nur mit ASCII-Daten umgehen können.

16.2.2 Verifizierung

Wie stellt ein mobiles Endgerät fest, ob eine zu installierende MIDlet-Suite vertrauenswürdig ist? Dazu bedarf es mehrerer Schritte:

- Zunächst wird die Kette der Zertifikate anhand des Eintrags in der jad-Datei durchsucht, bis das Root-Zertifikat gefunden wird.
- Dann wird geprüft, ob das gefundene Root-Zertifikat in der internen Zertifikateliste des Geräts gespeichert ist.
- Falls erfolgreich, wird die Signatur mit Hilfe des Zertifikats verifiziert.
- Falls erfolgreich, wird die MIDlet-Suite im gewählten Sicherheitsbereich installiert.

16.3 Zertifizierung in der realen Welt

Der oben beschriebene Ablauf bedeutet natürlich *nicht*, dass sich die Hersteller mobiler Endgeräte verabredet haben, bestimmte Root-Zertifikate gemeinsam einzusetzen. Dies hat zur Folge, dass eine Java-Anwendung mit einem gültigen Zertifikat auf dem Handy des einen Herstellers laufen kann, auf dem eines anderen jedoch nicht. Um einen großen Markt abzudecken, kann eine Softwarefirma daher gezwungen sein, Zertifikate für mehrere Hersteller oder sogar Geräteklassen eines Herstellers zu kaufen. Zertifikate kosten mehrere hundert US-Dollar pro Jahr, abgesehen von weiteren Kosten bis zur Zertifizierung, wie extern durchzuführende Tests. Dieses Zertifizierungsmodell ist für die CAs und die Gerätehersteller eine Gelddruckmaschine.

Fallstrick!

16.3.1 Schlüssel für gegebene Hardware erzeugen

Das oben in Abschnitt 16.2.1 gezeigte Signieren dient nur Testzwecken. Um eine MIDlet-Suite für eine existierende Hardware zu signieren, muss man sich ein Zertifikat besorgen, dessen CA vom Gerät akzeptiert wird. Das WTK unterstützt den Prozess auf folgende Weise:

- Zunächst wird ein Schlüsselpaar wie oben beschrieben erzeugt.
- Über »Project« ⟶ »Sign« eins der vorhandenen Alias auswählen.
- Über »Keystore« mit »Generate CSR« (Certificate Signing Request) eine Anforderung zur Signierung erzeugen und als Datei speichern.
- Diese Datei wird mit weiteren, von der CA verlangten Unterlagen zum Identitätsnachweis an die CA geschickt.

- Nach Verifizierung der Identität und natürlich Zahlung der Gebühren bekommt man das Zertifikat als Datei zugesendet.
- Das Zertifikat kann mit »Project« ⟶ »Sign« ⟶ »Keystore« ⟶ »Import Certificate« in ein WTK-Projekt importiert werden. Dazu muss das Alias angegeben werden.

Damit erhält man abschließend eine vertrauenswürdige MIDlet-Suite. Jede Veränderung, ob böswillig oder nicht, würde zur Ungültigkeit der Signatur führen und damit die Installation verhindern.

16.4 Java Verified Program

Das Java Verified Program[1] ist ein Prozess zur Qualitätssicherung von MIDlet-Suiten. In diesem Prozess werden sie von ausgewählten Firmen kostenpflichtig geprüft und getestet. Nach Bestehen der Prüfungen darf ein »Java empowered«-Logo verwendet werden, und es besteht die Möglichkeit, die MIDlet-Suite in Online-Katalogen teilnehmender Partnerfirmen zu platzieren.

Manche großen Provider neigen zur Anpassung (englisch *branding*) ihrer angebotenen Geräte. Zu dieser Anpassung gehört unter Umständen das Entfernen der Zertifikate von Thawte und VeriSign für MIDlets. Es bleibt dann nur das GeoTrust-Zertifikat. Mit ihm werden die MIDlet-Suiten zertifiziert, die das Java Verified Program bestehen. Damit ist die Zertifizierung Teil des Java Verified Program und somit wichtig für den Vertrieb. Auf einigen Geräten ist diese Zertifizierung sogar die einzige Möglichkeit, die lästigen Nachfragen beim Benutzen einer Anwendung zu umgehen, da die anderen Zertifikate entfernt worden sind.

Der Ablauf ist kurz gefasst wie folgt: Die zu prüfenden Dateien werden zum Entwickler-Portal des Java Verified Programs hochgeladen und automatisch vorgeprüft. Diejenige Person, die sich zu diesem Zweck bei dem Portal anmeldet, muss ihre Identität nachweisen, indem sie eine MIDlet-Suite hochlädt, die nach dem im vorhergehenden Abschnitt 16.3 beschriebenen Verfahren digital signiert worden ist. Nach bestandener Prüfung wird eine der (berechtigten) Firmen ausgewählt, die das Testen übernehmen soll. Wenn der vereinbarte Betrag gezahlt worden ist, wird die MIDlet-Suite anhand eines vorgegebenen Kriterienkatalogs geprüft und getestet. Werden die Tests bestanden, kann man die signierte Anwendung herunterladen – wenn nicht, muss der ganze Vorgang wiederholt werden.

16.5 Datensicherheit

Bei der Datensicherheit geht es einerseits darum, gespeicherte sensitive Daten zu schützen, etwa persönliche Informationen, Zertifikate und private Schlüssel. An-

[1] *http://javaverified.com/*

dererseits soll die Vertraulichkeit von Daten auch bei der Übertragung gesichert werden, was besonders bei Bezahlvorgängen oder Online-Banking wichtig ist. Für diese Zwecke stellt Java ME das »Security and Trust Services API« (SATSA) bereit [JSR177]. Es unterstützt die SmartCard-Kommunikation, die Erzeugung digitaler Signaturen und Verschlüsselungsmechanismen.

16.5.1 Verschlüsselung

Die Verschlüsselung (englisch *encryption*) ist die Umwandlung lesbarer Informationen (Klartext) in für den Anwender unverständlicher Information (Geheimtext oder Schlüsseltext). Dazu werden Algorithmen aus der Kryptologie verwendet. Einem Angreifer ist es nur sehr schwer möglich, den Klartext aus dem Geheimtext zu extrahieren. Der Anwender, für den der Klartext bestimmt ist, kann mit einer Umkehrung der Verschlüsselung (Entschlüsselung) aus dem Geheimtext den Klartext gewinnen. Der Sinn der Verschlüsselung ist die Gewährleistung der Vertraulichkeit von Daten in Datennetzen, Datenbanken und Computern. Die Kryptologie ist ein eigenständiges Fachgebiet der Wissenschaft und wird in der Literatur umfangreich behandelt. Für das mathematische Verständnis der Algorithmen empfehlen wir das Buch [Matthes], wo Sie auch die Theorie des in unserem Beispiel verwendeten Algorithmus nachlesen können. Da die Kryptologie kein einfaches Thema ist, wollen wir hier ein sehr praktisches und auf eine Problemstellung fokussiertes Beispiel aus dem umfangreichen [JSR177] erläutern. Es wird eine Datei mit dem Advanced Encryption Standard ver- und entschlüsselt. Das symmetrische AES-Verfahren ist frei verfügbar, darf ohne Lizenzgebühren eingesetzt werden und ist in den USA für staatliche Dokumente mit höchster Geheimhaltungsstufe zugelassen. Wir haben die Behandlung von Ausnahmen sehr vereinfacht, um den Zugang zum Beispiel zu erleichtern, weisen jedoch darauf hin, dass gerade beim Umgang mit dem [JSR177] eine intensive Fehlerbehandlung empfohlen wird.

Erzeugen Sie für das Beispiel ein MIDlet, welches das Interface `Runnable` implementiert, damit die Benutzungsoberfläche nicht blockiert wird (siehe auch Hinweis auf Seite 159). Ergänzen Sie dieses MIDlet mit dem folgenden Code:

```
public byte[] read (String filename) {
    byte[] data = null;
    FileConnection file = null;
    DataInputStream input = null;
    int length = 0;
    try {
        file=(FileConnection)Connector.open(filename,
                                        Connector.READ);
        if (file.exists()) {
            length = (int)file.fileSize();
            data = new byte[length];
```

```
                input = new DataInputStream(file.openInputStream());
                if (input != null) {
                    input.readFully(data);
                }
            }
        } catch (Exception e) {
            // Exception behandeln
        } finally {
            //schließen der Streams
        }
        return data;
    }
```

Die Methode `read()` liest aus der als Parameter übergebenen Datei die Bytes aus und liefert sie in einem Byte-Array zurück. Das Gegenstück zum Speichern einer Datei ist die Methode `write()`:

```
    private void write (String filename, byte[] message) {
        FileConnection fc = null;
        ByteArrayOutputStream bytesOut =
                                        new ByteArrayOutputStream();
        DataOutputStream dataOut = new DataOutputStream(bytesOut);
        try {
            fc=(FileConnection)Connector.open(filename,
                                          Connector.WRITE);
            if (!fc.exists()) {
                fc.create();
            }
            dataOut = fc.openDataOutputStream();
            if (dataOut != null) {
                dataOut.write(message);
                dataOut.flush();
            }
        } catch (Exception e) {
             // Exception behandeln
        }
        finally {
             // Streams schließen
        }
    }
```

Die `run()` Methode liest zuerst den Klartext aus einer Datei, verschlüsselt diesen Text mit einem Passwort und schreibt den Geheimtext in eine Datei. Zur Prüfung, ob alles ordnungsgemäß funktioniert hat, wird der Geheimtext eingelesen und mit demselben Passwort entschlüsselt und ausgegeben:

```
public void run() {
    String passwordStr = "1234567890123456";
    Codec codec = new Codec();
    try {
        byte[] geheimtext = codec.encrypt(
                           passwordStr.getBytes(),
                           read("file:///root1/klartext.txt"));
        write("file:///root1/geheimtext.txt", geheimtext);
        byte[] klartext = codec.decrypt(passwordStr.getBytes(),
                          read("file:///root1/geheimtext.txt"));
        System.out.println("Text: " + new String(klartext));
    } catch (Exception e) {
          // Exception behandeln
    }
}
```

Die Methode `run()` verwendet die Klasse `Codec`, die im folgenden Abschnitt erläutert wird.

Die Klasse Cipher

Als Cipher können wir einen Algorithmus bezeichnen, der die Ver- und Entschlüsselung ausführt (Transformation). Die Klasse `Cipher` bildet im [JSR177] den Kern dieses APIs und liefert über die Methode `getInstance(String)` ein Objekt mit der gewünschten Transformation. Als Parameter wird ein String in der Form `algorithm/mode/padding` übergeben (`mode` und `padding` können auch weggelassen werden), der die Art des Cipher beschreibt. Für `algorithm` kommen die bekannten Algorithmen AES, Blowfish, DES, DESede, PBE, RC2, RC4, RC5 und RSA in Frage. Die Werte für `mode` und `padding` entnehmen Sie bitte der Dokumentation. In unserem Beispiel holen wir ein `Cipher`-Objekt mit der Transformation `AES/ECB/PKCS5Padding`. Wir verwenden den AES (Advanced Encryption Standard) im Modus Electronic Codebook Mode und mit einem Password Based Encryption Standard Padding-Schema. Wie bereits erwähnt, ist die Kryptologie ein sehr mathematisches und schwieriges Thema, aber Sie können unser Beispiel verwenden, ohne die Details zu kennen. Unsere Klasse `Codec` kapselt die für das MIDlet notwendigen Methoden zum Ver- und Entschlüsseln:

```
import java.security.Key;
import javax.crypto.Cipher;
import javax.crypto.spec.SecretKeySpec;

public class Codec {
    private Cipher cipher = null;
    public Codec() {
        try {
```

```
            cipher = Cipher.getInstance("AES/ECB/PKCS5Padding");
        } catch (Exception e) {
            // Behandle Exception
        }
    }

    public synchronized byte[] encrypt (byte[] keyBits,
                                        byte[] plaintext)
            throws Exception {
        Key key = new SecretKeySpec(keyBits, 0, keyBits.length,
                                    "AES");
        byte[] plaintextAndLength = new byte[plaintext.length
                                             + 2];
        plaintextAndLength[0] =
                    (byte)(0xff & (plaintext.length >> 8));
        plaintextAndLength[1] = (byte)(0xff & plaintext.length);
        System.arraycopy(plaintext, 0, plaintextAndLength, 2,
                    plaintext.length);
        int blocksize = 16;
        int ciphertextLength = 0;
        int remainder = plaintextAndLength.length % blocksize;
        if (remainder == 0) {
            ciphertextLength = plaintextAndLength.length;
        } else {
            ciphertextLength = plaintextAndLength.length
                              - remainder + blocksize;
        }
        byte[] cipherText = new byte[ciphertextLength];
        cipher.init(Cipher.ENCRYPT_MODE, key);
        cipher.doFinal(plaintextAndLength, 0,
                    plaintextAndLength.length,
                    cipherText, 0);
        return cipherText;
    }

    public synchronized byte[] decrypt (byte[] keyBits,
            byte[] cipherText) throws Exception {
        Key key = new SecretKeySpec(keyBits, 0, keyBits.length,
                                    "AES");
        cipher.init(Cipher.DECRYPT_MODE, key);
        byte[] decrypted = new byte[cipherText.length];
        cipher.doFinal(cipherText, 0, cipherText.length,
                    decrypted, 0);
        // Länge des Klartextes berechnen
        int plainTextLength =
```

```
                (decrypted[0] << 8) | (decrypted[1] & 0xff);
        byte[] finalText = new byte[plainTextLength];
        // entschlüsselten Text ohne Längeninformation kopieren
        System.arraycopy(decrypted, 2, finalText, 0,
                         plainTextLength);
        return finalText;
    }
}
```

Manchmal ist es sinnvoll, die Längeninformation im Byte-Array mitzuführen. Im Unterschied zum WTK-Beispiel wird daher die Länge des Klartextes (Variable `plaintext` in der Methode `encrypt()`) in zwei Bytes untergebracht. Damit können Klartexte bis zur Länge von $2^{16} - 1 = 65535$ Bytes von der Methode verarbeitet werden. ***max. 65535 B***

Im Konstruktor holen wir wie oben bereits besprochen mit `getInstance()` eine Referenz auf ein `Cipher`-Objekt. Wichtiger Hinweis: Das Beispiel verzichtet aus Platzgründen auf Fehlerbehandlung. Es wäre an dieser Stelle notwendig zu überprüfen, ob die Instanz ungleich `null` ist.

Die Methoden `encrypt()` und `decrypt()` verdeutlichen die prinzipielle Vorgehensweise beim Ver- und Entschlüsseln. Zuerst wird ein Schlüssel aus dem übergebenem Passwort generiert. Dazu wird der Konstruktor der Klasse `SecretKeySpec` verwendet. Als Parameter werden ein Byte-Array mit dem Schlüssel, der Offset im Array, die Länge des Arrays und der Algorithmus übergeben. Der Konstruktor überprüft nicht, ob die angegebenen Werte plausibel sind (Länge des Schlüssels bei DES ist 8 Bytes, bei AES sind es 16 Bytes)! Mit dem generierten Schlüssel und dem auszuführendem Modus wird die Cipher-Instanz initialisiert. Der Modus ist `ENCRYPT_MODE` oder `DECRYPT_MODE`. Um die Ver- oder Entschlüsselung auszuführen, wird die Methode `doFinal()` aufgerufen. Als Parameter übergibt man das zu bearbeitende Byte-Array, dessen Offset und Länge, das Byte-Array, welches das Ergebnis aufnimmt, und den Offset in diesem Array. Bitte entnehmen Sie der Dokumentation, welche Exceptions hier auftreten können; z.B. könnte das aufnehmende Array zu klein sein. In der `encrypt()`-Methode der Klasse `Codec` erweitern wir noch den Geheimtext um die Länge des Geheimtextes, welche beim Entschlüsseln gebraucht wird, da der AES ein blockorientierter Algorithmus ist.

17 JavaFX

Zu JavaFX gibt es seit 2007 eine Menge von Ankündigungen in Internet und Presse. JavaFX ist eine Produktfamilie, die aus zwei Produkten besteht: JavaFX Script (oft kurz nur JavaFX genannt) und JavaFX Mobile. JavaFX Script ist eine neue objektorientierte Programmiersprache, die im Unterschied zu Java deklarativ ist. Damit ist gemeint, dass programmiert wird, ohne sich um den Ablauf kümmern zu müssen, wie es ja bei einer prozeduralen Repräsentation der Fall ist. So reicht schon der folgende Programmcode aus, um ein `JFrame`-Fenster mit einem Label und einem Button erscheinen zu lassen (siehe Abbildung 17.1), ohne dass ein Konstruktor oder irgendwelche anderen Funktionen aufgerufen werden und eine Anweisung ausgeführt wird:

```
import javafx.ui.*;
class Modell {   attribute eintext : String; }
var modell = Modell { eintext: "flip" };

Frame {
    title: "Ein JavaFX-Programm"
    width: 300
    height: 100
    content: FlowPanel {
        content: [
        Label { text: bind modell.eintext },
        Button {
            text: "umschalten"
            enabled: true
            action: operation() {
                if(modell.eintext.equals("flip")) {
                    modell.eintext = "flop";
                } else {
                    modell.eintext = "flip";
                }
            }
        }
        ]
    }
    visible: true
}
```

Abbildung 17.1: JavaFX-Programm

Die Verbindung von GUI-Komponenten mit externen Ereignissen (Texteingabe, Button drücken, ...) ist ebenfalls stark vereinfacht im Vergleich zum Schreiben von `Listener`-Klassen. Im Beispiel ist zu sehen, wie das Drücken des Buttons den Text der Variablen `modell` ändert. Das Attribut `text` des Labels ist aber an `modell.eintext` gebunden. Die Wirkung besteht darin, dass sich bei jeder Änderung von `modell.eintext` das Label einschließlich der Anzeige aktualisieren.

JavaFX kann Java-Klassen importieren, und es gibt Plug-ins für die gängigen Entwicklungsumgebungen Eclipse und NetBeans. JavaFX ist eine Skriptsprache zum schnellen Konstruieren von GUIs. Tatsächlich wird der Code durch den FX-Compiler in eine Zwischenform übersetzt, die vom eigentlichen Java-Compiler weiterverarbeitet wird (Einzelheiten siehe [JFXC]). Der Prozess läuft hinter den Kulissen ab, sodass man die Zwischenschritte nicht sieht. NetBeans (mit dem JavaFX-Plugin) erzeugt zum Beispiel gleich eine ausführbare jar-Datei. Näheres zu JavaFX einschließlich vieler Beispiele findet man unter [OJFX]. Zusammengefasst: JavaFX ist eine Programmiersprache, die speziell auf GUI-Entwicklung zugeschnitten ist und aufgrund der deklarativen Syntax eine verbesserte Produktivität bei der Erzeugung reichhaltiger GUIs ermöglicht. JavaFX soll für einen breiten Bereich von Geräten geeignet sein, vom Handy (CDC) und Unterhaltungselektronik über PDA (CDC) bis zu ausgewachsenen Desktop-Anwendungen (Java SE). Ende 2007 gab es allerdings noch keine IDE-Unterstützung zur Erzeugung von auf dem Handy lauffähigen Applikationen einschließlich Deskriptordatei. Es ist offen, ob JavaFX jemals auf CLDC-Geräten laufen wird.[1]

JavaFX Mobile

JavaFX Mobile ist als vorinstalliertes Softwaresystem geplant, auf dem JavaFX-Anwendungen laufen sollen. Es wird industriellen Partnern angeboten, damit diese JavaFX Mobile auf ihre Produkte bringen. JavaFX Mobile ist vornehmlich für leistungsfähigere Geräte wie PDA gedacht, die der CDC entsprechen. Es ist zu erwarten, dass auch Handys mit den Jahren so leistungsfähig werden, dass sie die CDC erfüllen, weswegen JavaFX Mobile gar nicht erst für Geräte entsprechend der CLDC (Schwerpunkt dieses Buchs) ausgelegt wurde.

[1] Zum Unterschied zwischen CDC und CLDC siehe Kapitel 3.

18 Es funktioniert nicht! – Warum?

Wenn etwas nicht funktioniert, kann es mehrere Ursachen haben. Eine ist, dass man beim Entwurf oder der Programmierung durch Ignorieren bekannter Grundsätze und Empfehlungen Fehler gemacht hat. Missachtung der Empfehlungen im Abschnitt 5.5, *Software-Muster für spezielle Problemstellungen*, kann zur Blockade der Benutzungsoberfläche führen. Gerade mit Threads verbundene Fehler sind manchmal schwer zu finden. Zunächst sollte man seiner eigenen Arbeit kritisch gegenüberstehen.

Sie werden feststellen, dass dies oft nicht ausreicht und Fehlerursachen ganz anderer Art ins Spiel kommen: Es gibt eine große Vielfalt von Endgeräten, und viele Hersteller, darunter sehr bekannte Namen, halten sich nur teilweise an die JSR-Spezifikationen. Oder die Spezifikationen werden fehlerhaft implementiert. Viele haben die unten auszugsweise wiedergegebenen Erfahrungen und andere machen müssen. In diesem Zusammenhang ist der Besuch der Internet-Diskussionsforen interessant: Der Löwenanteil der Diskussionen hat zum Inhalt, was bei welchem Gerät nicht funktioniert und mit welchen Tipps und Tricks man Soft- und Hardware zum Laufen bringt. Die Technik steckt in den Kinderschuhen, das Marketing nicht. Es gibt eine Menge von Fehlern und Merkwürdigkeiten. Nur ein Beispiel: Ein Gerät kann Audio und Video aufnehmen und wiedergeben – aber nicht oder nur eingeschränkt per Programm. Zusammengefasst:

- Das Verhalten des Geräts ist fehlerhaft oder entspricht nicht den JSR-Spezifikationen.
- Sun WTK, Emulator des Herstellers, und das Gerät verhalten sich jeweils unterschiedlich.
- Die abfragbaren System-Properties stimmen nicht mit dem realen Verhalten überein.

18.1 Was tun?

Natürlich gelten allgemeine Regeln zum Entwickeln und Testen von Software, auf die hier nicht eingegangen werden kann, auch für Handys, PDA und Co. Es ergeben sich zusätzlich einige Besonderheiten: Der Java-Slogan »write once, run everywhere« bedeutet auch »write once, test everywhere«. Es bleibt nichts anderes übrig, wenn man Ansprüche an die Verlässlichkeit der Software hat. Es empfiehlt sich ein mehrstufiges Vorgehen:

- Entwicklung und Test mit Hilfe einer Entwicklungsumgebung, zum Beispiel mit Einsatz des Sun WTK, falls für Geräte verschiedener Hersteller entwickelt werden soll, oder direkt mit einer Entwicklungssoftware des Herstellers.
- Test mit Hilfe eines Emulators des Herstellers.
- Test der Software mit allen Geräten, auf denen die Software laufen soll. Dabei muss der Aktualisierungsstand der Firmware beachtet werden.
- Die Tests müssen das Laden »Over the Air« (OTA) einschließen. Dabei ist zu beachten, dass sowohl das Gerät als auch der Server eine maximale Größe für die herunterzuladende Datei vorsehen können. Allerdings ist es schon vorgekommen, dass ein Programm auf dem Sun WTK mit dem run-Befehl und auf dem Handy lief, aber nicht auf dem Sun WTK über OTA.
- Die Benutzbarkeit muss getestet werden (jederzeitige Bedienbarkeit, Meldungen bei langsamen Vorgängen, verständliche Fehlermeldungen ...).
- Wie reagiert die Software bei schwacher Batterie?
- Reaktion der Software bei schwacher Funkverbindung?
- Verhält sich die Software tolerant bei plötzlichem Abschalten des Geräts (d.h., dass zum Beispiel nur die zuletzt eingegebene Adresse verloren ist, nicht aber das ganze Adressenverzeichnis)?

Sehr hilfreich können verschiedene Internet-Foren und Mailing-Listen sein, die von Sun und den Herstellern mobiler Endgeräte angeboten werden. Beispiele: *http://www.j2meforums.com/forum/* oder *http://forum.java.sun.com/index.jspa*; dort »Java Mobility Forums« wählen. Eine weitere Möglichkeit ist, sich regelmäßig Beiträge einer Mailing-Liste zusenden zu lassen. Zum Beispiel bekommt man die Beiträge der Liste KVM-INTEREST durch Senden einer E-Mail mit dem Inhalt »SUBSCRIBE KVM-INTEREST« an die Adresse listserv@java.sun.com. KVM-INTEREST ist eine Liste, die E-Mails zu technischen Details der Java ME und zu Hardware-Problemen zum Inhalt hat.

Oft hilft die Information, welches Gerät welche Eigenschaften hat. Abschnitt 19.7 auf Seite 399 gibt darüber Auskunft.

19 Werkzeuge

Dieser Abschnitt stellt eine kleine Auswahl nützlicher Werkzeuge vor:

- Der Apache Web-Server hilft, die Kommunikation eines MIDlets mit einem Web-Server auf dem lokalen Rechner testen zu können.
- Der Tomcat-Servletcontainer hilft, die Kommunikation eines MIDlets mit einem Web-Server auf dem lokalen Rechner testen zu können, wenn Servlets im Spiel sind.
- Ant ist ein mächtiges Werkzeug zur Automatisierung von Arbeitsschritten.
- NetBeans ist eine IDE (Integrated Development Environment) für Java und andere Programmiersprachen. Für NetBeans gibt es das »Mobility Pack«, mit dem Java ME-Anwendungen entwickelt werden können. Die Ablaufsteuerung in NetBeans basiert auf Ant.
- J2ME Polish ist ein Werkzeug, um GUIs für viele verschiedene mobile Endgeräte entwickeln zu können.

19.1 Apache Web-Server – Installation, Einrichtung und Nutzung

Der wohl am meisten eingesetzte Web-Server ist der Apache HTTP-Server[1], der als Open-Source-Programm erhältlich ist [Apache].

Installation unter Windows

Die Installation unter Windows ist einfach. Als »Administrator« einloggen und die Datei *apache_2.2.6-win32-x86-openssl-0.9.8e.msi* (oder eine mit einer neueren Versionsnummer) von *http://ftp.uni-erlangen.de/pub/mirrors/apache/httpd/binaries/win32/* oder einer anderen Adresse herunterladen und ausführen. Die Installationsroutine erledigt den Rest. Die Namen sind frei wählbar (siehe Abbildung 19.1).

Der Server kann mit

```
httpd -k start
```

[1] Dieser Text bezieht sich auf die Version 2.2.6

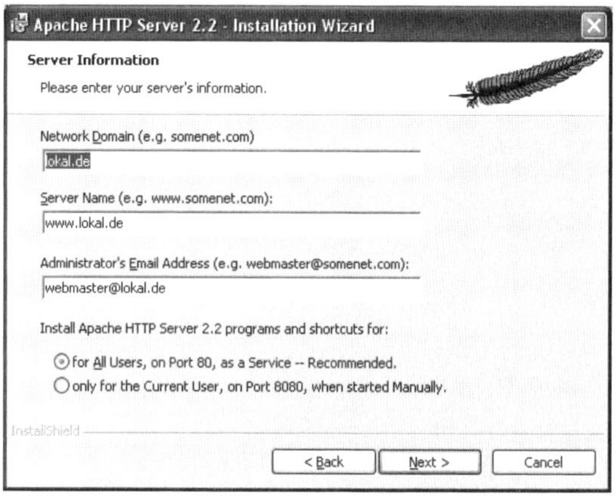

Abbildung 19.1: Apache-Installationsfenster

gestartet und mit

```
httpd -k stop
```

beendet werden.

Installation unter Linux/Unix

Es gibt im Wesentlichen zwei Möglichkeiten der Installation:

1. Installation von der Betriebssystem-DVD oder mit der Online-Update-Funktion. Der Server kann dann (als »root«) mit

   ```
   /usr/sbin/apache2ctl -k start
   ```

   gestartet und mit

   ```
   /usr/sbin/apache2ctl -k stop
   ```

   beendet werden. Anmerkung: Je nach Version und Installationsart können es andere Verzeichnisse und Kommandos sein, siehe unten. Der Web-Server wird automatisch bei Systemstart als Dienst gestartet, wenn er mit dem Runlevel-Editor aktiviert wird.

2. Ein weiterer üblicher Weg ist das Herunterladen der Quelldateien, um unabhängig von verschiedenen Maschinentypen zu sein. Das bedeutet auch, dass die Quellen übersetzt werden müssen. Mit anderen Worten, es muss ein Compiler auf dem System installiert sein. Mit der GNU Compiler Collection (GCC, siehe *http://gcc.gnu.org*), die Bestandteil vieler Unix-Systeme ist, gibt es in der Regel

keine Probleme. Zur Installation des Web-Servers loggt man sich als »root« ein, lädt die Datei *httpd-2.2.6.tar.gz* (oder eine mit einer neueren Versionsnummer) zum Beispiel nach */usr/local* herunter und entpackt sie. Danach wechselt man in das entstandene Verzeichnis, konfiguriert das Makefile, startet die Übersetzung und die Installation. Dank der vorhandenen Skripte sind dies nur wenige Befehle:

```
tar xvfz  httpd-2.2.6.tar.gz
cd httpd-2.2.6
./configure
make
make install
```

Das dabei neu angelegte Verzeichnis */usr/local/apache2* ist das Installationsverzeichnis. Der Server kann dann (als »root«) mit

```
/usr/local/apache2/bin/apachectl -k start
```

gestartet und mit

```
/usr/local/apache2/bin/apachectl -k stop
```

beendet werden.

Nach dem Start kann man mit einem Browser *http://localhost:80/* oder *http://localhost/* anwählen, um zu sehen, ob der Server arbeitet (80 ist der Standard-Port).

19.1.1 Konfiguration

Nach der Installation muss der Server noch konfiguriert werden. Der Apache-Server zeigt zunächst auf das Unterverzeichnis *htdocs* des Installationsverzeichnisses, wie der Aufruf von *http://localhost/* zeigt, wenn der Server auf dem eigenen Rechner gestartet wurde. Es gibt die Möglichkeit, ein eigenes Verzeichnis für die Anwendungen oder ein benutzerspezifisches Verzeichnis zu definieren. Dazu ist die Datei *httpd.conf* im Unterverzeichnis *conf* des Installationsverzeichnisses zu editieren.

Nach allen Konfigurationsänderungen ist der Apache-Server anzuhalten und neu zu starten. ***Neustart***

Benutzerspezifisches Verzeichnis

Hier geht es darum, auf Dateien bestimmter Benutzer zuzugreifen. Für jeden dieser Benutzer muss ein Verzeichnis mit den zur Veröffentlichung bestimmten Dateien existieren, meistens heißt es *public_html*, der Name ist aber beliebig. Im folgenden Beispiel sei es das Verzeichnis *web*. Dazu wird in *httpd.conf* der Eintrag

`UserDir` gesetzt. Im folgenden Beispiel wird der Eintrag ausschließlich für den Linux-Benutzer »uli« gesetzt:

```
UserDir web
UserDir disabled
UserDir enabled uli
```

Bei einem Windows-Benutzer würde man `UserDir "Eigene Dateien/web"` schreiben (/ statt \!). Die Angabe des URL *http://www.servername.de/~uli/* würde die Datei

C:\Dokumente und Einstellungen\uli\Eigene Dateien\web\index.html (Windows) bzw. */home/uli/web/index.html* (Linux)

in einem Browser zur Anzeige bringen (lokaler Test mit *http://localhost/~uli/*).

Ein Verzeichnis für alle MIDlets

Um unabhängig von einem Benutzernamen ein Verzeichnis für alle MIDlets bereitzustellen, wird in *httpd.conf* der Eintrag `DocumentRoot "E:/Programme/Apache Software Foundation/Apache2.2/htdocs"` in (zum Beispiel) `DocumentRoot "E:/apachedocroot"` abgeändert. Der entsprechende Eintrag `<Directory "...">` wird zu `<Directory "E:/apachedocroot">`. Die Wirkung ist, dass *E:/apachedocroot* das neue Bezugsverzeichnis ist. Nach Neustart von Apache zeigt ein Browser die Datei *E:\apachedocroot\midlets\index.html* an, wenn der URI *http://localhost/midlets/* eingegeben wird (und die Datei vorhanden ist).

MIME-Typen ergänzen

Ein Schritt, der zum Testen von MIDlet unerlässlich ist, ist die Ergänzung der MIME-Typen. Der Server muss dem Browser die zur Datei passenden Typen mitteilen. Die Datei *magic* im Unterverzeichnis *conf* bietet die Möglichkeit, aus der Datei den Typ zu ermitteln, einfacher ist jedoch der Eintrag in die Datei *mime.types*. Dazu werden die folgenden Einträge aufgesucht und um die Dateiendung ergänzt oder neu eingetragen, wenn sie nicht vorhanden sind:

```
# MIME type                         Extensions
application/java-archive                jar
text/vnd.sun.j2me.app-descriptor        jad
```

19.1.2 Kontrolle mit dem WTK

Nach Neustart des Apache-Servers kann die Wirkung mit dem WTK kontrolliert werden. Dazu startet man das WTK und wählt in der obersten Menüzeile »Edit« ⟶ »Preferences«. Dort den Reiter »Monitor« anklicken und das Kästchen »Enable Network Monitoring« anklicken. Danach das Fenster mit »OK« schließen und das WTK beenden. Beim nächsten Start des WTK wird ein Fenster geöffnet, in dem der HTTP-Verkehr protokolliert wird. Im Folgenden wird davon ausgegangen, dass eine Anwendung »Projekt1« heißt, der Name ist gegebenenfalls zu ändern. Im nächsten Schritt werden die im Unterverzeichnis *bin* des Projekts liegenden Dateien in das zu veröffentlichende Verzeichnis kopiert, zum Beispiel wie oben *E:\apachedocroot\midlets*. Die Abbildungen 19.2 und 19.3 zeigen ein Beispiel und kommen wie folgt zustande:

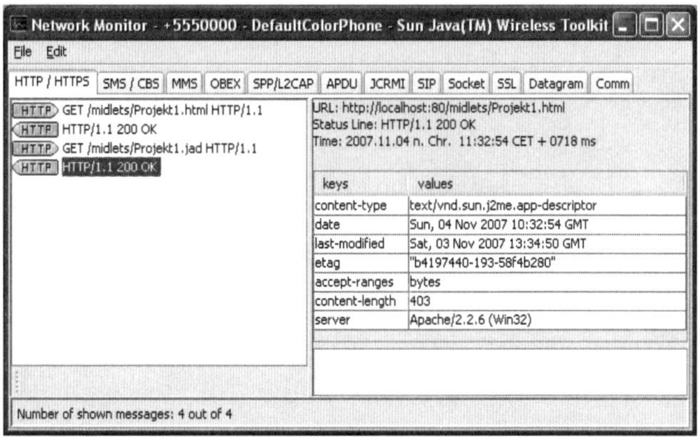

Abbildung 19.2: Monitorfenster für Projekt1.jad

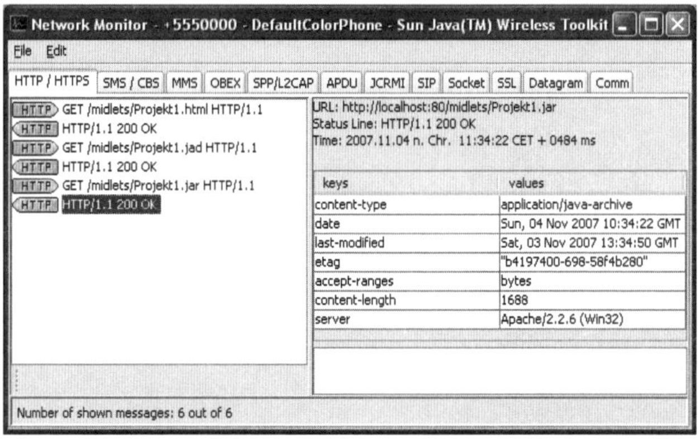

Abbildung 19.3: Monitorfenster für Projekt1.jar

Gehen wir von der Existenz der Dateien *Projekt1.jad* und *Projekt1.jar* im Verzeichnis *E:\apachedocroot\midlets* aus. Dann könnte man bei der Simulation der Luftschnittstelle wie im Abschnitt 2.3 den in Abbildung 2.5 links auf Seite 28 vorgegebenen URL abändern, dass er *http://localhost:80/midlets/Projekt1.html* oder *http://localhost:80/midlets/index.html* lautet, je nachdem, wo der HTML-Verweis auf *Projekt1.jad* abgelegt ist. Die Angabe des Ports 80 ist notwendig, weil das WTK für die OTA-Simulation einen eigenen Server aufsetzt, wir aber den Apache-Server ansprechen wollen, den wir entsprechend Abbildung 19.1 (Seite 380) für Port 80 konfiguriert haben. Die folgenden Schritte sind wie im Abschnitt 2.3 beschrieben. Das Monitorfenster zeigt rechts die HTTP-Daten an, wenn auf das jeweilige HTTP-Symbol im linken Fensterteil geklickt wird, wie die Abbildungen 19.2 und 19.3 zeigen. Entscheidend sind die im Feld »content-type« angegebenen Werte, die den in der oben erwähnten Datei *mime.types* vorhandenen entsprechen müssen. Wäre diese Datei nicht wie beschrieben angepasst worden, würde das Feld »content-type« Werte wie »text/plain« oder ähnlich enthalten.

19.2 Tomcat Container

Tomcat ist ein Web-Container für Servlets und Java Server Pages, der die Entwicklung und Nutzbarmachung von Web-Anwendungen sehr vereinfacht. Er kann einem Clienten statische HTML-Seiten oder andere Dateien liefern und ist daher auch ein Web-Server. Es wird wegen der Stabilität und Schnelligkeit des Apache Web-Servers empfohlen, diesen für statische Seiten einzusetzen und Tomcat für dynamische Inhalte, die mit Servlets und Java Server Pages erzeugt werden, zu verwenden. Tomcat und Apache können zusammenarbeiten, dazu sollte das Modul *mod_jk* für Apache installiert werden.

19.2.1 Vorbedingungen

Zur Entwicklung von Web-Anwendungen mit Tomcat 6.x müssen einige Bedingungen erfüllt sein, die man am besten vorab der Reihe nach prüft, um sich Überraschungen zu ersparen.

- Tomcat 6 benötigt Java 5 oder eine spätere Version.
- Die Umgebungsvariable `JAVA_HOME` muss auf das Java-Verzeichnis, zum Beispiel */usr/local/jdk* oder *E:\Programme\jdk*, gerichtet sein (zur Einstellung von Umgebungsvariablen siehe Abschnitt A.1, Seite 401).
- Ant (siehe Abschnitt 19.3, Seite 386) muss installiert sein.
- Die Umgebungsvariable `ANT_HOME` muss auf das Ant-Verzeichnis, zum Beispiel */usr/share/ant* oder *E:\Programme\ant*, gerichtet sein.
- Die *bin*-Unterverzeichnisse von Java und Ant müssen im Pfad liegen.

Bei Änderungen der Umgebungsvariablen empfiehlt sich ein Neustart von Windows XP bzw. Neuanmelden des Users unter Linux, um die Änderungen wirksam werden zu lassen.

19.2.2 Installation und Start unter Windows

Der Apache Tomcat-Server kann über [Tomcat] bezogen werden. Eine Installationsanleitung findet man nach dem Entpacken in der Datei *running.txt*. Damit der Server starten kann, muss die Umgebungsvariable `CATALINA_HOME` auf das Verzeichnis des Web-Servers gerichtet sein (zum Beispiel *E:\Programme\apache-tomcat*). Nicht vergessen: Nach der Installation muss die Datei *catalina_ant.jar* aus dem Verzeichnis *%CATALINA_HOME%\server\lib* nach *%ANT_HOME%\lib* kopiert werden! Tomcat wird mit `%CATALINA_HOME%\bin\startup.bat` gestartet und mit `%CATALINA_HOME%\bin\shutdown.bat` angehalten und beendet. Am besten legt man sich eine Verknüpfung mit diesen Dateien auf den Desktop. Nach dem Start kann man mit einem Browser *http://localhost:8080/* anwählen, um zu sehen, ob der Server arbeitet. Da Tomcat den Port 8080 benutzt, ist gegebenenfalls ein auf dem selben Port laufender anderer Server anzuhalten und zu entfernen. Alternativ kann ein anderer Port eingestellt werden, wie in Abschnitt 19.2.4 beschrieben.

19.2.3 Installation und Start unter Linux

Der Apache Tomcat-Server kann auch für Linux über [Tomcat] bezogen werden. Bequemer ist die Installation von der Betriebssystem-DVD. Die Umgebungsvariable CATALINA_HOME soll auf das Verzeichnis des Web-Servers gerichtet sein (zur Einstellung von Umgebungsvariablen siehe Anhang, Abschnitt A.1). Damit können Ant-Skripte unabhängig vom aktuellen Tomcat-Verzeichnis formuliert werden. Nicht vergessen: Die Datei *$CATALINA_HOME/lib/catalina_ant.jar* nach der Installation in das Verzeichnis *$ANT_HOME/lib* kopieren! *Tipp*

Tomcat wird (als Root-User) durch Aufruf der Datei *startup.sh* gestartet und durch Aufruf der Datei *shutdown.sh* gestoppt. Beide Dateien befinden sich im Verzeichnis *$CATALINA_HOME/bin*. Falls der Start scheitert, könnte es daran liegen, dass standardmäßig eine andere Java-Version (z.B. 1.4.2 bei Suse Linux 10.2) installiert ist. *Tipp* Dies kann leicht mit dem Befehl `java -version` überprüft werden. Gegebenenfalls de-installiert man die Version 1.4.2 und stellt Programme, die Java benötigen (wie OpenOffice), auf die aktuelle Version in */usr/local/jdk* um. Nach dem Starten ist der Web-Server mit einem Browser über *http://localhost:8080/* erreichbar.

19.2.4 Fehlerbehebung

Es kann sein, dass der Startvorgang des Servers abbricht. Meistens ist die Ursache, dass einer der voreingestellten Ports bereits benutzt wird. Abhilfe kann leicht geschaffen werden, indem man andere Portnummern wählt. *Tipp* Dazu ist im Verzeichnis des Web-Servers, Unterverzeichnis *conf*, die Datei *server.xml* zu ändern. Es kommen die beiden Stellen

```
<Server port="8005" shutdown="SHUTDOWN" debug="0">
```

und

```
<Connector port="8080"
```

in Frage. Zum Beispiel kann man den Server-Port auf 8085 setzen oder den Connector-Port auf 9000. Die Zahl ist beliebig, sie muss nur kleiner als die maximale Portnummer und größer als 1024 sein, weil die Benutzung kleinerer Portnummern besondere Systemrechte erfordert. Nach dem Starten ist der Web-Server mit einem Browser normalerweise über *http://localhost:8080/* erreichbar, hat man jedoch den Connector-Port geändert, zum Beispiel auf 9000, dann lautet der Link *http://localhost:9000/*.

19.3 Automatisierte Abläufe mit Ant

Ant ist ein Programm zur Automatisierung von Abläufen (*http://ant.apache.org*). Es entspricht (sehr) grob dem *make*-Programm, das in der C-Welt gebräuchlich ist. Ant benötigt eine Datei, in der die Steuerungsinformationen für den Ablauf stehen. Ant nimmt an, dass diese Datei *build.xml* heißt – wenn nicht, muss Ant der Dateiname mit der Option `-f` übergeben werden, zum Beispiel `-f datei.xml`. Wie der Name andeutet, sind die Informationen im XML-Format hinterlegt. Ant ist ein praktisches und sehr mächtiges Werkzeug. Zum Einstieg und für die Arbeit mit Ant empfehlen wir das umfangreiche und dennoch gut lesbare Werk von Hatcher und Loughran [HaLo]. NetBeans (siehe Abschnitt 19.4) enthält Ant und kann eine Ant-Build-Datei ausführen, sodass die Möglichkeiten der IDE dadurch erheblich erweitert werden.

Eine Build-Datei enthält eine Menge zu erreichender *Ziele*. Zu jedem Ziel (englisch *target*) wird angegeben, mit welchen Aktionen es erreicht wird, und außerdem, welche anderen Ziele vorher erreicht sein müssen. Die dazu notwendigen Aktionen werden ggf. ausgeführt. Beispiel: Das Packen von class-Dateien mit `jar` (ein Ziel/Target) setzt voraus, dass erst die Java-Dateien erfolgreich compiliert worden sind (ein anderes Ziel). Am Anfang werden einige Namen im Stil der Java-Properties vereinbart. Zum Beispiel kann der Name `ziel.verzeichnis` den Wert `dest` bekommen. Ab diesem Punkt in der Datei kann der Wert überall mit `${ziel.verzeichnis}` eingesetzt werden. Der Vorteil ist, dass nur die Definition des Namens verändert werden muss, sollte sich zum Beispiel der Name des Verzeichnisses ändern. Nun zu dem Beispiel der Build-Datei für das MIDlet-Projekt *Projekt1*, die Stück für Stück erläutert wird und die zusammen mit dem Beispiel auf der Internetseite zum Buch zu finden ist (*http://www.java-me.de/*):

```
<?xml version="1.0" encoding="iso-8859-1" ?>
<project name="Projekt1" default="jad" basedir=".">
  <!-- einige Namen deklarieren -->
  <!-- wtkhome -->
  <property file="${user.home}/build.properties"/>
```

```
6     <property file="build.properties"/>    <!-- wtk.midpapi -->
7     <property name="wtklib" value="${wtkhome}/lib"/>
8     <property name="projektname" value="Projekt1"/>
9     <property name="packagename"
10              value="de.java_me.beispiele.Projekt1"/>
11    <property name="midlet" value="${packagename}.ErstesMIDlet"/>
12     <!-- URI für OTA-Zugriff: -->
13    <property name="uri"
14         value="http://localhost:80/midlets/${projektname}.jad"/>
```

Zeile 1 ist der Beginn jeder XML-Datei[2]. Der Wert `iso-8859-1` des Attributs `encoding` gewährleistet, dass der XML-Interpreter nicht abstürzt oder abbricht, wenn die Datei Umlaute enthält. Zeile 2 definiert den frei wählbaren Projektnamen, das zu erreichende Ziel, falls kein anderes beim Aufruf angegeben wird, und das Arbeitsverzeichnis. Die Zeilen 3 und 4 sind XML-Kommentare und werden von Ant ignoriert. Anschließend werden zwei Property-Dateien eingelesen. In diesen stehen Properties und ihre Werte in einer einfachen Syntax, zum Beispiel:

```
wtkhome=E:/Programme/wtk
midlets.verz=E:/apachedocroot/midlets
midlets.uri=http://localhost/midlets
wtklib=${wtkhome}/lib
wtk.midpapi=${wtklib}/cldcapi10.jar;${wtklib}/midpapi20.jar
```

Die folgenden Zeilen definieren weitere Namen, wobei in den Definitionen die vorhergehenden Namen mit Hilfe der Syntax `${Name}` benutzt werden.

```
16    <!-- Verzeichnisnamen und Pfade usw deklarieren -->
17    <property name="src" value="src"/>
18    <property name="build.dir" value="tmpclasses"/>
19    <property name="verified.dir" value="classes"/>
20    <property name="task.dir" value="anttasks"/>
21    <property name="deployed.dir" value="bin"/>
22    <property name="javadoc.dir" value="docs"/>
23    <property name="tmplib.dir" value="tmplib"/>
24    <property name="resource.dir" value="res"/>
25    <property name="compile.classpath" value="${wtk.midpapi}"/>
26     <property name="execclasspath" value="${wtk.midpapi}"/>
```

Jetzt folgen die einzelnen Targets. Das Ziel `init` hängt von nichts ab. Es legt nur das Verzeichnis für die class-Dateien an. Das Attribut `description` dient zur Dokumentation und zur Hilfe: Das Kommando

```
ant -projecthelp
```

[2] Die Zeilennummern sind nicht Teil der Datei.

(oder kurz `ant -p`) listet die Beschreibungen aller Ziele auf.

```
<target name="init"
        description="build-Verzeichnis erzeugen">
  <mkdir dir="${build.dir}"/>
</target>
```

Das Ziel `compile` hängt von `init` ab, das heißt, wenn mit dem Befehl `ant compile` die Übersetzung angestoßen wird, wird automatisch vorher das Build-Verzeichnis mit `init` angelegt, falls es noch nicht existiert. Das Ziel zur Compilation definiert das Quellverzeichnis (und damit alle dazugehörigen Unterverzeichnisse) und weitere Parameter. `javac` ist eine fest eingebaute so genannte Ant-Task, die im Namen mit dem Aufruf des Java-Compilers übereinstimmt.

```
<target name="compile" depends="init"
   description="alles compilieren">
  <javac srcdir="${src}" destdir="${build.dir}" debug="on"
    bootclasspath="${compile.classpath}"
    source="1.3"
    target="1.1">
   </javac>
</target>
```

Boot-Classpath, Source- und Target-Version für Java sind unbedingt notwendig, damit das übersetzte Programm auf einem mobilen Gerät mit seinen Einschränkungen lauffähig ist. Weglassen dieser Parameter würde bedeuten, dass der Classpath und die Versionsnummer der aktuell benutzten Java SE verwendet würden. Die VM des Geräts unterstützt nicht, wie schon beschrieben, den Umfang der Java SE, sondern nur eine Teilmenge davon, und braucht überdies spezielle Bibliotheken. Ant muss alles mitgeteilt werden, was als Optionen auch für einen Kommandozeilenbefehl benötigt wird. Der Vorteile von Ant gegenüber einem Batch-Skript liegt unter anderem in der Definition der Abhängigkeiten. Im folgenden Ziel wird die Präverifikation durchgeführt. Dabei ist `exec` eine Ant-Task, die beliebige Programme aufrufen kann. Es können Argumente und Optionen übergeben werden.

```
<target name="verifizieren" depends="compile"
        description="Prä-Verifikation durchführen">
  <mkdir dir="${verified.dir}"/>
  <exec executable="${wtkhome}/bin/preverify">
    <arg value="-classpath"/>
    <arg value="${execclasspath}"/>
    <arg value="-d"/>
    <arg value="${verified.dir}"/>
    <arg value="${build.dir}"/>
  </exec>
</target>
```

Auch das nächste Ziel, die Erzeugung einer Manifest-Datei, wird von einer fest eingebauten Ant-Task realisiert. Die Manifest-Datei wird für das ausführbare Java-Archiv, das im nächsten Schritt erzeugt wird, benötigt.

```
<target name="manifest" depends="verifizieren"
        description="Manifest erzeugen">
  <mkdir dir="${verified.dir}/META-INF"/>
  <manifest file="${verified.dir}/META-INF/MANIFEST.MF">
     <attribute name="Manifest-Version" value="1.0"/>
     <attribute name="MicroEdition-Configuration"
                value="CLDC-1.0"/>
     <attribute name="MIDlet-Name"
                value="${projektname} Midlet Suite"/>
     <attribute name="MIDlet-Vendor" value="UB"/>
     <attribute name="MIDlet-1"  value="${projektname},
                   ${projektname}.png, ${midlet}"/>
     <attribute name="MIDlet-Version" value="1.0.0"/>
     <attribute name="MicroEdition-Profile" value="MIDP-2.0"/>
  </manifest>
</target>
```

Das Packen aller class-Dateien und aller Ressourcen-Dateien übernimmt die Ant-Task `jar`. Eine Liste von `filesets` gibt an, welche Dateien einzuschließen sind:

```
<target name="packen" depends="manifest"
        description="als jar-Datei packen">
  <mkdir dir="${tmplib.dir}"/>
  <jar destfile="${tmplib.dir}/${projektname}.jar"
       manifest="${verified.dir}/META-INF/MANIFEST.MF">
     <fileset dir="${verified.dir}">
       <include name="**/*.class"/>
     </fileset>
         <fileset dir="${resource.dir}">
         <include name="**/*"/>
      </fileset>
  </jar>
</target>
```

Es gibt eine Menge vordefinierter Ant-Tasks, aber das reicht manchmal nicht. Es muss eine jad-Datei erzeugt werden, die die Größe der jar-Datei nach dem obfuscate-Prozess enthält. Ant bietet die Möglichkeit, eigene Programme als Ant-Task zu schreiben, die als jar-Datei zur Ausführung gebracht werden. Das nächste Ziel erledigt das Übersetzen und Packen einer Ant-Task, die die jad-Datei erzeugt. Der Quellcode dieser selbstgeschriebenen Ant-Task und einige Erläuterungen folgen auf Seite 392.

```
<target name="maketask" depends="init"
       description="ant-Tasks erzeugen">
  <javac srcdir="${task.dir}" destdir="${task.dir}" debug="on">
  </javac>
  <manifest file="${task.dir}/MANIFEST.MF">
     <attribute name="Manifest-Version" value="1.0"/>
     <attribute name="Main-Class"       value="MakeJad"/>
  </manifest>
  <jar destfile="${task.dir}/MakeJad.jar"
      manifest="${task.dir}/MANIFEST.MF" >
     <fileset dir="${task.dir}">
      <include name="**/*.class"/>
     </fileset>
  </jar>
</target>
```

Als nächstes folgt das Ziel `obfuscate` zum Ersetzen aller Klassennamen mit Ausnahme der Haupklasse und Komprimierung. Die Ant-Task `java` startet den Proguard-Obfuscator. Das Attribut `fork` muss auf `true` gesetzt werden, damit zum Starten eine neue Instanz der VM verwendet wird.

```
<target name="obfuscate" depends="packen"
       description="obfuscate mit proguard">
   <mkdir dir="${deployed.dir}"/>
   <java jar="${wtkhome}/bin/proguard.jar"
        failonerror="true"
        fork="true">
     <arg value="-libraryjars"/>
     <arg value="${execclasspath}"/>
     <arg value="-injars"/>
     <arg value="${tmplib.dir}/${projektname}.jar"/>
     <arg value="-outjar"/>
    <arg value="${deployed.dir}/${projektname}.jar"/>
    <arg value="-keep public class * extends
                javax.microedition.midlet.MIDlet"/>
  </java>
</target>
```

Das Ziel `jad` erzeugt die jad-Datei sowie die html-Datei für den OTA-Zugriff mit Hilfe der selbstgeschriebenen Ant-Task. Nach der Taskdefinition wird die Task aufgerufen, wobei ihr hier drei Parameter mitgegeben werden, die sie zur Erfüllung der Aufgabe benötigt.

```
<target name="jad" depends="obfuscate,maketask"
       description="jad- und html-Datei erzeugen">
     <taskdef name="makejad" classname="MakeJad"
```

```
            classpath="${task.dir}/MakeJad.jar"/>
        <makejad projektname="${projektname}"
                  manifestdir="${verified.dir}/META-INF"
                  destdir="${deployed.dir}"/>
</target>
```

Das Target `install` kopiert alle für einen OTA-Zugriff benötigten Dateien in das vorher konfigurierte Root-Verzeichnis des Servers macht diese Dateien damit öffentlich zugreifbar.

```
<target name="install"  depends="jad"
   description="kopiere jad, jar und html nach
                 apachedocroot/midlets">
  <copy todir="${midlets.verz}">
    <fileset dir="${deployed.dir}"/>
  </copy>
</target>
```

Das Target `run` startet mit Hilfe der schon oben verwendeten Ant-Task `exec` den Emulator. Das Target `runURI` startet den Emulator, indem der OTA (Over the Air)-Mechanismus simuliert wird. Der Web-Server muss dazu gestartet und die MIME-Typen wie beschrieben konfiguriert worden sein. Das MIDlet darf noch nicht installiert worden sein.

```
<target name="run" depends="jad"
        description="MIDlet im Emulator laufen lassen">
  <exec executable="${wtkhome}/bin/emulator" >
    <arg value="-Xdescriptor"/>
    <arg value="${deployed.dir}/${projektname}.jad"/>
    <arg value="-classpath"/>
    <arg value="${deployed.dir}/${projektname}.jar"/>
  </exec>
</target>

<target name="runURI" depends="jad"
   description="MIDlet via URI laufen lassen. Der Apache-Server
muss gestartet sein!">
  <exec executable="${wtkhome}/bin/emulator" >
    <arg value="-Xjam:transient=${uri}"/>
  </exec>
   <echo message="URI: ${uri}"  />
</target>
```

Das Ziel `verwalten` ist praktisch, um im Emulator installierte MIDlets anzuzeigen und zu verwalten, zum Beispiel zu löschen.

```
<target name="verwalten"
   description="Im Emulator installierte MIDlets anzeigen und
```

```
verwalten">
    <exec executable="${wtkhome}/bin/emulator" >
      <arg value="-Xjam"/>
      <arg value="list"/>
    </exec>
  </target>
```

Der Vollständigkeit halber folgt das Target `javadoc` zum automatisierten Erstellen der Dokumentation.

```
  <target name="javadoc" depends="compile"
          description="Java-Dokumentation erzeugen">
     <mkdir dir="${javadoc.dir}"/>
     <javadoc author="true"
              destdir="${javadoc.dir}"
              private="false"
              packagenames="${packagename}.*"
              sourcepath="src"
              classpath="${compile.classpath}">
     </javadoc>
  </target>
```

Das letzte Ziel `clean` ist zum Aufräumen da – alle temporären Verzeichnisse werden gelöscht. Nicht existierende Verzeichnisse werden ignoriert.

```
  <target name="clean"
     description="temporäre Verzeichnisse löschen">
    <delete dir="${build.dir}"/>
    <delete dir="${verified.dir}"/>
    <delete dir="${javadoc.dir}"/>
    <delete dir="${tmplib.dir}"/>
  </target>
  </project> <!-- Ende des Ant-Skripts -->
```

Ant-Task selbst schreiben

Die Ant-Task `MakeJad` erzeugt die jad-Datei aus der Manifest-Datei. Es werden nur der MIDlet-jar-Dateiname und die Größe der jar-Datei hinzugefügt. Eine Ant-Task genügt folgenden Bedingungen:

- Sie erbt von `org.apache.tools.ant.Task`.
- Es muss für jeden übergebenen Parameter (siehe Aufruf oben) eine entsprechende `set...(String)`-Methode geben.
- `org.apache.tools.ant.BuildException` hilft Ant, bei Fehlern mit einer aussagekräftigen Meldung abzubrechen.

- Es muss eine Methode `public void execute()` geben. Dies ist die Methode, die im Build-Prozess aufgerufen wird.

```
import org.apache.tools.ant.Task;
import org.apache.tools.ant.BuildException;
import java.io.*;

public class MakeJad extends Task {
   private String manifestdir= null;
   private String destDir= null;
   private String projektname = null;

   public void setManifestdir(String d) {
      manifestdir = d;
   }

   public void setDestDir(String z) {
      destDir = z;
   }

   public void setProjektname(String z) {
      projektname = z;
   }

   public void erzeugeHtmlDatei() {
      String ausgabe = destDir + "/" + projektname + ".html";
      PrintStream ps = null;
      try {
         ps = new PrintStream(new FileOutputStream(ausgabe));
         ps.print("<html><head><title>");
         ps.print(projektname);
         ps.print("</head><body>\n<a href=\"");
         ps.print(projektname);
         ps.print(".jad\">");
         ps.print(projektname);
         ps.println(".jad</a>\n</body></html>");
         System.out.println(ausgabe + " erzeugt");
      } catch(IOException e) {
         throw new BuildException("Task makejad: "
             + "erzeugeHtmlDatei(): IOException!");
      } finally {
         if(ps != null)
            ps.close();
      }
   }
   public void erzeugeJadDatei() {
      // zuerst Manifest-Datei kopieren
      StringBuffer sb = new  StringBuffer();
```

```
String quelle =  manifestdir + "/MANIFEST.MF";
FileInputStream fi = null;
try {
   fi = new FileInputStream(quelle);
} catch(IOException e) {
   System.out.println("Datei " + quelle
       + " kann nicht geöffnet werden!");
   System.exit(1);
}
PrintStream ps = null;
try {
   // Manifest-Datei lesen
   int einByte = fi.read();
   while(einByte != -1) {
      sb.append((char)einByte);
      einByte = fi.read();
   }
   fi.close();
   String temp = sb.toString();
   /* Berücksichtigen, dass entsprechend der Definition
     von Manifest-Dateien eine Zeile mit mehr als 72
     Zeichen in der nächsten Zeile, die dann mit einem
     Leerzeichen beginnt, fortgesetzt wird. D.h.,
     solcher Art Zeilenumbrüche beseitigen: */
   String zeilen = temp.replaceAll("\r\n ","");
   String ausgabe = destDir + "/" + projektname + ".jad";

   ps = new PrintStream(new FileOutputStream(ausgabe));
   ps.print(zeilen);
   ps.print("MIDlet-Jar-URL: ");
   String jarfilename = projektname + ".jar";
   ps.println(jarfilename);
   File jarfile = new File(destDir + "/" + jarfilename);
   if(!jarfile.exists()) {
      throw new BuildException("Task makejad: "
          + jarfilename + " existiert nicht");
   }
   ps.print("MIDlet-Jar-Size: ");
   ps.println(jarfile.length());
   System.out.println(ausgabe + " erzeugt");
} catch(IOException e) {
   throw new BuildException("Task makejad: "
     + "erzeugeJadDatei(): IOException!");
} finally {
   if(ps != null)
      ps.close();
```

```
        }
    }

    public void execute() {
        if(destDir == null) {
            throw new BuildException("Task makejad: Attribut "
                                    + "destDir nicht definiert!");
        }
        if(manifestdir == null) {
            throw new BuildException("Task makejad: Attribut "
                                  + "manifestdir nicht definiert!");
        }
        if(projektname == null) {
            throw new BuildException("Task makejad: Attribut "
                                  + "projektname nicht definiert!");
        }
        erzeugeJadDatei();
        erzeugeHtmlDatei();
    }
}
```

19.4 NetBeans

NetBeans mit dem Mobility Pack (*http://www.netbeans.org/*) integriert ab Version 6 das Sun WTK, sodass mit NetBeans entwickelte Java ME-Programme sofort mit dem Emulator ausprobiert werden können. Im Folgenden werden in Kürze die einzelnen Schritte gezeigt (die Installation von NetBeans 6 sei vorausgesetzt).

19.4.1 Java ME-Projekt anlegen und zum Laufen bringen

Zunächst klicken Sie »File« ⟶ »New Project« an. Im nun erscheinenden Fenster wählen Sie als Kategorie »Mobility« und danach rechts »MIDP Application«. Mit »Next« geht es zu weiteren Einstellungen für den Projektnamen und die Projektverzeichnisse. Der Einfachheit halber wird die angebotene Erzeugung des »Hello MIDlet« gewählt. Anschließend öffnet sich ein Fenster, das den Ereignisfluss darstellt. Ein Klick auf den Reiter »Source« zeigt den generierten Code an. Ein Klick auf das Run-Symbol oben führt zum Übersetzen des Programms und zum Start im integrierten WTK-Emulator. Der Reiter »Screen« zeigt die Benutzungsoberfläche eines Geräts an. Diese lässt sich verändern. Zum Beispiel kann mit der Maus eine Skalenanzeige (gauge) in das Feld gezogen werden. Die Eigenschaften der Skalenanzeige wie »interaktiv« und andere können unten rechts eingestellt werden (nicht in Abbildung 19.4 dargestellt). Wenn wir mit der rechten Maustaste auf die Skalenanzeige klicken und »Go to source« wählen, kommen wir direkt an die Stelle, wo der entsprechende Code automatisch eingefügt wurde. Auf dieselbe Art wird ein `TextField` hinzugefügt, das den voreingestellten Titel »Wert:«, den Text »10« und als Input-Constraint »NUMERIC« bekommt (siehe Abbildung 19.4).

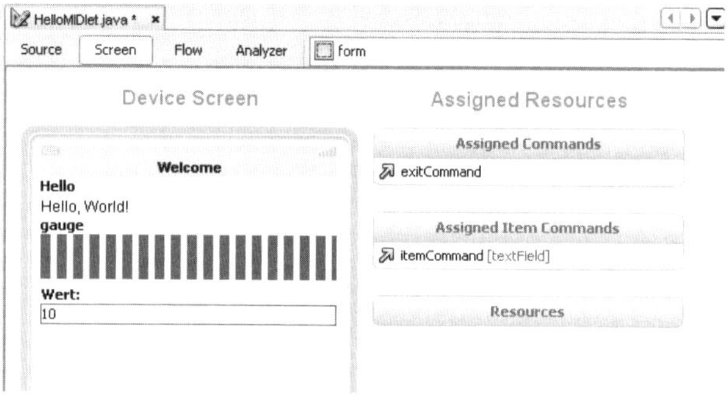

Abbildung 19.4: Screen-Fenster

Mit einem Rechtsklick auf das `TextField` wird als Nächstes über »new/add« ein `itemCommand` hinzugefügt, damit sich neue Eingaben im Textfeld sofort in der Skalenanzeige widerspiegeln. Nun fehlt nur noch die Verbindung zwischen Textfeld und Skalenanzeige. Dazu wird im Editor (Source-Bereich) die Methode `commandAction()` gesucht und nach der Zeile `if (command ==` ... die Anweisung

```
gauge.setValue(Integer.parseInt(textField.getString()));
```

eingefügt – fertig! So hat man sich schnell ein funktionsfähiges MIDlet konstruiert, das eine Zahleneingabe ermöglicht und bei Klick auf den SoftKey »Item« (den wir noch umbenennen können) den eingegebenen Wert auf der Skalenanzeige darstellt.

19.4.2 Over the Air Simulation

Über »File« ⟶ »(Projektname) Properties« wählt man erst links die Kategorie »Running« an und dann »execute through OTA (Over the Air Provisioning)«. Dann nach »OK« das Programm neu laufen lassen. Die im Abschnitt 2.3 (Seite 27) gezeigte Installation entfällt, weil sie von NetBeans automatisch ausgeführt wird.

19.5 Web-Server mit Ant einbinden

Allein mit NetBeans lassen sich schon sehr komfortabel MIDlets schreiben und testen. Manchmal möchte man die Aufgaben der Entwicklungsumgebung erweitern, zum Beispiel, indem MIDlets nach dem Testen sofort auf den Web-Server gespielt werden sollen, um dort abrufbar zu sein. Für das Herunterladen eines MIDlets von einem Server genügt es, wenn es dort statisch abgelegt wird. Deswegen zeigen wir hier, wie MIDlets aus der Entwicklungsumgebung heraus automatisch in das das Root-Verzeichnis des Apache-Servers kopiert werden können und wie der OTA-Zugriff über den Server funktioniert. Auf Seite 382 wirde gezeigt, wie das Root-Verzeichnis des Servers definiert wird. Es geht also nur darum, die *jad*- und die *jar*-Datei dorthin zu kopieren. Das funktioniert sehr gut mit Ant, wie im Skript auf Seite 391 zu sehen. Netbeans benutzt selbst Ant und legt für jedes Projekt die Datei *build.xml* an, wie man am Beispiel der Erzeugung einer Java ME-Anwendung mit Netbeans oben im Abschnitt 19.4.1 (Seite 395) gesehen hat. Die Datei *build.xml* muss nur um die gewünschten Funktionen erweitert werden. Dazu werden drei neue Ziele in die Datei eingefügt:

1. `installieren` : Dieses Ziel kopiert die *jad*- und die *jar*-Datei in das Root-Verzeichnis des Servers.

   ```
   <target name="installieren" depends="load-properties,jar"
      description="kopiere jad/jar nach apachedocroot/midlets" >
     <property name="midlets.verz"
               value="E:/apachedocroot/midlets"/>
     <copy file="${deployment.jad}" todir="${midlets.verz}" />
     <copy file="${deployment.jar}" todir="${midlets.verz}" />
   </target>
   ```

   Das Verzeichnis `midlets.verz` muss an Ihre Gegebenheiten angepasst werden. Hier wird ein lokales Verzeichnis als Ziel für die Kopie verwendet, es ist aber mit Ant auch möglich, die Dateien per FTP auf einen entfernten Server zu transportieren. `load-properties` und `jar` sind von NetBeans vordefinierte Ziele. Das erste liest die Properties wie etwa `deployment.jad` ein, das zweite sorgt dafür, dass die zu kopierenden Dateien erzeugt werden.

2. `runURI` : Dieses Ziel installiert das MIDlet über den Apache-Server, der natürlich gestartet sein muss, auf dem Emulator und führt es aus.

   ```
   <target name="runURI" depends="installieren"
      description="MIDlet via URI auf dem Emulator installieren
        und laufen lassen. Der Apache-Server muss gestartet sein!">
     <property name="uri"
               value="http://localhost:80/midlets/${dist.jad}"/>
     <exec executable="${platform.home}/bin/emulator.exe" >
       <arg value="-Xjam:transient=${uri}"/>
     </exec>
   </target>
   ```

3. `verwalten` : Dieses Ziel ist nützlich, um via OTA weitere Applikationen zu installieren oder aber sie zu löschen. Letzteres ist zum Beispiel dann notwendig, wenn das vorherige Ziel `runURI` scheitert, weil das MIDlet bereits installiert ist.

```
<target name="verwalten" depends="load-properties"
   description="Installierte MIDlets anzeigen und verwalten">
  <exec executable="${platform.home}/bin/emulator.exe" >
    <arg value="-Xjam"/>
    <arg value="list"/>
  </exec>
</target>
```

Diese Aufgaben werden nach Einfügen in die Datei *build.xml* im Shell-Fenster des Projektverzeichnisses durch Eingabe von `ant -p` (mit allen anderen Zielen) angezeigt und mit zum Beispiel `ant verwalten` gestartet. Ebenso ist es möglich, die Aufgaben per Mausklick aus NetBeans heraus zu starten. Dazu klickt man im Datei-Fenster links die Datei *build.xml* an, geht mit der rechten Maustaste im Navigator-Fenster auf das auszuführende Ziel und wählt »Run Target«.

Sofern der Server mit dem Internet verbunden ist, kann sich jeder das MIDlet mit einem Handy herunterladen, indem einfach der URL eingegeben wird, zum Beispiel *http://www.java-me.de/midlets/Projekt1.jad*. Eine andere Möglichkeit ist es, eine Auswahl über eine WML[3]-Datei anzubieten. WML ist für Handys besser als HTML darstellbar. Ein Beispiel gibt die folgende Datei *index.wml*:

```
<?xml version="1.0"?>
<!DOCTYPE wml PUBLIC "-//WAPFORUM//DTD WML 1.1//EN"
            "http://www.wapforum.org/DTD/wml_1.1.xml">
<wml>
   <card id="Start" title="Auswahl">
     <p>Auswahl:</p>
     <p><a href="Projekt1.jad">Projekt1</a></p>
     <p><a href="VideoTest.jad">VideoTest 3GP</a></p>
   </card>
</wml>
```

Wenn der Link *http://www.java-me.de/midlets/index.wml* geöffnet wird, werden zwei Programme zur Auswahl angezeigt.

19.6 J2ME Polish

Zur Lösung des Problems, die Anwendung und das Layout von Benutzungsoberflächen zu trennen und dabei eine Vielfalt verschiedener existierender Geräte zu

[3] Wireless Markup Language

berücksichtigen, trägt J2ME Polish bei (*http://www.enough.de*). Die Idee dahinter: Es wird ein API als Zwischenschicht eingeführt, sodass mit Hilfe von Ant-Skripten verschiedene Layouts generiert werden können, und dies für Geräte verschiedener Hersteller. Das Werkzeug ist kostenfrei für Open Source-Projekte. Eine weitere Möglichkeit ist die Design-Konfiguration mit css-Dateien. Damit kann der Designer unabhängig vom Entwickler arbeiten. Dank der Unterstützung des Build-Prozesses mit Ant (siehe Abschnitt 19.3) ist die Integration in jede IDE möglich. Wer Ant kennt, wird es mit dem J2ME Polish leichter haben.

19.7 Gerätespezifische Daten finden

J2ME Polish kapselt die Eigenschaften verschiedener Geräte. Manchmal möchte man aber mehr darüber wissen, welches Gerät welche Eigenschaften unterstützt. Anfang 2006 wurde ein Datenbankprojekt (*http://j2me-device-db.sourceforge.net*) gestartet, das in Form von Property-Listen die Eigenschaften verschiedener Geräte dokumentiert. Für Windows sind Datenbank und Export-Tool als zip-Datei herunterladbar. Weil das Projekt noch recht jung ist, ist die Dokumentation noch spärlich. Der Aufruf `exporter nokia/9300` im Verzeichnis *tools\exporter* ergibt 77 Zeilen mit Properties. Eine andere Möglichkeit ist die Installation eines CVS-Clients und das Laden der aktuellen Daten per CVS. Weitere Informationen über Geräteeigenschaften finden Sie unter *http://developers.sun.com/techtopics/mobility/device/device* und *http://wurfl.sourceforge.net/*.

Auch *http://developers.sun.com/mobility/device/device* bietet eine Geräteübersicht und zeigt, welches Gerät welche CLDC- oder MIDP-Version unterstützt.

Unter *http://java.sun.com/javame/licensees/index.jsp* finden Sie eine Liste der Firmen, die die Java ME lizensiert haben und von denen noch am ehesten erwartet werden kann, dass sie die Spezifikationen einhalten.

A Anhang

A.1 Pfad und Systemvariablen einstellen

Man kann mit dem Befehl »set« Umgebungsvariablen und den Programmpfad verändern. Einfacher ist jedoch die im Folgenden beschriebene dauerhafte Festlegung.

A.1.1 Linux

Dies kann leicht bewerkstelligt werden, inden man in der Datei *.bashrc* (bei Verwendung von bash (Bourne again shell) oder sonst in *.profile*) die Umgebungsvariablen und die Pfadergänzung einträgt. Beispiel:

```
export JAVA_HOME=/usr/local/jdk

PATH=$JAVA_HOME/bin:$PATH
export PATH
```

Die Änderung wird automatisch nach dem nächsten Einloggen wirksam.

A.1.2 Windows XP

Als Administrator einloggen. Dann »Start« → »Systemsteuerung« → »System« und dort den Reiter »Erweitert« anklicken. Auf der erscheinenden Registerkarte unten »Umgebungsvariablen« anklicken.

Umgebungsvariable (als Systemvariable) definieren
Im nun erscheinenden Fenster unten bei den Systemvariablen die Schaltfläche »Neu« anklicken. Im Fenster als Namen der Variablen zum Beispiel `JAVA_HOME` und als Wert zum Beispiel den Pfad zum Java-SDK-Verzeichnis, etwa

```
E:\Programme\Java\jdk
```

eintragen. Danach mit zweimal »OK« beenden.

Pfad ergänzen Im Fenster unten bei den Systemvariablen die Variable »Path« und dann »Bearbeiten« anklicken. Den Pfad um Ihr Java-SDK-Verzeichnis `bin` ergänzen, zum Beispiel `;E:\Programme\Java\jdk\bin`. Alternativ kann auch eine in Prozentzeichen eingeschlossene Umgebungsvariable angegeben werden, sofern sie definiert ist, zum Beispiel `%JAVA_HOME%\bin`. Danach mit zweimal »OK« beenden.

A.2 Mini-Web-Server

Der folgende minimalistische Web-Server ist nur für das POST-Beispiel auf Seite 209 gedacht. Er wertet POST-Nachrichten aus und sendet die gefundenen Parameter an den Clienten zurück. Falls es einen Parameter `datum` mit einem Zahlenwert geben sollte, wird die Zahl als `long` interpretiert und in einen Datum-String verwandelt, der dann zurückgesendet wird. Der Server liest nur das erste Nachrichtenpaket und ist daher nur für kurze Nachrichten geeignet. Der Vorteil dieses speziellen Test-Servers: Es wird keine weitere Umgebung benötigt, und er ist kaum doppelt so lang wie ein Servlet, das dieselbe Aufgabe erledigt.

```
import java.io.OutputStream;
import java.io.InputStream;
import java.io.PrintStream;
import java.io.IOException;
import java.net.Socket;
import java.net.ServerSocket;
import java.net.SocketTimeoutException;
import java.net.URLDecoder;
import java.util.Date;

public class PostServer {
   private int derPort = 0;
   private PrintStream ausgabe;
   private static final String ZEICHENSATZ = "ISO-8859-1";
   private static final String EOL = "\r\n";

   public PostServer(int p, PrintStream ausg)
                                 throws IOException {
      derPort = p;
      ausgabe = ausg;
      start();
   }

   private void start() throws IOException {
      ServerSocket derServer = new ServerSocket(derPort);
      ausgabe.println("lausche am Port " + derPort + " ...");
      Socket einClient = derServer.accept();
      ausgabe.print("verbunden mit "
                   + einClient.getInetAddress());
      derServer.close(); // wird nicht mehr benötigt,
                         // wenn der Socket da ist

      // Daten vom Client empfangen
      InputStream is = einClient.getInputStream();
```

```
// Stream für das Zurücksenden holen
OutputStream os = einClient.getOutputStream();

// hier Request lesen, nur für kurze Nachrichten!
byte[] bytes = new byte[is.available()];
is.read(bytes);
String request = new String(bytes, ZEICHENSATZ);
ausgabe.println(" Protokoll der nicht-decodierten Client-"
            + "Daten:\n" + request);

// Parameterliste auswerten
int pos = request.indexOf(EOL+EOL);
String parlist = request.substring(pos+4);
String[] paare = parlist.split("&");
// Antwort aufbauen
StringBuffer sb = new StringBuffer();
sb.append("Vom Server ermittelte Parameter:\r\n");
for(int i=0; i < paare.length; ++i) {
   String paar = paare[i];
   String[] nameWert = paar.split("=");
   // Decodierung:
   String wert =  URLDecoder.decode(nameWert[1],
                                   ZEICHENSATZ);

   sb.append("Name: ").append(nameWert[0])
      .append(EOL).append("Wert: ");
   if(nameWert[0].equals("datum")) {
      long zeit = Long.parseLong(wert);
      sb.append(new Date(zeit).toString());
   }
   else {
      sb.append(wert);
   }
   sb.append(EOL);
}
String msg = sb.toString();

// Ergebnis an Client senden
PrintStream ps = new PrintStream(os, true, ZEICHENSATZ);
ps.print("HTTP/1.1 200 OK" + EOL);
ps.print("Content-Type: text/plain" + EOL);
ps.print("Content-Length:" + Integer.toString(msg.length())
      + EOL);
ps.print(EOL);
ps.print(msg+EOL);
ausgabe.println("Verbindung geschlossen\n");
```

```
        einClient.close();
    }

    public static void main(String args[]) throws IOException {
        if (args.length != 1) {
            System.out.println("Gebrauch: java PostServer "
                             + "  <Portnummer (z.B. 9090)>");
            return;
        }
        new PostServer(Integer.parseInt(args[0]), System.out);
    }
}
```

A.3 Bluetooth-Beispiele

A.3.1 Ein OBEX Beispielprogramm

Bluetooth: OBEX Server

```
import java.io.*;
import javax.microedition.midlet.*;
import javax.microedition.io.*;
import javax.microedition.lcdui.*;
import javax.bluetooth.*;
import javax.obex.*;

public class OBEX_Server extends MIDlet implements
    Runnable, CommandListener {
    private TextBox infoBox =
        new TextBox("Info",null,5000,TextField.ANY);
    private final Command CMD_EXIT =
        new Command("Ende",Command.EXIT, 0);

    public class ServerAuthentifizierung implements
        Authenticator {
        public PasswordAuthentication onAuthenticationChallenge
            (String description, boolean isUserIdRequired,
            boolean isFullAccess) {
            return new PasswordAuthentication(
                "Heiko".getBytes(),
                "FreddyKrueger".getBytes());
        }
        public byte[] onAuthenticationResponse(byte[] userName) {
            return null;
```

```
    }
}

class MeinServerRequestHandler extends ServerRequestHandler{
    public int onConnect (HeaderSet request,
        HeaderSet reply) {
        DisplayText("OBEX Verbindung.\n");
        return ResponseCodes.OBEX_HTTP_OK;
    }

    public int onSetPath(HeaderSet request, HeaderSet reply,
        boolean backup, boolean create) {
        try {
            DisplayText("Soll Verzeichnis auf " + (request
                 .getHeader(HeaderSet.NAME)).toString()
                 + " setzen \n");
        } catch (Exception e) {
            return ResponseCodes.OBEX_HTTP_INTERNAL_ERROR;
        }
        return ResponseCodes.OBEX_HTTP_OK;
    }

    public int onPut(Operation op) {
        try{
            HeaderSet hdrSet = op.getReceivedHeaders();
            String name =(String)hdrSet.getHeader(
                                        HeaderSet.NAME);
            Long length =(Long)hdrSet.getHeader(
                                      HeaderSet.LENGTH);
            DisplayText("Client sendet mit Namen "+name+"\n");
            InputStream in = op.openInputStream();
            StringBuffer  sBuffer = new StringBuffer(256);
            byte byteBuffer[] = new byte[256];
            int bytesRead = -1;
            bytesRead = in.read(byteBuffer);
            DisplayText("Bytes gelesen: " + bytesRead +
                "\n Bytes im Header : "+length+"\n");
            if (bytesRead > 0) {
                for (int i = 0; i < bytesRead; i++)
                    sBuffer.append((char)byteBuffer[i]);
            }
            DisplayText(sBuffer.toString()+"\n");
            in.close();
        } catch(Exception e) {
```

```
            return ResponseCodes.OBEX_HTTP_INTERNAL_ERROR;
        }
        return ResponseCodes.OBEX_HTTP_OK;
    }

    public int onGet (Operation op) {
        try{
            HeaderSet hdrSet = op.getReceivedHeaders();
            DisplayText("Client möchte die Datei: " +
                (hdrSet.getHeader(HeaderSet.NAME)).toString()
                + "\n");

            InputConnection inpcon
                                = (InputConnection)Connector
                    .open((hdrSet.getHeader(HeaderSet.NAME))
                    .toString());
            InputStream in = inpcon.openInputStream();
            if (in == null) {
                DisplayText(
                        "File kann nicht geöffnet werden.\n");
                throw new IOException(
                                "Kann Datei nicht öffnen.");
            }
            byte[] daten  = new byte[128];
            in.read(daten);
            StringBuffer  sBuffer = new StringBuffer(128);
            for (int i = 0; i < daten.length; i++)
                sBuffer.append((char)daten[i]);
            DisplayText(sBuffer.toString()+"\n");
            DisplayText("Datei eingelesen.\n");
            DataOutputStream out = op.openDataOutputStream();
            out.write(daten,0,daten.length);
            DisplayText("Datei gesendet.\n");
            try {
                out.close();
            } catch (Exception e) {
                ; // Exception behandeln
            }
            in.close();
        } catch(Exception e) {
            return ResponseCodes.OBEX_HTTP_INTERNAL_ERROR;
        }
        return ResponseCodes.OBEX_HTTP_OK;
    }
```

```
} // Ende innere Klasse MeinServerRequestHandler

protected void startApp() {
    infoBox.addCommand(CMD_EXIT);
    infoBox.setCommandListener(this);
    new Thread(this).start();
}

protected void pauseApp() { }

protected void destroyApp(boolean arg0) { }

public void commandAction(Command c, Displayable d) {
    if (c == CMD_EXIT)
        notifyDestroyed();
}

private void DisplayText(String str) {
    infoBox.insert(str,infoBox.size());
    Display.getDisplay(this).setCurrent(infoBox);
}

public void run() {
    try {
        LocalDevice local = LocalDevice.getLocalDevice();
        local.setDiscoverable(DiscoveryAgent.GIAC);
        SessionNotifier notifier = (SessionNotifier)
            Connector.open("btgoep://localhost:" +
        "7C8C49FF12D7415eA52CA394DFA4FA65" +
            ";name=MeinOBEX");
        if (notifier != null) {
            Ticker info = new Ticker("Warte auf Clients...");
            infoBox.setTicker(info);
            Display.getDisplay(this).setCurrent(infoBox);
            MeinServerRequestHandler srHandler =
                new MeinServerRequestHandler();
            notifier.acceptAndOpen(srHandler,
                new ServerAuthentifizierung());
            info.setString("Mit Client verbunden.");
            infoBox.setTicker(info);
            Display.getDisplay(this).setCurrent(infoBox);
        }
    } catch (Exception e) {
        DisplayText(e.toString());
```

```
            }
        }
    }
```

Bluetooth: OBEX Client

```
import java.io.*;
import javax.microedition.midlet.MIDlet;
import javax.microedition.io.*;
import javax.microedition.lcdui.*;
import javax.bluetooth.*;
import javax.obex.*;

public class OBEX_Client extends MIDlet implements
    Runnable, CommandListener {

    private LocalDevice local;
    private DiscoveryAgent    agent;
    private TextBox infoBox =
        new TextBox("Info",null,5000,TextField.ANY);
    private static final Command CMD_EXIT =
        new Command("Ende",Command.EXIT, 0);

    public class ClientAuthentifizierung implements
        Authenticator {
        public PasswordAuthentication onAuthenticationChallenge(
            String description, boolean isUserIdRequired,
            boolean isFullAccess) {
            return null;
        }

        public byte[] onAuthenticationResponse(byte[] userName) {
            if ( (userName == null) ||
                (! new String(userName).equals("Heiko")))
                return null;
            return "FreddyKrueger".getBytes();
        }
    }

    protected void startApp() {
        infoBox.addCommand(CMD_EXIT);
        infoBox.setCommandListener(this);
        Display.getDisplay(this).setCurrent(infoBox);
```

```
        new Thread(this).start();
    }
    protected void pauseApp() { }

    protected void destroyApp(boolean arg0) { }

    public void commandAction(Command c, Displayable d) {
        if (c == CMD_EXIT)
            notifyDestroyed();
    }

    private void wechseleVerzeichnisAufServer (
        ClientSession verbindung, String verzeichnis) {
        try {
            HeaderSet hdrSet = null;
            HeaderSet replyHdrSet = null;
            hdrSet = verbindung.createHeaderSet();
            hdrSet.setHeader(HeaderSet.NAME,verzeichnis);
            replyHdrSet = verbindung.setPath(hdrSet,false,false);
            switch (replyHdrSet.getResponseCode()) {
                case ResponseCodes.OBEX_HTTP_OK:
                    DisplayText("Verzeichnis gesetzt.\n");
                break;
                case ResponseCodes.OBEX_HTTP_NOT_FOUND:
                    DisplayText("Verzeichnis existiert nicht.\n");
                break;
                default: DisplayText("ResponseCode von setPath():"
                        + replyHdrSet.getResponseCode() + "\n");
            }
        } catch (Exception e) {
            DisplayText(
                "Exception in wechseleVerzeichnisAufServer()\n");
        }
    }
    private void sendeBytes(ClientSession verbindung,
        String typ, byte[] data) {
        try {
            HeaderSet hdrSet = null;
            hdrSet = verbindung.createHeaderSet();
            hdrSet.setHeader(HeaderSet.NAME,"TestString");
            hdrSet.setHeader(HeaderSet.TYPE,typ);
            hdrSet.setHeader(HeaderSet.LENGTH,
                             new Long(data.length));
```

```
            Operation op = verbindung.put(hdrSet);
            OutputStream out = op.openOutputStream();
            out.write(data);
            try {
                out.close();
            } catch (Exception e) {
                ; // Exception behandeln
            }
            if(op.getResponseCode() == ResponseCodes.OBEX_HTTP_OK)
                DisplayText("Habe Bytes erfolgreich gesendet.\n");
            op.close();
        } catch (Exception e) {
            DisplayText("Exception in sendeBytes " +
                e.toString() + "\n");
        }
    }

    private void liesDatei(ClientSession verbindung,
        String dateiname) {
        try {
            HeaderSet hdrSet = null;
            hdrSet = verbindung.createHeaderSet();
            hdrSet.setHeader(HeaderSet.NAME,dateiname);
            Operation op = verbindung.get(hdrSet);
            InputStream in = op.openInputStream();
            StringBuffer  sBuffer = new StringBuffer(128);
            byte byteBuffer[] = new byte[128];
            int bytesRead = -1;
            bytesRead = in.read(byteBuffer);
            DisplayText("Bytes gelesen: " + bytesRead + "\n");

            if (bytesRead > 0)
                for (int i = 0; i < bytesRead; i++)
                sBuffer.append((char)byteBuffer[i]);
            if (op.getResponseCode()
                    != ResponseCodes.OBEX_HTTP_OK)
                DisplayText("
                 GET in liesDatei nicht erfolgreich.\n");
            try {
                op.close();
            } catch (Exception e) {
                ; // Exception behandeln
            }
            in.close();
```

```
            DisplayText(sBuffer.toString());
        } catch (Exception e) {
            DisplayText("Exception in liesDatei " +
                e.toString()+ "\n");
        }
    }

    private void DisplayText(String str) {
        infoBox.insert(str,infoBox.size());
        Display.getDisplay(this).setCurrent(infoBox);
    }

    public void run() {
        try {
            local = LocalDevice.getLocalDevice();
            agent = local.getDiscoveryAgent();
            Ticker meinTicker =
                new Ticker("Suche Geräte mit OBEX Dienst...");
            infoBox.setTicker(meinTicker);
            Display.getDisplay(this).setCurrent(infoBox);

            String connectionString = agent.selectService(
               new UUID("7C8C49FF12D7415eA52CA394DFA4FA65",false),
               ServiceRecord.NOAUTHENTICATE_NOENCRYPT, false);

            if (connectionString != null) {
                meinTicker.setString("Mit Server verbunden.");
                infoBox.setTicker(meinTicker);
                Display.getDisplay(this).setCurrent(infoBox);

                ClientSession meineVerbindung =
                 (ClientSession)Connector.open(connectionString);
                HeaderSet hdrSet = null;
                hdrSet = meineVerbindung.createHeaderSet();
                hdrSet.createAuthenticationChallenge("Password",
                    true,true);
                meineVerbindung.setAuthenticator(
                    new ClientAuthentifizierung());
                hdrSet = meineVerbindung.connect(hdrSet);
                if (hdrSet.getResponseCode() !=
                    ResponseCodes.OBEX_HTTP_OK)     {
                    DisplayText("Server lehnt Verbindung ab.\n");
                    meineVerbindung.close();
                    throw new IOException(
```

```
                                    "Verbindung abgelehnt.");
            }
            DisplayText("Erfolgreich verbunden.\n");

            wechseleVerzeichnisAufServer(meineVerbindung,
                "file:///root1");
            sendeBytes(meineVerbindung,"String",
                "Hallo lieber Server!".getBytes());
            liesDatei(meineVerbindung,
                      "file:///root1/datum.txt");
            hdrSet = meineVerbindung.createHeaderSet();
            meineVerbindung.disconnect(hdrSet);
            DisplayText("OBEX Operationen beendet.\n
                Bitte 'Ende' drücken.\n");
        } else {
            // Server mit Dienst kann nicht gefunden werden.
        }
    } catch (Exception e) {
        ;
    }
  }
}
```

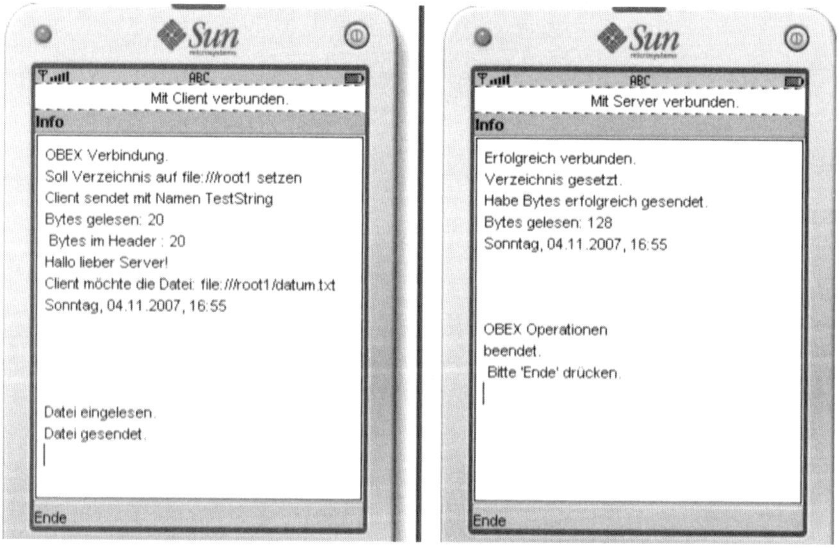

Abbildung A.1: Ausgabe des OBEX-Beispiels im WTK

A.3.2 Ein ObjectPush-Beispielprogramm

Bluetooth: ObjectPush Client

```
import java.io.*;
import javax.microedition.midlet.MIDlet;
import javax.microedition.io.*;
import javax.microedition.lcdui.*;
import javax.bluetooth.*;
import javax.obex.*;

public class ObjectPushClient extends MIDlet
    implements Runnable, CommandListener {

    private LocalDevice local;
    private DiscoveryAgent agent;
    private Form infoForm = new Form("ObjectPush");
    private static final Command CMD_EXIT =
        new Command("Ende",Command.EXIT, 0);
    private byte[] imageData = null;
    private ByteArrayOutputStream baos =
        new ByteArrayOutputStream(7000);
    private ImageItem imageItem = new ImageItem(
        "Bild", null,Item.LAYOUT_CENTER, null);

    protected void startApp() {
        infoForm.addCommand(CMD_EXIT);
        infoForm.setCommandListener(this);
        Display.getDisplay(this).setCurrent(infoForm);
        new Thread(this).start();
    }

    protected void pauseApp() { }

    protected void destroyApp(boolean arg0) { }

    public void commandAction(Command c, Displayable d) {
        if (c == CMD_EXIT)
            notifyDestroyed();
    }

    void showImage(byte[] imageData) {
        Image image =
            Image.createImage(imageData,0,imageData.length);
        imageItem.setImage(image);
```

```
        infoForm.set(0, imageItem);
        Display.getDisplay(this).setCurrent(infoForm);
    }

    private void loadImageData(String imageName) throws
        IOException {
        InputStream imageSource =
            getClass().getResourceAsStream(imageName);
        byte[] buff = new byte[7000];
        while (imageSource != null) {
            int length = imageSource.read(buff);
            if (length == -1)
                break;
            baos.write(buff, 0, length);
        }
        imageData = baos.toByteArray();
        infoForm.append("Image geladen\n");
    }

    private void sendeImage(ClientSession verbindung) {
        try {
            loadImageData("/leaf.jpg");
            showImage(imageData);
            HeaderSet hdrSet = null;
            hdrSet = verbindung.createHeaderSet();
            hdrSet.setHeader(HeaderSet.NAME,"leaf.jpg");
            hdrSet.setHeader(HeaderSet.LENGTH,
                new Long(imageData.length));
            Operation op = verbindung.put(hdrSet);
            OutputStream out = op.openOutputStream();
            out.write(imageData);

            try {
                out.close();
            } catch (Exception e) {
                ; // Exception behandeln
            }
            if (op.getResponseCode() ==
                ResponseCodes.OBEX_HTTP_OK)
                DisplayText("Erfolgreich gesendet.\n");
            op.close();
        } catch (Exception e) {
            ; // Exception behandeln
        }
```

```
}

private void DisplayText(String str) {
    infoForm.append(str);
}

public void run() {
    try {
        local = LocalDevice.getLocalDevice();
        agent = local.getDiscoveryAgent();
        Ticker meinTicker =
            new Ticker("Bitte warten, suche Dienst...");
        infoForm.setTicker(meinTicker);
        Display.getDisplay(this).setCurrent(infoForm);
        //0x1105 ist ObjectPush Dienst
        String connectionString =
            agent.selectService(new UUID(0x1105),
            ServiceRecord.NOAUTHENTICATE_NOENCRYPT,
            false);
        if (connectionString != null) {
            meinTicker.setString("Mit Dienst verbunden.");
            infoForm.setTicker(meinTicker);
            Display.getDisplay(this).setCurrent(infoForm);
            ClientSession meineVerbindung = (ClientSession)
                Connector.open(connectionString);
            HeaderSet hdrSet = null;
            hdrSet = meineVerbindung.createHeaderSet();
            hdrSet = meineVerbindung.connect(hdrSet);

            if (hdrSet.getResponseCode() !=
                ResponseCodes.OBEX_HTTP_OK) {
                DisplayText("Verbindung abgelehnt.\n");
                meineVerbindung.close();
                throw new IOException("Conn refused");
            }
            DisplayText("Erfolgreich verbunden mit:\n");
            RemoteDevice myRD =
                RemoteDevice.getRemoteDevice(meineVerbindung);
            DisplayText(myRD.getFriendlyName(false)+"\n");
            sendeImage(meineVerbindung);
            hdrSet = meineVerbindung.createHeaderSet();
            meineVerbindung.disconnect(hdrSet);
            DisplayText("Bitte 'Ende' drücken.\n");
        } else
```

```
                DisplayText("Dienst kann nicht gefunden werden.\n"
                        + "Bitte 'Ende' drücken.\n");
            } catch (Exception e) {
                DisplayText(e.toString());
            }
        }
    }
```

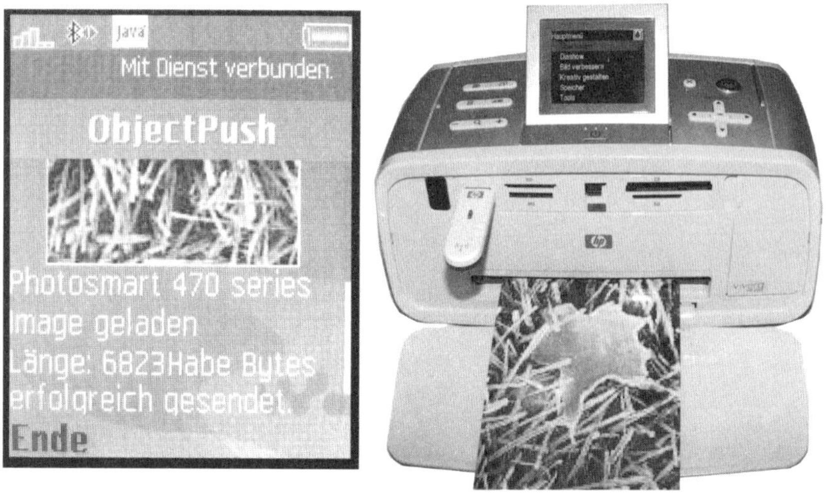

Abbildung A.2: Ausgabe des ObjectPush-Beispiels auf einem HP-Photosmart 475 und einem Sony-Ericsson W800i

A.4 JSR-Übersicht

Die folgenden Tabellen geben einen Überblick über die wichtigsten zu Java ME gehörenden JSRs. Weitere sind im Literaturverzeichnis angegeben. Eine Übersicht *aller* JSRs findet man in [JSR].

JSR 68	Java ME	Java ME Platform Specification
JSR 185	JTWI	Java Technology for the Wireless Industry
JSR 248	MSA	Mobile Service Architectur

Tabelle A.1: Übergreifende Spezifikationen

JSR 30	CLDC 1.0	Connected Limited Device Configuration
JSR 36	CDC	Connected Device Configuration
JSR 139	CLDC 1.1	Connected Limited Device Configuration 1.1

Tabelle A.2: Konfigurationen

JSR 37	MIDP 1.0	Mobile Information Device Profile
JSR 118	MIDP 2.1	Mobile Information Device Profile 2.1
JSR 75	PDA	PDA Profile
JSR 46	FP	Foundation Profile
JSR 129	PBP	Personal Basis Profile
JSR 62	PP	Personal Profile

Tabelle A.3: Profile

JSR 75	PIM	PDA Optional Packages (PIM und Dateisystem)
JSR 82	BTAPI	Bluetooth APIs
JSR 120	WMA	Wireless Messaging API
JSR 135	MMAPI	Mobile Media API
JSR 164		JAIN SIMPLE Presence
JSR 165		JAIN SIMPLE Instant Messaging
JSR 172		Web Services
JSR 177	SATSA	Security and Trust Services API
JSR 179		Location API
JSR 180		SIP API
JSR 184	3D	Mobile 3D Graphics API
JSR 186		JAIN Presence
JSR 187		JAIN Instant Messaging
JSR 190		Event Tracking API

Tabelle A.4: Optionale Packages

A.5 Übergreifende Spezifikation MSA

Die Spezifikation MSA (Mobile Service Architecture Specification) [JS248] hat wie das Vorgängerdokument JTWI [JSR185] zum Ziel, die Zersplitterung der vielen APIs zu vermeiden und die Bandbreite möglicher Anwendungen zu vergrößern. Das Dokument bezieht sich wesentlich auf schon existierende JSRs, beseitigt dort verbliebene Unklarheiten und ergänzt quantitative Angaben. Damit ist die MSA-Spezifikation der kleinste gemeinsame Nenner für die mobile Geräte entwickelnde Industrie. [JS248] definiert zwei Plattformen: MSA und MSA Subset. Eine MSA-verträgliche Implementierung muss die Anforderungen der MSA-Spezifikation oder wenigstens die Teilmenge MSA Subset erfüllen. Die Tabelle A.5 zeigt, welche JSRs dazugehören.
Die MSA legt auch Mindestanforderungen für Hardware und Software fest, soweit sie in den oben genannten Spezifikationen nicht oder nicht weitgehend genug definiert werden. Eine Auswahl sei hier angegeben:

- Mindestens 1024 kB für flüchtigen Speicher (zum Beispiel für den Java-Heap genutzt).
- Mindestgröße für Bildschirme 128 x 128 Pixel.
- Mindestens 65536 Farben (16 Bit).
- Die auf Seite 55 erwähnten Methoden `mark(int)` und `reset()` müssen unterstützt werden.
- `TextBox` und `TextField` müssen mindestens 1000 Zeichen fassen können.
- Es muss möglich sein, `Image`-Objekte in Bildschirmgröße zu erzeugen, mindestens aber in der Größe von 32 kB (= 128 x 128 x 16 Bits).
- Es müssen mindestens 10 gleichzeitig laufende Threads möglich sein.
- Zum Herunterladen und Installieren sind für die Beschreibungsdatei (jad-Datei) mindestens 10 kB und für eine Anwendung (jar-Datei) mindestens 300 kB Speicher vorzuhalten.
- Mindestens 10 RecordStores müssen möglich sein.
- Die Audio- und Bildformate WAV und JPEG müssen unterstützt werden.
- Die zeitliche Auflösung der Uhr darf 40 ms nicht überschreiten (Funktion `currentTimeMillis()`). Dasselbe gilt für Funktionen der Klasse `Timer`. Natürlich können laufende Systemfunktionen wie Garbage Collection verhindern, dass diese Anforderung erfüllt wird. Deswegen schreibt [JS248] vor, dass bei Tests die Auflösung nur in mindestens 80 % aller Versuche erreicht werden muss.

MSA	MSA Subset	Anm.	JSR
•	•		JSR 118 (MIDP)
•	•		JSR 139 (CLDC)
•	•		JSR 226 (Vector Graphics)
•	•		JSR 205 (Messaging)
•	•		JSR 184 (3D Graphics)
•	•		JSR 135 (Mobile Media)
•	•	1)	JSR 82 (Bluetooth)
•	•		JSR 75 (File & PIM)
•			JSR 238 (Internationalization)
•			JSR 234 (Multimedia Supplements)
•			JSR 229 (Payment)
•			JSR 211 (Content Handler)
•			JSR 180 (Session Initiated Protocol)
•		1)	JSR 179 (Location)
•		2)	JSR 177 (Security & Trust)
•			JSR 172 (Web Services)

1) ggf. optional (z.B. bei fehlender Hardware-/Firmware-Unterstützung)
2) teilweise wie 1)

Tabelle A.5: Mobile Service Architecture und zugehörige JSRs

- Unabhängig von der mindestens möglichen Anzahl Threads (10) muss die Erzeugung von wenigstens 5 Timer-Objekten möglich sein.
- Es müssen PNG-Bilder bis zu einer Größe von 32768 Pixel und 32 Bits Farbinformation pro Pixel geladen und verarbeitet werden können, auch wenn der Bildschirm nicht den vollen Umfang darstellen kann (zum Beispiel ein Monochrom-Bildschirm).
- Das HTTP 1.1-Protokoll muss erfüllt werden.

Darüber hinaus gibt es weitere Anforderungen, die auf den 117 Seiten des Dokuments [JS248] nachgelesen werden können.

A.6 XML Kurzbeschreibung

XML ist eine Untermenge der SGML (Standard Generalized Markup Language), eine genormte Dokumentenauszeichnungssprache (DIN EN 28879, SGML-Homepage: *http://www.sgmlsource.com*). Eine Auszeichnungssprache dient zur Markierung von Textelementen, im einfachsten Fall etwa, dass ein Text fett gedruckt werden soll. Die Markierung ist nicht Teil des eigentlichen Textes, sondern beschreibt die Struktur und Beziehungen von Textelementen. Damit kann ein Text maschinell ausgewertet werden. Zum Beispiel könnte ein Programm alle Autoren einer Literaturliste ausgeben. Ein anderes Programm könnte das Dokument für den Buchsatz oder für eine Bildschirmdarstellung bearbeiten. SGML und XML sind als formale Sprachbeschreibung definiert und erlauben die Formulierung eigener Auszeichnungssprachen, weswegen beide auch Metasprache genannt werden. Die grammatischen Regeln der XML-Sprachspezifikation sind in einer einfachen EBNF (Extended Backus-Naur Form) abgefasst. XML-Text sieht ähnlich aus wie HTML-Text, ist also besser für Maschinen als für Menschen lesbar. XML ist lizenzfrei, weit verbreitet und seit 1998 ein Standard des W3C (World Wide Web Consortium). Eine gute Einführung geben [BeMi]. Weitere Informationen siehe *http://www.mintert.com/xml/*, *http://www.heise.de/ix/raven/Web/xml/* und *http://www.w3.org/XML/*.

Die »Extensible Markup Language«, kurz XML genannt, ist einfach und sehr flexibel und scheint sich in fast allen Bereichen der Datenverarbeitung durchzusetzen, einschließlich der Textverarbeitung. In diesem Abschnitt wird XML nur skizziert. Vertiefend kann man zum Beispiel das erwähnte Buch [BeMi] zur Hand nehmen. XML (eXtensible Markup Language) ist eine Sprache zur Beschreibung einer Grammatik. »markup language« heißt Auszeichnungssprache. Hier ein einfaches Beispiel:

```
<?xml version="1.0" encoding="UTF-8"?>
<!--  beispiele/xml/dtd/buecherlisteFuerDTD.xml -->
<!DOCTYPE Buecherliste SYSTEM "buecherliste.dtd">
<Buecherliste>
  <Buch>
    <Autor>Ulrich Breymann</Autor>
    <Titel>C++ - Einf&uuml;hrung und
           professionelle Programmierung</Titel>
    <Verlag>Hanser</Verlag>
    <Erscheinungsjahr>2001</Erscheinungsjahr>
  </Buch>
  <Buch>
    <Autor>Henning Behme</Autor>
    <Autor>Stefan Mintert</Autor>
    <Titel>XML in der Praxis</Titel>
    <Verlag>Addison-Wesley</Verlag>
```

```
    <Erscheinungsjahr>2000</Erscheinungsjahr>
  </Buch>
</Buecherliste>
```

Es sind zwei Bücher aufgeführt, davon hat eins zwei Autoren. Genau genommen ist XML eine Sprache zur Definition von Auszeichnungssprachen, die geeignet sind, Strukturen von Dokumenten zu beschreiben. Mit Auszeichnung ist gemeint, dass ein Text mit Markierungen (= Auszeichnungen) versehen wird, die die Bedeutung des Textes beschreiben. Die Syntax der Markierungen wird typischerweise in einer Dokumenttyp-Definition (DTD) oder einem XML-Schema definiert. HTML ist eine mit SGML spezifizierte Sprache speziell zur Auszeichnung von Texten, die mit einem Browser dargestellt werden. Zum Beispiel meint der Text `<h1>HTML</h1>` eine Überschrift mit dem Text HTML. Browser verwenden einen Standardstil, der aber durch ein so genanntes Style-Sheet verändert werden kann. Damit sieht derselbe Inhalt möglicherweise ganz anders aus. HTML-Auszeichnungen bestimmen die *Ansicht* eines Textelements, XML-Auszeichnungen geben die *Bedeutung* an. Mit XML lassen sich verschiedene DTDs definieren, die es Programmen ermöglichen, die Semantik eines Textes zu erfassen – sei es zur elektronischen Weiterverarbeitung oder zur Ausgabe auf dem Bildschirm nach Vorschriften eines Style-Sheets, geschrieben in der Extensible Style Language (XSL). Eine DTD kann in ein XML-Dokument integriert sein.

XML ist textbasiert, kann also mit jedem einfachen Editor geschrieben werden. In der Regel wird ein XML-Text maschinell interpretiert, was durch die konsequente Struktur der Auszeichnungen einfach ist. In XML-Dokumenten sind Texte in jeder Schriftsprache der Welt, deren Zeichensatz im Unicode definiert ist, möglich. Die meistens verwendete Zeichensatzcodierung ist UTF-8. XML ist herstellerneutral, gliedert ein Dokument hierarchisch und trennt die Bedeutung und Darstellung der Daten. All diese Eigenschaften sind Gründe für die hohe Akzeptanz von XML.

A.6.1 Syntax

Die Syntax von XML ist in [XMLS] beschrieben. Die wichtigsten syntaktischen Eigenschaften werden hier aufgelistet. Es gibt verschiedene Typen syntaktischer Bausteine in XML, die teilweise mit Schlüsselwörtern verbunden sind:

- *Elemente* sind logische Einheiten eines XML-Dokuments. XML-Dokumente können als Baum aufgefasst werden, sie haben *ein* Wurzelelement. Dieses Element enthält alle anderen Elemente. Ein Element besteht typischerweise aus einer Anfangs- und einer Endemarkierung, die mit spitzen Klammern geschrieben werden und zwischen denen der eigentliche Inhalt und/oder weitere Elemente stehen. Die Endemarkierung ist durch einen Schrägstrich gekennzeichnet. Beispiel: `<Name>Donald Duck</Name>`. Groß- und Kleinschreibung werden unterschieden, Leerzeichen sind relevant (im Gegensatz zu HTML).

Auszeichnungen müssen korrekt ineinander geschachtelt sein. <b><i>fett und kursiv</b></i> ist falsch, <b><i>fett und kursiv</i></b> ist richtig.

- Ein Element kann *Attribute* haben. Attribute werden als Name/Wert-Paare angegeben. Der Wert steht immer in Anführungszeichen. Zum Beispiel hat in der Zeile <?xml version="1.0"?>, mit der eine XML-Datei beginnen könnte, das Attribut version den Wert 1.0. Attribute werden in der DTD bzw. im XML-Schema definiert.

- Es gibt *leere* Markierungen, die eine Kombination von Anfangs- und Endemarkierung sind und keinen Inhalt umfassen. Zum Beispiel hat die Kurzschreibweise <img src="geburtstag.gif"/> dieselbe Bedeutung wie die Langform <img src="geburtstag.gif"></img>.

- Vom XML-Prozessor zu ignorierende *Kommentare* haben die Form <!-- Kommentar -->.

- *Verarbeitungsanweisungen* haben die Form <?Verarbeitungsanweisung?>, zum Beispiel
<?xml version="1.0"encoding="UTF-8"standalone="yes"?>.
Sie enthalten Informationen für das verarbeitende Programm. Das Attribut encoding gibt die Zeichensatzkodierung an, hier UTF-8. Ein XML-Dokument mit integrierter DTD ist standalone, ein Hinweis für den Prozessor, dass er keine DTD-Datei suchen muss, um das Dokument verarbeiten zu können. Im Rahmen der Web-Services werden andere Verarbeitungsanweisungen als xml nicht benötigt.

- Zweck einer *Entität* ist es, spezielle Zeichen oder Abkürzungen zu definieren. Eine Entität wird referenziert, indem der Name durch die Zeichen & und ; begrenzt wird. Zum Beispiel ist die aus HTML bekannte Umschreibung für Umlaute wie zum Beispiel ü für »ü« eine Referenz auf die Entität uuml. Im Gegensatz zu HTML sind in XML nur die Entitäten amp (Zeichen: &), lt (Zeichen: <), gt (Zeichen: >), apos (Zeichen: ') und quot (Zeichen: ") vordefiniert. Die Umschreibung mit Entitäten erlaubt es, Zeichen mit besonderer Bedeutung in XML als normale Zeichen erscheinen zu lassen.

- CDATA-Abschnitte enthalten Text (character data), der nicht vom XML-Prozessor ausgewertet, sondern an das verarbeitende Programm weitergereicht wird. Dies kann zum Beispiel Quellcode sein. In CDATA-Abschnitten sind Sonderzeichen wie < erlaubt. Der XML-Prozessor erkennt CDATA-Abschnitte daran, dass sie von den Zeichenketten <![CDATA[und]]> eingeschlossen werden; die Letztere darf also nicht Teil des CDATA-Textes sein. Im Text <![CDATA[<marke>O sole mio!</marke>]]> wird also <marke> nicht als Auszeichnung, sondern als normaler Text behandelt.

- `#PCDATA` steht für vom XML-Prozessor auszuwertenden Text. PCDATA steht für parsed character data.

Die Aufzählung ist unvollständig. Sie soll zusammen mit den Beispielen nur einen ersten Eindruck verschaffen. Im Bedarfsfall werden weitere Erläuterungen bei den Beispielen gegeben.

A.6.2 Dokumenttyp-Definition

In den Produktionen der XML-Syntax meint ein + nach einem Element, dass es beliebig oft, aber mindestens ein Mal vorkommt. Ein * heißt, dass es beliebig oft oder auch gar nicht auftritt, und ein ? zeigt an, dass ein Element ein Mal oder gar nicht vorkommt. Im Folgenden ist eine Dokumenttyp-Definition (DTD) für eine Bücherliste (siehe einführendes Beispiel oben) angegeben. Nach einem Kommentar folgen die Definitionen einer Entität und einiger Elemente.

```
<!-- Document Type Definition:
     Auszeichnungssprache fuer Buecherlisten
     Datei: beispiele/xml/dtd/buecherliste.dtd -->
<!ENTITY uuml "&#x00fc;"> <!-- ue-Umlaut in Unicode -->
<!ELEMENT Buecherliste (Buch)*>
<!ELEMENT Buch (Autor+, Titel, Verlag, Erscheinungsjahr)>
<!ELEMENT Autor (#PCDATA)>
<!ELEMENT Titel (#PCDATA)>
<!ELEMENT Verlag (#PCDATA)>
<!ELEMENT Erscheinungsjahr (#PCDATA)>
```

Die Bücherliste kann nach der Definition leer sein oder beliebig viele Bücher enthalten, wie das *-Zeichen nach `Buch` angibt. Ein Buch-Element besteht aus weiteren Elementen, nämlich Autor, Titel, Verlag und Erscheinungsjahr. Es kann mindestens einen, aber auch mehrere Autoren geben, festgelegt durch das +-Zeichen. Die anderen Elemente kommen genau ein Mal vor.

A.6.3 Namensräume

Die in einer DTD definierten Auszeichnungen können auf verschiedene Arten kollidieren. Einerseits können Auszeichnungen durch Zufall mit denen von HTML übereinstimmen, wenn jemand bei der Definition nicht genau aufpasst. Ist `<title>Vom Winde verweht</title>` ein Titel, der von einem XML-Prozessor gefunden werden soll, oder die HTML-Definition der Titelzeile im Browser-Fenster? Andererseits kann es verschiedene Definitionen derselben Marke geben, zum Beispiel Teams, die zusammenarbeiten, aber räumlich getrennt sind. Schnittstellenmissverständnisse dieser Art waren schon immer problematisch, weswegen das Konzept der Namespaces in C++ erfunden wurde. In Java entspricht dies ungefähr dem Package-Konzept. Namespaces (Namensräume oder

-bereiche) in XML sind nicht dasselbe, aber etwas Ähnliches. Sie geben an, in welchem Kontext eine Marke definiert ist. Zum Beispiel kann `<abc:title>` eine Titelmarkierung der ABC-GmbH sein, und `<xyz:title>` ist die anders strukturierte Titelmarkierung des Projektpartners von der XYZ AG. XML-Namespaces sind in *http://www.w3.org/TR/REC-xml-names* spezifiziert.

A.6.4 XML-Schema

Der Zweck eines XML-Schemas (*http://www.w3.org/TR/xmlschema-0/*) ist, eine Klasse von Dokumenten zu beschreiben – wie eine DTD auch, aber mit mehr Möglichkeiten. Eine DTD ist in vielerlei Hinsicht beschränkt. Zum Beispiel enthält ein CDATA-Abschnitt Text, der vom XML-Prozessor nicht ausgewertet wird. Es kann aber durchaus sein, dass dieser Text eine innere Struktur hat, die ausgewertet werden soll. Dies ermöglicht XML-Schema, sodass es mittelfristig DTDs ablösen wird. Ein XML-Schema oder ein danach konstruiertes Dokument muss nicht als Datei vorliegen, es können auch Felder in einer Datenbank sein. Auch hier ist die Beschreibung EBNF-ähnlich. Der Anfang eines XML-Schemas, das der Dokumenttyp-Definition von Seite 423 entspricht, sei im Folgenden dargestellt:

```
<?xml version="1.0" encoding="ISO-8859-1"?>
 <!-- beispiele/xml/schema/buecherliste.xsd -->
<xs:schema xmlns:xs="http://www.w3.org/2001/XMLSchema">

<xs:element name="Buecherliste" type="BuecherlistenTyp"/>
<xs:complexType name="BuecherlistenTyp">
<xs:sequence>
   <xs:element name="Buch" type="BuchTyp" minOccurs="0"
               maxOccurs="unbounded"/>
</xs:sequence>
</xs:complexType>

<xs:complexType name="BuchTyp">
<xs:sequence>
   <xs:element name="Autor" type="xs:string"
               maxOccurs="unbounded"/>
   <xs:element name="Titel" type="xs:string"/>
   <xs:element name="Verlag" type="xs:string"/>
   <xs:element name="Erscheinungsjahr"
               type="ErscheinungsjahrTyp"/>
</xs:sequence>
</xs:complexType>
// ... usw.
```

A.7 Verzeichnis der Beispielprogramme

Das Sun WTK stellt etliche Beispiele zur Verfügung, eine Informationsquelle, die man nicht ungenutzt lassen sollte. Die Beispiele dieses Buchs, die als Zip-Datei von der Internetseite zum Buch heruntergeladen werden können, haben als Schwerpunkt diejenigen der im Text behandelten Aspekte, die von den Beispielen des Sun WTK nicht oder nicht in konzentrierter Form dargeboten werden, sind also als Ergänzung aufzufassen. Um den Bezug zum Buch herzustellen, sind im Folgenden die Verzeichnisse bzw. Dateinamen, die beim Entpacken der Zip-Datei angelegt werden, zusammen mit der Seitenzahl aufgeführt.

Das Sun WTK kann direkt auf das Verzeichnis mit den Beispielen eingestellt werden, indem die Zeile

`kvem.apps.dir:`*Verzeichnisname*

der Datei *ktools.properties* hinzugefügt wird, also zum Beispiel

`kvem.apps.dir: E:\\jmebuch\\beispiele\\midlets` (Windows) oder
`kvem.apps.dir: /home/user/jmebuch/beispiele/midlets` (Linux).

Der Backslash \ ist doppelt anzugeben. Die Datei *ktools.properties* liegt im Verzeichnis des Sun WTK, und zwar je nach Betriebssystem in *wtk/wtklib/Windows* oder *wtk/wtklib/Linux*.

Verzeichnis *midlets*	**MIDlet/Klasse**	**ab Seite**
Proj0	`ErstesMIDlet`	22
Zustaende	`Zustaende`	43
Properties	`Properties`	47
Alert	`AlertMIDlet`	61
Textbox	`TextBoxMIDlet`	65
TextboxCmd	`TextBoxCmdMIDlet`	77
Auswahlliste	`ListMIDlet`	70
FormBeispiel	`FormMIDlet`	86
Popup	`PopupMIDlet`	87
DateField	`DateFieldMIDlet`	90
Skalenanzeige	`GaugeMIDlet`	91

Tabelle A.6: Beispiele zum Buch und Seitenzahl (Fortsetzung nächste Seite)

Verzeichnis *midlets*	**MIDlet/Klasse**	**ab Seite**
Customitem	`CustomItemMIDlet`	93
HardwEigenschaften	`FrageAnDieHardware`	99
ArcBeispiel	`ArcBeispielMIDlet`	104
CanvasBeispiel	`CanvasMIDlet`	105
EsSchneit	`EsSchneitMIDlet`	116
EsSchneit2	`EsSchneitMIDlet`	121 mit `callSerially()`
GameCanvas	`GameCanvasMIDlet`	127
GameCanvasAlphaBl.	`GameCanvasMIDlet`	132
SVG-Betrachter	`SVGBetrachterMIDlet`	135
SVGanimiert	`SVGanimiertMIDlet`	139
SVG_DOM	`SVGdomMIDlet`	142
RMSBeispiel	`RMSschreiben` `RMSlesen`	151 152
Dateisystem	`DateiMIDlet`	161
PIMinformation	`PIMInfoMIDlet` `PIMFuellenMIDlet`	167 174
Toene	`ToeneMIDlet`	184
Video	`VideoMIDlet`	191
HTTPget	`HTTPgetMIDlet`	202
HTTPpost	`HTTPpostMIDlet`	209
HTTPSget	`HTTPSgetMIDlet`	217
Grafik_Eigenschaften	`G3DProps`	230
Grafik	`MyFirst3D`	234
Grafik_Immediate	`MyIM3D`	250
Grafik_Textur	`MyTextur3D`	258
SMSsenden	`SendSMSMIDlet`	272
SMSsendenPort	`SMSportMIDlet`	274

Tabelle A.7: Beispiele zum Buch und Seitenzahl (Fortsetzung nächste Seite)

Verzeichnis *midlets*	**MIDlet/Klasse**	**ab Seite**
SMSempfangen	`EmpfangeSMSMIDlet`	276
PushSMS	`PushSMSMIDlet`	280
PushAlarm	`PushAlarmMIDlet`	281
BT_SPPServer	`BTServer`	314
BT_Eigenschaften	`BluetoothInformationen`	294
BT_Suche	`MeineGeraeteSuche`	298
LAPI_Anfrage	`MeineEinfacheAnfrage`	337
LAPI_Listener	`MeineFortlaufendeAbfrage`	339
LAPI_Proximity	`MeineBereichAbfrage`	340
GoogleWebService	`GoogleWebServiceMIDlet`	347
GoogleWebServiceSAX	`GoogleWebServiceSAXMID.`	354
Projekt1	`ErstesMIDlet`	386 Web-Anbindung
BT_OBEX	`OBEX_Server`	404
BT_OBEX_Client	`OBEX_Client`	408
BT_ObjectPush	`ObjectPushClient`	413

Tabelle A.8: Beispiele zum Buch und Seitenzahl

Verzeichnis *anderes*	**MIDlet/Klasse**	**ab Seite**
PostServlet	PostServlet	213
PostServer	PostServer	402

Tabelle A.9: Beispiele zum Buch und Seitenzahl

Literaturverzeichnis

[3DCafe] 3D Cafe, *http://www.3dcafe.com*[1]

[Apache] Apache HTTP Server, *http://tomcat.apache.org/*

[BeMi] Henning Behme, Stefan Mintert: *XML in der Praxis*. Addison-Wesley 2000

[Benhui] Benhui Bluetooth Homepage, *http://www.benhui.net/bluetooth*

[BFIM] T. Berners-Lee, R. Fielding, U.C. Irvine und L. Masinter: *Uniform Resource Identifiers (URI): Generic Syntax*, *http://www.ietf.org/rfc/rfc2396.txt*, 1998

[Blend] Blender Foundation, *http://www.blender.org*

[BLM3] Blender Export For J2ME, *http://www.nelson-games.de/bl2m3g/default.html*

[BTSpec] Specification of the Bluetooth System, Covered Core Package Version: 2.0 + EDR, *http://www.bluetooth.com/*

[DiAl] T. Dierks und C. Allen: *The TLS Protocol*, *http://www.ietf.org/rfc/rfc2246.txt*, 1999

[DOM] Document Object Model (DOM), *http://www.w3.org/DOM/*

[E911] Enhanced 911 (E911) – Website der amerikanischen Federal Communications Commission, *http://www.fcc.gov/911/enhanced/*

[EbFi] Andreas Eberhart und Stefan Fischer: *Web Services – Grundlagen und praktische Umsetzung mit J2EE und .NET*. Hanser 2003

[Fiel] R. Fielding et al.: *Hypertext Transfer Protocol – HTTP/1.1*, *http://www.ietf.org/rfc/rfc2616.txt*, 1999

[Foley] James D. Foley, Andries van Dam, Steven K. Feiner, John F. Hughes: *Computer Graphics: Principles and Practice*. Addison-Wesley 1995

[FrKK] Alan O. Freier, Philip Karlton, Paul C. Kocher: *The SSL Protocol version 3.0*, *http://wp.netscape.com/eng/ssl3/draft302.txt*, 1996

---

1 Internet-Verweise unterliegen häufig Änderungen. Es kann daher sein, dass die angegebenen Links nach Drucklegung des Buchs nicht mehr alle auffindbar sind.

[Google] API zur Nutzung von Google, *http://www.google.com/apis/*

[GPSJ] Location Based Services, *http://www.cellular.co.za/news_2004/june/062104-all_mobile_phones_to_have_gps_fu.htm*

[HaLo] Erik Hatcher, Steve Loughran: *Java Development with Ant*. Manning 2003

[Heise] heise online news: *Canalys: 77 Millionen verkaufte Mobilgeräte im Jahr 2006, http://www.heise.de/newsticker/meldung/85302*

[IMC] Internet Mail Consortium – Personal Data Interchange, *vCard and vCalendar, http://www.imc.org/pdi/*

[Java3D] Java-3D-API, *http://java.sun.com/products/java-media/3D/*

[JCP] Java Community Process, *http://www.jcp.org*

[JFXC] Open JFX Compiler, *http://jfx.wikia.com/wiki/OpenJFX_Compiler*

[JMEGl] Java ME Reference Glossary, *http://developers.sun.com/techtopics/mobility/glossary/*

[JMEW] Sun Java Micro Edition Wireless Toolkit, *http://java.sun.com/products/j2mewtoolkit/*

[JSE] Sun Java Standard Edition, *http://java.sun.com/j2se/*

[JSR] Tabelle aller JSRs, *http://jcp.org/en/jsr/all*

[JSR30] Connected Limited Device Configuration 1.0, *http://jcp.org/en/jsr/detail?id=30*

[JSR36] Connected Device Configuration 1.0, *http://jcp.org/en/jsr/detail?id=36*

[JSR75] PDA Optional Packages for the J2ME Platform, *http://jcp.org/en/jsr/detail?id=75*

[JSR82] Java APIs for Bluetooth Wireless Technology 1.1, *http://jcp.org/en/jsr/detail?id=82*

[JSR118] Mobile Information Device Profile 2.1, *http://jcp.org/en/jsr/detail?id=118*

[JSR120] Wireless Messaging API 1.1, *http://jcp.org/en/jsr/detail?id=120*

[JSR135] Mobile Media API, *http://jcp.org/en/jsr/detail?id=135*

[JSR139] Connected Limited Device Configuration 1.1, März 2003, *http://jcp.org/en/jsr/detail?id=139*

[JSR172] J2ME Web Services 1.0, *http://jcp.org/en/jsr/detail?id=172*

[JSR177] Security and Trust Services API (SATSA), *http://jcp.org/en/jsr/detail?id=177*

[JSR179] Location API, *http://jcp.org/en/jsr/detail?id=179*

[JSR184] Mobile 3D Graphics API, *http://jcp.org/en/jsr/detail?id=184*

[JSR185] Java Technology for the Wireless Industry 1.0, Juni 2003, *http://jcp.org/en/jsr/detail?id=185*

[JSR197] Generic Connection Framework Optional Package, *http://jcp.org/en/jsr/detail?id=197*

[JSR205] Wireless Messaging API 2.0, Version 1.0.2 vom 17.5.2004, *http://jcp.org/en/jsr/detail?id=205*

[JSR218] Connected Device Configuration 1.1, *http://jcp.org/en/jsr/detail?id=218*

[JSR226] Scalable 2D Vector Graphics API for J2ME, *http://jcp.org/en/jsr/detail?id=226*

[JSR234] Advanced Multimedia Supplements, *http://jcp.org/en/jsr/detail?id=234*

[JSR239] Java Binding for the OpenGL ES API, *http://jcp.org/en/jsr/detail?id=239*

[JS248] Mobile Service Architecture Specification, Final Draft 1.00, 27. September 2006, *http://jcp.org/en/jsr/detail?id=248*

[JSR271] Mobile Information Device Profile 3.0, *http://jcp.org/en/jsr/detail?id=271*

[JSR287] Scalable 2D Vector Graphics 2 for Java ME, Proposed Final Draft, *http://jcp.org/en/jsr/detail?id=287*

[JSR290] Java Language & XML User Interface Markup Integration, Early Draft, *http://jcp.org/en/jsr/detail?id=290*

[JSR297] Mobile 3D Graphics API Version 2.0, *http://jcp.org/en/jsr/detail?id=297*

[KrMo] D. Kristol und L. Montulli: *HTTP State Management Mechanism*, *http://www.ietf.org/rfc/rfc2965.txt*, 2000

[KuKT] C Bala Kumar, Paul J. Kline, and Timothy J. Thompson: *Bluetooth Application Programming with the Java APIs*. Morgan Kaufmann 2004

[LMX] Konvertierung ins Nokia Landmarken Format LMX, *http://danielkwood.googlepages.com/convertingtolmxfiles*

[M3GTk] M3GToolkit, *http://www.java4ever.com*

[McFWo] Bill McFarland und Michael Wong: *The Family Dynamics of 802.11*, ACM queue 1(3), May 2003, S. 28–38

[Matthes] Roland Matthes: *Algebra, Kryptologie und Kodierungstheorie*. Hanser Fachbuchverlag 2003

[MeSch] Angela Meyer und Peter Schüler: *Mitteilsame Etiketten*, c't 9/2004, S. 122 ff.

[MIME] iana – Internet Assigned Numbers Authority: *MIME Media Types*, *http://www.iana.org/assignments/media-types/index.html*

[Mo] Gordon E. Moore: *Cramming more components onto integrated circuits*, Electronics, Volume 38, Number 8, April 19, 1965, siehe *ftp://download.intel.com/research/silicon/moorespaper.pdf*

[MPEG] Moving Picture Experts Group: *The MPEG Home Page*, *http://www.chiariglione.org/mpeg/*

[MüNe] Stefan Münz, Wolfgang Nefzger: *HTML 4.0 Handbuch*. Franzis, 1998. Internetportal: *http://selfhtml.org/*

[NbGame] Karel Herink: Creating JavaME Games With GameBuilder, *http://wiki.netbeans.org/wiki/view/CreatingJavaMEGamesWithGameBuilder*

[NeHe] NeHe OpenGL Tutorials, *http://nehe.gamedev.net/*

[NeMa] E. Nebel und L. Masinter: *Form-based File Upload in HTML*, *http://www.ietf.org/rfc/rfc1867.txt*, 1995

[OBEX] IrDA Object Exchange Protocol Specification (IrOBEX), *http://www.irda.org/* (kostenpflichtig)

[OJFX] Open jfx Project, *https://openjfx.dev.java.net/*

[OpGL] Open GL, *http://www.opengl.org*

[OpGLE] Open GL for Embedded Systems, *http://www.khronos.org/opengles*

[Ortiz] C. Enrique Ortiz: *Invoking Platform Services in MIDP 2.0*, *http://developers.sun.com./techtopics/mobility/midp/ttips/platformRequest*

[Prog] Open Source Obfuscator, *http://proguard.sourceforge.net/*

[Resc] E. Rescorla: *HTTP Over TLS*, *http://www.ietf.org/rfc/rfc2818.txt*

[Rese] Bob Reselman: *The World of Mobile Ring Tones*, *http://www.informit.com/articles/article.aspx?p=169460*

[Roth] Jörg Roth: *Mobile Computing. Grundlagen, Technik, Konzepte*. dpunkt 2005

[Shirley] Peter Shirley: *Fundamentals of Computer Graphics*. A K Peters 2002

[SigG] Signaturgesetz, *http://www.gesetze-im-internet.de/sigg_2001/BJNR087610001.html*

[Sun] Java ME-Übersicht, *http://java.sun.com/j2me/*

[SunD] Einstiegsseite für Java ME-Entwickler, *http://developers.sun.com/techtopics/mobility/j2me/*

[SVG] Mobile SVG Profiles: SVG Tiny and SVG Basic, *http://www.w3.org/TR/SVGMobile/*

[Tomcat] Tomcat Web Server, *http://jakarta.apache.org/tomcat/index.html*

[Unic] Homepage der Unicode-Organisation, *http://www.unicode.org/*

[URI] iana – Internet Assigned Numbers Authority: *Uniform Resource Identifier (URI) Schemes*, *http://www.iana.org/assignments/uri-schemes.html*

[Want] Roy Want: *The Magic of RFID*, ACM queue 2(7), October 2004, S. 40–48

[WK] N. Withanage und M. Kropp: *Best Approach for Designing Interoperable Web Service*, *http://www.c-sharpcorner.com/code/2005/March/interoperablews.asp*

[WOMA] WAP Dokumente der Open Mobile Alliance, siehe *http://www.openmobilealliance.org/tech/affiliates/wap/wapindex.html*

[XMLP] XML Protocol (vormals: SOAP bzw. Simple Object Access Protocol), Working Group Homepage: *http://www.w3.org/2000/xp/Group/*

[XMLS] Extensible Markup Language (XML) 1.0 (Second Edition), W3C Recommendation 6 October 2000, letzte Version: *http://www.w3.org/TR/REC-xml/*

[Zepp] Klaus Zeppenfeld: *Lehrbuch der Grafikprogrammierung*. Spektrum Akademischer Verlag 2004

Glossar

Dieses Glossar enthält Kurzdefinitionen der wichtigsten im Buch verwendeten Begriffe und Abkürzungen, sofern sie nicht direkt am Ort der Verwendung erklärt werden. Zu vielen Begriffen werden Referenzen angegeben, über die weitere Informationen erhältlich sind.

3G (third generation)
Kurzname für aktuelle Mobiltelefon-Technologien, die den Schwerpunkt auf den Datentransfer legen, wie zum Beispiel → UMTS. Im Gegensatz zur bereits digitalen zweiten Generation (die erste war rein analog), die schon Datentransfer integriert, sollen multimediale Anwendungen wie Video übers Netzwerk möglich sein.

AMS (Application Management Software)
Die AMS steuert den Lebenszyklus von → MIDlets und ist verantwortlich für die Interaktion mit dem Benutzer und die Behandlung von Fehlern.

API (Application Programming Interface)
Software-Schnittstelle, die verschiedene Klassen und Methoden für die Anwendungsentwicklung zur Verfügung stellt.

B2B/B2C
Business-to-Business oder kurz B2B ist ein Schlagwort für rechner- und softwaregestützte Kommunikation zwischen Unternehmen zur Abwicklung wirtschaftlicher Prozesse wie zum Beispiel die automatisierte Bestellung und Abrechnung von Zukaufteilen, die in der eigenen Fertigung eingesetzt werden. B2C meint Business-to-Consumer und damit die rechner- und softwaregestützte Kommunikation zwischen Unternehmen und einzelnen Verbrauchern zur Abwicklung wirtschaftlicher Prozesse wie zum Beispiel Online-Einkauf oder Home-Banking.

BCC (Bluetooth Control Center)
ist eine vom Gerätehersteller mitgelieferte Einstellmöglichkeit für → Bluetooth. Siehe auch Seite 290.

Bluetooth
Günstige Funkschnittstelle für kurze Entfernungen, in der Regel bestens als Kabelersatz geeignet. Einsatzmöglichkeiten: Kopplung peripherer Geräte (Drucker, Handy,...) mit dem PC, drahtloser Anschluss von Kopfhörern an die HiFi-Anlage, Autoschlüssel (Türverriegelung lösen, Sitz in die richtige Position bringen). Die

Reichweite beträgt je nach Gerät etwa 10 bis 100 Meter. Weitere Informationen sind auf Seite 283 und unter [BTSpec] zu finden.

CDC (Connected Device Configuration)
Java-Spezifikation für die Programmierung von High-End PDAs, TV Set-Top-Boxen und eingebetteten Systemen. Siehe auch Seite 38.

CLDC (Connected Limited Device Configuration)
Java-Spezifikation für die Programmierung von einfachen PDAs und Mobiltelefonen. Siehe auch Seite 34.

Cookie
Ein Cookie ist eine kleine Textdatei zur HTTP-Zustandsverwaltung. Einzelheiten siehe Seite 216.

GPS (Global Positioning System)
Satellitengestütztes System der USA zur Positionsbestimmung.

GPRS (General Packet Radio Service)
ist ein Service für Mobiltelefone zur schnellen Datenübertragung, max. 171,2 kBits/s. Nicht alle Mobiltelefone sind GPRS-geeignet. Siehe auch *http://www.gsmworld.com/technology/gprs/intro.shtml*.

GSM (Global System for Mobile communications)
ist eine digitale Technologie, die ursprünglich für Europa entwickelt worden war, aber nun auf der ganzen Welt verbreitet ist. GSM arbeitet in Europa auf den Frequenzbändern 900 und 1800 MHz. Siehe auch *http://www.gsmworld.com/technology/index.shtml*.

HTML (Hypertext Markup Language)
ist die bekannte Auszeichnungssprache für Webseiten. Die HTML-Homepage ist *http://www.w3.org/MarkUp/*. Stefan Münz hat ein exzellentes Nachschlagewerk dazu geschrieben, das von Wolfgang Nefzger in Buchform umgesetzt wurde [MüNe].

HTTP (Hypertext Transfer Protocol) / HTTPS (HTTP over TLS)
HTTP ist ein weitverbreitetes Übertragungsprotokoll auf Anwendungsebene für Hypermedia-Informationen. Es benutzt verschiedene Methoden zum Datentransfer, von denen → GET und → POST die bekanntesten sind. Weitere Informationen siehe Abschnitt 10.1 auf Seite 201. Zur HTTP/1.1-Spezifikation RFC 2616 siehe *http://www.ietf.org/rfc/rfc2616.txt*. HTTPs ist eine verschlüsselte Variante von HTTP zur sicheren Datenübertragung, siehe auch Seite 217. Spezifikation: *http://www.ietf.org/rfc/rfc2818.txt*. TLS ist die Abkürzung für Transport Layer Security.

IrDA (Infrared Data Association standard)
Übliche Infrarot-Schnittstelle zur Kopplung von Geräten, zum Beispiel PC mit einem Drucker oder Fernbedienung mit einem Videorecorder. Viele IrDA-Geräte arbeiten mit der Datenübertragungsrate 115,2 kBits/s, manche, zum Beispiel Schnittstellen im Laptop, auch mit 4 MBits/s. Die Homepage der Infrared Data Association ist *http://www.irda.org*.

ISO 8859-1
heißt eine → Unicode-Zeichensatzkodierung, ähnlich wie → UTF. Sie ist im europäischen Raum verbreitet und zeichnet sich dadurch aus, dass die ersten 256 Zeichen identisch mit denen des Unicodes sind. Unter den Zeichen 128-255 finden sich zum Beispiel die Umlaute. Die Codierung im Bereich 0-127 ist identisch mit UTF-8.

JABWT: Java APIs for Bluetooth Wireless Technology, siehe Seite 289.

Java ME: Java Micro Edition; **Java SE**: Java Standard Edition

JCP (Java Community Process)
Sun verfolgt das Konzept offener Schnittstellen (APIs). Die Spezifikationen werden demokratisch von interessierten Industriepartnern und Einzelpersonen entwickelt und Referenzimplementationen werden bereitgestellt. Der Entwicklungsprozess muss effizient ablaufen, weswegen diese Aktivitäten im JCP (Java Community Process) organisiert sind (*http://www.jcp.org*).

JSR (Java Specification Request)
→ JCP-Mitglieder, die ein neues Feature entwickeln, veröffentlichen dabei als Erstes ein Java Specification Request (JSR). Auf der Website www.jcp.org sind viele der JSRs samt der fertig gestellten Spezifikationen für jedermann einsehbar.

JVM (Java Virtual Machine)
Die JVM ist ein Programm, das den Java-Bytecode zur Programmlaufzeit in Maschinencode übersetzt (interpretiert) und diesen dann zur Ausführung bringt.

KVM (Kilobyte Virtual Machine)
Die KVM ist eine für kleine Geräte entworfene → JVM, die für knappen Speicher (Kilobyte statt Megabyte) ausgelegt ist.

MDA (Mobile Digital Assistant)
Kombination von → PDA und Mobiltelefon, auch Smartphone genannt.

L2CAP (Logical Link Control and Adaption Protocol)
kapselt die Funktionalität der unteren Ebenen des Stacks für die oberen Ebenen. Über die → JABWT kann man direkt auf diese Ebene zugreifen. Siehe auch Seite 315.

LCDUI (liquid crystal display user interface)
Die APIs für die Benutzungsschnittstellen sind für die Bildschirme und Tastaturen kleiner Geräte gedacht, die früher LCDs waren (siehe Seite 57 und [JMEGl]).

M3G : Mobile 3D Graphics API, siehe Seite 223.

MIDI (Musical Instrument Digital Interface)
ist, wie der Name sagt, eine digitale Schnittstelle für Musikinstrumente, also ein Protokoll, mit dem musikalische Steuerinformationen digital aufgezeichnet, übermittelt und wiedergegeben werden können. Elektronische Musikinstrumente (Synthesizer, Keyboard) unterstützen MIDI, und auch sehr viele Handys (sowie natürlich Soundkarten für PC). Eine MIDI-Datei enthälte keine Tonfolgen, sondern Steuerbefehle für Musikinstrumente, darunter auch Schlagzeug. Deshalb sind MIDI-Dateien sehr viel kompakter als MP3-Dateien. Jeder MIDI-Befehl enthält eine 4 Bit große Kanalnummer, sodass sich maximal 16 Kanäle darstellen lassen. Einzelheiten siehe *http://www.midi.org*.

MIDlet
Ein MIDlet ist eine Java-Anwendung, die für ein → MIDP geschrieben wurde. Ein oder mehrere zusammengehörige MIDlets werden zu einer → MIDlet-Suite zusammengepackt.

MIDlet-Suite
Eine MIDlet-Suite ist das Ergebnis eines so genannten Projekts im WTK oder einer anderen Entwicklungsumgebung. Eine MIDlet-Suite besteht aus einer Archiv-Datei, die ein oder mehrere MIDlets enthält und deren Name auf .jar endet, sowie aus einer .jad-Datei mit einer Beschreibung der Anwendung.

MIDP (Mobile Information Device Profile)
Spezifikation für ein Java ME-Profil. Das MIDP stellt die von mobilen Anwendungen benötigten Kernfunktionen zur Verfügung (Netzwerkanbindung, lokale Datenhaltung, Benutzungsschnittstelle und Anwendungsmanagement), siehe Seite 38.

MIME (Multipurpose Internet Mail Extension)
erlaubt es, Multimedia-Inhalte binären Formats an E-Mails zu binden. Der Inhaltstyp, oft MIME-Typ genannt, bestimmt die Art der Verarbeitung. Es können bei der IANA [MIME] registrierte Typen oder selbst definierte sein, die der vorgeschriebenen Syntax genügen.

MMAPI (Mobile Media API)
definiert Medien- und Benutzungsschnittstellen zur Unterstützung der Entwicklung von Spielen und multimedialen Inhalten [JSR135].

OBEX (Object Exchange Protocol)
ist eine Alternative zu → HTTP für PDAs und Handys. Einzelheiten siehe Seite 317.

OTA (Over the Air)
ist die drahtlose Übertragung. Der Begriff wird oft im Zusammenhang des Installierens von MIDlets über Funk verwendet, siehe auch Seite 27.

PDA (Personal Digital Assistant)
Kleiner, etwa handgroßer Computer, auch »Organizer« oder »Handheld« genannt, zum Speichern von Adressen, Führen eines Terminkalenders, Schreiben von Notizen u.a.m.

POST
ist eine Methode des → HTTP. Im Unterschied zu → GET ist die vollständige Anforderung nicht im → URI enthalten, sondern sie wird übertragen. Ein Beispiel für eine POST-Anfrage ist auf Seite 209 zu finden.

RFC (Request for Comment)
RFCs sind Diskussionsbeiträge von Mitgliedern des → W3C und anderen, die tatsächlich aber Standard-Charakter haben. Die Internet Engineering Task Force stellt alle RFCs über *http://www.ietf.org/rfc.html* zur Verfügung.

RFCOMM
ist ein Transportprotokoll, das eine RS232-Schnittstelle unter Benutzung des → L2CAP nachbildet. RFCOMM unterstützt bis zu 60 gleichzeitige Verbindungen zwischen zwei → Bluetooth-Geräten.

RFID (Radio Frequency IDentification)
ist der Name für ein elektronisches Etikett (»smart tag«), das per Funk mit einem Lesegerät, das sich in geringer Distanz befindet, gelesen werden kann. RFIDs sind kostengünstig und können auf jeden Gegenstand aufgeklebt werden. Es gibt welche mit Batterie, mehr von Bedeutung sind aber die passiven RFIDs, die ihre Energie von dem Lesegerät induktiv über eine flache Spule beziehen. Die Anfrage des Lesegeräts wird mit einem Funksignal beantwortet, das die gespeicherten Informationen enthält. Siehe Übersichtsartikel in [MeSch, Want].

RMS (Record Management System)
Verwaltung persistenter Daten (Klasse `RecordStore`, siehe Kapitel 6).

SDDB (Service Discovery Database)
ist eine Datenbank, in die von → Bluetooth gefundene Dienste eingetragen werden. Siehe auch Seite 305.

SOAP (Simple Object Access Protocol)
ist die Spezifikation eines Protokolls, um Prozeduren, auch Methoden genannt, von Servern, Komponenten oder Objekten aufzurufen. Die Sprache ist → XML; Struktur und Teile des Vokabulars sind in der Spezifikation festgelegt. SOAP benutzt im Allgemeinen → HTTP als Nachrichtenprotokoll, weil es weit verbreitet ist und weil Firewalls meistens durchlässig für HTTP-Aufrufe sind. Internetadresse: *http://www.w3.org/2000/xp/*. Weitere Informationen siehe Abschnitt 15.2.1.

UDDI (Universal Description, Discovery, and Integration)
bezeichnet eine Spezifikation, die einen Dienst zum Registrieren von Web-Services beschreibt. Mit Hilfe eines solchen Dienstes können Unternehmen ihre Angebote von Waren und Dienstleistungen auf elektronische Weise weltweit bekannt und maschinell auffindbar machen. Ein UDDI-Dienst ist eine elektronische Form der »gelben Seiten«, die jeder Telefonbenutzer kennt. Weitere Informationen sind unter *http://www.uddi.org/* zu finden.

UMTS (Universal Mobile Telecommunications Service)
ist ein Telekommunikationsstandard, der allen Benutzern überall Zugriff auf eine Menge bestimmter Technologien erlaubt, zum Beispiel Internetzugang oder Versand und Empfang multimedialer Daten. Die Datenrate beträgt bis zu 384 kBit/s.

Unicode
ist ein Zeichensatz, bei dem für ein Zeichen ein oder zwei 16-Bit-Worte verwendet werden. Damit lassen sich alle Schriftzeichen der Welt kodieren. Unicode ist konform zu verschiedenen ISO-Standards. Verantwortlich für die Entwicklung ist das Unicode-Consortium (*http://www.unicode.org/*).

URI (Uniform Resource Identifier)
Ein URI ist eine eindeutige Bezeichnung, zusammengesetzt aus einer Internetadresse (→ URL – Uniform Resource Locator) und einem Namen (→ URN – Uniform Resource Name). Für das → HTTP ist ein URI letztlich nur eine formatierte Zeichenkette, die auf eine Ressource verweist, also etwa eine Datei oder ein Programm. Nach dem Namen der Ressource können weitere Informationen folgen, die von dem Programm ausgewertet werden können. URIs sind im → RFC 2396 spezifiziert. Der Unterschied zwischen URI, → URL und → URN ist durch die historische Entwicklung der Begriffe oft nicht klar, wie das W3C zugibt; siehe dazu *http://www.w3.org/TR/uri-clarification/*.

URL (Uniform Resource Locator)
Ein URL meint typischerweise ein URI-Schema wie http, ftp usw. URL ist ein informeller Begriff, der nach und nach aus technischen Spezifikationen zu Gunsten von → URI verschwindet. URLs sind im → RFC 2717 spezifiziert.

URN (Uniform Resource Name)
Ein URN kann ein URI sein, also auch ein URL, aber auch ein besonderes Schema (Namespace `urn:`), das zur ortsunabhängigen Identifizierung dient. URNs sind im → RFC 2276 spezifiziert; siehe aber auch oben die Bemerkung am Ende des → URI-Eintrags.

UTF (Universal character set Transformation Format)
heißen manche → Unicode-Zeichensatzkodierungen. UTF-8 ist die für HTML oder verwandte Protokolle meistens verwendete Zeichensatzkodierung. UTF-8 verwendet ein oder mehr 8-Bit-Bytes zur Codierung der Unicode-Zeichen, aber die ersten 128 Zeichen werden mit nur einem Byte codiert und stimmen mit dem ASCII-Zeichensatz überein. Die Umlaute, die im → ISO-8859-1-Zeichensatz aus nur einem Byte bestehen, werden in UTF-8 durch zwei Bytes dargestellt.

UUID (Universally Unique Identifier)
ist eine lange Zahl, meist in Hex-Darstellung angegeben, die die Attributeigenschaften eines Dienstes beschreibt.

vCard und vCalendar
sind zwei elektronische Formate zum Austausch von persönlichen Daten, wie sie auf einer Visitenkarte zu finden sind (vCard), und Kalender- und Termininformationen (vCalendar). Die Formate sind vom Internet Mail Consortium [IMC] definiert worden.

W3C (World Wide Web Consortium)
Das W3C (*http://www.w3.org/*) wurde 1994 vom Erfinder des Webs, Tim Berners-Lee, am Massachusetts Institute of Technology gegründet. Heute hat das W3C mehr als 500 Mitglieder, die meisten davon große Firmen. Das W3C entwickelt Technologien, damit sich das Web als Informationsforum und globaler Handelsplatz voll entfalten kann. Insbesondere die Standardisierungsbemühungen des W3C für Protokolle und Sprachen tragen dazu bei.

WAP (Wireless Application Protocol)
WAP ist ein Standard und eine Anwendungsumgebung für drahtlose Dienste für PDA und Handys. WAP benutzt → WML. WAP-Inhalte werden mit einem WAP-Browser angezeigt. Mit WAP 2.0 ist auch die Darstellung von → XHTML möglich. Weiter Informationen siehe *http://www.openmobilealliance.org*.

WLAN (Wireless Local Area Network)
WLAN bezeichnet ein lokales Funk-Netzwerk. Es gibt verschiedenen Standards dafür, kommerziell durchgesetzt hat sich die IEEE 802.11 Familie von Standards ([McFWo]).

WMA (Wireless Messaging API)
ist ein Mechanismus zur Kommunikation zwischen Anwendungen [JSR120].

WML (Wireless Markup Language)
WML ist eine Seitenbeschreibungssprache, die auf → XML basiert und eine Untermenge von → XHTML darstellt. Sie ist Teil des → WAP. WML-Daten werden wegen der beschränkten Bandbreite bei Mobiltelefonen in komprimierter Form übertragen.

WSDL (Web Services Description Language)
ist ein auf → XML basierendes Format, um Netzdienste zu beschreiben. Basis sind Endpunkte, die mit Operationen auf Nachrichten reagieren. Operationen und Nachrichten werden abstrakt beschrieben. An die Nachrichten können auch Multimedia-Inhalte im → MIME-Format gebunden werden. Die Verbindung einer Beschreibung mit einem konkreten Netzwerkprotokoll und Nachrichtenformat definieren einen Endpunkt, der einen Dienst anbietet. Typischerweise sind → SOAP das Nachrichtenformat und → HTTP mit → GET und → POST das Netzwerkprotokoll, im Prinzip könnten es aber auch andere sein.

WTK → Java ME Wireless Toolkit [JMEW]

XHTML
→ HTML ist in Teilen nicht → XML-konform. XHTML ist eine Weiterentwicklung von HTML, die diesen Mangel beseitigt.

XML (eXtensible Markup Language)
XML ist eine genormte Dokumentenauszeichnungssprache zur Markierung von Textelementen, im einfachsten Fall etwa, dass ein Text fett gedruckt werden soll. Die Markierung ist nicht Teil des eigentlichen Textes, sondern beschreibt die Struktur und Beziehungen von Textelementen. Damit kann ein Text maschinell interpretiert werden. Eine kurze Einführung finden Sie im Anhang, Abschnitt A.6 auf Seite 420.

Stichwortverzeichnis